Gedenktage wie der 8. Mai und der 20. Juli, Gedenkstätten wie die ehemaligen Konzentrationslager, Denkmäler wie das Hamburger Antikriegs- und das umstrittene Berliner Holocaust-Mahnmal sind nicht nur Symbole, Traditionsstätten oder Gelegenheiten für feierliche Rituale, sondern vor allem Ausdruck des politischen und geschichtlichen Selbstverständnisses der Deutschen.

Wie reizbar, polarisierend und entlarvend die Erinnerungskultur in Deutschland ist, zeigt Peter Reichel in seinem Buch über den öffentlichen Meinungsstreit, der sich an den verschiedenen Gedächtnisorten immer wieder entzündet. Wer definiert, wer »besetzt«, wer deutet die Inszenierungen der Gedächtnisorte und zu welchem Zweck? Der Streit um die NS-Vergangenheit wird zur Politik mit der Erinnerung.

Peter Reichel hat mit seinem Buch ein zentrales Stück Lebens- und Bewußtseinsgeschichte der Deutschen von heute protokolliert und damit eine Topographie der politischen Erinnerungskultur in Deutschland gezeichnet. Er hat den Text für die vorliegende Taschenbuchausgabe überarbeitet, aktualisiert und mit neuer Einleitung und neuem Schlußwort versehen.

Peter Reichel, geboren 1942, ist Professor für Politische Wissenschaft in Hamburg. Veröffentlichung im Fischer Taschenbuch Verlag: »Der schöne Schein des Dritten Reiches. Faszination und Gewalt des Faschismus« (Bd. 11356).

Peter Reichel
Politik mit der Erinnerung

Gedächtnisorte im Streit
um die nationalsozialistische
Vergangenheit

Fischer
Taschenbuch
Verlag

Die Zeit des Nationalsozialismus
Eine Buchreihe
Herausgegeben von Walter H. Pehle

Überarbeitete Ausgabe
Veröffentlicht im Fischer Taschenbuch Verlag GmbH,
Frankfurt am Main, Mai 1999

Lizenzausgabe mit freundlicher Genehmigung
des Carl Hanser Verlages, München Wien
© 1995 Carl Hanser Verlag, München Wien
Alle Rechte vorbehalten
Gesamtherstellung: Clausen & Bosse, Leck
Printed in Germany
ISBN 3-596-14144-3

Inhalt

Vorwort

Hunderttausende besuchen Jahr für Jahr jene Orte, die an das Grauen und an die vermeintlichen Attraktionen des NS-Staates erinnern. Millionen erleben alljährlich die nationalen Gedenktage als spektakuläres Medienereignis, als politisches Ritual und nicht selten auch als politischen Skandal. Die prominentesten Daten sind der 8. Mai, der 20. Juli und der 9. November. Die bekanntesten und frequentiertesten Orte hierzulande heißen Bergen-Belsen, Buchenwald und Dachau, Neuengamme, Ravensbrück und Sachsenhausen, Obersalzberg, Peenemünde und Nürnberg und nicht zuletzt München und Berlin mit zahlreichen NS-Adressen und Gedenkstätten. Diese Topographie verweist auf ein ebenso unsicheres wie umstrittenes historisches Terrain. An diesen Gedächtnisorten erinnert und ermahnt sich die Gesellschaft, ehrt und bekennt sich, streitet und verständigt sich über ihre Vorgeschichte und über Gründungsereignisse, die für ihr Selbstverständnis grundlegend sind. Darüber wird in diesem Buch berichtet. Es ist 1995 erstmals erschienen und wurde für die Taschenbuchausgabe überarbeitet und aktualisiert.

Die Entwicklung der Erinnerungskultur ist in den letzten Jahren schnell vorangeschritten. Eine veränderte Einstellung zur NS-Vergangenheit hat in zahlreichen Gedenkstätten konzeptionelle Korrekturen angestoßen und zu ersten Umgestaltungen geführt, die nun auch mehr und mehr die Besatzungszeit und die Geschichte des schwierigen Umgangs mit dem NS-Erbe nach 1945 berücksichtigen. Diese Entwicklung begann bald nach der Wende in den Nationalen Mahn- und Gedenkstätten der DDR. Der Westen ist dem Osten gefolgt. Neue Gedächtnisorte und Denkmäler mit dem Anspruch nationaler Repräsentation sind hinzugekommen: die lautlose Einführung eines speziellen Holocaust-Gedenktages und der lärmende Versuch, die Erinnerungskultur mit einem zentralen Holocaust-Denkmal zu schmücken. Der gesamtdeutsche Nationalstaat hat begonnen, die Bestände seiner Erinnerungskultur zu inspizieren, zu reorganisieren und neu zu bewerten.

Die Auseinandersetzung mit der nationalsozialistischen Erblast war jahrzehntelang Teil des innerdeutschen Konflikts. Sie hat nach der Vereinigung kaum nachgelassen. Das Thema ist weiterhin leicht politisierbar und aus den Medienprogrammen nicht wegzudenken. Das Publikumsinteresse scheint unvermindert anzuhalten. Zahlreiche Akteure sind am Deutungsstreit um die Vergangenheit beteiligt, mit unterschiedlichen Interessen und Strategien: ehemalige KZ-Häftlinge, Widerstandskämpfer und Wehrmachtssoldaten, Politiker, Künstler, Journalisten, Pädagogen und Wissenschaftler, Antifaschisten und Neonazis. Wer definiert das Bild des Nationalsozialismus und zu welchem Zweck? Wer ›besetzt‹ die Gedächtnisorte mit welchen Deutungen und denkmalästhetischen Inszenierungen? Was macht die Toten des Krieges und der Gewaltherrschaft zu mehr oder weniger begehrten und zugleich so schwierigen Objekten kollektiver Erinnerung?

Diese Fragen zeigen an, daß die nationale Pietät weiterhin ein politisch höchst brisantes Problem ist. Unsere Wertordnung verpflichtet uns, die Würde aller Menschen, also auch der Toten, zu respektieren, ungeachtet ihrer Verdienste, ihrer Vergehen und ihrer Verbrechen. Das bringt uns gegenüber den Getöteten unweigerlich in ein Dilemma. Die ungleichen Toten des Dritten Reiches sind uns nicht gleich-gültig. Sie können es nicht sein, nicht im Hinblick auf die unmenschlichste Epoche dieses Jahrhunderts und nicht im Hinblick auf ihre sehr unterschiedlichen Lebens- und Tötungsgeschichten. Sosehr uns auch die gern benutzte generalisierende Opferformel über dieses Dilemma hinwegtäuschen oder hinwegtrösten mag. Denn sie abstrahiert von der Täter-Opfer-Differenz und macht alle Toten des Krieges und der Gewaltverbrechen zu (passiven) Opfern, das in Bergen-Belsen ermordete jüdische Kind Anne Frank ebenso wie den bei einem Bombenangriff ums Leben gekommenen Präsidenten des Volksgerichtshofs Roland Freisler. Dieses Dilemma widerspiegelt sich auch in diesem Buch. Es ist bei aller Distanz in der Darstellung ausgewählter, teilweise heftig umstrittener Gedächtnisorte und bei aller Zurückhaltung in Fragen der ästhetischen Kritik, für den Nicht-Kunsthistoriker ein zwingendes Gebot, Teil jener politischen Erinnerungskultur, die es beschreibt und kritisch kommentiert. Es ist ein Buch über Erinnerungspolitik und zugleich selbst ein politisches.

Hamburg, im September 1998   Peter Reichel

1. Gedächtnisorte und Erinnerungspolitik

In den ersten Jahren nach 1945 stand die Diskussion über den Zusammenbruch des Deutschen Reiches im Zeichen der Katastrophe. Sie wurde als total empfunden, weil alles zerstört und entwertet war: das Land und seine Geschichte. Die »deutsche Katastrophe« wurde zu einem Schlüsselwort der damaligen Publizistik,[1] nicht zuletzt durch Friedrich Meineckes viel gelesenem, gleichnamigen Essay. Das historische Interesse, das diesem Bewußtsein entsprang, galt in besonderem Maße dem deutschen Sonder- oder Irrweg in die Moderne und dem Element des Irrationalen in der deutschen Kultur- und politischen Ideengeschichte. Diese Entwicklung hatte im Verständnis der Zeitgenossen nicht zwangsläufig, aber auch nicht zufällig in der nationalsozialistischen Bewegung und in der Hitler-Diktatur ihr verhängnisvolles Ende gefunden. Von einer deutschen »Endkatastrophe« war deshalb viel, von einem anderen endzeitlichen Verhängnis, der »Endlösung der Judenfrage«, noch wenig die Rede.

Diese, so sehr auf die deutsche Katastrophe fixierte Sichtweise betonte die Dämonie Hitlers, sie sprach vom »Hitlermenschentum« und seiner Macht- und Führerverfallenheit, sie überbetonte den totalitären Macht- und Propagandaapparat sowie die Zäsuren von 1933 und 1945 und konnte gerade dadurch Distanz für einen Neuanfang gewinnen. Die bald populäre Betriebsunfall-These löste jene Zeit wie ein übergeschichtliches Ereignis aus der Kontinuität der deutschen Geschichte heraus, was den Anschluß an ältere Traditionen erleichterte. Die Aktivitäten der öffentlichen Erinnerungskultur galten vor allem den eigenen Toten, den Soldaten und den zivilen Kriegsopfern. Unter den weit über 50 Millionen Toten und den vielen Katastrophen des Krieges war der Judenmord anfangs nur eine unter vielen. Für ihn gab es noch kein sensibilisiertes Bewußtsein, keinen eigenen Begriff. Gelegentlich vergaß man sogar, die jüdischen Opfer in der Toten-Statistik mitzuzählen. Damals prägte Schuldangst den Umgang mit der noch drückend nahen Vergangenheit, von deren Last NS-Prozesse, Amnestiegesetze und Wiedergutmachung je auf ihre Weise entlasteten. Nicht nur vom rechten Rand der Republik ertönte regelmäßig der Ruf nach dem Schlußstrich unter die damals stark moralisch akzentuierte, strafrechtliche, finanzielle und pädagogische Vergangenheitsbewältigung. Demgegenüber ist seit Ausstrahlung des amerikanischen Fernsehfilms *Holocaust* Ende der siebziger Jahre die jüdische Katastrophe in das Zentrum des allgemeinen zeithistorischen Interesses gerückt. Mit der Tendenz, daß der Nationalsozialismus abermals aus der deutschen Geschichte herausgelöst wird, nun allerdings, indem man ihn von seinem katastrophischen Ende her sieht und in den universalen Zusammenhang von Zivilisation und Barbarei stellt. Auschwitz ist am Ende dieses Jahrhunderts zur Metapher geworden für die Ambivalenz der Moderne und die Gefährdung der Zivilisation.[2] Die Erinnerung an die jüdischen Opfer bestimmt das Profil öffentlichen Gedenkens seit den achtziger Jahren zunehmend, ob man nun den Wiederaufbau von Synagogen zu Gedenkstätten als Beispiel nimmt oder die vielen neuen Deportationsmahnmale, den Streit um das zentrale Berliner Holocaust-Mahnmal, das Jüdische Museum oder den Spielberg-Film *Schindlers Liste*. Umstritten ist kaum noch das »Ob« der Vergangenheitsbewältigung. In der Gegenwart streitet man sich vor allem um das »Wie« und »Wozu« des öffentlichen Erinnerns. Heute geht es um Fragen der ästhetischen Repräsentation, der langfristigen Finanzierung der Gedenkstätten und der Optimierung ihres Bildungsauftrages, zumal im Hinblick auf die nachwachsenden Jahrgänge, die nicht einmal mehr über die Großelterngeneration familiengeschichtlich mit der Zeit des Nationalsozialismus verbunden sind. Früher sprach man unter der Last der unmittelbaren Folgen der NS-Diktatur von der Notwendigkeit einer moralischen und materiellen Vergangenheitsbewältigung, deren überzogenen und unerfüllbaren Anspruch ein kritisches Bewußtsein immer mitdachte. Die heutige Terminologie für die Auseinandersetzung mit der NS-Geschichte und ihren Folgen kann auf eine hochtrabende und zugleich unrealistische moralische Selbstverpflichtung verzichten. Die neuen Leitbegriffe sind nüchterner, sie betonen den politisch-kulturellen Zusammenhang und pluralistischen Charakter, in dem alle gegenwärtige Instrumentalisierung der Vergangenheit steht; sie heißen Geschichts- und Erinnerungspolitik, Erinnerungskultur und Gedächtnisgeschichte.

Gedächtnisorte und Totengedenken

In unserer in Jahrzehnten gewachsenen Erinnerungskultur nehmen die topographischen und kalendarischen Gedächtnisorte einen herausragenden Platz ein. Wir sprechen vom Gedächtnis der Orte[3], von Gedenktagen, in erweiterter Bedeutung auch von Gedächtnisorten, die wie das individuelle Gedächtnis Praktiken des Erinnerns ebenso ausgebildet haben wie Techniken des Vergessens[4]. Individuum, Gesellschaft und kulturelles System sind als Gedächtnisträger eng miteinander verknüpft, das auf Vergangenheit gerichtete individuelle Bewußtsein wird durch sein jeweiliges soziales und kulturell-räumliches Umfeld wesentlich geprägt.[5] Drei Dimensionen der Gedächtnisbildung und -bewahrung können unterschieden und müssen aufeinander bezogen werden: Das individuelle, also lebensgeschichtlich verankerte Gedächtnis, die wissenschaftliche Geschichtsforschung und das soziale oder Gruppengedächtnis, das sich von den beiden anderen dadurch unterscheidet, daß es appellativen und generationenübergreifenden Charakter hat. Es verpflichtet die Mitglieder eines Sozialverbandes auf Erinnerungswissen, und es verbindet sie durch gemeinsame Geschichtsbilder, Gedächtnisorte und Gedenkrituale.[6] Nicht von ungefähr nimmt die Frage nach der Beschaffenheit und Pflege des sozialen Gedächtnisses einen herausgehobenen Platz unter den kultur- und bildungspolitischen Aufgaben ein. Das gilt für das vereinte Deutschland am Ende dieses Jahrhunderts in besonderer Weise. Der Generationenwechsel fünfzig Jahre nach dem Holocaust und das schwierige Zusammenwachsen der ost- und westdeutschen Gesellschaft machen das soziale Gedächtnis und seinen Kern, die Erinnerungs- oder Memorialkultur, zu einem gesamtstaatlich relevanten, konfliktreichen Politikfeld. Aber wie soll und kann man überhaupt von einem überindividuellen, also kollektiven bzw. kulturellen Gedächtnis sprechen?[7]

Das soziale Gedächtnis ist konstitutiv für Gruppenintegration, Gruppenidentität und Gruppenbildung und entsteht seinerseits durch Gruppenbildung. Es erfüllt mehrere Funktionen sozialer Integration und kollektiver Bewußtseinsbildung. Das soziale Gedächtnis ist ein Medium der *Vergemeinschaftung*. Ein solches Gruppengedächtnis verschafft dem einzelnen eine normative Orientierung und ein Wir-Bewußtsein, auf das er als soziales Wesen angewiesen ist. Gedächtnis ist ferner ein Medium der *Verzeitlichung*, insofern es dem individuellen und kollektiven Bewußtsein eine generationen-, also zeitenübergreifende Ausdehnung und in der Gleichzeitigkeit unterschiedlicher Zeitbezüge auch eine Strukturierung und Koordination des Zeitbewußtseins ermöglicht. Strenggenommen gibt es nur Gegenwart, vergegenwärtigte Vergangenheit und antizipierte Zukunft. Gedächtnis schafft Kontinuität und überbrückt Zäsuren, die Diskontinuität von politischen und lebensweltlichen Entwicklungen. Gedächtnis ist nicht zuletzt ein Medium der *Verräumlichung*, insofern es am Bild und im Raum haftet, an der Geste und am Gegenstand, am Archivgut und Schrifttum und eben auch an Steinen und Monumenten.

Die Kenntnis dieses Zusammenhangs ist jahrhundertealt, und sie zieht sich wie ein roter Faden durch die Geschichte der Gedächtniskunst und Gedächtnistheorie. Es ist insoweit kaum überraschend, daß sich auch ihre beiden einflußreichen modernen Vertreter, Sigmund Freud und Maurice Halbwachs, wiederholt mit der sozial-räumlichen Gedächtnisdimension beschäftigt haben.[8] Das gilt insbesondere für den in Buchenwald ermordeten französischen Soziologen, der sich vor allem durch die *loci memoriae* der klassischen Gedächtniskunst anregen ließ. Es gäbe, so schrieb er, »kein kollektives Gedächtnis, das sich nicht innerhalb eines räumlichen Rahmens bewegt«. Für ausgeschlossen hielt Halbwachs, »daß wir die Vergangenheit wiedererfassen können, wenn sie nicht tatsächlich durch das materielle Milieu aufbewahrt würde«.[9] In seinem letzten Werk über die »legendäre Topographie« des »Heiligen Landes« hat Halbwachs sich eingehend mit den ortsgebundenen Mythen, mit der Symbolisierung von heilsgeschichtlich bedeutsamen Merk- oder Gedächtnisorten beschäftigt und ihre Funktion bei der Entstehung der frühen Christengemeinde aufgezeigt. Gedächtnistopographien und die sich an ihnen orientierenden Gedächtnisreisen sind bis in unsere Tage beliebt, bei religiösen wie bei literarischen oder politischen Gemeinschaften, unverzichtbar für das Gruppengedächtnis und die Gruppenidentität.[10]

Die Relevanz der räumlichen Dimension hat sich in der zeitgenössischen Erinnerungskultur nicht verringert. Im Gegenteil. Die Beispiele sind vielfältig. Die Wallfahrten und Pilgerreisen gläubiger Christen und Moslems zu den heiligen Stätten ihrer Religionsstifter haben eine lange Tradition und gehören weiterhin dazu. Jüngeren Datums sind die Reisen von überlebenden Holocaust-Opfern zu den Stätten ihres Leidens und ihrer Befreiung. Zahlreiche Städte haben inzwischen mehr oder minder umfangreiche Gedenktafel-Projekte realisiert, Erinnerungszeichen, die sich zur Geschichte der Stadt wie Anmerkungen zum Text verhalten und die Stadt wie ein Buch lesbar machen sollen, ob nun mehr als Goldenes Buch, als Totenregister oder als eine Mischung aus beidem. Die von örtlichen Geschichtswerkstätten, Jugendorganisationen, antifaschistischen

Gruppen, überlebenden Häftlingen, aber auch von soldatischen Traditionsverbänden und Neonazis organisierten Stadtwanderungen und Gedächtnismärsche auf den Spuren der NS-Geschichte versuchen ebenfalls, von der Aura authentischer Orte der Geschichte zu profitieren, sie nacherlebbar zu machen und insbesondere – solange dies möglich ist – ihre Nacherzählung durch Zeitzeugen räumlich und gegenständlich zu visualisieren.

Längst ist die Suche nach immer neuen authentischen Orten, ihre Besetzung und erlebnisreiche Inszenierung spöttisch als »Topolatrie« bezeichnet und kritisiert worden.[11] Kaum zu Unrecht. Denn dort, wo der kommerzielle Geschichtstourismus blüht, gerät diese Ortsfixierung gelegentlich zum fragwürdigen Spektakel. In Peenemünde konnte der Versuch, aus den Ruinen der einstigen Heeresversuchsanstalt und dem Mythos Wernher von Brauns einer Weltraumpark entstehen zu lassen, zwar in letzter Minute abgewehrt werden, aber schon die ersten Schritte dahin lockten jährlich eine Viertelmillion V 2-Fans auf die Insel Usedom. Auf den Obersalzberg mit den Resten von Hitlers einstigem »Alpenrefugium« pilgern Jahr für Jahr etwa 400 000 Besucher – ungefähr so viele, wie jährlich in Bergen-Belsen gezählt werden.

Aber auch Gedenkstätten wie beispielsweise die der ehemaligen Konzentrationslager, der »Topographie des Terrors«, des Deutschen Widerstands oder der Wannsee-Villa instrumentalisieren den Ortsbezug für ihren öffentlichen Erinnerungs- und Aufklärungsauftrag. Sie nutzen, wie zurückhaltend und reflektiert auch immer, die Aura des authentischen Geschichtsortes, weil sie der Erlebnislust sinnlicher Wahrnehmung eines breiten Publikums entgegenkommt. Auch zahlreiche zeitgenössische Denkmalkünstler benutzen mit Bedacht eine zeit-räumliche Bildsprache: Leerstellen, Hohlformen, ephemere Denkmalinstallationen. Sie sollen weniger an die Vergangenheit erinnern, sondern vielmehr an das Vergessen, und eben auch an die »Vergeßlichkeit« der Gedächtnisorte.

So unverzichtbar diese Gedächtnisorte heute für den öffentlichen Erinnerungsraum sein mögen, so umstritten sind sie andererseits. Auf jede politisch relevante Vergangenheit richten sich unterschiedliche Interessen, Einstellungen und Handlungen: aufklärerische und affirmative, kommerzielle und künstlerische, politische und gedenkende. Das gilt in besonderem Maße für die NS-Vergangenheit. Sie beschäftigt uns seit langem unter der ereignisgeschichtlich orientierten Frage, wie es eigentlich gewesen ist. Sie ist längst um eine weitere ergänzt worden. Die Ereignisgeschichte des vergleichsweise kurzlebigen Dritten Reiches war – und ist weiterhin – von einer so außerordentlichen Brisanz, daß sie eine inzwischen über fünfzigjährige Gedächtnisgeschichte nach sich gezogen hat.[12]

In ihr geht es um die Auseinandersetzung mit der NS-Zeit, um ihre mündliche, schriftliche oder bildliche Vermittlung in die jeweilige Gegenwart. Verschiedene Generations- und Schicksalsgruppen sind daran mit unterschiedlichen Erfahrungen, Interessen und Überzeugungen beteiligt, weshalb die an sich schon provozierenden Probleme jener Zeit immer wieder zu politischen Kontroversen führen. Diese Debatten finden in allen Feldern der politisch-kulturellen Sphäre statt, und sie entzünden sich immer wieder an für den historischen Zusammenhang charakteristischen Gedächtnisorten, heißen ihre Namen nun 8. Mai, 20. Juli oder 9. November, Prinz-Albrecht-Gelände oder Neue Wache, Buchenwald oder Bergen-Belsen, Adolf Hitler oder Anne Frank, Reichsautobahn oder Reichsparteitag, Volkswagen oder Volksgemeinschaft, Wehrmacht oder Widerstand usw. Es ist also zu unterscheiden zwischen einer Geschichte, die geschehen ist, und einer Gedächtnis-Geschichte, die sich auf jene deutend bezieht.

Wichtige Anregungen für eine sozial- und kulturgeschichtliche Erforschung des kollektiven Erinnerns gehen inzwischen auch in Deutschland von dem wohl einflußreichsten gedächtnisgeschichtlichen Forschungsprogramm der Gegenwart aus, dem »Lieux de mémoire«-Projekt des französischen Historikers Pierre Nora.[13] Dieser Ansatz interessiert sich »weniger für die Ereignisse als dafür, wie sie im nachhinein konstruiert werden, wie sie in Vergessenheit geraten sind und wieder an Bedeutung gewinnen, weniger für die Vergangenheit, so wie sie sich zugetragen hat, als für ihre Wiederverwendung, für ihren Mißbrauch, ihren Einfluß auf die aufeinanderfolgenden Gegenwarten; weniger für die Tradition an sich als für die Art und Weise, wie diese sich konstituiert hat und übermittelt wurde«.[14]

Ausdrücklich knüpft Nora an Halbwachs' Unterscheidung von Geschichte *(histoire)* und Gedächtnis *(mémoire)* an.[15] Seine Gedächtnisorte weisen indes über eine geographisch-räumliche Dimension weit hinaus, auf die kulturellen Kristallisierungen des nationalen Bewußtseins oder Selbstbildes in politischen Symbolen und Festen, Museen und Kunstwerken. Es sind materielle und immaterielle Orte, Überreste rasanter Veränderungen, Produkte eines Zerfalls- oder Verwandlungsprozesses. Aus den traditionellen »milieux de mémoire«, so formuliert Nora pointiert, sind »lieux de mémoire« geworden.[16] Zugleich repräsentieren sie aber eine Art nationales Gedächtnis-Inventar, befördern also die Herausbildung einer nationalkulturellen Identität – oder erschweren sie, je nachdem, ob sich eine Gesellschaft in ihren Gedächtnisorten wiedererkennen kann oder eben nur widerstreitend erinnern mag. Zur Frage nach der medialen Vermittlung der Gedächtnisgeschichte kommt also die ihrer systemspezifischen Funktion hinzu. Es geht dabei um das komplizierte Zusammenspiel von nationalem Selbstbild, kollektivem Gedächtnis und sozialer Integrationsfähigkeit. Weil dieses Zusammenspiel in verschiedenen Gesellschaften unterschiedlich funktioniert, wird man wissen wollen, warum sich die eine Nationalkultur mehr als die andere mit ihrer Vergangenheit beschäftigt und sich mit bestimmten Vergangenheiten schwerer tut als mit anderen.

Dieses Problem wird besonders deutlich, wenn man den Blick auf Frankreich und Deutschland richtet, wie das unter dem Einfluß des »Lieux de mémoire«-Projektes in ersten Ansätzen bereits geschehen ist.[17] Der französische Historiker Etienne François hat darauf aufmerksam gemacht, daß für das heutige Frankreich ein langes, also weit zurückreichendes soziales Gedächtnis charakteristisch ist, gerade weil der identitätsstiftende Bezug auf die Nation und den Nationalstaat als weitgehend unproblematisch und unbedenklich gilt.[18] In Frankreich bestünde ein Gleichgewicht im Dreiklang von »Erinnerung, Identität und Erbe«. Umgekehrt stelle sich die Situation in Deutschland dar. Hier sei jener Dreiklang empfindlich und nachhaltig gestört, würde vom nationalen Erbe kaum, von der beständig problematisierten kollektiven Identität sehr viel mehr gesprochen und geradezu zwanghaft vom Erinnern, während der komplexe, Widersprüchliches integrierende, Erinnern und Vergessen einschließende Gedächtnisbegriff wenig populär sei. Im Gegensatz zu Frankreich ist in Deutschland der identitätsstiftende Bezug auf die Nation und den Nationalstaat gebrochen und nachhaltig in Frage gestellt worden. Dem sozialen Gedächtnis ist insofern eine gewisse Unruhe und Unsicherheit eigen. Man kann das als ein Schwanken beschreiben zwischen der forcierten Neigung, die Nationalgeschichte in Deutung und Darstellung zu »normalisieren« und der nicht weniger ausgeprägten Neigung, den Rückblick auf den engen Zeithorizont der Geschichte des Nationalsozialismus zu zentrieren, insbesondere auf seine Gewaltverbrechen und die Millionen Toten.

Das Totengedenken ist für die Gedächtnisgeschichte eines Sozialverbandes elementar und konstitutiv. Man hat die Erinnerung an die Toten als den Anfang und den Kern aller kulturellen Erinnerung bezeichnet.[19]

Trauer und Totengedenken sind zunächst ein familiärer, ein privater und intimer Vorgang. Es hat im gemeinschaftlichen Zusammenleben aber zugleich politische Relevanz und beansprucht immer dann in besonderer Weise öffentliche Aufmerksamkeit, wenn es um die gewaltsam Gestorbenen eines Gemeinwesens geht.[20] Religion und Politik verbinden sich dabei zu einem eigenen, symbolisch hochsensiblen Handlungsfeld.[21] Denn der gewaltsame Tod gilt den Nachlebenden als Opfer, gilt auch als Unterpfand des Überlebens, der Befreiung, der Solidarität und des Zusammenhalts. Er verpflichtet die Nachlebenden zu ehrendem Gedenken, ob das Totengedenken die Form eines politisch-religiösen Totenkultes annimmt, wie im nationalsozialistischen Regime[22], oder die einer politisch-säkularen Zivilreligion, wie in allen autonom legitimierten demokratischen Staatsordnungen. Im Gedenken an die Opfer von Krieg und Revolution, Gewaltherrschaft und Widerstand müssen die Nachkommen zusammenfinden, wie schwierig das auch immer sein mag.

Das hat Deutschland in diesem Jahrhundert in immer neuen Varianten vorgeführt und erlebt.[23] Die Weimarer Republik wollte mit einer demokratischen Neuordnung der politischen Verhältnisse in Deutschland das nach innen autoritäre und nach außen aggressive Kaiserreich vergessen machen. Zugleich mußte sie versuchen, soziale Kontinuität zu wahren und aus dem ehrenden Gedenken an die für »Kaiser, Volk und Vaterland« gefallenen Weltkriegstoten Legitimität und innere Aussöhnung zu gewinnen. Daß der Republik die symbolische Integration nicht gelang, wirft ein grelles Licht auf ihr Scheitern. Sie war so sehr über ihre unmittelbare Vorgeschichte, über Krieg und Revolution zerstritten, daß sie weder den Volkstrauertag zu einem überparteilichen nationalen Totengedenktag machen noch ein allseits akzeptiertes Reichsehrenmal für ihre Toten errichten konnte. Und auch am Grabe der bedeutenden Repräsentanten der Republik – Walther Rathenau, Friedrich Ebert und Gustav Stresemann – fanden die Deutschen nur für einen kurzen Augenblick über alle politischen Lager und sozialen Klassengrenzen hinweg zu einer großen Trauer- und Solidargemeinschaft.[24] Im politischen Alltag des latenten Bürgerkrieges blieb die Republik aus der Sicht ihrer Feinde mit dem Makel des »Verrats« oder »Dolchstoßes« belastet und in unversöhnliche Lager gespalten.

So sehr sich der Weimarer Staat auch bemühte, das Andenken an die »im Felde unbesiegten Soldaten« in Tausenden von Denkmälern zu ehren, im vorherrschenden Verständnis der Zeit hatten die Gefallenen des Weltkriegs ihr Leben für das Vaterland geopfert, für Kaiser und Reich, aber nicht für die Republik.[25] Nicht anders erging es ihr mit den überregional populären Monumenten des soldatischen Nationalismus, dem für ihren zweiten Präsidenten und kaiserlichen Feldmarschall von Hindenburg errichteten Tannenberg-Denkmal, dem Marine-Ehrenmal in Kiel oder dem Schlageter-Denkmal bei Düsseldorf zur Erinnerung an den »Befreiungskampf« gegen die französische Besetzung des Ruhrgebietes. Diese Denkmäler konnte die Republik entweder nicht verhindern oder nicht auf der Habenseite ihrer Imagepolitik verbuchen.

Nicht einmal in der letzten Bastion der Weimarer Koalition, in Preußen, gelang der Versuch einer symbolischen Verständigung zwischen den verfeindeten Lagern. Der sozialdemokratische Ministerpräsident Otto Braun ließ Anfang der dreißiger Jahre die Neue Wache zur preußischen Gedenkstätte für die Weltkriegstoten umgestalten. Sie sollte ein Zeichen der inneren Einheit setzen. Aber der Versuch, Revolutionäre, Republikaner und Rechte zusammenzuführen, mißlang. Die Kommunisten agitierten gegen ihn als »Sozialfaschisten«, die Konservativen mißtrauten dem »vaterlandslosen, antinationalen« Mann und boykottierten ihn, von den geifernden Nationalsozialisten gar nicht zu reden.

Der NS-Staat machte mit dem gewaltsamen Tod für sich Reklame und aus dem Totengedenken einen politisch-religiösen Totenkult. Das begann schon vor 1933 mit dem alljährlichen November-Spektakel um die »Märtyrer der Bewegung« auf dem Münchener Königsplatz, setzte sich fort in den vielen Staatsbegräbnissen für Mitglieder der NS-Elite und Wehrmachtsgeneräle und endete in den Kriegerdenkmälern und Soldatengrabsteinen des Zweiten Weltkrieges. Diese trugen nicht selten die Inschrift, die der damals herrschenden Ideologie Ausdruck gab: »Deutschland muß leben, und wenn wir sterben müssen.« Sie ist heute noch an einem verkehrsreichen Standort zu lesen, am umstrittenen Kriegerdenkmal vor dem Hamburger Dammtorbahnhof. Darüber wird noch berichtet.

Nach dem Zweiten Weltkrieg und nach dem Holocaust blieb die Erinnerung an die Toten weiterhin im Zugriff politischer Instrumentalisierung, zumal der innerdeutsche Systemkonflikt das Totengedenken politisierte. Aber die Politik mit der Erinnerung konnte nicht mehr aus dem Opfer für das Vaterland, das zerschlagene Hitler-Deutschland, sinnstiftende Kraft gewinnen. Gleichwohl hat das Opfergefühl seine traditionell »hohe Prominenz in der deutschen Gefühlskultur«[26] bis in die Gegenwart hinein behauptet, in Ostdeutschland mit einem anderen Akzent als im Westen.

In der Bundesrepublik spielt der Volksbund Deutsche Kriegsgräberfürsorge eine maßgebliche Rolle bei der Ausgestaltung der offiziellen Memorialkultur. Schon seit den 1920er Jahren macht er die internationale Pflege deutscher Soldatenfriedhöfe zu seiner wichtigsten Aufgabe. Bis in die späten fünfziger Jahre baute er – bereits in der NS-Zeit konzipierte – größere oder kleinere Totenburgen. Der Volksbund war es auch, der entscheidend dazu beitrug, daß sich das Gedenken an die ungleichen Toten des Dritten Reiches in ein pauschales Gedenken an die »Opfer von Krieg und Gewaltherrschaft« verwandeln konnte, die bis in die Gegenwart populärste Formel.[27] Aus dem ehrenden Gedenken an die Kriegstoten wurde ein mahnendes. Auch ihm ist eine volkspädagogische Aufgabe zugewiesen. Sie heißt heute nicht mehr: »Den Gefallenen zum Gedächtnis, den Lebenden zur Anerkennung, den künftigen Geschlechtern zur Nacheiferung.« Die Heldengedenkformel des langen 19. Jahrhunderts, von August Boeckh für die Kriegerdenkmäler der Freiheits- und Einigungskriege geprägt und bis in die 1940er Jahre im Umlauf, war nach dem Zweiten Weltkrieg nicht mehr zu gebrauchen.

Der Erinnerung an Krieg und Gewalt ist 1945 der Enthusiasmus früherer Tage gründlich abhanden gekommen, von der Heroisierung deutscher Soldaten auf der Kino-Leinwand, in Generalsmemoiren oder in den Landser-Heften einmal abgesehen. Zustimmung fanden die Denkmalinschriften am ehesten, wenn sie schlichter, allgemeiner und damit eben auch unbestimmter wurden. »Den Opfern« oder »Den Toten zum Gedenken« schrieb man zunächst unangefochten auf die Denkmäler und dachte dabei zumeist noch nicht im besonderen an die ermordeten Juden. Die Nachkriegsgesellschaft hatte einen hohen Amnestie- und Aussöhnungsbedarf, der gesetzlich, bürokratisch und finanziell befriedigt wurde, und in solch integrativen Formeln und Denkmälern eben auch symbolisch. Jahrzehnte später bestand dieser Bedarf nicht mehr. Ein differenzierter, freier Blick auf die Vergangenheit wurde möglich und das frühere, Verfolger und Verfolgte gleich machende Totengedenken zunehmend fragwürdig. Wo es doch versucht wurde, kam es gelegentlich zum politischen Skandal. Von den beiden prominentesten wird noch zu reden sein: der deutsch-amerikanischen Aussöhnung über den Gräbern von Bitburg und Bergen-Belsen und der Auseinandersetzung um die neue nationale Gedenkstätte der Bundesrepublik, die Neue Wache in Berlin. Wie problematisch das Totengedenken im Rückblick auf zwei Diktaturen für das vereinte Deutschland ist, zeigt sich auch andernorts und in anderen Zusammenhängen. In Buchenwald war jahrelang die Frage heftig umstritten, ob die ehrende Erinnerung an die Toten des sowjetischen Speziallagers jener des Konzentrationslagers nachgeordnet oder untergeordnet wird und wie dieses Verhältnis symbolisch und architektonisch angemessen zum Ausdruck gebracht werden kann. Um die Berliner Widerstandsgedenkstätte und das von ihr konsequent vertretene Konzept eines integrativen Widerstandsbildes, das Kommunisten nicht länger ausgrenzt, sondern einschließt, wurde gleichfalls jahrelang erbittert gestritten. Umstritten ist nicht zuletzt die Frage, ob im Land der Täter ohne weiteres der Ermordung der europäischen Juden in einem nationalen Holocaust-Mahnmal gedacht werden darf.

Erinnerungspolitik: Streit um die Vergangenheit

Politische Systeme sind auf den Umgang mit Vergangenheit angewiesen. Er dient der sozialen Binnenintegration, der kulturellen Identitätsbildung und der politisch-symbolischen Herrschaftslegitimierung. Jedes Gemeinwesen muß wissen und sinnlich erfahrbar machen, worauf es gründet und woher es kommt. Man sollte deshalb nicht vom Mißbrauch der Geschichte im Dritten Reich oder in der DDR einseitig und abwertend sprechen, als ob nur dort Erinnerung zu politischen Zwecken instrumentalisiert würde. Eine solche Sicht ist auch deshalb bedenklich, weil auf diese Weise der politische Umgang mit Geschichte und Erinnerung abgewertet wird. Erinnerungspolitik ist legitim und dessen Kern, das Totengedenken, für jede Gesellschaft konstitutiv.

Erst wenn man dies anerkennt, wird deutlich, daß und warum nationale Unterschiede bestehen. Erst wenn man Erinnerungskulturen und Erinnerungspolitik systemvergleichend betrachtet, kann man verstehen, daß und warum Vergangenheit für jedes politische System eine unverzichtbare Ressource ist. Geht es wie hier um die NS-Vergangenheit, richtet sich der vergleichende Blick auf die Nachfolgestaaten des Großdeutschen Reiches. Während die Bundesrepublik in einem unmittelbaren Nachfolgeverhältnis zum aufgelösten Großdeutschen Reich steht und von Anfang an mit der gesamten Erblast konfrontiert war, konnten Österreich und die DDR Positionen einnehmen, die ihnen den Umgang mit den Folgen der nationalsozialistischen Diktatur erheblich erleichterten.[28] Diese Länder haben ihre neuen politischen Ordnungen durch eine Art nachträglicher Reparatur der Geschichte zu legitimieren versucht. Die NS-Vergangenheit wurde dadurch in zweifacher Weise aufgehoben: in den Korrekturen der politischen und gesellschaftlichen Verhältnisse sowie im offiziellen Geschichtsbild der öffentlichen Erinnerungskultur.

Österreich betonte, daß durch das Auseinanderbrechen der beiden großen politisch-sozialen Lager und die gewaltsame Errichtung des Ständestaates seine innere Abwehr nachhaltig geschwächt und das Land schließlich dem nationalsozialistischen Anschlußdruck erlegen sei. Gestützt vor allem auf die Moskauer Deklaration von 1943, hat sich Österreich lange als erstes Opfer der Angriffspolitik Hitler-Deutschlands darstellen und den »Anschluß« zum Ereignis einer »externen Intervention« umdeuten können. Die Alpenrepublik muß allerdings in dieser Geschichte deutsch-deutscher Gedächtnisorte und Erinnerungspolitik außer Betracht bleiben.[29]

Der DDR stand eine andere Variante zur Verfügung, sich den moralischen, materiellen und politischen Verpflichtungen aus der nationalsozialistischen Erblast zu entziehen. Mit dem unter sowjetischer Besatzung vollzogenen Systemwechsel gab sie vor, die 1918/19 nicht stattgefundene sozialistische Revolution nachgeholt zu haben. Folglich machte sie diese Tradition zum zentralen Bezugspunkt ihrer Erinnerungskultur. Alljährlich wurde im weiten Rund der in den zwanziger Jahren von Mies van der Rohe geschaffenen, von den Nazis zerstörten und nach 1945 neu errichteten Sozialistischen Gedenkstätte in Berlin-Friedrichsfelde an die Ermordung Rosa Luxemburgs und Karl Liebknechts erinnert. Seit der Wende versucht die PDS, diese Tradition fortzusetzen. Die DDR verwies auf die nicht mehr überprüfbare These – für sie allerdings eine geschichtsideologische Gewißheit –, daß eine frühzeitige Überwindung des Kapitalismus dem Faschismus in Deutschland die Basis entzogen hätte. Sie deutete den Nationalsozialismus als Krisen- und Entwicklungsphänomen des westlichen Kapitalismus und Imperialismus, weshalb sie ihn im Faschismusbegriff zu einem internationalen, allgemeinen Phänomen erklären und sich selbst von Verpflichtungen gegenüber den NS-Diktaturfolgen weitgehend entlasten konnte. Soweit die Erinnerungskultur der DDR die NS-Zeit betraf, war sie stark eingeschränkt auf eine Heroisierung des antifaschistisch-sozialistischen Widerstands und den Sieg der Roten Armee über Hitler-Deutschland. Das antifaschistische Lager hatte es insofern leichter mit dem Totengedenken. Es konnte die eigenen Toten als notwendiges Opfer im Kampf um die Befreiung vom Hitler-Faschismus verklären und die Erinnerung an sie zu einer Art Überlebensgarantie im internationalen Kampf gegen den restlichen Militarismus und Imperialismus stilisieren. Der ostdeutsche Teilstaat begann folglich früher als der westdeutsche mit der Einrichtung und Inszenierung von Gedenkstätten zur Erinnerung an die NS-Zeit.

Demgegenüber wurde im Westen Deutschlands der Übergang von der parlamentarischen zur Präsidialdemokratie Weimars im Jahr 1930 als die entscheidende Bedingung für die schließliche Machteroberung der Nationalsozialisten angesehen. Die Bundesrepublik versuchte daher, insbesondere die Strukturschwächen der ersten deutschen Republik in ihrer politisch-institutionellen und politisch-kulturellen Ordnung zu korrigieren. Als erklärter Nachfolger und treuhänderischer Nachlaßverwalter des aufgelösten Großdeutschen Reiches mußte sich die alte und muß sich auch die neue Bundesrepublik der gesamten Erblast und der ganzen Diktatur-Geschichte und ihrer Folgeprobleme annehmen, was nicht leicht war und umstritten geblieben ist: von der Beobachtung und Bekämpfung des Rechtsextremismus, über die moralische und materielle Verpflichtung zur Entnazifizierung, Strafverfolgung und Wiedergutmachung bis hin zu umfassender wissenschaftlicher Aufklärung und einer institutionalisierten öffentlichen Erinnerungs- oder Memorialkultur.

Unsicherheit und Streit haben den Umgang mit der NS-Vergangenheit von Anfang an geprägt. Vier Probleme stehen dabei im Mittelpunkt der kontroversen Debatten:

Erstens: Problematisch ist zunächst schon der Vergangenheitsbezug selbst und die zuvor bereits erörterte Verwendung integraler Opferformeln im Totengedenken.

Zweitens: Zu Kontroversen Anlaß gibt auch immer wieder die Kommerzialisierung bzw. Trivialisierung der Vergangenheit, also die kulturindustrielle Verwertung des Genozids und dessen Verwandlung in Kunstgenuß.

Drittens: Damit eng verknüpft ist die Frage der Freiheit künstlerischsubjektiver Deutung des Holocaust, also das Problem seiner Fiktionalisierung in Werken der Kunst sowie seine denkmalästhetische Symbolisierung, vorzugsweise an authentischen Gedächtnisorten.

Viertens: Umstritten ist schließlich die Frage nach dem gesellschaftlichen Nutzen der Denkmäler und Gedenkstätten ihrer volkspädagogischen Effizienz und Relevanz für eine demokratische politische Kultur.

1. Die Unsicherheit begann damit, daß die Bundesrepublik ihre nationale Identitätsbildung unter einem zwiespältigen Vergangenheitsbezug voll-

ziehen muß.[30] Der westdeutsche Teilstaat schloß an die Kontinuität des Deutschen Reiches an, um sich zugleich von ihr zu distanzieren. Schon die zusammengesetzte Staatsbezeichnung macht das deutlich. »Bundesrepublik« steht für Zäsur, für Neuanfang, für einen Staatstyp westlich-demokratischen Zuschnitts. »Deutschland« steht für die kultur- und volksnationale Kontinutiät, für das historische Erbe. Der Doppelname verspricht also einerseits politischen Wandel, und er begründet andererseits Rechtsnachfolge und gesamtschuldnerische Haftung.

In den beiden Geschichtsmuseen in Bonn und Berlin gerät dieser doppelte Vergangenheitsbezug im Umgang mit dem Nationalsozialismus zur Zweideutigkeit: Dort wird die NS-Zeit gewissermaßen aus zwei Blickrichtungen historisiert und relativiert. Im Bonner Haus ist sie kaum mehr als ein chimärenhafter Schatten über dem raschen und erfolgreichen Wiederaufbau und Wiederaufstieg zur Wohlstandsgesellschaft. Und im Deutschen Historischen Museum ist sie nur eine unter vielen, farbenprächtig ausgestellten und bilderreich dokumentierten Perioden der deutschen Geschichte, »blutbefleckt«, wie Jean Améry diese Historisierung schon vor Jahrzehnten vorausgesehen hat, aber »nicht übler als es dramatische historische Epochen nun einmal sind«.[31]

Die Unsicherheit bei der Frage nach deutscher Identität wird also zum einen durch diesen ambivalenten Vergangenheitsbezug bestimmt und zum anderen ganz wesentlich dadurch, daß eine zentrale Unterscheidung nationaler Identitätsbildung durch die NS-Herrschaft ins Gegenteil verkehrt worden ist: Das soziale Gedächtnis sieht gewöhnlich das Eigene positiv und das Fremde negativ.[32] Der Entstehungsgrund unseres Gemeinwesens ist jedoch mit dem Makel eines großen Verbrechens behaftet, das uns und unsere Geschichte auf unbestimmbare Zeit belastet. Jede Erinnerung an unsere Herkunft, auch im vereinten Deutschland, ist und bleibt – solange dieser Staat besteht – die Erinnerung an Tod und Schuld. Anders als in der frühen Nachkriegszeit wird heute die Nobilitierung aller Toten zu Opfern des Krieges und der Gewaltherrschaft nicht mehr ohne weiteres akzeptiert. Ein solches Gedenken abstrahiert von den historischen Gegebenheiten und verkehrt die einst unversöhnliche Konfrontation von privilegierten deutschen Volksgenossen und rechtlosen Volksfremden im Erinnern ins versöhnliche Gegenteil. Erschwerend kommt hinzu, daß die Deutschen die Befreiung von der Hitler-Diktatur zur Republik nicht aus eigener Kraft vollbracht haben. Diesen für die Bundesrepublik zentralen Gründungsakt verdankt sie nicht sich selbst, sondern den außerordentlichen Anstrengungen und Opfern der Alliierten der Anti-Hitler-Koalition und deren Zivilbevölkerungen.

In der frühen Bundesrepublik haben Schuldangst und ihre Verdrängung das Verhältnis zur Vergangenheit geprägt. Für die spätere Zeit ist die Angst vor einer Vergessensschuld[33] das dominierende, freilich umstrittene Motiv im Umgang mit der NS-Vergangenheit. Jahrzehntelang haben diese Fragen die öffentliche Debatte über die NS-Zeit bestimmt und polarisiert. Eine demoskopische Mehrheit verlangte immer wieder den berühmten Schlußstrich, forderte nach Amnestie auch Amnesie, während eine Minderheit auf Anamnese beharrte, weil angeblich nur ein Nichtvergessen vor der Wiederholung von Krieg und Vökermord schütze. In der frühen Bundesrepublik war vor allem das »Ob« des kollektiven Erinnerns umstritten. In der Gegenwart ist es mehr das »Wie« und »Wozu« des öffentlichen Erinnerns.

2. Die individuelle wie kollektive Erinnerung an die nationalsozialistische Gewaltherrschaft hat inzwischen ihre eigene Geschichte und mit dieser eine große Fülle und Vielfalt von kulturellen Manifestationen und Medien der Vergangenheitsrepräsentation hervorgebracht. Aus keiner anderen Zerstörungserfahrung unserer Zeit entsprang eine so außergewöhnliche kulturelle Produktivität. Heute stützt sich die staatlich und kommerziell organisierte Erinnerungskultur des Holocaust auf ein globales Netz von speziellen Erinnerungsträgern: Forschungsinstitute, Archive, Bibliotheken, Museen, Gedenkstätten, Denkmäler und Gedenktage. Eine große Zahl von Erinnerungsvirtuosen agieren in diesem Feld: wissenschaftliche Experten, Pädagogen, Psychologen, Künstler, Architekten, Schriftsteller, Filmemacher. Ihnen stehen vielfältige Erinnerungsmedien zur Verfügung und ein ganzes Repertoire von Mobilisierungsstrategien. Sie finden in ihren populärsten Produkten immer wieder ein Millionenpublikum. Das begann mit der Vermarktung von Anne Franks Tagebuch, setzte sich fort im TV-Melodram *Holocaust* und erreichte in Spielbergs Filmspektakel *Schindlers Liste* einen neuen Höhepunkt. Hunderttausende besuchen Jahr für Jahr die einstigen Schreckensorte: von Auschwitz und Majdanek bis Buchenwald und Bergen-Belsen, aber auch die vielen mythenumrankten Schauplätze jener Geschichte von Berlin bis München, von Hitlers Berchtesgadener Berghof über Peenemünde an der Ostsee, die legendäre »Wiege der Weltraumfahrt«, bis zur Wolfsschanze, dem einstigen »Führerhauptquartier« im Nordosten Polens.

Die Zahl der an die NS-Zeit erinnernden Denkmäler und Gedenkstätten mit ihrer vielfach beachtlichen, dokumentarischen, ästhetischen und didaktischen Ausstattung hat in der jüngsten Vergangenheit erheblich zugenommen. Diese Entwicklung ist Teil der zeitgenössischen Musealisierungstendenz und des seit Jahren anhaltenden Museumsbooms und als solche selbstverständlich nicht unumstritten. Die Zunahme der erinnerungskulturellen Aktivitäten und Manifestationen hat einen zweiten Grund. Bald wird das in den Erfahrungen der Holocaust-Überlebenden vergänglich eingeschriebene kommunikative Gedächtnis nicht mehr von ihnen selbst artikuliert werden können, sondern in den Institutionen unseres kulturellen Gedächtnisses aufgehen und aufgehoben sein. Daß diese kleiner werdende Gruppe vierzig, fünfzig Jahre nach Auschwitz zum letzten Mal mit autobiographischen Zeugnissen und anderen Erinnerungsanstrengungen hervortritt, unterstreicht diesen Übergang und verdeutlicht noch einmal, welche Angst die Holocaust-Opfer von Anfang an vor allem erfüllte, »die Angst vor dem Vergessen«, wie Imre Kertész schrieb.

Diese hat in fünf Jahrzehnten eine weltweit verbreitete Holocaust-»Subkultur« hervorgebracht. Der Genozid ist längst ein fest etabliertes Thema unserer Massenkultur und der sie begleitenden Kulturkritik. Schon Theodor W. Adorno hat das, was wir heute Erinnerungskultur nennen, kritisiert.[34] Zwar räumte er ein, daß das »Leiden soviel Recht auf Ausdruck« habe »wie der Gemarterte zu brüllen«, um gleichwohl auf seinem Verdikt zu beharren, daß »alle Kultur nach Auschwitz, samt der dringlichen Kritik daran (...) Müll sei«. Denn aus den Opfern würden Kunstwerke gemacht und »der Welt zum Fraß vorgeworfen, die sie umbrachte«. Durch die ästhetische Vergegenwärtigung des Grauens würde etwas von ihm weggenommen und den Opfern noch einmal Unrecht getan. Adorno hat diese Aporie, daß Kunst nach Auschwitz unmöglich und zugleich unentbehrlich sei, immer wieder aufgenommen, aber nicht aufgelöst. Die authentischen Künstler der Gegenwart seien die, so schrieb er, »in deren Werken das äußerste Grauen nachzittert«.

3. Bei der ästhetischen Vergegenwärtigung der NS-Vergangenheit in Kunstwerken und in architektonisch und museal gestalteten Gedächtnisorten geht es um die Frage der künstlerischen Freiheit in der Deutung des Nationalsozialismus und seiner Gewaltverbrechen. Jene, die im Holocaust ein unvergleichliches und unverständliches Ereignis sehen, halten ihn für undarstellbar, beschränken sich auf das Gespräch über ihn, die

Imagination und die Gedächtnisbilder der Überlebenden. Im Extrem tendiert diese Sicht – wie bei Claude Lanzmann in seiner Kritik an Steven Spielberg – zum »Bilderverbot«. Erinnerung darf danach nicht inszeniert, sie muß allein im Kopf der Individuen evoziert werden. Auschwitz ist nach dieser Auffassung eine Realität, die jede Fiktion übertrifft.[35] Aber auch Lanzmann kann in seinem Film *Shoah* auf Bilder nicht verzichten. Auch er muß an die Tatorte zurückkehren, sie abbilden und, um seine Zeugen zum Sprechen zu bringen, traumatische Situationen nachspielen lassen. Die Kritik sieht im vorgeblichen Bilderverzicht und im Bilderverbot eine fatale Neigung zur »Sakralisierung des Holocaust«. Sie habe ihn zu einer »Ersatzreligion« gerade für jene Juden gemacht, die als Assimilierte und Agnostiker nach dem Holocaust einen identitätsverbürgenden Rückhalt dringend benötigten.[36]

Die Holocaust-Erinnerungskultur hat diesem Standpunkt praktisch stets vehement und außerordentlich kreativ widersprochen. Gerade weil sich die extreme Realität der nationalsozialistischen Gewaltverbrechen der dokumentarischen Darstellung und einer verstehenden Deutung entzieht, ist sie – so wird hier argumentiert – auf die Vielfalt künstlerischer Formen angewiesen. Gerade weil Auschwitz zum schwarzen Fixpunkt einer Epoche geworden ist, die uns – wie es bei Saul Friedländer heißt – nur »Mythen und Schatten« liefert, aber keine Informationen, die wir noch zu verständlichen Realitätsbildern zusammensetzen könnten, brauchen wir Metaphern. Wir brauchen die subjektive und anschauliche Deutung in den literarischen und visuellen Konstruktionen der Erinnerung nicht zuletzt im Hinblick auf die nachwachsenden Generationen, deren Informationsaufnahme und Unterhaltungsbedürfnisse immer stärker visuell und virtuell befriedigt werden – durch Comics, Videos und Internet.

Zu vermeiden ist die künstlerische Auseinandersetzung mit dem Holocaust ohnehin nicht, denn das menschliche Erinnerungsvermögen ist eine naturgegebene Fähigkeit, keine moralische Leistung. Ein Vermögen allerdings, das so oder so beeinflußt werden kann, ob durch Verklärung der Geschichte und Verharmlosung ihrer Probleme, wir nennen das Nostalgie oder Erinnerungskitsch, oder durch Phantasie und Einfühlung, wie überall dort, wo wir die Zeugnisse der Erinnerung in ihrer subjektiven Interpretation der Vergangenheit als glaubwürdig empfinden. Die Erinnerung an das Grauen vollzieht sich im Spannungsfeld von Kitsch und Kunst, und die Beurteilung ihrer Produkte folgt dem Kriterium der Authentizität.[37] Dieses ist in den vielen Werken erfundener Erinnerung, also in Literatur, Film und Theater, die Gegenstand eines zweiten Bandes zur Geschichte deutscher NS-Gedächtnisorte sein werden, anders zu bestimmen als an jenen Gedächtnisorten, die durch die Geschichte unmittelbar als authentisch beglaubigt sind. Aber auch sie können und wollen auf Interpretation und Inszenierung nicht verzichten. Im Gegenteil. Die in Museen gern auf Großfotos und in den Lagern als materiale Objekte zur Schau gestellten »Ikonen der Vernichtung«, die Berge von Brillen, Prothesen, Haaren und Koffern der ermordeten Juden, scheinen mit ihrer sinnlich wahrnehmbaren, anrührenden Aura die Vergangenheit der Vernichtungslager, das Leiden und die Hoffnung der Verfolgten selbst zu repräsentieren. Es sind Überreste, die als Teile für das Ganze stehen und ihm doch nicht entsprechen können. Ohne den ursprünglichen Lebenszusammenhang, aus dem sie übriggeblieben sind, schrumpft ihre Bedeutung zu bloßen »Vergangenheits-Fetischen«[38], die nur noch eine Funktion erfüllen: Schaustücke zu sein. Als solche erscheinen sie insbesondere in den KZ-Gedenkstätten, also am authentischen Gedächtnisort, so bedenklich, weil diese gern die »Autorität unrekonstruierter Realität« für sich in Anspruch nehmen, worauf zuerst der amerikanische Judaist James E. Young aufmerksam gemacht hat. Die Visualisierung und Vergegenständlichung grauenvoller Ereignisse verschleiert gerade dort, daß sich dem Besucher durchaus nicht die unvermittelte Vergangenheit selbst zeigt, sondern ein rekonstruiertes, zudem politisch gewolltes und mit moralischem Anspruch versehenes Bild von ihr. Young spricht von »vergeßlichen Denkmalen«, in denen die Ereignisgeschichte zugleich gelöscht und neu definiert wird.[39]

Seit den ausgehenden siebziger Jahren sind immer wieder neue Gedächtnisorte der jüdischen Opfer denkmalwürdig geworden – Synagogen, Deportationsbahnhöfe, Zwangsarbeitslager. Sie stehen für die erklärbaren, aber doch kaum verständlichen Gewaltverbrechen des 20. Jahrhunderts, für den komplizierten Zusammenhang von Barbarei und Zivilisation, und haben das Problem der ästhetischen Repräsentation des Holocaust selbst zum Thema werden lassen. Die moderne Denkmalkunst hat aus dem Scheitern der traditionellen Denkmalidee längst Konsequenzen gezogen und sich an die Grenze des Sichtbaren begeben. Aus dieser Randlage ist eine »Kunst des Verschwindens«[40] entstanden. Nicht wenige ihrer renommiertesten Vertreter folgen der Einstellung, daß die NS-Vergangenheit nicht mehr unmittelbar und auch nicht dauerhaft denkmalkünstlerisch vergegenwärtigt werden kann, und thematisieren die Erinnerung an den Verlust, an das unwiederbringlich Verlorene deshalb als

Leerstelle, als Lücke, als Hohlform, als sichtbar Unsichtbares, als ephemere Denkmalinstallation. Genannt seien Christian Boltanski, Karol Broniatowski, Jochen Gerz, Hans Haacke, Horst Hoheisl, Dani Karavan und Micha Ullmann. Solche Denkmäler scheinen ehrlicher und angemessener zu sein. Sie erinnern uns an das Vergessen und an das Vergessen im Erinnern, daran, daß sich das Erinnern an Auschwitz im Spannungsfeld von kultureller Erfindung und politischem Interesse bewegt. Eine so verstandene Erinnerung verbirgt sich nicht hinter der vorgeblichen Unbegreiflichkeit und Undarstellbarkeit des Holocaust, verdrängt nicht, daß wieder geschehen kann, was geschehen ist und setzt nicht auf Pathos und Monumentalität, sondern auf die flüchtige Provokation, auf die Subjektivität der Deutung und auf den Streit in der Bewertung und historischen Einordnung der NS-Vergangenheit.

4. Wer die öffentliche Darstellung demokratischer Wertgrundlagen für systemnotwendig hält, wird Gedenkstätten und Denkmäler, die an demokratiefeindliche Regime erinnern – ungeachtet aller denkmalästhetischen Kritik –, als unverzichtbar ansehen. Aus einer empirischen Sicht muß sich diese Position allerdings den Einwand gefallen lassen, daß öffentliche Erinnerungszeichen in ihrer meinungsbildenden Wirksamkeit im allgemeinen überschätzt werden. Ihre Relevanz für die politische Kultur wird vermutlich nur dann nicht überbewertet, wenn sich mit ihrer Entstehung und Nutzung ein langjähriger öffentlicher Streit verbindet. Genannt seien nur einige der Beispiele, die in den nachfolgenden Kapiteln eingehender vorgestellt werden: das Krieger- und Antikriegs-Gegendenkmal am Hamburger Dammtorbahnhof, der Frankfurter Börneplatz, der Münchener Königsplatz, das ehemalige Reichsparteitagsgelände in Nürnberg, die Gedenkstätte Deutscher Widerstand, die »Topographie des Terrors«, die KZ-Gedenkstätten und das Holocaust-Mahnmal in Berlin. Der Streit um die Gedenkstätten und Mahnmale ist für das kollektive Gedächtnis wahrscheinich wichtiger als die Denkmäler selbst, aber ohne sie findet er nicht statt. Walter Grasskamp hat das Dilemma des Denkmals auf die zugespitzte Formel gebracht: »Wenn es niemanden stört, hat es versagt. Aber wenn es auf Widerstand trifft, ist dieser noch kein Indiz für seine Funktionstüchtigkeit.«[41] Es wäre allerdings immer erst noch am konkreten Beispiel zu klären, welche Funktion unseren Denkmälern zugemutet werden soll – oder zugetraut werden kann, und welche Rolle sie in ihrem lokalen Umfeld zeitweise gespielt haben. Vielleicht sind sie nicht mehr als medienwirksame

Zwischenspiele, politisch umstrittene Orientierungshilfen zur Erinnerung an die nationalsozialistische Herrschaft. Aber auch und gerade als solche sind sie Teil unserer politischen Kultur, geben sie uns Auskunft über unsere Herkunft, über unser jeweiliges Geschichtsbild, über unser Totengedenken und über unseren Denkmalglauben.

Ob Gedächtnisorte die Erinnerung an die Vergangenheit monumentalisieren oder in Feierstunden zelebrieren, sie sind Einrichtungen und Veranstaltungen der Gegenwart, weit entfernt von dem historischen Geschehen, das sie vergegenwärtigen und vor dessen Wiederholung sie vorgeben, uns bewahren, zumindest aber warnen zu können. Nur die Nachlebenden profitieren von ihnen. Skepsis gegenüber einer kommerziell florierenden und politisch routiniert genutzten Erinnerungskultur ist angebracht. Erinnerung ist unzuverlässig, sie lügt und erfindet, ob kitschig oder kunstvoll, bildhaft oder bilderlos, ob die Vergangenheit nacherzählt, nachgespielt oder nachgebaut wird. »Man erfindet Neues mit Hilfe des Gewesenen«, so noch einmal Ruth Klüger über die Möglichkeit, den Holocaust zu erinnern. Sie deutet damit zugleich einen kritischen Begriff des Erinnerns und Gedenkens an.[42] Erinnerung wählt aus, sie verteufelt und verharmlost, vereinfacht und verändert das Vergangene, aus welchen Motiven und zu welchem Zweck auch immer. Erinnerungspolitik bietet Wahlmöglichkeiten, sie organisiert den Streit um die Vergangenheit und sucht den Konsens für ihre Entscheidungen. Wie hartnäckig diese Auseinandersetzung sein kann und wie schwierig die Verständigung, das haben wir im innerdeutschen Systemkonflikt erfahren, das erleben wir aber auch im Verhältnis der Generationen und zwischen anderen Großgruppen unserer Gesellschaft. Der Streit um die Vergangenheit wird an vielen Orten ausgetragen. Zahlreiche Akteure sind an ihm beteiligt. Die Politik mit der Erinnerung ist konfliktträchtig – das Thema dieses Buches.

2. Deutschland nach 1945:
Eine Erinnerungslandschaft

Mag auch immer wieder über den Anachronismus von Denkmälern und Gedenkstätten gespottet werden. Mögen sie manchem bloß vergessene steinerne Fossilien eines überlebten Personenkultes oder Ausdruck eines mythischen Geschichtsverständnisses sein: Sie werden besucht, beguckt, manchmal wohl auch bestaunt und vielleicht noch häufiger beschrieben und besprüht. Ob die Denkmäler nun auf den Namen Wilhelm und Hermann oder Bismarck, Marx und Engels hören, ob sie Walhalla oder Wartburg heißen, Kyffhäuser, Deutsches Eck oder Porta Westfalica, Befreiungshalle oder Feldherrnhalle, Brandenburger Tor oder Siegestor, Siegessäule oder Sowjetisches Ehrenmal, Kölner Dom oder Paulskirche, Plötzensee oder Prinz-Albrecht-Gelände, Buchenwald oder Bergen-Belsen – und neuerdings wieder Neue Wache: Sie alle sind unentbehrliche Objekte der fotografischen Begierde, unverzichtbare Bezugspunkte für den auf historischen Spuren wandelnden Besichtigungstourismus und noch mehr.

Der Bau von Denkmälern und Gedenkstätten – soviel verrät schon diese Aufzählung – erweist sich seit langem und wohl auch weiterhin für symbolische Politik als ein unverzichtbares Medium.[1] Mit ihm streben die politischen Akteure als Denkmalsetzer an, ein zeit- und gruppenspezifisches oder übergreifendes Geschichtsbild sichtbar zu machen und buchstäblich festzuschreiben, sei es zur Legitimation ihrer eigenen politischen Ziele, sei es zur ideellen Verpflichtung und demonstrativen Integration ihrer Anhänger, zumal im Ritual wiederkehrender Gedenkfeiern. Zudem wollen sie den Erinnerungsdiskurs entweder harmonisieren und zentralisieren oder umgekehrt gerade differenzieren und dezentralisieren und das heißt vielfach auch lokalhistorisch fixieren. Für eine demokratische Gesellschaft ist jedenfalls die Mehrzahl und Mehrdeutigkeit von Erinnerungsbildern charakteristisch. Insofern zeigt nicht erst der Denkmalsturz in der Grenzsituation eines politischen Systemwechsels an, daß die symbolische Aussage von Denkmälern weder dauerhaft verbindlich noch ohne weiteres über lange Zeit verständlich ist. Die Intention der Denkmalsetzer und die Funktion des Denkmals fallen nicht zwangsläufig und unbegrenzt zusammen, zumal dann nicht, wenn jene mit ihren Setzungen einen allgemeinen und überzeitlichen Geltungsanspruch erheben. Mit anderen Worten: Identifikationsangebote und Nobilitierungsgesten werden nicht umstandslos angenommen und akzeptiert, sondern überprüft, verworfen, ergänzt oder einfach ignoriert, jedenfalls im Rahmen einer pluralistischen Gesellschaft und im Wechsel der Generationen sowieso.

Gleichwohl oder gerade deshalb ist das Denkmal eine aufschlußreiche künstlerische und historisch-politische Manifestation. Es ist Zeugnis einer doppelten historischen Zeit. Mittelbar sagt es etwas aus über die historische Persönlichkeit und das Ereignis, welche(s) vergegenwärtigt werden soll. Unmittelbar dokumentiert es die Interessen und Geschichtsdeutungen der Denkmalsetzer, während die Kommentierungen von Denkmälern und Gedenkstätten zumindest punktuelle und situative Einblicke in ihre spätere Rezeption erlauben. Deshalb wird man auch nur zögernd und mit Vorbehalt die Frage beantworten, ob und welche Bedeutungen sich beim Betrachten von Denkmälern aktualisieren und welche Gefühle an Gedächtnisorten geweckt werden, zumal bei feierlichen Anlässen. Kaum zu bezweifeln ist allerdings, daß das Denkmal dem im Raum schweifenden Auge einen erhabenen und vielleicht auch erhebenden Fixpunkt bietet und daß die alltägliche, verfließende Zeit durch Gedenkfeiern und Fest-Zeiten einen Rhythmus erhält. Sie wird angehalten, überhöht, gleichsam transzendiert. Säkulare Feier und religiöser Kult sind nicht von ungefähr verwandte, außeralltägliche Erscheinungen.[2] Und der unübersichtlich nahe städtische Raum bekommt – wie auch die unübersehbar weite Landschaft – durch Baudenkmäler feste, aus-gezeichnete Bezugspunkte. Vielleicht kann man die allgemeinste und durchaus politisch relevante Funktion von Denkmälern und Gedenkfeiern darin sehen, daß sie unser allgemeines – die persönliche Lebenswelt übergreifendes – Raum-Zeit-Bewußtsein strukturieren.[3]

Geschichtsbilder, Kenntnisse über und Meinungen zu zentralen Fragen der Geschichte des Nationalsozialismus werden zweifellos durch die zeit-räumlichen Gedächtnisorte in hohem Maße fokussiert. An den 30. Januar knüpft sich immer wieder die Frage: War die Ernennung Hitlers zum Reichskanzler eine Machtergreifung oder eine Machtübertragung? Mit der Gedenkstätte Plötzensee, dem Bendlerblock in Berlins Stauffenberg-Straße und den jährlichen Gedenkfeiern zum 20. Juli verbindet sich die Frage nach den Motiven, den Perspektiven und dem Warum des Scheiterns des militärischen Widerstands. Und gleich mehrere Gedächtnisorte in Deutschland – beispielsweise Buchenwald und Bergen-Belsen, die Wannsee-Villa und das Prinz-Albrecht-Gelände, die Pogromnacht des 9. November und die zahlreich zerstörten Synagogen – lösen die immer wieder Ratlosigkeit offenbarende Frage aus: Wie konnte das alles geschehen?

Wie wichtig diese Fixierung und Strukturierung ist, wird immer dann offensichtlich, wenn sich der vertraute Raum und das gewohnte Ritual, ja das Zeitgenössische überhaupt gleichsam über Nacht verändern und die alten architektonischen und kalendarisch wiederkehrenden Orientierungspunkte durch neue ersetzt, ergänzt oder in veränderter Perspektive gesehen werden, wie das im vereinten Deutschland nun der Fall ist – und ganz besonders deutlich sichtbar wird in Berlin, der altneuen deutschen Hauptstadt.

Von dieser Gegenwart geht der Blick hier erst einmal zurück in die Geschichte der Gedenkstätten und Denkmäler, die nach 1945 in beiden deutschen Staaten – und weltweit – für die Toten des Krieges und der Gewaltherrschaft Hitler-Deutschlands errichtet worden sind.[4] Ihre Vielzahl und Vielfalt erweist sich längst – in Berlin wie im ganzen Land – als differenzierte und mit Malen dicht besetzte Erinnerungslandschaft. Aber nicht nur das ist ein bemerkenswerter Tatbestand gegenüber dem immer wieder zu pauschal und ungenau erhobenen Vorwurf des Vergessens und Verdrängens der nationalsozialistischen Vergangenheit. Im kollektiven Gedächtnis greifen ja – wie im individuellen Gedächtnis auch – Vergessen und Erinnern beständig ineinander. Insofern sich dieser Prozeß denkmalkünstlerisch manifestiert hat, sind seine Spuren also so oder so zu einem Element der öffentlichen Erinnerungskultur geworden. Bemerkenswert ist zudem, daß in dieser Erinnerungslandschaft Täter wie Opfer ihre steinernen Spuren hinterlassen haben. Denkmalgeschichtlich gesehen besteht nämlich zwischen den Tätern und den jüdischen Opfern des NS-Staates eine merkwürdige Affinität, irritierend – vielleicht, doch nur auf den ersten Blick. Beide, Täter wie Opfer, haben früh an den möglichen eigenen Untergang gedacht und dabei auf die Macht der sprechenden Steine gebaut oder – im Fall der verfolgten Juden – auf die Kraft der anklagenden Steine vertraut. Denkmäler »sind Formen des Nachlebens«[5], die ja durchaus nicht nur von den späteren Nachkommen geschaffen werden. An ihr Nachleben denken bereits die Lebenden.

Schon auf dem »Reichsparteitag des Sieges«, Anfang September 1933 also, dachte Hitler an das Ende und über den Untergang der »Herrenrasse« hinaus. In seiner sogenannten Kulturrede erklärte er: »Selbst wenn ein Volk erlischt und Menschen schweigen, dann werden die Steine reden.«[6] Überhaupt versprach er sich ja von den monumentalen Worten aus Stein eine fesselnde – sei es erhebende, sei es einschüchternde – Kraft, vergleichbar der Magie und Suggestion vor allem seines gesprochenen Wortes.

Und die jüdischen Opfer? Am Tag vor dem Judenboykott, am 1. April 1933, suchte das *Frankfurter Jüdische Gemeindeblatt* seine Leser mit dem Hinweis auf das in der jüdischen Überlieferung wurzelnde Vertrauen in die Zeugenschaft und Überzeugungskraft der klagenden und anklagenden Steine zu trösten: »Wenn keine Stimme sich für uns erhebt, so werden die Steine dieser Stadt für uns zeugen.«[7]

Sie tun es bis heute, mal mehr, mal weniger. Denn im Wechsel von Verdrängen und Erinnern ist in den Jahrzehnten seit 1945 wohl häufiger offenbar geworden, daß die von den Tätern und den Opfern hinterlassenen bzw. die von ihren Nachkommen gesetzten Steine eben nicht aus eigener Kraft reden können, sondern stets erst durch die Nachlebenden zum Sprechen gebracht – oder eben zum Verstummen verurteilt werden. Aber selbst solche Steine, die – zerstört und verschüttet – schon jahrzehntelang unsichtbar oder unansehnlich, also verstummt waren, können unter bestimmten Voraussetzungen anstößig werden, also abermals zu »sprechen« beginnen, wie die ehemalige Judengasse am Frankfurter Börneplatz oder die Fundamente der Gestapo-Zentrale im früheren Prinz-Albrecht-Palais, um nur die beiden prominentesten Beispiele zu nennen, die jahrelang nicht nur die kommunale Öffentlichkeit beschäftigt haben. Hinzu kommen die ungezählten Erinnerungsgesten, mit denen seit 1945 eine Vielzahl von Einzelpersonen und Gruppen, lokalen Initiativen und staatlichen Institutionen ihren Erinnerungswillen zum Ausdruck gebracht haben. Das geschieht in traditionellen und modernen Mahnmalen ebenso wie auf Friedhöfen und im Erhalt von Ruinen, und nicht zuletzt mit der Umwandlung von ehemaligen Konzentrationslagern in Gedenkstätten.

Sichtbar geworden ist das kollektive Gedächtnis aber auch im schwierigen Umgang mit dem steinernen Erbe des NS-Staates selbst, den Partei- und Staatsbauten, den Fabrikanlagen und Freizeiteinrichtungen, den Siedlungshäusern und Stadtneugründungen, den Verwaltungs- und Verkehrsbauten und der Kriegsarchitektur, den Kasernen, Bunkern, Flugplätzen usw. Für den späteren Umgang mit der NS-Architektur lassen sich verschiedene Varianten erkennen: Abreißen oder Sprengen als seltene, aber demonstrative Geste der Sieger oder spätere Verlegenheitslösung der Besiegten. In den weitaus meisten Fällen wurden die Gebäude jedoch weitergenutzt, wo erforderlich nach eher oberflächlicher Fassadensäuberung. Vereinzelt kam es auch zum Wiederaufbau von NS-Bauten.

NS-Bauten – ein schwieriges Erbe

Die Baupläne des Hitler-Staates sind weitgehend Absicht geblieben, bloß auf Bildern, in Büchern und im Modell überliefert. Nur knapp zehn Prozent der geplanten Gigantomanie wurden auch gebaut. Gleichwohl hat sich die Nachwelt nicht an das dezidierte frühe Diktum des Architekturhistorikers Nikolaus Pevsner gehalten, wonach »jedes Wort über (…) die nationalsozialistische Architektur zuviel« sei. Im Gegenteil. Über kein Thema der ästhetischen Kultur des Nationalsozialismus ist mehr geredet, mehr geschrieben worden als über die NS-Bauten. Zusammen mit der einstigen Reichsautobahn, dem früheren Volks- alias KdF-Wagen und den alten Ufa-Filmen gehören Hitlers »Worte aus Stein« zur attraktivsten, bisweilen auch anstößigsten Hinterlassenschaft des Dritten Reiches.

Fünfzig Jahre danach diskutieren Historiker, Denkmalschützer und Kommunalpolitiker immer noch – oder wieder – über die Entnazifizierung der NS-Architektur. Und die aktuellen Fragen sind die alten: Abriß oder Restaurierung, gar Wiederaufbau? Umfunktionierung und Weiternutzung oder Rekonstruktion und Dokumentation von historischen Tatorten? Drei Städte rücken dabei vor allen anderen ins Blickfeld: München als einstige »Hauptstadt der Bewegung«, Nürnberg als »Stadt der Reichsparteitage« und Berlin als frühere Reichs- und geplante zukünftige Welthauptstadt »Germania«. Aber im Umgang mit der NS-Architektur geht es nicht nur um die Frage, wie die im Dritten Reich entstandenen Bauten zu entsorgen sind.

Nürnbergs Reichsparteitagsruinen:
Vom Mythos zur Dokumentation

»Nürnberg! du vormals weltberühmte Stadt« riefen wohl nicht nur die jungen Berliner Studenten Ludwig Tieck und Heinrich Wackenroder beim Anblick der fränkischen Metropole aus. Das nationalromantisch bewegte 19. Jahrhundert geriet über Nürnberg schnell ins Schwärmen. Keine zweite der alten Reichs- und Kaiserstädte war so sehr Symbol der verklärten mittelalterlichen Vergangenheit wie des »Reiches Schatzkästlein«. Keine andere verkörperte so sehr die Tradition altdeutscher bürgerlicher Lebenswelt. Nürnberg, das war die Stadt Dürers und der Meistersinger, denen Richard Wagner ein musikalisches Denkmal setzte. Der traditionslose deutschtümelnde NS-Staat hat mit diesem Bild Politik gemacht und in Nürnberg die passende Kulisse gefunden für seine Selbstdarstellung als totalitäres Bewegungsregime: faschistische Massenorganisationen und militärischer Führerstaat vor altfränkischem Ambiente.[8]

Der Name Nürnberg war vor 1933 weltbekannt und er ist es auch später geblieben. Nach 1933 wurde er – wie Theodor Heuss das in seiner Rede zur Hundert-Jahr-Feier des Germanischen Nationalmuseums Ende August 1952 umschrieb – »von der Geschichte verschmiert. Er ahnte wohl, wie schwierig es sein würde, »den Begriff ›Nürnberg‹ wieder zu reinigen«. Ihm erschien es gänzlich abwegig, »das Gedächtnis des Geschehenen der bösen Jahre mit Worten« auszulöschen und unstatthaft »die Gnade des Vergessen-Könnens zur Schnell-Technik des Vergessen-Sollens aus(zu)bilden«.[9] Nürnberg hat sich nach 1945 – wie andere Städte auch – gleichwohl immer wieder darum bemüht, seine Nazi-Vergangenheit abzustreifen, vor allem durch ein unpolitisches Image, durch Christkindlmarkt und Lebkuchen, durch Spielzeug, einen prominenten Fußballclub, als Sitz der Bundesanstalt für Arbeit und nicht zuletzt eben als Stadt mit dem größten Museum deutscher Kunst und Kultur und damit zugleich einem der großen Museen der Welt.[10]

Dennoch wird mit dem Namen dieser Stadt bis heute die Zeit des Nationalsozialismus assoziiert. Und das gleich dreifach: als Stadt der Reichsparteitage, als Stadt der Nürnberger Gesetze und als Stadt der 13 Nürnberger Prozesse. Daß Nürnberg immer wieder mit seiner NS-Vergangenheit konfrontiert worden ist, hat allerdings auch mit dem steinernen Erbe aus jener Zeit zu tun, dem Reichsparteitagsgelände und seinen bizarren Baubeständen, teils unfertigen Monumentalbauten (Kongreßhalle, Großes Stadion, Märzfeld), teils vollendeten (Zeppelintribüne), teils zerstörten Gebäuden (Luitpoldhalle).[11] Denn während der private und gewerbliche Baubestand Nürnbergs zu über 90 Prozent zerstört oder beschädigt worden war, blieb das Reichsparteitagsgelände von den Bomben weitgehend verschont, ein Areal, das mit rund 25 Quadratkilometern etwa 15mal so groß ist wie die Nürnberger Altstadt. Bis weit in die siebziger Jahre hat sich die Stadt nach Kräften bemüht, den historischen Zusammenhang zwischen Nürnberg, den Reichsparteitagen und dem Nationalsozialismus – als Bewegung wie als Regime – unkenntlich werden zu lassen. Am liebsten hätte man den Nationalsozialismus überhaupt vergessen gemacht und Nürnberg von diesem Image befreit. So verfielen die Ruinen, wurden umfunktioniert, weitergenutzt und instand gesetzt oder teilweise gesprengt. Aber Gras wollte über diese monströsen »Worte aus Stein« nicht wachsen – oder doch nur spärlich. Zumal das Interesse an diesem Areal unter auswärtigen bzw. ausländischen Besuchern – manche von ihnen auch Neo-Nazi-Touristen – groß ist. Hinweisschilder auf die Überreste aus brauner Vergangenheit vor den Stadtmauern finden sich in der Innenstadt allerdings kaum.

Teile des vormaligen SA- und nachmaligen Kriegsgefangenenlagers wurden nach Kriegsende von den Amerikanern zur Internierung von führenden NSDAP- und SS-Mitgliedern benutzt. In anderen Teilen hatte die UN-Flüchtlingsorganisation ein Lager für »displaced persons« eingerichtet. Ende der vierziger Jahre wurden die Lager durch die Stadt Nürnberg zu einer Wohnsiedlung für Flüchtlinge und Heimatvertriebene umgebaut (Wohnsiedlung Langwasser). Zeitweilig befand sich auf dem Gelände auch ein Sammellager für Ausländer. Als dieses Lager 1960 schließlich aufgelöst wurde, standen für den nun angestrebten Auf- und Ausbau einer Trabantenstadt Langwasser die seinerzeit gebauten elf (von geplanten 24) Märzfeldtürme im Weg. Die Stadt wollte daraus Platten für die Montage von Fertighäusern gewinnen. Die katholische Kirche hätte es lieber gesehen, wenn aus den Trümmern der Türme ein Kirchturm gebaut worden wäre, unter dem geschichtsverfälschenden Motto: »Der Sieg des Kreuzes über das Hakenkreuz.« Aus dem Trümmerschutt baute man schließlich einen Lärmschutzwall, an der heutigen Karl-Schönleben-Straße. Die Sprengung der Märzfeldtürme geriet zu einer spektakulären Aktion. Eine nachhaltige Debatte über Nürnberg und den Nationalsozialismus löste sie allerdings nicht aus. Man schien bloß erleichtert, daß ein weiteres Stück Vergangenheit unsichtbar geworden war: »Das Märzfeld streift seine Vergangenheit ab«, kommentierten die *Nürnberger Nachrichten*. Unsichtbar wurde auch, daß dort eine große Zahl sowjetischer Kriegsgefangener ums Leben gekommen war und daß man vom Bahnhof Märzfeld die jüdischen Einwohner Nürnbergs deportiert hatte.

Höchst aufschlußreich für die Schwierigkeiten im Umgang mit den steinernen Zeugnissen des nationalsozialistischen Größenwahns ist insbesondere die Nutzungsgeschichte der Kongreßhalle, ein zwar unvollendeter, aber gleichwohl ungewöhnlich stabiler hufeisenförmiger Rundbau. Der Plan, dorthin den Hauptbahnhof zu verlegen, wurde rasch verworfen. Viel sinnvoller und einträglicher erschien den Stadtvätern die Nutzung als Ausstellungs- und Kongreßhalle. 1949 fand in dieser monumentalen Ruine die Deutsche Bauausstellung statt, ein Jahr später feierte Nürnberg darin seinen 900. Geburtstag. Zu den Attraktionen zählte ein Freiluftcafé im oberen Stockwerk. In den fünfziger Jahren hielten in der Kongreßhalle die Oberschlesier und Sudetendeutschen Landsmannschaften ihre Versammlungen ab, fanden dort auch Volksfeste und Zirkusveranstaltungen statt. Mittlerweile hatte die Stadt zum Erhalt des Gebäudes eine runde Million Mark investiert, und man dachte über Konzepte einer langfristigen kommerziellen Nutzung nach. Zunächst stand der Plan zur Diskussion, die Kongreßhalle zu einem großen Fußballstadion umzubauen. Der »Club« feierte Erfolge, Länderspiele und große Einnahmen winkten. Mit den Vorarbeiten beauftragte man einen mit Monumentalbauten bestens vertrauten Fachmann, den ehemaligen NS-Architekten und Erbauer des Berliner Olympiastadions Werner March. Doch dieser Plan wurde genausowenig Wirklichkeit wie die Absicht, aus der Ruine ein Autokino oder ein Altersheim zu machen. Über Jahre diente sie dann verschiedenen Mietern als Lagerhaus und den Nürnberger Symphonikern als Übungsraum. Später entstand daraus im südlichen Seitentrakt ein »Serenadenhof«, der für Konzert- und Theateraufführungen genutzt wird. Die Stadt erwirtschaftet nicht unerhebliche Mieteinnahmen aus diesem »markanten Felsklotz« *(Nürnberger Nachrichten)*, denen allerdings erhebliche Instandsetzungskosten gegenüberstehen.

1987 machten Nürnberger Geschäftsleute von sich reden, die mit Millioneninvestitionen aus der Kongreßhalle ein Erlebniszentrum machen wollten. Die Stadt versprach sich davon einen Beitrag zur »Entmythologisierung« des Bauwerks, wogegen eine Bürgerinitiative protestierte. Deren Konzeption hätte die Kongreßhalle teilweise in ein Mahnmal umgewandelt. Auch das Landesamt für Denkmalschutz in München erhob Einspruch und erklärte die Kongreßhalle zu einem »der wichtigsten Zeugnisse der Gigantomanie des Nationalsozialismus«, unverzichtbar als »Mahnmal einer für die heutige Generation unvorstellbar gewordenen Staatsidee«. Mit dem Denkmalschutzgesetz von 1973 waren alle bayerischen NS-Bauten unter Denkmalschutz gestellt worden. Die Stadtspitze mußte die lukrative Idee mit dem Freizeitcenter schließlich fallenlassen.

Auch das Zeppelinfeld ist zusammen mit seiner Tribüne vielfältig nutzbar und hat die Stadt immer wieder in Verlegenheit gebracht. Dort fanden die meisten Massenveranstaltungen während der Reichsparteitage statt. Dort veranstalteten die Amerikaner 1945 eine ihrer Siegesparaden. Anschließend sprengten sie das vergoldete Hakenkreuz samt Lorbeerkranz von der Haupttribüne. Schon 1946 wurden die traditionsreichen Autorennen auf dem Norisring wieder aufgenommen. Freiluftveranstaltungen vielfältiger Art kamen hinzu: politische und religiöse Großveranstaltungen ebenso wie politisches Theater und Rock-Konzerte. Die US-Armee nutzte die Zeppelinwiese als Sportgelände, die Squash- und Tennisspieler trainieren dort bis zum heutigen Tag. Wegen Baufälligkeit mußte bereits 1967 die Säulergalerie weggesprengt werden. Hätte man damit bis 1973 gewartet, stünde sie vermutlich noch. Die Instandsetzung, gar Wiederherstellung der Tribünenanlage – mit Kosten von drei Millionen Mark –, erschien damals aber unvertretbar und auch unerwünscht. Lieber wollte man »wieder ein Stück des Erbes nationalsozialistischer Vergangenheit niederreißen«. Nürnberg, so hieß es, offenbar unbekümmert um die Nähe zum NS-Jargon, sei bemüht, »die Erinnerung an seine Vergangenheit als Stadt der Reichsparteitage auszumerzen«.[12] Erst 1983 bewilligte die Stadt eine runde halbe Million Mark für die Restaurierung der Reste der Zeppelintribüne. Eine Arbeitsgruppe zur Vorbereitung der Ausstellung *Faszination und Gewalt* zum 50. Jahrestag der »Machtergreifung« mußte sich allerdings mit sehr viel bescheideneren Mitteln begnügen. Zusammen mit den 1989 aufgestellten und über das gesamte, unübersichtlich weitläufige Gelände verteilten Informationstürmen wurden für die jährlich über 100 000 Besucher nun erstmals lokal- und nationalhistorische Zusammenhänge erkennbar. Der plakative und didaktische Gestus (»Nie wieder Faschismus, nie wieder Krieg«) erinnert indes ein wenig an die antifaschistischen Spruchweisheiten östlicher Gedenkstätten. Ein umfassendes, integriertes und langfristig angelegtes Konzept für die Nutzung dieses Geländes ist allerdings lange nicht zustande gekommen, sosehr man sich darum auch vor Ort bemüht hat, durch Ausstellungen, Tagungen, Publikationen und andere Aktivitäten, die zumeist vom Pädagogischen Institut der Stadt Nürnberg ausgingen und bei denen immer wieder die Frage der Wirkung und Nutzung der NS-Bauten im Mittelpunkt stand.[13]

Einen weiteren Versuch unternahm Nürnbergs Oberbürgermeister Urschlechter, als er auf die Idee kam, Anfang der neunziger Jahre auf dem Gelände um den Dutzendteich eine Bundesgartenschau auszurichten.

Hitlers »Große Straße« und späterer US-Feldflugplatz wäre in eine »Friedensallee« verwandelt worden. Aus der Zeppelintribüne hätte man eine große Blumenarena gemacht. Und in der Kongreßhalle wäre ein »einzigartiges Großgewächshaus« entstanden, der Monumentalbau hätte Nürnberg als ein »Plantopolis« oder »Ökopolis« endlich alle Ehre gemacht. Doch der Plan fand im Stadtrat keine Mehrheit.

Ebensowenig das Konzept der Nürnberger Kulturreferentin Karla Fohrbeck, die 1989 ihr Amt antrat und schon bald danach eine kulturpolitische Krise in der Stadt auslöste.[14] Sie wollte das einstige Reichsparteitagsgelände in einen »europäischen Friedensort« verwandeln, Nürnberg zur internationalen »Wächterstadt« erheben und zu einem zentralen Ort der »freiwilligen Versöhnung« umgestalten. Für ihr »europäisches Gesamtkunstwerk, das Geist, Seele, Körper und Kopf umfaßt«, waren verschiedene Elemente vorgesehen. Panzerglasgeschützte Tafeln mit Titeln wie »Einsicht«, »Umkehr«, »Vergebung« und »Versöhnung« sowie Texte aus der Bibel und der geistig-literarischen Tradition Europas. Dazu ein »Friedenshain« und eine »Friedensallee«, Gedenksteine für die Opfer und dort, wo einst Hitler gestanden hatte, auf der Führerkanzel, sollte die Skulptur *Bruder Eichmann* von Alfred Hrdlicka stehen. Anfangs wurde das Konzept durchaus beifällig aufgenommen, zumal nun erstmals eine Gesamtkonzeption vorlag. Doch schon bald überwogen die Bedenken. Insbesondere die religiösen Inspirationen und Intentionen des Plans provozierten Kritik.[15] Denn, so lautete der Tenor der Ablehnung, die ganzheitliche Konzeption abstrahiere von den historisch-politischen Zusammenhängen und reduziere den Nationalsozialismus auf eine religiöse Dimension. Den Holocaust begreift Karla Fohrbeck als »fundamentalistischen Glaubenskrieg, in dem ein selbstgewähltes Herrenvolk gegen das auserwählte Volk in Israel vorgegangen« sei. Aus ihrer Sicht eine folgerichtige Interpretation, die allerdings Ursachen und Verlauf der »Endlösung« auf höchst fragwürdige Weise umdeutet. Dubios aber wird ihr versöhnungstheoretischer Anspruch, wenn sie »Gnade und Barmherzigkeit« für die »Opfer des Faschismus« fordert. Insofern erscheint dieses Konzept in doppelter Hinsicht zweifelhaft. Zum einen wegen der dem historischen Gegenstand wenig angemessenen Metaphorik und ideellen Perspektive: »Kunst und Leben gegen Diktatur und Tod, Bäume gegen Stein, Individualität und Vielfalt gegen Gleichschaltung und Monotonie.« Zum anderen, weil man einen Schauplatz der Täter und organisierten Parteigänger schwerlich umwandeln kann in einen Gedenkort für die Opfer.

So ist das weitläufige Reichsparteitagsgelände eine bizarre Landschaft geblieben: monumentales Freilichtmuseum und Gedenkstätte, Gewerbegebiet und Ort von allerlei Großveranstaltungen, Spielwiese, Sport-, Zelt- und Parkplatz. Jedenfalls ein Gelände der Ungleichzeitigkeiten, gegensätzlichen Nutzungen und denkwürdigen Impressionen.[16] Da kann es vorkommen, daß auf der Führerkanzel ein kurzgeschorener Jüngling mit Hitlergruß posiert, während einige hundert Meter weiter im Serenadenhof ein junger Operntenor für den abendlichen Auftritt übt. Drum herum auf den verlassenen und verwahrlosten Plätzen türmt sich achtlos abgestellter Müll. Und vor dem Eingang zur ständigen Ausstellung *Faszination und Gewalt* ist kunstvoll Militärschrott aufgetürmt: die Antikriegsobjekte *Overkill I und II* des Hannoveraner Künstlers Hans Jürgen Breuste. In einem Telefonhäuschen fordert ein Aufkleber der jungen Nationaldemokraten: »Kein Wahlrecht für Ausländer!« Ein zweiter ist dagegen gesetzt: »Fuck off, Nazi Skins!« Auf dem Trödelmarkt am S-Bahnhof Dutzendteich wird jüngste und jüngere deutsche Vergangenheit verramscht: Militaria der Wehrmacht und der Volksarmee.

Der gehobene Kunstgeschmack durfte sich derweil an einer Skulptureninstallation erfreuen, die der Bildhauer Karl Prantl aus den Granitplatten der Großen Straße gefertig und zeitweilig in der Nürnberger Kunsthalle ausgestellt hat. Die Platten, die einst aufgerauht waren, um dem Marschtritt der Wehrmacht-Kolonnen Halt und Widerhall zu geben, sind geschliffen und geglättet, gleichsam zu Edelsteinen verwandelt. »Damit wird Geschichte pervertiert«, schrieb Hermann Glaser, denn: »in den Steinbrüchen, aus denen die nun ästhetisierten Produkte stammen (...) mußten KZ-Opfer arbeiten. Was soll da das Geschwätz vom Granit als ›Element der Urnatur‹; es geht um die Aufmarschstraße, nicht um den Gang zu den Müttern.«[17] Die SPD-Rathausfraktion hätte die Steine gern erworben und wieder benutzt – für die geplante »Friedensallee« in der Siedlung Langwasser im Anschluß an Speers »Große Straße«. Vergangenheitsbewältigung durch Oberflächenbearbeitung und Umnutzung.

Nach diesen mehr oder minder mißglückten Versuchen blieb die Situation auf dem Gelände unbefriedigend und offen. Früher oder später mußte sich erneut die Frage nach einem Konzept für diesen Ort stellen, das seiner historischen Bedeutung gerecht wird, den zeitgenössischen Standards für zeithistorische Gedächtnisorte und Dokumentationen entspricht, finanzierbar ist und den Wünschen und audio-visuellen Bedürfnissen des Publikums, zumal der nachwachsenden Generationen, entgegenkommt.

Die Kongreßhalle (nach 1960) auf dem Reichsparteitagsgelände in Nürnberg. Neben dem Flughafen Berlin-Tempelhof und dem »KdF«-Bad in Prora auf Rügen der größte erhaltene Monumentalbau aus der NS-Zeit. Im Nordkopf wird das neue Dokumentationszentrum eingerichtet.

Das Interesse an den Riesen-Ruinen ist unvermindert groß, die kleine Ausstellung *Faszination und Gewalt* aber in unzureichenden Räumen untergebracht, die zudem unbeheizbar sind und im Winter geschlossen werden müssen. Im Sommer 1997 hat sich die Stadt Nürnberg entschlossen, zur Feier ihres neunhundertfünfzigjährigen Jubiläums im Jahr 2000 im nördlichen Kopfbau der ehemaligen Kongreßhalle ein Dokumentationszentrum einzurichten, zur Geschichte des Nationalsozialismus im allgemeinen und zur Bedeutung der Reichsparteitage sowie der NS-Architektur im besonderen. Zudem ist als Ergänzung vor dem Kopfbau ein moderner, transparenter Eingangspavillon geplant, architektonischer Gegenbau und »Schleuse« (Gregor Schöllgen) in die Vergangenheit in einem. Anders als bei den früheren Plänen und Konzepten war die Zustimmung in Politik und Gesellschaft von Anfang an recht groß. Die Finanzierung des mit rd. 10 Millionen Mark veranschlagten Dokumentationszentrums durch private Spender, den Bund, den Freistaat Bayern und die Stadt Nürnberg galt Ende 1998 als gesichert.[18]

Nach der Vereinigung wird auch der Osten Deutschlands mit seiner anstößigen architektonischen NS-Vergangenheit konfrontiert. Zumal es auch dort ein Beispiel jener gigantomanischen Großbauten gibt, die das populäre, wenn auch nur zum Teil zutreffende spektakuläre Bild der NS-Architektur geprägt haben.[19] Gemeint ist Prora, das »KdF-Seebad für 20 000« bei Binz auf Rügen. Ein Prototyp, dem weitere folgen sollten, und neben den KdF-Schiffsreisen vielleicht der wichtigste Propagandaträger für den modernen Massentourismus, der in Deutschland unter den totalitären Bedingungen des NS-Regimes seinen Anfang nahm.[20] Die Gesamtanlage des Gebäudeensembles weist einen symmetrischen Grundriß auf und folgt in einem riesigen Kreisbogen der sanft geschwungenen Bucht der Prorer Wiek.[21] Zwei jeweils etwa 2000 Meter lange, fünfgeschossige, flachgedeckte, nur ca. sieben Meter tiefe Bettenhäuser in Kammbauweise (mit 10 000 seeseitig ausgerichteten, knapp 13 qm kleinen Zimmern hinter endlosen Fluren) flankieren den zentralen Festplatz, der von Empfangshallen, Verwaltungsbauten, Theater und Cafés eingefaßt sein sollte sowie einer ursprünglich vorgesehenen Festhalle für 20 000 Menschen. Zur See hin wird der Festplatz um eine noch als Ruine erhaltene Kaianlage aus Beton und Ziegelverkleidung ergänzt. Über ihre monumentale Treppenanlage sollten die per Schiff ankommenden KdF-Urlauber gleichsam geschlossen ins Zentrum dieser kasernenartigen Ferieneinrichtung geführt werden. Für die mit der Reichsbahn über den neuen Rügendamm Anreisenden wurde ein eigener Bahnanschluß gebaut. Bei Kriegsbeginn mußten die nahezu abgeschlossenen Rohbauarbeiten eingestellt werden. Während des Krieges fanden dort vorübergehend evakuierte Hamburger eine Notunterkunft. Nach 1945 wurden die Rohbauten für Reparationsleistungen und zur Baustoffgewinnung genutzt. Zwischen 1950 und 1990 dienten die zu Kasernen umgebauten Gebäude militärischen Zwecken, zunächst der Roten Armee, später dann der Nationalen Volksarmee.

Anders also als die nur für militärische und politische Massenaufmärsche gebauten Straßen, Stadien und Plätze in Nürnberg und München handelt es sich bei diesem Gebäudekomplex, im Volksmund »Koloß von Rügen« genannt, um Bauten, die für öffentliche Aufgaben ebenso genutzt werden können wie für gewerbliche und private Wohnzwecke. Das erleichtert und erschwert die zukünftige Nutzung. Prora ist nicht Nürnberg. Die einst als KdF-Bad geplante, später als Kaserne genutzte Liegenschaft kann aber auch nicht umstandslos in ein kommerzielles Großprojekt – etwa in ein Ferienzentrum mit Aquapark und Spaßbad – überführt oder sich selbst überlassen werden und zur Ruine verfallen. Dazu ist dieser Ort von seiner Lage und der Größe der Baumasse für die Insel und ihre weitere Entwicklung ökologisch wie ökonomisch zu bedeutsam, und auch seine Bedeutung als sozial- und baugeschichtliches Denkmal ist kaum bestreitbar.

Die maßgeblich von der Werkgruppe Prora um Jürgen Rostock initiierte und beförderte Diskussion um die zukünftige Nutzung mußte deshalb von unterschiedlichen Aspekten ausgehen und nach Möglichkeit zwischen widerstreitenden Nutzungsinteressen einen Ausgleich finden. Um einen solchen Ausgleich und um den Versuch, ein auch langfristig inselverträgliches Umbau- und Umnutzungskonzept zu erarbeiten, ging es Mitte der neunziger Jahre auf mehreren öffentlichen Prora-Symposien.[22] Die vom Bund als Eigentümer dieses Monumentalbaus zunächst angestrebte schnelle Veräußerung der Immobilie an einen Großinvestor erwies sich bald als problematisch. Widerstand formierte sich. Hoteliers, Gastwirte und Umweltschützer sprachen sich gegen einen Verkauf und den dann zu erwartenden aufwendigen Umbau aus und forderten den Abriß dieses gigantischen Gebäudekomplexes. Nicht wenige Rüganer unterstützten diese Forderung. Sie mochten in dem – inzwischen denkmalgeschützten – monotonen Bauwerk keine Erinnerung an die Bauhaus-Moderne erkennen. Für sie war diese Architektur zunächst nur Ausdruck des »bösen Geistes« vergangener totalitärer Systeme. Die vom Bund mit der Erarbeitung eines Entwicklungskonzeptes beauftragte »Gesellschaft für behutsame Stadterneuerung« (Berlin) hat mit ihrem »diskursiven Verfahren« einen Einstellungswandel in der Bevölkerung bewirkt und den Erhalt des Gebäudes ebenso konsensfähig gemacht wie das schon Anfang der neunziger Jahre vorgeschlagene Mischnutzungskonzept. Dieses Verfahren gilt jetzt schon als Modell demokratischer Planungskultur. Kleinteiligkeit heißt nun die Devise. Geplant sind ein Jugendhotel, Sozial- und Altenwohnungen für Bewohner aus dem nahen Seebad Binz, Ferienappartements, ein Zwei-Sterne-Hotel, Miet- und Eigentumswohnungen sowie Gewerbeflächen. Darüber hinaus soll – so haben Zeithistoriker inzwischen empfohlen – in Prora eine ständige Ausstellung eingerichtet werden, die Aufschluß gibt über die Entstehungs- und Nutzungsgeschichte dieses monumentalen Baudenkmals in zwei totalitären Systemen und sie zugleich verknüpft mit der Geschichte der NS-Gemeinschaft »Kraft durch Freude«, einem der wichtigsten sozialpolitischen Konzepte nationalsozialistischer Massenlenkung.

In unmittelbarer Nachbarschaft, im Westen der Insel Usedom, ist seit einigen Jahren das »Informationszentrum Peenemünde« im Aufbau, an jenem Ort, der mit dem Namen des legendären »Vaters der Weltraumfahrt«, Wernher von Braun, eng verbunden ist. Ende 1994 haben Regierung und Parlament von Mecklenburg-Vorpommern beschlossen, für Peenemünde gemeinsam mit der Region ein Konzept zu erarbeiten, »das die technische Leistung, aber auch die Umstände ihrer Realisierung und ihre Folgen aufarbeitet«. Damit war die Auseinandersetzung um zwei Initiativen beendet, durch die der weltweit bekannteste Ort Mecklenburgs unrühmlich in die internationalen Schlagzeilen gekommen war.[23] Die westdeutsche Raumfahrtindustrie hatte 1992 den Versuch unternommen, mit Unterstützung des Bonner Ministeriums für Forschung und Technologie auf dem ehemaligen Fernraketen-Testgelände der Heeresversuchsanstalt Peenemünde auf Usedom den 50. Jahrestag des ersten erfolgreichen Starts einer V 2 als Beginn der modernen Raumfahrt zu feiern. Der Versuch scheiterte unter massivem nationalen und internationalem Protest. Kritische Technikhistoriker und Museumsfachleute konfrontierten in einer Gegendarstellung die vermeintliche Sternstunde menschlicher Technologie mit ihrer Kehrseite, der menschenverachtenden und menschenvernichtenden Raketenproduktion durch KZ-Häftlinge in den Bergstollen der Mittelbau-Werke im Südharz. Diese von der Schweriner Landesregierung berufene Expertenkommission sprach sich zugleich entschieden gegen einen Raumfahrtpark in Peenemünde aus, für dessen Errichtung sich bereits die maßgeblichen lokalen und internationalen Interessenten in einem Verein zusammengeschlossen hatten: Landkreis, Kommune, Sparkasse und Raumfahrtindustrie. Für das neue Projekt Peenemünde, das die Waffenproduktion und den Technikmythos im politischen Kontext kritisch dokumentieren und deuten will, ist ein Rahmenkonzept inzwischen erarbeitet und mit der geplanten ständigen Ausstellung im Hauptgebäude des ehemaligen Kraftwerks begonnen worden. Dieses technikgeschichtliche Informationszentrum könnte zusammen mit der in Prora geplanten sozialgeschichtlichen Dokumentation das reaktionär-moderne Doppelgesicht des Dritten Reiches anschaulich vor Augen führen, seine begrenzte und auf kriegerische Ziele ausgerichtete Modernisierungsfähigkeit und dessen bis weit in den Krieg anhaltende hohe Akzeptanz in der damaligen deutschen Bevölkerung.

Auch in München ging es zuallererst um Umnutzung. Auch dort hieß die Devise Spurenbeseitigung. Vielleicht stärker als anderswo. Doch dann gab es eine spektakuläre Gegenaktion. Nun wurde am Geburtsort der nationalsozialistischen Bewegung Geschichte von allen Seiten gezeigt. Fast ein Jahr lang hat München 1993 mit einer Vielzahl von Kongressen und Vorträgen, Führungen und Ausstellungen sich seiner eigenen Vergangenheit als einstiger »Hauptstadt der Bewegung« angenommen und – so schien es manchem – zu entledigen versucht. Aus der Fülle der Veranstaltungen ragten zwei Ausstellungen im Münchner Stadtmuseum heraus: *München – Hauptstadt der Bewegung* und *Bauen im Nationalsozialismus: Bayern 1933–45*.[24] Letztere verdient besonders hervorgehoben zu werden, ist sie doch so etwas wie die baugeschichtliche Ergänzung zur sozialgeschichtlichen Studie über *Bayern in der NS-Zeit*, die bis heute als vorbildlich gilt und Ende der siebziger Jahre vom Münchener Institut für Zeitgeschichte unter Federführung von Martin Broszat vorgelegt wurde. Bayern hat ja nicht nur bewegungs-, sondern auch baugeschichtlich eine Art Vorreiterrolle gespielt: mit dem Haus der Deutschen Kunst, dem ersten Repräsentationsbau des NS-Staates, und dem nördlich der Stadt gelegenen ersten Konzentrationslager des Reiches – Dachau.

Alle bayerischen Gemeinden – über zweitausend – wurden angeschrieben und über die Bautätigkeit in der NS-Zeit befragt. Mehr als 4000 Bauten bzw. Bauplanungen konnten nachgewiesen werden. Sie wurden in der Ausstellung und sind im vorzüglichen Katalog systematisch und vollständig dokumentiert, von der Schauseite des Dritten Reiches, den politischen Repräsentationsbauten, über Verkehrs- und Freizeitbauten, Siedlungen und Bauernhöfe, Industrie- und Militärbauten bis hin zur Schattenseite, den vormaligen Konzentrations- und Zwangsarbeitslagern und späteren Gedenkstätten. Die Ausstellung vermittelte nicht nur einen bestechenden Eindruck in ihrem Detailreichtum, ihrer Vollständigkeit und in ihrem Verzicht auf alle inszenatorischen Effekte – ganz im Gegensatz zur parallelen Ausstellung zu *München – Hauptstadt der Bewegung*, die Martialisches und Privates in einer vermeintlich wirklichkeitsnahen Multi-media-Show unterhaltsam und ein wenig gruselig präsentierte. Die Architektur-Dokumentation wartete auch mit teilweise überraschenden Ergebnissen auf. Daß die monumental-klassizistische

Repräsentationsarchitektur der sogenannten Führer- und Gauhaupt-
städte nicht identisch ist mit dem Bauen im NS-Staat überhaupt, daß man
kaum das einzelne Gebäude, wohl aber das Ensemble, »die gesamte gesellschaftliche Anordnung« und Funktionalisierung als nationalsozia-
listisch identifizieren kann, wird mehr und mehr auch einer größeren
Öffentlichkeit geläufig. Daß aber die genormten Behelfsbauten und Baracken den Großteil der Bautätigkeit ausmachten, daß nach 1933 in Bayern in großer Zahl Sakralbauten entstanden und Monumentalbauten
auch in kleineren Gemeinden geplant waren, war bislang nicht bekannt.
Andererseits blieb die monumentale Architektur ebenso ein – allerdings
spektakulär präsentiertes – Randphänomen wie das moderne Bauen. Es
dominierte das Mittelmaß einer bodenständigen Architektur. Damit
wurde diese Ausstellung auch zum Lernort, denn sie trug zur Entdämo-
nisierung bei, zeigte Zusammenhänge und Kontinuitäten auf, ohne zu
verwischen, daß auch alles Bauen im NS-Staat letztlich nur einem Ziel
diente: der Vorbereitung des Eroberungs- und Völkervernichtungs-
krieges.[25] Das waren Anstöße und Anregungen, um aus der immer noch
weitverbreiteten Unsicherheit und Ratlosigkeit herauszukommen, wie
denn mit der baulichen Erblast des Dritten Reiches heute umzugehen
sei. Außerhalb des Museums ist der Gegenstand dieser Ausstellung
eigentümlich unsichtbar.[26]

Wer in München nach steinernen Spuren des Dritten Reiches sucht, hat
es jedenfalls nicht leicht.[27] Was schon vom Haus der Kunst zu Recht gesagt wurde, gilt noch mehr für die weniger prominenten NS-Bauten und
die von den Nazis nur genutzten Gebäude: »Die nazistische Vergangenheit gibt sich nur dem Eingeweihten zu erkennen.«[28] Denn wem wäre
noch gegenwärtig, daß beispielsweise im Justizpalast (Prielmayerstraße)
der Volksgerichtshof unter seinem berüchtigten Vorsitzenden Freisler
die Mitglieder der Widerstandsgruppe Weiße Rose zum Tode verurteilte,
an die dort erst seit dem Sommer 1993 zwei Gedenktafeln erinnern,[29] daß
in den Kellern des 1944 zerstörten Wittelsbacher Palais (Brienner / Tür-
kenstraße), dort wo heute die Bayerische Landesbank residiert und im
April 1919 die Regierung der Räterepublik ihren Sitz hatte, die Gestapo
Tausende politisch Verfolgter verhörte und folterte,[30] und daß aus den
Bunkern unter dem ehemaligen Zentralministerium und heutigen Land-
wirtschaftsministerium in der Ludwigstraße der NSDAP-Gauleiter Paul
Giesler bis zuletzt seine Befehle gab? Welcher Passant, welche umher-
schweifenden Blicke könnten entdecken, daß hinter den bis heute durch
steinerne Stahlhelm-Reliefs geschmückten Fassaden des bayerischen

Wirtschaftsministeriums (Von-der-Tann-Straße) einst das Luftgaukommando residierte, daß im Prinz-Carl-Palais (Von-der-Tann-Straße) Sonderveranstaltungen der NSDAP stattfanden, daß der Sitz des Bundesnachrichtendienstes in München-Pullach eine ehemalige SS-Siedlung ist, daß das heute von der Bundeswehr genutzte Gebäude in der Neuherbergstraße einst die SS-Standarte »Deutschland« beherbergte und das im Südwesten gelegene Ramersdorf eine NS-Mustersiedlung gewesen ist?[31] Hinweistafeln suchte man lange ganz und heute immer noch in wenigen Fällen vergeblich. Erläuterungen zur Bau-, Nutzungs- und Umnutzungsgeschichte der Gebäude finden sich nicht, jedenfalls nicht vor Ort.

Exemplarisch sei der schwierige Umgang mit NS-Bauten am Haus der Kunst und am Königsplatz verdeutlicht. Das zwischen 1934 und 1937 von Hitlers erstem Architekten Paul Ludwig Troost gebaute Haus der Deutschen Kunst wurde im ersten Jahrzehnt nach 1945 teils als Offizierskasino von den Amerikanern genutzt, teils für Ausstellungen: sei es des bayerischen Kunsthandwerks, sei es der örtlichen Künstlerszene, sei es der internationalen Moderne. Eines der ersten großen Ausstellungsprojekte war die 1949 gezeigte Ausstellung *Der blaue Reiter*. Vielleicht eine »tröstliche Ironie der Geschichte«, daß in diesem trostlosen Troost-Bau, in dem einige Jahre zuvor nur »artreine« deutsche Kunst gezeigt worden war, nun auch die damals als »entartet« gebrandmarkten Werke der klassischen Moderne zu sehen waren. Während im Innern gewisse Umbauten vorgenommen wurden, blieb das Gebäude äußerlich weitgehend unverändert. Pläne, es abzureißen, wurden schnell wieder verworfen. So gering sein architektonischer Wert eingeschätzt wird, so groß war sein realer Raumwert. Das Nutzungsspektrum reichte vom Kunstsalon bis zum Faschingsfest. Der als Zeitzeugnis beizeiten unter Denkmalschutz gestellte Bau war unentbehrlich vor allem für den Münchener Kunstbetrieb. Mag sein, daß der ehemalige NS-Kunsttempel nun der »Umerziehung der Bevölkerung diente« und seine ursprüngliche Funktion durch Umnutzung neutralisiert wurde, immer wieder wurde er jedenfalls zum Stein des Anstoßes.[32] Auch dieses Gebäude konnte oder wollte seine Vergangenheit nicht abstreifen. Die zum 50. Jahrestag der Ausstellung *Entartete Kunst* gezeigte Rekonstruktion der damaligen Schau fand in der Öffentlichkeit verhaltenen Beifall, aber auch deutliche Kritik. Der Kunsthistoriker Hans-Ernst Mittig nannte sie einen »Meilenstein in der ablenkenden Verarbeitung des Nationalsozialismus durch konservative Wissenschaft«.[33] Als das längst baufällige Gebäude die 1989 geplante van

Gogh-Ausstellung nicht mehr übernehmen konnte, löste dies die überfällige Debatte über Nutzung und Restaurierung aus. Die Sanierungskosten wurden auf mindestens zwanzig Millionen Mark veranschlagt. Und die Meinungen gingen weit auseinander. Abriß wurde vorgeschlagen, aber auch vorsätzlicher Verfall. Einige plädierten für einen Neubau. Man entschied sich für eine umfassende Sanierung, nicht zuletzt aufgrund von Initiativen aus der CSU-Fraktion. Auch in der Publizistik meldeten sich gewichtige Stimmen für eine umfassende Instandsetzung als Denkmal. Denn noch immer lege dieses Haus, so hieß es, »eindringlich Zeugnis ab von der zwingenden Korruption der Kunst, die sich mißbrauchen ließ zur Ästhetisierung faschistischer Politik und sich fortan mißbrauchen läßt zur Repräsentation des bürgerlichen Staates«.[34] Im Sommer 1991 begann die Renovierung des Gebäudes mit einem beachtlichen Kostenaufwand. Schließlich, so der damalige bayerische Ministerpräsident Max Streibl (CSU), müsse die »heimliche Hauptstadt« Deutschlands mit Blick auf die »neue Hauptstadt« sich national und international behaupten.

Aufschlußreich ist auch die lange Entnazifizierungsgeschichte des Königsplatzes.[35] Sie begann mit der von General Eisenhower persönlich verfügten Sprengung der beiden »Ehrentempel«, um die herum bis 1944 am 9. November das alljährliche Spektakel für die »Gefallenen der Bewegung« stattfand. Alternative Vorschläge, an dieser Stelle je ein katholisches und evangelisches Gotteshaus zu errichten (Kardinal Faulhaber) oder Tempel für den Weltfrieden und die Völkerverständigung zu bauen, konnten sich nicht durchsetzen. Mit der Zerstörung der Ehrentempel war aber der Auftrag der Alliierten nur teilweise erfüllt. Der Kontrollratsdirektive Nr. 30 zufolge waren alle öffentlichen Bauten und Zeichen zu zerstören, die an den Nationalsozialismus erinnern könnten, es sei denn, sie hatten großen architektonischen Wert oder waren von öffentlichem Nutzen. In einer Ausführungsbestimmung des Kultusministeriums vom April 1947 zu jener Direktive hieß es, es dürfe kein »ruinenhafter Zustand« geschaffen werden. Vielmehr sei eine »definitive Form (…) anzustreben, die dem unbefangenen Beschauer weder über die Tatsache der Veränderung noch über die Art der Veränderung etwas sagt«.[36] Aber genau das gelang eben nicht oder nur unzureichend. Die massiven Fundamente der Ehrentempel blieben jedenfalls erhalten. Ihre Sprengung hätte die benachbarten ehemaligen Parteibauten in Mitleidenschaft gezogen, die aber noch anderweitig gebraucht wurden. Gras sollte über die Angelegenheit wachsen. Tatsächlich wurden die Freiflächen mit Baumreihen bepflanzt, die sich im Laufe der Jahrzehnte zu kleinen Gehölzen auswuchsen und von den Naturschutzbehörden als Biotope eingestuft wurden. Obwohl es noch einen Wettbewerb zur Bebauung gab und auch die Öffentlichkeit auf eine befriedigende abschließende Lösung drängte, geschah zunächst nichts mehr. Schon bald zeigte sich aber, daß der Platz für Großveranstaltungen unentbehrlich war, was die Instandsetzung des Granitbelages erforderlich machte und die Wiederherstellung der früheren Grünfläche langfristig auszuschließen schien. Doch Anfang der siebziger Jahre kam diese Frage erneut auf die politische Tagesordnung. Nun forderte die SPD-Rathaus-Fraktion, die »Verschandelung des historischen Platzes« zu beseitigen. Der Ruf nach »Rückgestaltung« des Königsplatzes zum »klassizistischen Juwel« wurde vielerorts laut. Man verlangte die Wiederherstellung seiner ursprünglichen Gestalt, die ihm Klenze gegeben hatte, der Baumeister König Ludwigs II. Doch eine Auseinandersetzung mit der Umgestaltung durch die Nationalsozialisten und der späteren, halbherzigen Entnazifizierung fand nicht statt. Die *Süddeutsche Zeitung* wußte, warum: »Nach fast 35jährigem Abstand vom ›Dritten Reich‹ sollten wir wieder die Selbstbewußtheit zu einer klaren einfachen Gestaltung haben, anstatt unsere Unsicherheit hinter der Forderung nach Grün zu verstecken.«[37] In der Auseinandersetzung um die Alternativen Beplattung versus Begrünung fand letztere aber schließlich die Mehrheit. Bei der Finanzierung der 6,5 Millionen Mark teuren Rückgestaltung des Platzes verfiel die Stadt auf die Idee, die 62 000 Platten für eine Viertelmillion Mark an ein bayerisches Straßenbauunternehmen zu verkaufen, das diese später an anderer Stelle neu verlegte und der Stadt wiederum in Rechnung stellte. Erst jetzt wurde die Entnazifizierung des Königsplatzes abgeschlossen, waren die Spuren des »Tausendjährigen Reiches« scheinbar getilgt. Im Katalog zur Ausstellung *Der Königsplatz 1812–1988*, die parallel zur symbolischen Rückgabe des alten Platzes gezeigt wurde, heißt es selbstkritisch, damit sei »ein Stück jüngster Geschichte beseitigt oder vielmehr verdrängt (worden)«.[38]

Von Verschweigen und Verdrängung der NS-Vergangenheit zeugt auch der Umgang mit den NSDAP-Parteibauten. Der nördliche, ehemalige »Führerbau« (Arcisstr. 12) wird seit den fünfziger Jahren von der Musikhochschule genutzt. Der südliche ehemalige Verwaltungsbau der NSDAP (Meiserstr. 10) beherbergt verschiedene kunst- und kulturwissenschaftliche Institute. Entnazifizierung fand hier durch Umnutzung und Fassadensäuberung statt. Zwar wurden die Adler und Hakenkreuze entfernt, Informationstafeln zur Entstehung und Nutzungsgeschichte dieser Gebäude aber erst während der Ausstellung *Bürokratie und Kult* (1995) errichtet. Ebenso wie auf dem nahe gelegenen Grundstück des »Braunen Hauses« (Palais Barlow), jener Villa, die Hitler im Sommer 1930 für die Parteileitung erworben und mit deren Umgestaltung er den Architekten Paul Ludwig Troost beauftragt hatte, dem er kurz zuvor im Haus des Verlegers Bruckmann begegnet war.[39]

Daß es auch in München Alternativen zu dieser Art architektonischer Vergangenheitsverdrängung gab, mögen die beiden abschließenden Beispiele verdeutlichen. Die Alte Pinakothek hatten Bombeneinschläge im Innern und im Außenbau schwer zerstört. Lange war der Klenze-Bau vom Abbruch bedroht. Lange war seine Wiederherstellung eine offene Frage. Noch sieben Jahre nach Kriegsende befand sich das Gebäude im hoffnungslosen Ruinenzustand. Daß es dennoch gerettet wurde, ist vor allem Hans Döllgast zu danken, Architekturprofessor an der Technischen Hochschule.[40] Die Rettung war ebenso mühsam wie sensibel, kostengünstig, ungewöhnlich und insofern auch heftig umstritten. Die einen forderten jahrelang einen Neubau, die anderen ebenso beharrlich den Wiederaufbau. Einig war man sich nur, daß die Präsentation von Teilen der bayerischen Gemäldesammlung im weitgehend unbeschädigt gebliebenen vormaligen Kunsttempel des Dritten Reiches, dem Haus der Deutschen Kunst, nur ein unbefriedigendes Provisorium sein konnte. Mochten schließlich auch die gewichtigeren Gründe für einen Wiederaufbau sprechen, es war keine einfache Aufgabe, ihn zu bewerkstelligen. Der Innenbau mußte völlig verändert werden. Das ursprüngliche, im südöstlichen Flügelbau gelegene Treppenhaus wurde aufgegeben. Die Erschließung des Gebäudes geht nun vom Ort der größten Zerstörung an der Südfassade aus und erfolgt über zwei korrespondierende Treppenläufe symmetrisch zum Eingang im südlichen Seitenschiff. Die äußeren Mauerlücken schloß Döllgast mit Trümmerbausteinen und Betonbändern unter Berücksichtigung der Fassadenstruktur. Vor der unverputzten Ziegelsteinmauer verlaufen die ursprünglich in der Mauer verborgenen Regenfallrohre und die das Dach tragenden Stahlrohrstützen. Auf diese Weise gelang es ihm, die »gewaltige Wunde« zu schließen und doch »ganz oder wenigstens teilweise sichtbar zu lassen«. Für die aufgebrachte Öffentlichkeit war das bloß ein »Schandfleck«. Die staatliche Bauverwaltung sprach hinhaltend und besänftigend von einem »Dauerprovisorium«, doch Döllgast beharrte offensiv auf seiner Konzeption: »Warum etwas vertuschen! Die Leute sollen sehen, daß die Pinakothek ihre Geschichte hat und daß auch ihr der Krieg nicht erspart geblieben ist.«[41] Dabei blieb es.

Zur selben Zeit wurde auch die Sicherung des ebenfalls schwer beschädigten Siegestors notwendig. Auch dort sollte zunächst eine stilgerechte Wiederherstellung des ursprünglichen Zustands die NS-Zeit vergessen machen. Doch die SPD-regierte Stadt setzte sich in den fünfziger Jahren mit einer Kontrastlösung gegen den staatlichen Denkmalpfleger durch. Über die unbeschädigt gebliebenen Schlachtenreliefs kam statt der Attika eine schlichte Wandfläche. Sie trägt die Inschrift: »Dem Sieg geweiht – Vom Krieg zerstört – Zum Frieden mahnend.«[42]

Gedächtniskirchen und andere Ruinen

Angesichts der von Horizont zu Horizont reichenden Trümmerwüsten, ihrer Häßlichkeit und Trostlosigkeit, wäre ein romantisierender, pietätvoller Umgang mit Ruinen dem Großteil der Bevölkerung vermutlich ganz einfach unangebracht erschienen. Das Gebot der Stunde hieß Trümmerbeseitigung. Verkehrswege mußten freigelegt, sanitäre Einrichtungen repariert, Notbehausungen geschaffen und erste Baumaßnahmen eingeleitet werden. So ungewiß die Zukunft erschien, in dieser Situation einer nie zuvor erlebten Zerstörung materieller und ideeller Werte ging der Blick doch eher nach vorn als zurück. Die Ruinen erinnerten aber nur daran, »daß das Leben mit seinem Reichtum und seinen Wechseln hier einmal gewohnt hat« – wie Georg Simmel lange vor dieser Erfahrung über die Ruine als architektonisches Symbol geschrieben hat.[43] Doch wer wollte daran jetzt noch erinnert werden, zumal die Schuttberge ja nicht nur Symbol waren für Verlust und Niederlage, sondern eben auch an Versäumnis, Versagen und Schuld gemahnten. Daß in manchen Städten aus den Trümmerbergen Vergnügungs- und Freizeitstätten geschaffen wurden, mag Zufall sein, aber es wirft doch ein bezeichnendes Licht auf den Willen, von der Vergangenheit wegzukommen.[44]

Dazu bot der Umgang mit Ruinen gerade bei traditionsreichen und architektonisch bedeutsamen Sakral- und Profanbauten allerdings auch andere Möglichkeiten.[45] Vor allem die »naive Wiederherstellung« – der Normalfall des Wiederaufbaus, durch den die Zerstörung scheinbar rückgängig gemacht wurde, zumal sich die Baumaßnahmen zumeist auf die Fassadengestaltung beschränkten, während der Wiederaufbau der

Innenräume modernen Anforderungen Rechnung trug. Als »archäologische Rekonstruktion« hat man die weitergehende Auslöschung von bauhistorischen Veränderungen bezeichnet, denn sie suchte – um den Preis der Zerstörung späterer Veränderungen – zum Urzustand zurückzukehren.

Zu diesen Konzepten nahmen die Puristen eine Gegenposition ein. Für sie war Zerstörtes unwiederbringlich verloren, weshalb sie sich – je nach Lage und Objekt – für die bloße Wiederherstellung des schlichten Raumes aussprachen, für die Einbeziehung moderner Bauelemente, für die Erhaltung des ruinösen Zustands oder für eine »erinnernde Wiederherstellung«. Sosehr die bereits vorgestellte Alte Pinakothek als Modellfall für eine solche, »erinnernde Wiederherstellung« gilt, so sehr kann man das Frankfurter Goethehaus als das vielleicht aufschlußreichste, gewiß aber prominenteste Beispiel ansehen für eine nun umgekehrt vergessende oder vergessen machende Wiederherstellung.

Frankfurt am Main: Das Goethehaus und die Paulskirche

Frankfurt war – wie Hamburg und Köln – erheblich stärker zerstört als München. »München kann man sich vorstellen, Frankfurt nicht mehr«, notierte der junge Schweizer Architekt Max Frisch im Mai 1946 in seinem Tagebuch.

»Eine Tafel zeigt, wo das Goethehaus stand (…), die Ruinen stehen nicht, sondern versinken in ihrem eigenen Schutt, und oft erinnert es mich an die heimatlichen Berge, schmale Ziegenwege führen über die Hügel von Geröll, und was noch steht, sind die bizarren Türme eines verwitterten Grates (…) ein Schweigen aus Disteln und Moos, eine geschichtslose Erde (…) Jahre, die niemand mehr zählt.«[46]

Nicht alle dachten so. Andere zählten die Jahre durchaus. Wo manche durch das Erlebnis dieser Zeitenzäsur rat- oder gar mutlos wurden, vertrauten sie auf die Kontinuität der Zeit und bauten buchstäblich auf den Mythos der Wiederkehr. Im August 1949 sollte Goethes 200. Geburtstag gefeiert werden. Anlaß genug für den Literaturwissenschaftler und Vorsitzenden des Freien Deutschen Hochstifts, Ernst Beutler, energisch den Wiederaufbau des Goethehauses zu betreiben.[47] Beutler hatte sich dafür beizeiten eingesetzt und war dabei weit- und umsichtig zu Werke gegangen. Bald nach Kriegsbeginn ließ er alle baulichen Details registrieren und die gesamte Inneneinrichtung an verschiedenen Orten auslagern, was den Wiederaufbau entscheidend begünstigte. Nachdem ausgerechnet an

Goethes Todestag 1944 das Haus durch Bomben völlig zerstört worden war, schrieb Beutler einen Aufruf in der Form einer Todesanzeige: »Am 22. März 1944 (…) starb auch das Haus seiner Kindheit, starb die Stadt seiner Jugend.« Die Erinnerung an den Tod und die Geburt Goethes wurde auf diese Weise wirkungsvoll verwoben mit der Zerstörung und der angestrebten Wiederherstellung seines Geburtshauses. So, als könnte mit der Wiederkehr seines Geburtstages und der Wiedereinweihung seines Geburtshauses die Rückkehr von Goethes Geist befördert werden und die Erneuerung der humanistisch-idealistischen Tradition in Deutschland. Mit Erfolg mobilisierte Beutler jedenfalls die kulturelle und wissenschaftliche Prominenz der Zeit. Nur wenige versagten sich der geforderten ideellen und materiellen Unterstützung. Der Pädagoge Herman Nohl sah in der Wiedererrichtung des Goethehauses nicht nur das »schönste Denkmal (…), das wir Goethe jetzt bauen können«, sondern zugleich ein »Zeichen unverzagten Lebenswillens«, ja, ein Zeichen dafür, »daß der Glaube an den deutschen Geist« noch »nicht verloren ist«. Für den katholischen Publizisten und Mitherausgeber der *Frankfurter Hefte* Walter Dirks war es später »eines der ersten Symbole der Restauration«. Schon einige Jahre zuvor hatte er seine Ablehnung des Wiederaufbaus unmißverständlich zum Ausdruck gebracht: »Es gibt Zusammenhänge zwischen dem Geist des Goethehauses und dem Schicksal seiner Vernichtung«, schrieb er:

»Wäre das Volk der Dichter und Denker (und mit ihm Europa) nicht vom Geist Goethes abgefallen, vom Geist des Maßes und der Menschlichkeit, so hätte es diesen Krieg nicht unternommen und die Zerstörung dieses Hauses provoziert. Die große Vernichtung steht folgerichtig am Ende eines Weges, der von Goethe weggeführt hat (…): es hatte seine bittere Logik, daß das Goethehaus in Trümmer sank. Es war kein Versehen, das man zu berichtigen hätte, keine Panne, die der Geschichte unterlaufen wäre: es hat seine Richtigkeit mit diesem Untergang. Deshalb soll man ihn anerkennen.« [48]

Man tat es nicht: 1951 war die Rekonstruktion des Goethehauses beendet, 1954 folgte der Neubau des Goethemuseums. Mitte der neunziger Jahre wurde durch dessen Umbau das letzte bauliche Element beseitigt, das die Bomben mehr oder weniger überstanden hatte, der Volger Hof. Dort hatte Thomas Mann im Mai 1932 gesprochen und die Pflege dieser ehrwürdigen »Stätte geistig-nationaler Überlieferung« angemahnt. »Möge der Staat Preußen und möge die Verwaltung dieser Stadt es sich zur Pflicht machen, Not und Verfall der Zeit vom Frankfurter Goethehaus fernzuhalten.« [49]
Dem als »magisch-sakramental« [50] bezeichneten historischen Umgang

mit einer prominenten Ruine steht, auch in Frankfurt, als Alternative der Wiederaufbau eines anderen Architektursymbols gegenüber: die Paulskirche, wahrscheinlich der politisch bedeutsamste Bau der westdeutschen Nachkriegsgeschichte überhaupt. Ein Bau, der zwar für das Scheitern des ersten freigewählten deutschen Parlaments steht und insoweit vielleicht »dem parlamentarischen Gedanken in Deutschland bleibenden Schaden zugefügt«[51] hat, der aber zugleich als Symbol des freiheitlichen Denkens und Redens und der nationalen Einheit gilt.

Die Vollruine sollte zur Hundertjahrfeier der Revolution von 1848 im Mai 1948 wiederhergestellt sein. »Ganz Deutschland muß die Paulskirche wieder aufbauen, von außen und von innen, im Stein wie im Geiste!« hieß es im Aufruf der Stadt Frankfurt/Main.[52] Und aus dem ganzen Land trafen Geld- und Sachspenden ein, auch aus Ostdeutschland. Hoch war der Anspruch an den »ehrwürdigen Raum«, von dem nur noch eine »ausgeglühte Mauerschale aus roten Sandsteinquadern« stand: Hier sollte sich »das deutsche Volk zu Aussprache und Feier« versammeln. Die Architektengruppe unter Leitung von Rudolf Schwarz entwarf dafür eine so strenge und schlichte Form, daß darin – wie die Architekten hofften – »kein unwahres Wort möglich sein sollte«. Der ursprünglich klassizistische protestantische Sakralbau erhielt eine geradezu asketische Gestalt, innen wie außen, mit flachgewölbtem Dach und ohne säulengetragene Empore. Dadurch entstand ein kahler, hoher, heller Saal, zu dem man durch eine dunkle und niedrige Eingangs- und Wandelhalle aufsteigt.

Man wird den Architekten nicht absprechen können, daß sie damit einen dritten Weg gegangen sind zwischen Rekonstruktion und Abbruch und auf diese Weise den »Willen des deutschen Volkes« architektonisch festzuschreiben versuchten, »eine bessere Ordnung aus dem Zusammenbruch aufzubauen, durch ihre reine und arme Gestalt«. Und man wird nicht ihnen anlasten wollen, daß ihre architektonische Interpretation des Wiederaufbaus Programm blieb und nicht Symbol wurde. Die Volksvertreter sind nicht gekommen, jedenfalls nicht zur politischen Aussprache, sondern allenfalls zur Feier der alljährlichen Friedenspreisverleihung des Deutschen Buchhandels. Frankfurt wurde nicht – wie anfangs gehofft und erwartet – die neue Bundeshauptstadt des westdeutschen Teilstaates. Statt dessen kamen Geld und Kultur. Erst hinterließ der Wirtschaftsboom in der Stadt seine Spuren, dann der Kulturboom. Den Bankkathedralen folgten die Kunst- und Museumstempel.[53]

Und so sind die Volksvertreter schließlich doch noch gekommen – im

Zug der Abgeordneten, dem Monumentalgemälde von Johannes Grützke, das seit Frühjahr 1991 die Treppenrotunde ziert.[54] Eine »Malerei«, so ein humorvoller Kritiker treffend, »deren närrischer Posaunenton einen unterhaltsamen Rundgang lang nachhallen mag und dann verläßlich verklingt«. Gewiß nicht viel, aber eben auch nicht so wenig, wenn man bedenkt, was hier ein Künstler hätte anrichten können, der mit feierlichem Ernst und politischem Pathos zu Werke gegangen wäre. Schon während des Wiederaufbaus war erwogen worden, dieses karge Denkmal politischer Hoffnungen und Niederlagen mit einem Kunstwerk eindrucksvoll zu schmücken. Daß es dazu erst vierzig Jahre später kam, war wohl kein Zufall. Zu diesem Zeitpunkt hätten manche Stadtväter ihre Paulskirche gern in den klassizistischen Vorkriegszustand zurückgeführt, wogegen sich nun allerdings die Denkmalpfleger wehrten, die seinerzeit so heftig gegen den schmucklosen Wiederaufbau gestritten hatten.

Hamburg: St. Nikolai

Anderswo blieben Ruinenkirchen in dieser Zeit als solche erhalten: in Darmstadt die Ruine am Kapellplatz, die nahezu vollständig zerstörte Frauenkirche in Dresden,[55] die durch Neubauten von Egon Eiermann ergänzte und dadurch auch teilweise entwertete Ruine der Kaiser-Wilhelm-Gedächtniskirche in Berlin, St. Aegidien in Hannover und St. Nikolai in Hamburg. Manche sahen darin »Mahnmale des großen Geist-Antipoden, den die Kirche Luzifer nennt«. Das war gewiß aufrichtig gemeint, aber doch auch der in dieser Zeit verbreitete, wiewohl fragwürdige Versuch, die deutsche Katastrophe religiös zu deuten und mit der christlichen Leidens- und Hoffnungsgeschichte zu verknüpfen. Ganz diesseitig in seiner Argumentation blieb der Beitrag des Kunsthistorikers Otto H. Förster zur damals viel beachteten Vortragsreihe *Was wird aus den Kölner Kirchen?*, die im Winter 1946/47 stattfand.[56] Er warnte davor, »klaffende Wunden mit fälscherhaften Mätzchen zu schließen«, damit »noch zwei oder drei Geschlechter nach uns sehen (…) wie nahe auch das Letzte dem Untergang war, und sich immer aufs neue zum Nachdenken aufgefordert fühlen«. Vielleicht ist dieses Bewußtsein nirgendwo nachdrücklicher zum Ausdruck gekommen als in der Ruine von Alt-St. Alban in Köln, die neben dem gotischen Gürzenich steht, dem Festhaus der Stadt, oder richtiger: in ihn hineinragt, denn die dunklen Außenmauern der Ruine bilden die Innenwände der hellen Treppenhalle des neuen Baus. Der mit dem Komplex befaßte Architekt Rudolf Schwarz erinnerte sich Jahre später:

»Die Gewölbe waren eingestürzt, und es stand nur noch eine unverständliche Versammlung von Bögen, Pfeilern und Wänden unter dem offenen Himmel, ein sinnloser, trauriger Rest (…) Er mahnt an die unerforschbare Bosheit des menschlichen Herzens. So steht er neben dem Festhaus. Die Feste des Lebens werden vor den Hintergrund des Todes gestellt. Diese Ruine ist sinnlos, und das trostlose Elternpaar der Käthe Kollwitz kauert ganz klein und verloren in der leeren Ödnis (…).«[57]

Demgegenüber war der Umgang mit einer anderen bekannten Kirchenruine, mit St. Nikolai in Hamburg, lange unsicher und unentschieden.[58] Die Kirche war nicht stärker beschädigt als andere Kirchen der Stadt, weshalb man auch hier zunächst an einen raschen Wiederaufbau dachte. Erst nach dem Krieg wurden die Außenwände abgerissen und mit ihnen der imposante Figurenschmuck mit den Schutzpatronen der Stadt, bedeutenden Männern und Heiligen. Zu dieser Zeit erschien den Denkmalpflegern die Neugotik des 19. Jahrhunderts nicht wiederaufbauwürdig. Und die Kirche zog sich aus der inneren Mitte Hamburgs zurück. Die Gemeinde, der es für den Wiederaufbau an Geld fehlte, baute im wohlhabenden Harvestehude eine neue Nikolai-Kirche. Mitte der fünfziger Jahre verlangte der Finanzsenator den Abbruch der Ruine an der autobahnähnlichen neuen Ost-West-Straße, die inzwischen die Altstadt endgültig zerstört hatte. Mit anderen westdeutschen Großstädten lag Hamburg im städtebaulichen Trend der Zeit: So entstand eine autogerechte und zugleich geschichtsvergessene Stadt. Doch die Ruine blieb stehen. Für ihre weitere Nutzung gab es im Laufe der Jahre viele Pläne – vom Kinderspielplatz bis zum Friedensmahnmal für alle Opfer des Zweiten Weltkriegs.
1974 wurde dann in der Turmhalle das Kokoschka-Mosaik *Ecce Homo* angebracht und eingeweiht. Unter dem Mosaik steht der Satz: »Ich tue meinen Mund auf für die Stummen.« Doch schon bald mußte der Zugang zur Ruine wegen Baufälligkeit gesperrt werden. Später nahm sich ein Förderkreis der Ruinenrettung an. Der Senat bewilligte zur weiteren Sicherung einen Millionenbetrag. So blieb der Turm der Nikolaikirche erhalten. Nach dem ersten großen Brand von 1842 war die Kirche als »protestantischer Dom« wieder aufgebaut worden. Zugleich sollte er Hamburgs Weltgeltung repräsentieren. Nach dem zweiten großen »Feuersturm« einhundert Jahre später wurde aus der Kirchenruine »ein vom Wirtschaftswunder im Stich gelassenes Symbol für Krieg und Zerstörung im zwan-

zigsten Jahrhundert«. [59] Darauf verweist seit einigen Jahren auch eines der blauen Schilder, die – inzwischen an zahlreichen Gebäuden der Stadt angebracht – den Besucher bauhistorisch informieren. Bezüglich seiner jüngsten Vergangenheit ist die Auskunft allerdings recht einsilbig: »1943 und 1944 bis auf den Turm und die Außenmauern zerstört.«

Aus Anlaß des 50. Jahrestages der »Operation Gomorrha« ist die Ruine 1993 wie nie zuvor zum Mittelpunkt des städtischen Lebens gemacht worden. So, als sollte alles Versäumte in wenigen Tagen nachgeholt und die Verlegenheit und Gleichgültigkeit vergangener Tage vergessen gemacht werden. Eine Woche lang wurden weltliche Gedenkfeiern und ökumenische Gottesdienste zelebriert, Ausstellungen und Filme gezeigt, Stadtteilrundgänge, Barkassenfahrten, Geschichtsspaziergänge und ökumenische Prozessionswege organisiert. Es wurde gepredigt und gesungen, geredet und geradelt, gegessen und getrunken. Gäste aus Coventry, Dresden, Rotterdam und St. Petersburg weilten in der Stadt. Den Höhepunkt bildeten die Einweihung des Glockenspiels und die Aufhängung des Monumentalkunstwerks *Ecce Homo* von H. D. Rühmann: ein auf den Kopf gestellter, auf fünfzig Meter Länge aus 5000 Fotokopien vergrößerter, 180 000 Mark teurer, sieben Tonnen schwerer, von Telekränen gehaltener und an der Ruine St. Nikolai installierter Mann – aufgehängt und nackt: Das war gewiß eine seltene Attraktion, für manche aber auch einfach eine Zumutung.

»Als Hamburg im Feuersturm versank« titelte eine Lokalzeitung die Programmankündigung. Darin wurden die Bombentonnen, die Toten, Verletzten und Ausgebombten so gezählt wie die kaum weniger beachtlichen Zahlen der stolzen Festbilanz mit Hunderten von in- und ausländischen Gästen, Tausenden von Teilnehmern, zahlreich mitwirkenden Künstlern, den Sponsoren und Spendenbeträgen. Kein Zweifel, aus der Erinnerung an die »schrecklichsten Tage seiner Geschichte« hatte Hamburg etwas gemacht: ein Volksfest und ein Friedensfestival mit Galakonzert und Weltfilmpremiere.

Denkmal und Gegendenkmal

Im Vergleich zu heute und zur frühen Nachkriegszeit scheinen sich die sechziger Jahre im Denkmalbau eher zurückgehalten zu haben. Vielleicht eine überraschende Feststellung, denn die wissenschaftliche, kulturelle und auch politische Auseinandersetzung mit dem Nationalsozialismus wurde in diesem Jahrzehnt thematisch wie formal differenzierter, breiter und intensiver als zuvor geführt. Doch das traditionelle Denkmal hatte sich überlebt. Und neue Wege mußten erst gefunden werden. Oskar Negt und Alexander Kluge stellten Anfang der siebziger Jahre die rhetorische Frage, ob Denkmäler nicht überhaupt doppelt hergestellt werden müßten: »das eine Denkmal, um einen bestimmten – möglicherweise Verzerrungen und Irrtümer enthaltenden – geschichtlichen Stand festzuhalten; das andere, damit es von den Menschen im weiteren Verlauf deformiert, verändert, korrigiert werden kann.« Es sei notwendig, argumentierten sie, »sowohl die Geschichte wie die Differenz zur Geschichte«, und das heißt eben auch: die Einstellung der Nachlebenden zu ihr, »in der Öffentlichkeit von Denkmälern festzuhalten«.[60]

Denkmal und Gegendenkmal waren zunächst und vor allem charakteristisch für die Erinnerungskultur im konfrontativen innerdeutschen Verhältnis und Ausdruck der um demonstrative Eindeutigkeit und Abgrenzung bemühten Systeme. Aber nur im geteilten Berlin ließen sich Denkmal und Gegendenkmal sichtbar miteinander konfrontieren, wenn auch nicht in direkter Gegenüberstellung. Eine Chance dazu bestand immerhin, aber sie wurde erstaunlicherweise nicht genutzt. Beim Wettbewerb für ein Mahnmal des unbekannten politischen Gefangenen, den 1952/53 das Institut für zeitgenössische Kunst in London ausschrieb, gewann der englische Künstler Reg Butler den ersten (nicht ausgeführten) Preis mit einer recht unkonventionellen Denkmalarchitektur, einem etwa vierzig Meter hohen Stahlgerüst (»Blutgerüst«) mit einer Plattform und am Sockel mit drei überlebensgroßen Figuren als Sinnbild für Unterdrückung und Folter, das den Betrachter an »Gefängnis und Schafott, an Wachturm und Guillotine« erinnern sollte.[61] So groß die Beteiligung an diesem Wettbewerb mit über dreitausend Entwürfen war, so gering war die politische Resonanz: Keines der beteiligten Länder mochte einen Entwurf übernehmen, keiner wurde ausgeführt. Verschiedene Standorte waren im Gespräch. Die Felsen bei Dover wurden in Betracht gezogen, aber auch Westberlin. Die Akademie der Künste befand, daß es »innerhalb der freien Welt keinen geeigneteren Ort« dafür gäbe »als die ehemalige Reichshauptstadt«. Nur hier würde der Turm in einem doppelten Sinn verstanden werden können – und müssen: »als ein Mahnmal im gegenwärtigen Kampf zwischen Freiheit und Tyrannei und als Sinnbild des politisch-moralischen Selbstbewußtseins dieser Stadt als einer Insel der Freiheit« und zugleich »als ein Zeichen der Erinnerung an alles«, was einst von Berlin aus befohlen, an politischen Verbrechen in Deutschland begangen und erlitten wurde. Ein Motiv der Entsühnung und der Elan einer kämpferischen Geistesgegenwart würden sich verbinden.«[62] Man wundert sich, warum Berlin, warum die Alliierten, warum die Bundesregierung diese Chance nicht erkannt und genutzt haben. In Berlin, wo die antagonistischen Systeme so sichtbar bedrohlich aufeinanderstießen, wäre ja der Ort für die demonstrative Geste eines Gegendenkmals wie nirgendwo sonst gewesen.

Auf die unmittelbare Konfrontation von Denkmal und Gegendenkmal hat man verzichtet, aber nicht auf die systempolitische Eindeutigkeit der öffentlichen Erinnerungsgesten. In Ostberlin war die mehrfache Hervorhebung des antifaschistisch-sozialistischen Widerstands so wenig zu übersehen wie in Westberlin die ebenfalls mehrfache Nobilitierung des militärisch-bürgerlichen Widerstands, während die anderen Widerstandsbewegungen und Opfergruppen erst allmählich und widerstrebend zur Kenntnis genommen wurden, im Westen früher als im Osten, wobei dieser mit der Errichtung seiner KZ-Gedenkstätten zuvor wichtige Anstöße gegeben hatte.

Die Konfrontation von Denkmal und Gegendenkmal ist jedoch nicht nur im konfliktreichen zwischenstaatlichen Verhältnis geeignet, den Gegensatz von Geschichtsbildern sichtbar zu machen. Auch innerstaatlich ist das Modell von Nutzen, zumindest in einer Gesellschaft mit kontroversen Geschichtsdeutungen und konkurrierenden Akteuren auf dem Felde der Geschichtspolitik. In der Demokratie ist die unangefochtene Erinnerung ein eher unwahrscheinlicher Fall und eine den gesellschaftlichen Gruppen, Wertorientierungen und Geschichtsbildern entsprechende pluralistische Erinnerungskultur das angemessenere Erscheinungsbild. Denkmal und Gegendenkmal sind aber nicht erst und allein eine Folge der schrittweisen Pluralisierung unserer jüngeren Denkmalkultur. Diesen Typus gibt es auch als Ausdruck der zeitlichen Abfolge von Wertewandel und Systemwechsel, der sich ja nicht notwendig nur im Sturz und im Neubau von Denkmälern Ausdruck verschaffen muß, sondern eben auch in der Erhaltung eines unzeitgemäßen und umstrittenen Denkmals und seiner kommentierenden Konfrontation durch ein Gegendenkmal. Ein eindrucksvolles Beispiel findet sich in Würzburg.[63]

Wie in vielen anderen Städten war auch in Würzburg in den frühen dreißiger Jahren, also noch in Weimarer Zeiten, ein Soldaten-Ehrenmal aufgestellt worden: eine Gruppe von sechs Soldaten, die einen aufgebahrten toten Kameraden auf ihren Schultern tragen und dabei einen zeitlupenartig erstarrten Bewegungsablauf vollziehen, vom Erheben des Leichnams zur Beisetzung. Die Theatralik steigert die Wirkung des massigen Trauermonuments trotz aller Bedrohlichkeit, die von der soldatischen Formation ausgeht. Dieses ästhetische Identifikationsangebot reichte nach dem Zweiten Weltkrieg nicht mehr aus. Nur etwa dreihundert Meter entfernt wurde im Frühjahr 1954 zur Erinnerung an die Bombenopfer und die Zerstörung der Stadt ein zweites Trauerdenkmal aufgestellt: eine aus einem Mann, einer Frau und zwei Kindern bestehende liegende Figurengruppe, überlebensgroß und aus einem dunkelgrünlich-porösen Stein gefertigt, der wie ausgeglüht wirkt und an verkohlte Leichen erinnert. Eine Verbindung zwischen beiden Denkmälern besteht gleich mehrfach. Zum einen durch die räumliche Nähe und den Umstand, daß sie vom selben Bildhauer geschaffen wurden. Zum anderen durch das Todesmotiv und sepulkrale Pathos. Dort die wuchtige Erhabenheit des soldatischen Heldentodes. Hier das monumentale Memento mori des sinnlosen zivilen Opfertodes. Welcher Art der geschichtliche Zusammenhang ist, dessen Todesfolgen hier bildlich dargestellt werden, das bleibt allerdings ebenso offen oder besser: unklar wie der Zusammenhang zwischen diesen Toten und jenen, die auf dem Friedhof in der Werner-von-Siemens-Straße begraben liegen: die im Ersten Weltkrieg im Kampf für das wilhelminische Kaiserreich gefallenen jüdischen Soldaten und die im Dritten Reich ermordeten Würzburger Juden.

Hamburg-Dammtor: Kriegerdenkmal und Antikriegsdenkmal

Eines der wohl bekanntesten und umstrittensten Denkmäler in der Bundesrepublik überhaupt steht am Hamburger Dammtorbahnhof. Es ist auch ein besonders interessantes, weil denkmal- und zeitgeschichtlich höchst aufschlußreiches Beispiel.[64] Genaugenommen handelt es sich nämlich um ein doppeltes Gegendenkmal. Denn so wie sich das bislang unvollendete Gegendenkmal von Alfred Hrdlicka als antifaschistisches Mahnmal gegen das im März 1936 eingeweihte Kriegerdenkmal stellt, so steht dieses – wenn auch wegen der räumlichen Entfernung von etwa einem Kilometer nicht unmittelbar zu erkennen – in Opposition zu dem im August 1931 eingeweihten zentralen Kriegsopferdenkmal am Rathausmarkt, einer hoch aufragenden Stele mit einem Relief von Ernst Barlach: eine trauernde Mutter mit einem Kind auf der einen und der Inschrift »Vierzigtausend Söhne der Stadt ließen ihr Leben für Euch« auf der anderen Seite.

Schon unmittelbar nach dem Ersten Weltkrieg kam es zu einer politischen Auseinandersetzung über verschiedene Denkmalprojekte und Ehrungsformen für die Opfer des Krieges. Auch über den Standort gingen die Ansichten auseinander. Die einen wünschten einen – auch angelegten – Krieger-Ehrenfriedhof innerhalb der weiträumigen Ohlsdorfer Friedhofsanlage. Stadtbaudirektor Fritz Schumacher plädierte für eine Denkmalanlage vor dem Wasserturm im Hamburger Stadtpark. SPD und KPD wollten nur ein Antikriegsdenkmal. Und die Kriegsopferorganisationen machten sich erfolgreich für eine soziale Einrichtung stark: die Wohnsiedlung Kriegerdank für die Kriegshinterbliebenen und -versehrten. Nachdem der Versuch einer »Gesamtkriegerehrung« mit einer »Heldengedenkhalle« nicht zuletzt der hohen Kosten wegen gescheitert war, reifte Mitte der zwanziger Jahre in Senat und Bürgerschaft der Plan, im Zentrum der Stadt ein schlichtes Denkmal zu errichten. Ein Wettbewerb wurde ausgeschrieben, zusätzlich lud man mehrere bekannte Künstler ein, unter ihnen Ernst Barlach, Wilhelm Kreis, Hugo Lederer und Hans Poelzig. Schließlich entschied man sich für die schlichte Stele des Architekten Klaus Hoffmann, die auf Betreiben Schumachers mit dem genannten Barlach-Relief geschmückt wurde.

Mochten sich auch namhafte Persönlichkeiten nachdrücklich für dieses »Kriegserinnerungsmal« aussprechen – so beispielsweise Thomas Mann –, der die Bürger der Stadt für die »künstlerische Würde« und »wahrhafte Volkstümlichkeit (…) der aufrechten Schmerzensmutter mit ihrer kleinen Waise« einzunehmen suchte,[65] der Widerstand nationalistischer und militärischer Kreise war von Anfang an groß. Auf eine würdige Einweihungsfeier wurde vorsorglich verzichtet, das Denkmal fast heimlich enthüllt, eine Rede nicht gehalten. Mochte der Senat auch hoffen, mit einem alle Opfer einbeziehenden Kriegsdenkmal Sonderwünsche nach Einzeldenkmälern abwehren zu können, mit denen er immer wieder besonders vom Bund der 76er Vereine – dem Traditionsverband für das Hanseatische Infanterieregiment Nr. 76 – attackiert wurde, die Hoffnung erfüllte sich nicht. Schon ein Jahr später gab er dessen Forderungen nach und wies den 76ern einen Platz in den Wallanlagen zu.

Aber damit mochte man sich nicht begnügen. Nach 1933 entschieden sich Kriegervereine, Militärs und Nazis für den sehr viel publikumswirksameren, weil verkehrsreicheren Standort am Dammtorbahnhof. Den Auftrag erhielt der Bildhauer Richard Kuöhl, der schon vor 1933 im Auftrag seines früheren Lehrers, dem von den Nazis entlassenen Fritz Schumacher, zahlreiche Bau- und Grabplastiken in der Stadt geschaffen hatte und im norddeutschen Raum zudem durch den Bau von Kriegerdenkmälern hervorgetreten war. Im März 1936 wurde das Kriegerdenkmal unter Beteiligung zahlreicher Militärformationen, Soldatenvereine und schaulustiger ›Volksgenossen‹ eingeweiht: ein etwa neun Meter langer, vier Meter breiter und sieben Meter hoher Muschelkalkblock; auf drei Seiten ein umlaufendes Reliefband mit überlebensgroßen, in 22 Vierergruppen ausmarschierenden Soldaten im zeitgemäßen Outfit der 1930er Jahre – und nicht in dem des 76er Regiments von 1870/71 oder 1914/18, an das dieses Denkmal doch erinnern sollte. Daß es sich nicht nur um ein beliebiges der vielen Regimentsdenkmäler jener Zeit handelt, lassen auch andere, in das Nationalheroische und Nationalgemeinschaftliche ausgreifende Widmungselemente erkennen. So die (hier im Zitat kursive) Inschrift über dem Reliefband, die aus dem seinerzeit berühmten Gedicht *Soldatenabschied* von Heinrich Lersch stammt: »Laß mich gehn Mutter, laß mich gehn. / Deinen letzten Gruß will ich vom Mund dir küssen: / *Deutschland muß leben, und wenn wir sterben müssen!*« So das zweite Motto: »Großtaten der Vergangenheit sind Brückenpfeiler der Zukunft.« So auch eine zeitgenössische Denkmalbroschüre, in der es heißt: »Das Ehrenmal soll der nationale Wallfahrtsort für unsere Stadt werden (...), daß dem wieder marschierenden und wieder wehrwilligen Deutschland die Tore der Freiheit und Gleichberechtigung aufspringen (...)«. Und der einzige Politiker bei der durch und durch militärischen Einweihungsfeier, ein Senatsmitglied, erklärte dieses Denkmal zu einer ständigen Aufforderung, »zu jeder Stunde in Reihen geschlossen hinter der Fahne zu marschieren, die der Führer uns voran hält, dem hohen Ziel zu, das für uns verkörpert ist mit allen unseren Wünschen und Hoffnungen in dem hehren Worte: Deutschland!«[66] Nur drei Jahre später hatte sich dieser Zweck des Denkmals erfüllt: Die Marschkolonnen der deutschen Wehrmacht formierten sich, der Zweite Weltkrieg begann.

Als er zu Ende war, wurde das Denkmal allerdings nicht beseitigt, wie das die alliierte Kontrollratsdirektive zur Liquidierung deutscher militärischer und Nazi-Denkmäler vorgesehen hätte und wie das auch von zahlreichen antifaschistischen und antimilitärischen Organisationen und Einzelpersonen wiederholt verlangt wurde. Das Denkmalschutzamt setzte den Erhalt des Denkmals durch. Es konnte sich mit Erfolg auf die Ausnahmeregelung berufen, wonach solche Denkmäler nicht zerstört werden mußten, die lediglich dem Totengedenken von verstorbenen Ein-

Gefallenendenkmal am Rathausmarkt (Klaus Hoffmann/Ernst Barlach) von 1931.

Kriegerdenkmal am Dammtorbahnhof (Richard Kuöhl) von 1936.

Konfrontation am »Kriegsklotz« während des Kirchentages im Juni 1981 zwischen
Friedensdemonstranten und Polizei.

Gegendenkmal am Dammtorbahnhof (Alfred Hrdlicka) von 1985 / 86 mit »Cap Arcona« (links) und »Hamburger Feuersturm« (schwarze Bronzewand).

zelpersonen und regulären militärischen Einheiten dienten. Und so blieb der »Kriegsklotz« stehen.

Im Zuge der bald einsetzenden Remilitarisierung wurde er unentbehrlich, für die soldatischen Traditionsvereine ebenso wie für Alt- und Neonazis und für den »Nothilfe-Kameradschaftsbund jenes 76. Wehrmachts-Regiments, das die Tradition der alten 76er Regimenter fortgesetzt hatte, sowieso. Die Behörden verweigerten der »Nothilfe« nicht, eine Gruftplatte »Kameradschaft ehemaliger 76er« anzubringen, die man bei dem Bildhauer Kuöhl in Auftrag gegeben hatte. Auch sonst setzte man auf Kontinuität. In der Vereinszeitung hieß es über das Kriegerdenkmal etwa: »Es ist in seiner Einmaligkeit zum Wahrzeichen der Hamburger Innenstadt und zum Symbol guten deutschen Soldatentums schlechthin geworden.«[67] So sahen das auch zahlreiche andere Soldatenverbände und zumeist rechtsgerichtete Organisationen, von der HIAG (Hilfsgemeinschaft auf Gegenseitigkeit der Soldaten der ehemaligen Waffen-SS) bis zur Gesellschaft für Wehrkunde, vom Verband Deutscher Soldaten bis zum Volksbund Deutsche Kriegsgräberfürsorge. Jahr für Jahr finden dort Gefallenenehrungen mit Kranzniederlegungen statt. Seit ihrer Gründung im Jahr 1955/56 beteiligten sich auch Bundeswehrabordnungen regelmäßig.

Das Denkmal war aber nicht nur Ort fragwürdiger Ehrungen und soldatischer Demonstrationen, es wurde auch immer wieder zum Stein des Anstoßes. Ambulante »Bildhauer« bemalten und beschrieben den Klotz, den die Polizei verschiedentlich gegen Demonstranten schützen mußte. »Nachgerade ein Witz« der Denkmalgeschichte, wenn man bedenkt, daß Hamburg dieses Denkmal in der ersten Republik gar nicht haben wollte.[68] Schon früh wurde literarischer und politischer Protest laut. Im Mai 1958 schrieb Peter Rühmkorf auf der *Konkret*-Titelseite:

»Zerstäubte Helden und geschleifte Mauern: / Erleuchtung zweier Kriege, nicht des Lichts – / Du wirst den nächsten nicht mehr überdauern / Und Deutschland nicht und abernichts. // Und merkt euch Klotz und Spruch, das habt zum Zeichen: / Was war nun Deutschland und was wird es sein? / Was ist es, wenn nicht unresgleichen? / Und NEIN von unserem NEIN.«[69]

Anfang der siebziger Jahre beschloß die zuständige Bezirksversammlung, zumindest die Inschrift aus dem Lersch-Gedicht zu entfernen. Die Springer-Presse entfachte eine Protest-Kampagne. »›Deutschland‹ soll gestrichen werden« – schlagzeilte die *Bild*-Zeitung. Es formierte sich auch eine rechtsextremistische »Bürgerinitiative zur Erhaltung des Ehrenmals am Dammtor«. Sie warb noch in den neunziger Jahren per Anzeigenaufruf um Spenden. Der Senat annullierte den Beschluß. Aber erst als sich 1980 während der Anti-Kriegswoche und 1981 während des Evangelischen Kirchentages die Auseinandersetzungen verschärften, konnte sich der Ruf nach einer wirkungsvollen Umgestaltung Gehör verschaffen.

1982 wurde ein Wettbewerb ausgeschrieben. Den Auftrag erhielt schließlich der Wiener Bildhauer und Graphiker Alfred Hrdlicka, der ursprünglich selbst zur Jury gehört hatte. Es entstand ein mehrteiliges Werk.[70] Der erste, 1985 eingeweihte Teil setzte sich mit der im Volksmund »Feuersturm« genannten Bombardierung Hamburgs auseinander. Eine brüchig wirkende schwarze Bronzewand, die eine ausgeglühte Hausfassade mit verkohlten Menschen(resten) visualisiert. Darüber, teils Symbol, teils statisches Element, ein Hakenkreuzteil, darunter, »eine zerschmetterte Karyatide«, eine ehedem tragende weibliche Figur, und auf der anderen Seite in Marmor »ein herabstürzender Atlant – Bauelement und Mensch zugleich«.[71] Ursprünglich waren als weitere Teile vorgesehen: der Komplex *Glaube und Schönheit*, der den rassistisch überhöhten Schönheitskult der Nazis mit der Menschenverachtung und Menschenvernichtung in ihren Konzentrationslagern konfrontieren sollte. Die beiden anderen Teile sollten dem individuellen *Soldatentod* sowie den Opfern von *Verfolgung und Widerstand* gewidmet werden. Doch Hrdlicka änderte sein Konzept teilweise.

Im September 1986 konnte der zweite Teil eingeweiht werden: *Fluchtgruppe – Cap Arcona*, genannt nach jenem Schiff, das zusammen mit anderen Schiffen 7000 KZ-Häftlinge aus Neuengamme auf die Ostsee brachte, wo es von britischen Bombern versenkt wurde. Auf einem Granitblock steht eine mal stärker, mal schwächer herausgearbeitete, teils verzweifelt bewegte, teils schon leblose Figurengruppe in Marmor, Opfer, Flüchtende, Getroffene, Ertrinkende – »wie in einer Woge von Bombenfeuer und Wasser«.[72] Um das dritte und vierte Element dieses Ensembles entstand Streit. Hamburg war nicht bereit, die dafür von Hrdlicka verlangten zusätzlichen Mittel zur Verfügung zu stellen, und Anfang 1990 gab der Senat bekannt, daß man sich mit dem Fragment begnügen wolle.

Inzwischen ist die Auseinandersetzung mit der Denkmalsanlage vor Ort weitergegangen. 1985 wurden erläuternde Text- und Bildtafeln aufgestellt, für das Verständnis dieses Gedächtnisortes unentbehrlich. Nach Beschädigungen sind sie bedauerlicherweise wieder entfernt worden.

1991 wurde der »Verein zur Erhaltung des 76er Denkmals« gegründet. Nach einer gründlichen Oberflächenreinigung des Denkmals triumphierte der Verein per Anzeige: »Wir haben es geschafft!« Protest provozieren Denkmal und Gegendenkmal weiterhin. Sie werden beschädigt und wieder repariert, bemalt und wieder gesäubert. Aus Anlaß der Debatte um eine Beteiligung der Bundeswehr beim Einsatz von UN-Truppen in Somalia kam das alte 76er Denkmal zu neuen Ehren. Die deutschen Stahlhelme bekamen – vorübergehend – einen blauen Anstrich. Denkmalpfleger haben darauf hingewiesen, daß das fortdauernde Bemalen und Reinigen des Denkmals allmählich dessen umlaufende Reliefplastik zerstört und damit diesen Klotz überhaupt gefährdet. Man wird an Hrdlickas Worte erinnert, der sich seinerzeit nachdrücklich für den Erhalt des Kriegerdenkmals aussprach, als Zeugnis und zugleich als Deutungsvorgabe für seine Gegendeutung.

»Ich habe den ›Klotz‹ immer verteidigt (…) er darf nicht abgerissen werden. Das wäre, wie wenn man das letzte Exemplar von ›Mein Kampf‹ verbrennt (…) Man muß doch wissen, was die Nazis wirklich wollten. Der ›Klotz‹ ist nicht schlecht gemacht, – er hat so etwas Futuristisches. Er zeigt das heroische In-den-Krieg-Ziehen; doch wie der Krieg ausgeht, das sieht man nicht. Und so wollte ich diesem Denkmal die Realität des Krieges und des Faschismus gegenüberstellen.«[73]

Das Dritte Reich auf dem Friedhof: Hamburg-Ohlsdorf

Fernab der City befindet sich ein Denkmal-Ensemble, das sehr viel umfassender an die Zeit des Dritten Reiches erinnert, aber nahezu unbemerkt blieb und deshalb bis heute auch nicht zum Streitobjekt wurde. Dort konnte man schon Jahre zuvor sehen, wie der Krieg ausgegangen ist. Denn dort sind die Zeugnisse der Kriegstoten unübersehbar zahlreich vorhanden, in Einzel- wie in Massengräbern. Natürlich ist das Dritte Reich nicht auf dem Ohlsdorfer Friedhof begraben, aber in einer bestimmten Weise ist es das eben doch. Begraben ist dort eine große Zahl von Menschen, die in jener Zeit gelebt haben und gestorben sind – als Zivilisten oder als Soldaten unterschiedlicher Nationalität, als Verfolgte, Widerstandskämpfer, Verschleppte und KZ-Häftlinge. Und eben deshalb ist das Dritte Reich dort noch präsent, in Denkmälern und Massengräbern, aber auch in den Grabmalen privater Einzelgräber.[74]
Die Grabsprüche und Grabsteine, mit denen die Angehörigen sich und

ihre Toten dort bedacht haben, widerspiegeln etwas vom Doppelgesicht des Dritten Reiches. Und das ist vielleicht der interessanteste Befund. Zwei Seiten derselben Zeit: einerseits die staatsabgewandte, vermeintlich unpolitische Idylle des stillen Winkels, des kleinen bürgerlichen Auto- und Hausbesitzerglücks oder Bildungsstolzes, andererseits der in die private Lebenswelt vorgedrungene, das einzelne Individuum formierende Einfluß des Staates, der Wehrmacht, der Partei und anderer NS-Organisationen. Erst in jüngerer Zeit ist ja diese Perspektive auf das Doppelgesicht des Dritten Reiches freigelegt und dargestellt worden, also das Nebeneinander von Gewalt und Faszination, von Massenbegeisterung, Massenbewegung und Massenmord.[75] Das Hitler-Regime, das innerhalb und außerhalb Deutschlands soviel Angst, Schrecken, Zerstörung und unermeßliches Leid verbreitete, behielt bis in die späten Kriegsjahre in der Bevölkerung einen breiten Rückhalt. Auf dem Ohlsdorfer Friedhof konnte man steinerne Spuren davon schon lange entdekken. Aber sie blieben lange Zeit unbeachtet, von den Angehörigen der Verstorbenen abgesehen, wurden gepflegt und haben so die Jahrzehnte überdauert. Nirgendwo sonst findet man an öffentlicher Stelle in Hamburg so viele und so gut erhaltene Nazi-Zeichen: Hakenkreuze, Adler, Stahlhelme, Symbole der SS und der vielen NS-Organisationen – und natürlich auch viel Glücks- und Todeskitsch. Ein überraschender, für manche gewiß auch empörender Befund.

Immerhin war ja bereits im Mai 1946 jene Anweisung Nr. 30 der alliierten Kontrollbehörde ergangen, mit der sie die »Liquidierung deutlicher militärischer und Nazi-Denkmäler und Museen« angeordnet hatte. Diese Anweisung verbot die »Zurschaustellung von Monumenten, Denkmälern, Plakaten, Statuen, Gebäuden, Straßenschildern, Emblemen, Gedenktafeln und Insignien« und erklärte sie für ungesetzlich, »weil sie darauf abzielen, die deutsche militärische Tradition zu erhalten und fortzusetzen (...), der Nazipartei zu gedenken, oder geeignet sind, Kriegsereignisse zu verherrlichen«. Doch schon bald wurde dieses Verbot eingeschränkt: »Der Zerstörung und Beseitigung sind nicht unterworfen« – so heißt es da – »Denksteine, die lediglich zum Andenken an verstorbene Angehörige regulärer militärischer Einheiten errichtet worden sind (...) und Einzelgrabsteine.« Vor allem dieser Ausnahmeregelung verdanken wir die Erhaltung dieser Grabmale mit ihrem vielfältigen NS-Bilderschmuck.[76]

Und eben deshalb sind sie für den historisch interessierten Betrachter von Bedeutung. Die namentliche Identifikation und Hervorhebung eines verstorbenen Menschen als geliebter und geachteter Person, nicht selten verbunden mit der Geste des Schmerzes über den zu früh Verstorbenen, dieser Ausdruck von Individualität und Intimität wird dort fast durchgängig erweitert zugunsten des »volksgemeinschaftlichen« Zusammenhangs. Der Gestorbene oder gewaltsam Getötete ist zunächst buchstäblich in einen familiären Rahmen eingebettet. Aber zugleich wird er einer Berufsgruppe, einer NS-Organisation, einer Wehrmachtseinheit oder Waffengattung zugeordnet. Die Trauerbekundung und Trostsuche folgt durchweg christlicher Tradition und bedient sich dabei ihrer Leidens- und Hoffnungssymbole sowie ihres rituellen Repertoires an Bekenntnis- und Trostformeln, nicht selten im zeitgemäßen, deutsch-christlich geprägten Bekenntnismuster: »Ein feste Burg ist unser Gott« heißt es auf einem Grabstein – und wie zur Bekräftigung gleich daneben das Hakenkreuz.

An den Soldaten-Einzelgräbern ist noch etwas anderes erkennbar: Die Unterordnung des einzelnen gefallenen Soldaten unter einer Waffengattung, seine militärische Einheit oder eben unter »Volk, Reich und Führer« scheint eine bestimmte Rückwirkung auf die Thematisierung des Todes und die Bekundung der Trauer zu haben. Jedenfalls ist der persönliche Schmerz eigentümlich zurückgenommen, versachlicht, beherrscht durch die Annahme einer von außen kommenden Tröstung, die den Tod des getöteten Soldaten aus einer höheren, gleichsam schicksalhaften Bestimmung heraus sinnstiftend erklären will. Recht oft kann man – wie auch auf den Soldatengräbern anderer Friedhöfe – lesen: »Er starb den Fliegertod«, »Er starb den Heldentod« oder schlichter: »Er starb den Soldatentod.« So, als ob das Sterben für etwas die Erfüllung seines Lebens, die Bestimmung des soldatischen Auftrags und Strebens ist.[77]

Spätestens hier wird erkennbar, daß der Tod des getöteten Soldaten einer besonderen Erklärung und Rechtfertigung bedarf und offenbar auch eine spezifische Erinnerungspflicht begründet.[78] Die Passepartout-Formel dafür lautet: »Mortui viventes obligant.« Wobei es eben nicht die Toten sind, die die Lebenden zu irgend etwas verpflichten würden oder könnten. Nein, es sind immer die Nach- und Überlebenden, die als Grab- und Denkmalsetzer die gewaltsam Gestorbenen – vielleicht in stiller Übereinstimmung, aber wer könnte das prüfen? – für ihre Zwecke benutzen. Sie identifizieren die toten Soldaten als Helden und Opfer, als Retter und Befreier des Vaterlands, als vorbildliche Verkörperung von männlicher Treue und Tapferkeit, Ehre und Pflichterfüllung. Ihr Tod darf nicht sinnlos gewesen sein und muß insofern zum bleibenden Vermächtnis für die Nachwelt stilisiert werden. Ein Vermächtnis, das allerdings den Unterschied zwischen dem Tod der Täter und der Opfer nicht aufheben kann. Auf dem Ohlsdorfer Friedhof gibt es ein eindringliches Beispiel dafür, daß und warum getötete NS-Täter und getötete NS-Opfer nicht unter die gern und oft benutzte, nivellierende Denkmalinschrift »Opfer der Gewaltherrschaft und des Krieges« gehören. Wenige Meter voneinander entfernt befinden sich zwei Grabmale ungleicher Toter. Als wäre die Sprachlosigkeit und tödliche Konfrontation zwischen Nazi-Tätern und jüdischen Opfern symbolisch nachgestellt, steht auf der einen Seite des Weges das Familiengrab der Warburgs, denen Hamburg soviel verdankt und die nach 1933 zu den Verfolgten und Vertriebenen gehörten. Einige von ihnen wurden in Auschwitz und Sobibor ermordet. Und auf der anderen Seite die adlerbekrönte Stele für einen SA-Brigadeführer.

Im übrigen kann man nicht davon absehen, daß das Vermächtnis der toten Soldaten zumindest bis 1945 eine Verpflichtung an die nachfolgenden Generationen war, den toten Kriegern an Kampfesmut und Opferbereitschaft nicht nachzustehen. »Der einzelne stirbt, aber die Art lebt fort«, verhieß die NS-Rassenideologie. »Tod und Zeugung sind Fanfarenstöße in der ewig gleichen Melodie des Lebens«, hieß ein »Führerwort« für die SS-Totenfeier. Das mochte für die, die an solche Spruchweisheiten glauben wollten, tröstlich klingen und den Tod eines Angehörigen vielleicht weniger dramatisch erscheinen lassen. Zumal dann, wenn sie nicht durchschauten, daß die Nazis – ebenso virtuos wie verlogen – jeden Tod, der ihnen politisch nützlich war, in ein notwendiges Opfer verwandelten. Kontingenz und Sinnlosigkeit gab es in ihrem mythisch vernebelten Weltbild nicht.[79] Die Beispiele solcher Umdeutungen sind zahlreich. Nicht alle sind so prominent wie das des wahrscheinlich durch einen Unfall ums Leben gekommenen Fritz Todt, den die Nazis zu einem »Opfer für den Befreiungskampf des deutschen Volkes« machten – oder das von Reinhard Heydrich, der durch ein Attentat des tschechischen Widerstands ums Leben kam, zu Lebzeiten keineswegs eine besonders populäre Figur in der NS-Führung, aber als Techniker der totalitären Herrschaft eine repräsentative Figur der neuen NS-Elite war. Die Nazis stilisierten ihn zum Märtyrer.

Im christlichen Traditionsverständnis und Sprachgebrauch ist ein Märtyrertod die Wiederholung und Bekräftigung des Opfers Christi und zugleich Ausdruck für die Glaubensstärke und die Hoffnung auf ein Leben nach dem Tode. Die Nazis verachteten das als »religiös egoistisch«, um gleichwohl am Begriff des Märtyrers und Opfers festzuhalten. Für sie waren Märtyrer – oder mit dem von ihnen bevorzugten Ausdruck: »Blut-zeugen« – uneigennützige Menschen, die »um ihrer rasse- und volksver-wurzelten Überzeugung willen Schweres tragen, heroische Größe wah-ren (und) ihr Leben opfern«. Auch wenn dieser Tod nicht mehr auf ein Jenseits verwies, sondern auf die ganz und gar diesseitige »Volksgemein-schaft«, die Umdeutung und Inszenierung als Opfertod wurde durchaus als »Wiederholung der Passion Christi« (George L. Mosse) verstanden. So konnte ein höchst profanes und zufälliges Ereignis, ein Unfall oder ein Attentat, sakral überhöht werden. Das war auch deshalb möglich, weil ja die deutsche Sprache die Unterscheidung von passiv-zufälligem »vic-time« und aktiv-freiwilligem »sacrifice« nicht kennt. Unser Opferbegriff schmückt sich gern mit einer sakralen Aura.

Von einem freiwilligen, aus Einsicht in eine wie auch immer verstandene höhere nationale Notwendigkeit gebrachten Opfer kann nun aber bei dem Unfallopfer Todt und bei dem Attentatsopfer Heydrich nicht die Rede sein, so wenig wie bei den »November-Märtyrern«, die beim ge-scheiterten Hitler-Putsch im November 1923 getötet wurden, oder den »acht Blutzeugen«, die am 8. November 1939 im Münchener Bürger-bräukeller ums Leben kamen, zufällige Opfer des Bombenattentats durch den schwäbischen Handwerker Johann Georg Elser, der Hitler tö-ten wollte.

Der NS-Staat hatte es indes nicht nur mit den gewaltsam zu Tode gekom-menen, sogenannten »Parteisoldaten« zu tun, die im übrigen konsequent mit den gefallenen Soldaten des Ersten Weltkrieges in eine »vaterländi-sche Front« eingereiht und als Vorkämpfer des Dritten Reiches darge-stellt wurden. Das eigentliche Problem war die schnell wachsende Zahl der getöteten Soldaten des Zweiten Weltkrieges. Die Fürsorge für die neu anzulegenden Soldatenfriedhöfe übernahm die Wehrmacht bzw. der Volksbund Deutsche Kriegsgräberfürsorge (VDK), der seine Organisa-tion allerdings dem Oberkommando der Wehrmacht unterstellte, um seinen Einfluß auf die Einrichtung und Pflege der Kriegsgräber nicht zu verlieren. Der VDK wurde 1919 als eingetragener Verein gegründet und prägte jene Kriegerdenkmal-Architektur, an die das Dritte Reich an-knüpfte: Friedhöfe als Heldenhaine, deren Baumbepflanzung – zumeist Eichen – nach Jahrzehnten einen Naturdom bilden sollten.[80] Zusammen mit großen Rasenflächen als gärtnerischem Ausdruck militärischer Ein-heit und Geschlossenheit eine durch und durch symbolische Inszenie-rung. In einer VDK-Veröffentlichung von 1934 heißt es: »Die lebendige

Vegetation ist für uns das Symbol für das neue Leben, das aus dem Tode sprießt.«[81] Auch die vom VDK begründete Tradition des Baus von monumentalen Totenburgen mit ihrer teils germanisierenden, teils antikisierenden Formensprache setzten die Nazis fort, um nun die monumentalen Formen ins Monströse zu steigern. Verantwortlich war dafür seit 1941 jener Wilhelm Kreis, der sich bereits um die Jahrhundertwende mit zahlreichen Bismarcktürmen einen Namen gemacht hatte. Seine Entwürfe blieben Pläne und insoweit nur eine Fußnote in der politischen Architekturgeschichte.[82]

Mehr als eine Fußnote wert ist allerdings der Hinweis, daß der VDK auch nach 1945 zunächst an der Tradition der Heldenhaine und Totenburgen festhielt. So hat der damalige Chefarchitekt des VDK, Robert Tischler, nicht nur 1955 die *Deutsche Totenburg* bei El Alamein gebaut, er war 1953 auch am Bau des Kriegerdenkmals auf dem Soldatenfriedhof in Ohlsdorf beteiligt, ein Monument in etwas bescheideneren Dimensionen. Es ist dem Gedenken an die im Zweiten Weltkrieg gefallenen Hamburger Soldaten gewidmet. Die Denkmalinschrift sucht Sinnstiftung und Trost in einer unseren Ohren inzwischen recht fremd klingenden mystischen Lyrik: »Sonne und Sterne seht ihr nicht mehr, Ihr Geopferten, aber Ihr lebt in den Herzen derer, die glauben« und »Ihr findet sie, wo Ihr nach Ihnen fragt, im Osten gefallen, im Westen beklagt«. Man mag darin einen zeittypischen Ausdruck der Hilflosigkeit sehen, für den Soldatentod noch eine Sinngebung zu finden, vor dem unumwundenen Eingeständnis der Sinnlosigkeit dieses Sterbens schreckt der Text allerdings zurück.[83]

Diese Ratlosigkeit, den gewaltsamen Tod einer Vielzahl von Menschen zu thematisieren und ihn glaubhaft mit irgendeiner Sinnstiftung zu verbinden, kommt noch deutlicher in jenem Ohlsdorfer Denkmal zum Ausdruck, das dem Massenmord, den KZ-Toten gewidmet ist. Jenem 1949 errichteten 16 Meter hohen Betonrahmen, in dem 105 Urnen mit Erde aus 26 Konzentrations- und Vernichtungslagern übereinanderstehen. Die Inschriften heißen dort: »1933–1945« und darunter: »Unrecht brachte uns den Tod. Lebende erkennt Eure Pflicht«, und auf der Rückseite ist zu lesen: »Gedenkt unserer Not, bedenkt unseren Tod, den Menschen sei Bruder der Mensch.«[84] Diese Mahnworte lösen den konkreten historisch-politischen Zusammenhang der NS-Gewaltverbrechen ins Allgemein-Menschliche auf. Die Bezüge sind unklar, das Pathos unbestimmt, die Aussage undeutlich. Eine allgemeine Memento-mori-Paraphrase und der Versuch, Thomas Hobbes' realistisches Menschenbild und Machtverständnis (»Der Mensch ist des Menschen Wolf«) idealistisch umzukehren. Aus diesem Gedächtnisnebel befreit den Betrachter keine Information, kein Erklärungsversuch, daß und warum Tausende von Hamburger Juden deportiert und fern ihrer Heimat ermordet worden sind und daß Tausende von Ausländern im Hamburger KZ Neuengamme getötet wurden. Zudem schweigt sich das Denkmal über seine eigene kontroverse Vorgeschichte aus. Ursprünglich wollten die Verfolgtenorganisationen vor dem Rathaus ein Denkmal für die NS-Opfer errichten – als Stein des andauernden öffentlichen Anstoßes. Bemerkenswert erscheint dieses Denkmal aber auch deshalb, weil es im Vergleich zu späteren nicht nur auf Analyse und Aufklärung verzichtet, sondern auch auf eine expressiv anklagende Geste und zudem mit der Urnen-Erde ein traditionell soldatisch-nationales Symbol benutzt wurde, wie es etwa im Langemarck-Kult verbreitet war und – mit Luft, Wasser und Feuer – auch in Tessenows Neuer Wache in Berlin seinen durchaus zeitgemäßen Ausdruck fand.

Eine Vielzahl anderer, an die NS-Zeit erinnernder Mahnmale auf dem Ohlsdorfer Friedhof fristet ebenfalls ein mehr oder weniger unauffälliges Dasein. So die Ehrenanlage für jüdische Verfolgte und das Ehrengrab für die Opfer des Nationalsozialismus und des Widerstands, die Friedhöfe für die britischen Soldaten und die sowjetischen Kriegsgefangenen sowie die einstige Ehrenanlage gefallener Kämpfer der NSDAP, die nach 1945 zwar oberirdisch abgeräumt und zugeschüttet wurde, von der aber die Gruftanlagen erhalten geblieben sind.

Deutlich hervor hebt sich allerdings die weiträumige – zwischen 1948 und 1952 umgestaltete – Anlage mit dem von Gerhard Marcks gestalteten Mahnmal für die Opfer des Bombenkrieges.[85] Beigesetzt wurden dort die Überreste von etwa 37 000 Toten der Bombennächte von Ende Juli bis Anfang August 1943. Noch im Herbst 1944 war die ursprüngliche Anlage »für die Opfer des feindlichen Terrors« eingeweiht worden. Große Holzbalken, knapp über der Grasfläche, tragen die Namen der Stadtteile, aus denen die Leichen auf Lastwagen von ausländischen Zwangsarbeitern dorthin gebracht wurden. Denkmalkünstlerisch verdient dieses Mahnmal vor allem deshalb besondere Beachtung, weil es zu den wenigen Beispielen gehört, die statt christlicher Symbole antike Mythen und Figuren benutzen. In einer Rundbogennische bringt der Fährmann Charon mehrere Personen in seinem Boot über den Fluß Styx.

»Ich habe dies Motiv gewählt und damit auf das vorchristliche Zeitalter zurückgegriffen«, erläuterte Marcks seinen Entwurf, »weil hier eine christliche Todesauffassung nicht am Platze war. Weder ist in dieser Art Tod irgend etwas Versöhnliches zu sehen, noch sterben die Bombenopfer als Märtyrer für eine Idee, sondern alle, Männer, Frauen und Kinder, wurden in den Wahnsinn hineingerissen ohne Antwort auf die Frage: warum? (...) Aus diesem Grunde habe ich auch dem Charon grausame Züge gegeben; er ist die Personifikation der Gleichgültigkeit und des organisierten Massenmordes. Die Insassen des Kahnes, die Toten, sind von dieser Scheußlichkeit unberührt.«

Man wird fragen wollen: inwiefern nicht. Denn sosehr der Verzicht auf eine christlich überformte Todesdarstellung und Tröstungsgeste für dieses Mahnmal einnehmen mag, so befremdlich erscheint andererseits – wie ein Kritiker schrieb – die »stumme und verklärte Hingabe« der Opfer an ihr »Schicksal«. Damit erweist sich das Mahnmal durchaus als Ausdruck des Geschichtsbildes seiner Zeit. Zwar verzichtet es auf christliche Formelelemente und Sinngebungen, zugleich aber wird die Verantwortung für das Massensterben und Massenmorden der Zeit, sofern überhaupt eine Ursache aufscheint, im »Fährmann« personifiziert und dämonisiert, während die Toten gegenüber dem Geschehenen ebenso unbeteiligt wie unwissend und unberührt erscheinen, schicksalergeben wie gegenüber einer Naturkatastrophe oder einer Epidemie.

Der Streit um den Frankfurter Börneplatz

Von ganz anderer Art ist ein Friedhof in Frankfurts City. Ein vor Jahren gesichtsloser Ort mit verkehrsreicher Kreuzung, Blumengroßmarkt und Parkplätzen.[86] Dort störte kein kriegsverherrlichendes Monument. Dort befand sich kein Mahnmal für die von den Nazis niedergebrannte Hauptsynagoge, nicht einmal ein Denkmal für Ludwig Börne, nach dem dieser Platz nun wieder benannt ist, jenem bedeutenden deutsch-jüdischen Freiheitskämpfer und politischen Publizisten, der – immer noch weithin unbekannt – ganz im Schatten seiner berühmten Mitkämpfer Georg Büchner und Heinrich Heine steht.[87] Das Problem lag tiefer. Als man für einen Verwaltungsneubau der Frankfurter Stadtwerke den Börneplatz zur Baustelle machte, stieß man auf Reste einer achthundertjährigen Geschichte der Frankfurter Juden, die mit der letzten Deportation 1942 untergegangen war. Daß man beim Graben auf Spuren der Vergangenheit stoßen würde, war abzusehen. Schon Ende der siebziger Jahre hatte es einen Aufruf der Jüdischen Gemeinde zu einer denkmalpflegerischen Neugestaltung des Platzes gegeben und zunächst eine durchaus aufgeschlossene Reaktion seitens der Stadt. Das änderte sich mit der Entscheidung, dort das neue Kundenzentrum der Stadtwerke zu errichten. Zwar war im Ausschreibungstext von den »Belangen der Jüdischen Gemeinde« die Rede, doch hatte man dieselbe erst spät in die Beratungen einbezogen. Gleichwohl zeichnete sich zunächst eine Kompromißlösung ab zwischen Stadt und Jüdischer Gemeinde, derzufolge die Neubebauung auf einen Teil des Platzes beschränkt werden und im Bereich südlich des jüdischen Friedhofs eine Gedenkstätte entstehen sollte. Doch der Konflikt eskalierte in dem Maße, in dem sich die Fronten zwischen Befürwortern und Gegnern des Baus verhärteten. Der ursprüngliche Kompromiß einer Verbindung von gewerblicher und Gedenkstätten-Nutzung erschien diesem Ort, seiner Geschichte und der deutschen Gegenwart immer weniger angemessen.

Die Schriftstellerin Eva Demski, maßgebliche Initiatorin eines Aktionsbündnisses für einen sofortigen Baustopp brachte dieses Bewußtsein in einem Appell im August 1987 so zum Ausdruck:

»An jenem Börneplatz, der nach der Vernichtung seiner Bewohner zu einem der trübsten und abstoßendsten Beispiele neuzeitlichen Städtebaus verkommen ist, gibt die lang versiegelte Erde diese Lebensspuren preis. Wir sollten das Gefundene dankbar und respektvoll behandeln und sichern (...) Vollkommen verächtlich wäre es, diese Steine und Spuren nach den Nutzungsbedürfnissen irgendeiner Behörde zurechtzustutzen, wegzuräumen, zu verkleinern oder der Museumsfülle dieser Stadt hinzuzufügen. Der Ort, an dem die Spuren sich Tag für Tag kraftvoller zeigen, muß bleiben. Dort waren die Menschen. Es geht nicht an, den Platz, der gerade begonnen hat zu sprechen, wieder zum Schweigen zu bringen.«[88]

Aber er wurde zum Schweigen gebracht. Ob der Kompromißvorschlag des Oberbürgermeisters Brück (CDU) nun hieß, vier, fünf oder sechs der gefundenen Judengassen-Fundamente samt Kultbad »Mikwe« in einer Art archäologischem Guckkasten im Keller des Kundenzentrums zu sichern, ob Appelle und Unterschriftenaktionen, Go-ins und Sit-ins für Aufmerksamkeit und öffentlichen Druck sorgten, die freigelegten Grundmauern der einstigen Judengasse wurden im Spätsommer 1987 nach archäologischer Registrierung Stück für Stück weggebaggert. Zwei Jahre nach dem Theaterskandal um das Fassbinder-Stück *Der Müll, die Stadt und der Tod* quälte sich Frankfurt nun erneut mit einem Fall fragwürdiger Vergangenheitsbewältigung ab. Standen sich auf der Bühne des Frankfurter Theaters in einem »absurden Bürgerkrieg« zwei ursprünglich »verbündete Freiheitsforderungen« (B. Korn) gegenüber: der Schutz der Minderheit und der Schutz der Kunstfreiheit, so war die Schieflage dieses Konfliktes noch offensichtlicher. Die »Rettet-den-Börneplatz«-Initiative wollte einen Ort retten, dessen ursprünglicher Ghettocharakter mit seiner »quälenden Enge (...) ineinander verkrallter Mauern«[89] sich bereits dank der Judenemanzipation im 19. Jahrhundert längst aufgelöst hatte, als die Nazis das letzte bauliche Monument und Symbol beseitigten, die große Frankfurter Synagoge, und wenig später die Frankfurter Juden. Jene aber, die das Bauvorhaben zügig durchsetzten, gaben vor, etwas zu schützen, was weder angegriffen noch gefährdet war: den Rechtsstaat. Die besondere historisch-moralische Dimension dieses – auch von den sozialdemokratischen Stadtregierungen zu lange vernachlässigten – Tat- und Leidensortes mochten sie nicht erkennen. »Es ist nicht richtig«, erklärte Ministerpräsident Wallmann vor dem CDU-Kreisparteitag Frankfurt / Main, »daß der Börneplatz und das jüdische Ghetto mit Auschwitz zu tun haben«, was so auch niemand behauptet hatte. Und er fuhr fort: »Nicht der christlich-mittelalterliche Antisemitismus ist schuld an Auschwitz, sondern – und das sage ich mit Zögern und Zweifeln – der falsche Weg, den dieses Land seit der Aufklärung gegangen ist. Und deshalb ist es falsch und unhistorisch – und ich sage das mit allem Nachdruck –, zwischen dem Börneplatz und den Gaskammern des ›Dritten Reiches‹ eine Verbindung zu ziehen.«[90]

Wallmann und Brück mochten sich mit dieser Umdeutung noch nicht begnügen und fügten hinzu, daß auch deshalb kein Anlaß zur Scham und keine Veranlassung für ein Mahnmal bestehe, weil Frankfurt in der Vergangenheit »Zuflucht für Juden« aus ganz Deutschland gewesen sei. Unerwähnt blieb, wie sie im Frankfurter Ghetto lebten. Geflissentlich unerwähnt blieb auch, was Frankfurt »seinen« Juden verdankt – die *Frankfurter Zeitung* und das Frankfurter Institut für Sozialforschung, die Frankfurter Universität, Rothschild und Börne, das Philanthropin, Krankenhäuser, Museen, Sakralbauten und nicht zu vergessen: kontinuierlich hohe Steuerleistungen, mit denen sich die Juden ihr Überleben erkauften und die Obrigkeit ihren Judenhaß vergessen konnte. Und unerwähnt blieb schließlich auch, daß Frankfurt seinen Juden alles genommen hat, Heimat, Besitz, Identität und zuletzt das Leben.

In einem eindringlichen Essay hat Walter Boehlich den Frankfurter Stadtoberen einen bedenkenswerten Rat erteilt: »Einmal sollten die Frankfurter den Juden auch etwas geben, was nicht nur kalt fiskalische ›Wiedergutmachung‹ ist, sondern etwas anderes, mehr: Sie sollten ihnen den Börneplatz schenken, wiedergeben also …«* Immerhin war der Stadt dieser vormals jüdische Gemeindebesitz von der Jewish Restitution Successor Organization (der es die amerikanische Militärregierung übereignet hatte) für einen Spottpreis verkauft worden, eine Art Arisierung post festum. Denn damals glaubte kaum jemand, daß in Deutschland wieder Juden leben würden oder sollten. Boehlich verknüpfte seinen Rat mit einem konkreten Vorschlag: »Warum nicht einen fast leeren, verwilderten, wüsten Platz schaffen, der ganz anders wäre als die anderen Frankfurter Plätze, auf andere Weise trostlos, ein Ort, an dem vielleicht Tag für Tag zwei oder drei Menschen trauerten über das, was es nie mehr geben wird? Wäre das, nach allem, zu teuer?«[91]

Immerhin 8,6 Millionen Mark hat die Stadt für das Museum Judengasse im Kundenzentrum der Stadtwerke ausgegeben, das Ende November 1992 eingeweiht wurde. Bei der Eröffnungsveranstaltung hoben Frankfurts Oberbürgermeister von Schoeler und der Vorsitzende des Zentralrats der Juden in Deutschland, Bubis, übereinstimmend hervor, daß man mit dem neuen Museum unter »schlechten Bedingungen Optimales« erreicht habe. Und selbst der Leiter des Jüdischen Museums, Heuberger, meinte, die jüdische Geschichte Frankfurts sei nun am historischen Ort »nachvollziehbar gemacht« worden. Und die elektronische »Infobank«, an der Besucher per Computer die Geschichte der Judengasse mit der einzelner Häuser und Familien verknüpfen könnten, sei sogar einmalig in Deutschland. Eva Demski, die engagierte Gegnerin des Museums, nannte es eine »schlechte Kopie«.[92] Schon 1987 hatte der Architekturhistoriker Dieter Bartetzko eindringlich davor gewarnt, durch Rekonstruktion und Restauration – hier wie überall in Deutschland – »die Vergangenheit schönend« zu retuschieren. Dabei würde der »Symbolwert der Ruinen« verkannt und ignoriert. Die »geschundenen Mauern« waren hier wie anderswo längst zu Symbolen geworden für die gepeinigten Menschen, die man von hier vertrieb und in den Todeslagern ermordete.[93]

Aus all diesen Versäumnissen und Verfehlungen haben die nachfolgenden Oberbürgermeister Hauff und von Schoeler insofern eine Konsequenz zu ziehen versucht, als sie beschlossen, ein Frankfurter Lern- und Dokumentationszentrum des Holocaust zu errichten. Für dieses Institut sind manche Namen denkbar, nicht zuletzt der von Ludwig Börne, alias Loew Baruch, der sich, weil er in Deutschland wirken wollte, 1818 taufen ließ, und »der deutschen Nation ihren Judenhaß« vergab, in der Einsicht, daß es »eine Nation der Kinder ist (die) hundert Mal am Tag zusammenbrechen (würde), wäre sie ohne Vorurteile«.[94] Schließlich entschied man, das »Studien- und Dokumentationszentrum zur Geschichte und Wirkung der nationalsozialistischen Vernichtungspolitik« nach Fritz Bauer zu benennen, dem heute beinahe vergessenen früheren hessischen Generalstaatsanwalt (1903–68), der sich als unbequemer Jurist und Rechtspolitiker nicht nur bei der Reform des Strafrechts und Strafvollzugs hervorgetan hat, sondern auch bei der juristischen Verfolgung der NS-Gewaltverbrechen. Der Auschwitz-Prozeß, der 1963 begann und den Auftakt bildete für eine neue Phase in der westdeutschen Auseinandersetzung mit der NS-Vergangenheit, wäre ohne ihn kaum denkbar gewesen.

Bauers letzte Initiative blieb unvollendet. Gegen den erklärten Wunsch und Willen seiner durch die NS-Zeit belasteten Kollegen hatte er ein Verfahren gegen zwanzig hohe NS-Juristen vorbereitet, unter ihnen Hitlers Justizstaatssekretär Dr. Franz Schlegelberger, wegen ihrer Beteiligung am Euthanasieprogramm zur »Vernichtung unwerten Lebens«. Bauer starb, bevor das Verfahren eröffnet werden konnte, und nach seinem frühen Tod wurde es eingestellt. In einem Nachruf hieß es, Bauer sei ein »Fremdling« in diesem Land gewesen, von wenigen geachtet, von vielen aber gehaßt, einer, der »auf eine schwer erträgliche Weise allein lebte«.[95]

Das Fritz Bauer Institut wurde Anfang 1995 als Stiftung gegründet. Dieses Lern- und Dokumentationszentrum stellt die vergleichende Auseinandersetzung mit der Geschichte und der Rezeptionsgeschichte des Holocaust in den Mittelpunkt seiner vielfältigen Aktivitäten. Die Themen, die dort bearbeitet werden, reichen von den lokalhistorischen Bezügen des Holocausts bis zu den internationalen Aspekten seiner Wirkungsgeschichte.[96]

Denkmäler für die Opfer von Krieg und Gewaltherrschaft

Die Formenvielfalt der Denkmalästhetik ist groß. Sie reicht von traditionell figurativen und architektonischen Denkmälern über mehr oder weniger abstrahierende Formen bis hin zu solchen Monumenten, die von vornherein unsichtbar oder nur befristet sichtbar gemacht wurden. Denkmäler, die dem Betrachter zutrauen und zumuten, was herkömmlich das Denkmal selbst leisten soll: die visuelle Vergegenwärtigung von Vergangenem. Tatsächlich folgte die denkmalkünstlerische der allgemeinen politischen und kulturellen Entwicklung und machte ihre Verwerfungen mehr oder weniger mit: vom traditionsbewußten zum situativen Denkmal, vom eher monologischen zum dialogischen Monument, vom Denkmal mit einem allgemeinen und »ewigen« Geltungsanspruch zur ephemeren Installation.[97]

Bereits die Denkmalsgeschichte des 19. Jahrhunderts kennt das Nebeneinander von »ewigen« Monumenten und ephemeren Denkmalinszenierungen.[98] In den zwanziger Jahren ist die Gleichzeitigkeit von traditionellen und modernen Formen nicht zu übersehen, wenngleich letztere deutlich in der Minderzahl bleiben. Auch nach dem Zweiten Weltkrieg war es so. Zunächst dominierte das überkommene figurative oder architektonische Denkmal: Kreuze, Krypten und Kirchen, Inschriftmauern, Grabsteine und Stelen, sowie – in schnell zunehmender Formenvielfalt – die figurative Darstellung der Opfer von Gewaltherrschaft und Krieg.[99] In nicht wenigen ehemaligen Konzentrations- und Vernichtungslagern hat man sich bemüht, den Ort selbst oder bestimmte Teile – wie Krematorien, Erschießungsmauern, Folterkeller und Gefängniszellen – als bleibendes Zeugnis des Leidens zu erhalten, in Auschwitz und in Maidanek, in Theresienstadt, Mauthausen, Natzweiler, Fort Brendonk u. a. Der Radius des Blickfeldes muß hier allerdings – wie auch im folgenden und mit diesem eng verknüpften Kapitel – auf das östliche und westliche Deutschland beschränkt bleiben.

Denkmäler der Überlebenden und der Sieger

In der unmittelbaren Nachkriegszeit setzten vor allem die Sieger und die überlebenden Opfer Denkmäler. Unweit vom Brandenburger Tor errichteten die Sowjets das einzige Siegesdenkmal einer Besatzungsmacht auf deutschem Boden. Das andere bauten sie in Wien. Die Briten und überlebende jüdische Gefangene stellten in Bergen-Belsen ein Denkmal für die Toten des Konzentrationslagers auf. In Hamburg wurde der in Urnen symbolisierte Schrecken fast sprachlos aufgetürmt. Auch in Stukenbrock / Bielefeld, in Dachau und in Flossenbürg / Oberpfalz gestalteten ehemalige Häftlinge Grabanlagen und Denkmäler. Daß Flossenbürg und Stukenbrock so früh zu Gedenkstätten umgewandelt wurden, hat spätere einschneidende Korrekturen nicht verhindern können.

In Flossenbürg wurde zwischen 1946 und 1948 aus den abgerissenen Wachtürmen eine Sühnekapelle errichtet, andere Gebäude hat man abgerissen oder umgenutzt. Die Baracken des Lagers und der SS-Wachmannschaften wurden abgerissen und durch Siedlungshäuser für Flüchtlinge und Vertriebene ersetzt. Im einstigen SS-Casino bewirtete später der Gasthof »Plattenberg« seine Gäste. Eine der Hallen, in denen Häftlinge einst Teile für Messerschmitt-Flugzeuge herstellten, wird heute privat genutzt. Und im nahe gelegenen Steinbruch, in dem Tausende Gefangene Schwerstarbeit leisten mußten, wird jetzt von einem privaten Unternehmen Granit gebrochen und bearbeitet. Vom früheren KZ Flossenbürg sind nur noch wenige bauliche Überreste erhalten und als solche erkennbar. Die bescheidene Grab- und Gedenkstätte nimmt nur einen kleinen Teil des einstigen Lagergeländes ein. In der wiederaufgebauten Gefängnisbaracke befindet sich eine kleine Dokumentation. Eine Gedenktafel erinnert an Widerstandskämpfer des 20. Juli 1944, die dort Anfang April 1945 ermordet wurden: unter ihnen Pfarrer Dietrich Bonhoeffer und die Offiziere Wilhelm Canaris und Hans Oster.

Wie Dachau wird auch Flossenbürg von der Bayerischen Verwaltung der Staatlichen Schlösser, Gärten und Seen betreut. In dieser friedlichen und gepflegten, ruhigen Museums- und Parklandschaft bleibt das schwer Verständliche unverständlich, bleibt das unerhörte Geschehen ein seltsam fernes, abstraktes Ereignis, daß sich nämlich in Flossenbürg und in seinen Außenlagern zum Zeitpunkt der Befreiung mehr als 45 000 Gefangene befanden, daß zwischen 1938 und 1945 insgesamt mehr als 100 000 Menschen durch dieses Lager hindurchgehen mußten und mindestens 30 000 von ihnen den Tod fanden.[100]

Seit Ende der neunziger Jahre macht sich auch in Flossenbürg ein Wandel im Umgang mit den Spuren der NS-Vergangenheit und des SS-Staates bemerkbar. Die »Arbeitsgemeinschaft ehemaliges KZ Flossenbürg« will die Gedenkstätte ausbauen und populärer machen. Und die Gemeinde Flossenbürg, in der nur knapp zweitausend Menschen leben, hat ein eigenes Informationsbüro im Rathaus eingerichtet und mit einem Wissenschaftler besetzt, der mit der weiteren Erforschung des Lagers beauftragt ist. Der französische Kabel-Hersteller Alcatel will sich aus Flossenbürg zurückziehen und hat der Gemeinde ein erhebliches Stück der ehemaligen Lagerfläche angeboten, das den Appellplatz, die Häftlingsküche und zwei Lagerhallen umfaßte. Ausdrücklich hat der bayerische Ministerpräsident die Unterstützung durch die Regierung zugesagt. Die Gemeinde und die Initiatoren sind entschlossen, aus Flossenbürg einen Lernort zu machen und kein KZ-Erlebnisland entstehen zu lassen.

In Stukenbrock errichteten befreite Häftlinge bereits im April 1945 einen zehn Meter hohen Obelisk. Er trug auf drei Tafeln in russischer, englischer und deutscher Sprache die Inschrift: »Hier ruhen die in der / faschistischen Gefangenschaft / zu Tode gequälten 65 000 russischen Soldaten / Ruhet in Frieden Kameraden / 1941–1945.« Anfang der sechziger Jahre wurde ein neues Ehrenmal errichtet. Aus den im Lager verhungerten, an Seuchen und Krankheiten zugrunde gegangenen oder ermordeten russischen Kriegsgefangenen hatte man – unverfänglichere – »sowjetische Kriegstote« gemacht, von denen es nur noch hieß, daß sie »fern ihrer Heimat starben«. Und als ob soviel Verharmlosung noch nicht Hohn genug gewesen wäre, wurden die ermordeten Rotarmisten auch noch mit allgemeinem Friedens-Pathos bedacht: »Gedenkt ihres Leidens und Sterbens / und sorget Ihr, die ihr noch im Leben / steht, daß Friede bleibt, Friede / zwischen den Menschen, Friede zwischen / den Völkern.« Im ganzen ist die Tendenz nicht zu übersehen, die Vergangenheit des Lagers unter dem Einfluß des antikommunistischen Zeitgeistes zu verfälschen. In den fünfziger Jahren ließ die Landesregierung den roten Stern und die rote Fahne auf dem Obelisken durch ein orthodoxes Kreuz ersetzen. Und die Gemeinde zögerte nicht, 42 ermordete russische Offiziere vom Gemeinde- auf den Kriegsgräberfriedhof zu verlegen. Der für sie errichtete Gedenkstein wurde ausgetauscht – durch ein Denkmal für die Vertriebenen und Flüchtlinge aus den früheren deutschen Ostgebieten.[101]

Erinnerung an die Euthanasieopfer

So paradox es erscheinen mag: Erinnerung und Spurenauslöschung gingen und gehen immer wieder Hand in Hand. Dafür gibt es mit den einstigen Zentren der »Vernichtung unwerten Lebens« – Grafeneck und Hadamar – für die sechziger Jahre zwei weitere aufschlußreiche Beispiele. Daß und wie zwischen Februar und Dezember 1940 in den baden-württembergischen Heil- und Pflegeanstalten Grafeneck, zwischen Reutlingen und Ulm gelegen, mehr als zehntausend Patienten ermordet wurden, ist aus dem Steinkreuz über zwei Urnen-Sammelgräbern und einer Grabplatte schwerlich zu entnehmen. In erhabenen Buchstaben auf blankpoliertem Untergrund heißt es da: »Ich weiß, der Herr wird des Elenden Sache / und der Armen Recht ausführen« (Psalm 140,13) – »Zum Gedenken an die Opfer der Unmenschlichkeit / Grafeneck 1940.« Anfang der sechziger Jahre wurde die berüchtigte Gas-Garage abgerissen und durch einen Neubau des Samariterstiftes ersetzt, ein Alten- und Behindertenheim.[102]

Dank der Initiative eines örtlichen Arbeitskreises und eines internationalen Aufbaulagers im Sommer 1989 hat Grafeneck inzwischen eine architektonisch bemerkenswerte Gedenkstätte erhalten. Sie besteht aus einer Natursteinmauer mit einem tiefen Riß, der an den jüdischen Friedhof im polnischen Kazimierz erinnert, und darüber auf einer Stahlträgerkonstruktion ein fünfeckiges Dach, das auf das Motto dieser Gedenkstätte anspielt: »Du sollst nicht töten«, so, als wolle das dort tausendfach mißachtete Fünfte Gebot seinen Verpflichtungsanspruch gerade an diesem Ort erneuern.

In der seit Anfang des Jahrhunderts bestehenden Landesheil- und Pflegeanstalt Hadamar bei Limburg an der Lahn wurden zwischen 1941 und 1945 mindestens 15 000 körperlich und geistig behinderte, pflegebedürftige Menschen getötet – durch Gas, Medikamente, Krankheiten, Aushungern. Auf dem Friedhof oberhalb der heutigen psychiatrischen Klinik findet sich ein Obelisk mit der Aufforderung an den Betrachter: »Mensch, achte den Menschen!« Umstandslos und unverständlich, auch als frommer Wunsch. Verschlüsselt erscheint die Geschichte dieses Hauses auch in seiner Eingangshalle. Dort steht die Chiffre: »1941–45 / Zum Gedächtnis.« Erst Ende 1983 ist dort eine Ausstellung zur Geschichte der Anstalt im Rahmen des »Euthanasie«-Programms eingerichtet worden, seit 1991 in erweiterter, neukonzipierter Form.[103]

Im Osten: Denkmäler für den Widerstand und die Befreiung

Im Rückblick auf die Denkmalsetzung und Gedenkstättenpflege der späten vierziger und fünfziger Jahre erkennt man, daß sich nicht nur Sieger und Besiegte bei der Bestattung der Toten voneinander unterschieden und abgrenzten. Auch unter den besiegten Deutschen zeichneten sich bald deutliche Differenzen ab. Während die westlichen alliierten Sieger und die KZ-Überlebenden aus vielen europäischen Ländern die Toten der Konzentrationslager begruben und früher oder später deren Grabstätten mit Erinnerungszeichen versahen, dachten die besiegten Westdeutschen vor allem an ihre gefallenen Soldaten, an die Bombenopfer und an die ermordeten Widerstandskämpfer.

Demgegenüber dominierten im Osten die Symbole des internationalen Sieges über den Faschismus, wobei man gleichermaßen auf die Überlegenheit der sozialistischen Tradition wie die der Solidarität der antifaschistischen und militärischen Kräfte verwies.[104] So zeigt beispielsweise das von René Graetz für die Gedenkstätte Sachsenhausen geschaffene Denkmal eine 40 Meter hohe Stele mit 18 roten Winkeln für die einzelnen Häftlings-Länder. Auf dem Sockel breitet ein sowjetischer Soldat schützend seinen Mantel um zwei befreite Häftlinge aus. Berühmt geworden ist das Buchenwald-Denkmal von Fritz Cremer, das erst in seiner zweiten, Befreiung, Schwur und Sieg expressiv zuspitzenden Fassung die DDR-Führung befriedigte: ein Kind und zehn Männer – keine ausgemergelten, vom Tode gezeichneten Gestalten – vielmehr eine Gruppe in kämpferischer Pose, mit Fahnen und Gewehr, Schwurhand und geballter Faust – die Opfer als Kämpfer, als Sieger. Etwas anders ist die Situation in Ravensbrück. In der Gedenkstätte des ehemaligen Frauen-KZ steht eine von Will Lammert geschaffene bronzene Frauengestalt hoch über dem Schilfufer, eine Tote in ihren Armen tragend, so, als wollte sie diese auf den Schwedtsee hinaustragen, auf dessen Grund die Asche von ungezählten Toten liegt. Ursprünglich sollten am Fuße der Stele weitere Frauenfiguren stehen, doch der Künstler starb, bevor er das Mahnmal vollenden konnte. Die beiden fertiggestellten Frauenskulpturen stehen vor der Wand mit den Gedenktafeln für die verschiedenen Nationen, aus denen die Opfer kamen. Eine weitere, von Fritz Cremer gestaltete Frauengruppe empfängt den Besucher am Eingang der Gedenkstätte. Doch das kämpferische, ja siegreiche Zeichen setzen nicht die entkräfteten Frauengestalten, sondern die Inschrift von Anna Seghers mit ihrer kraftvollpathetischen Umdeutung der Geschichte. So verwandelt sie die »zarten schmächtigen Körper« dieser Frauen zu »stählernen Schutzschildern«,[105] die sie nicht waren, nicht sein konnten, weshalb die Nachlebenden ihnen auch nicht ihr Leben und ihre Zukunft verdanken. Nach der Staatsgründung der DDR wurde die »memorative Funktion« der Denkmäler um eine »imperative Funktion« erweitert – oder durch sie eben auch verdrängt und überlagert.[106] Nun war nicht mehr das Leiden der passiven Opfer gefragt, sondern der Sieg der widerständigen, revolutionären, ihren Peinigern letztlich überlegenen Aktivisten.

Im allgemeinen werden in der Geschichte der politischen Denkmäler der früheren DDR drei Gruppen oder Typen unterschieden: Denkmäler für den »antifaschistischen Widerstand« und die »Opfer des Faschismus«, Denkmäler für sozialistische Vorbilder und zur Geschichte der Arbeiterbewegung und schließlich Denkmäler für die Entwicklung der DDR selbst.[107] Die ersten beiden Typen prägten zunächst die Erinnerungskultur. In der Zeit der »antifaschistisch-demokratischen Umwälzung«, der Rückbesinnung auf das historische »Erbe« und die fortschrittlichen »Traditionen«, insbesondere die sozialistisch-revolutionäre Arbeiterbewegung, standen die beiden ersten Denkmaltypen zwangsläufig im Vordergrund. Erst mit Abstand wurden auch die Errungenschaften der sozialistischen Gegenwart denkmalwürdig. Seit Mitte der sechziger Jahre hat die DDR die bis dahin separaten Erinnerungsdiskurse verschiedentlich in Denkmalensembles zusammengefaßt und in die städtebaulichen Konzepte integriert. Die denkmalkünstlerische Überhöhung der Gegenwart bekam ihr eigenes Profil neben der Erinnerung an die Vergangenheit.[108]

So behielt die Erinnerung an ihre »großen« sozialistischen Vorkämpfer – Marx, Engels, Lenin, Thälmann – und an die sozialistische Bewegung in der DDR, die sich schließlich als »sozialistische« Nation verstand, zentrale Bedeutung, sei es durch die Errichtung neuer, nicht selten monumentaler Denkmäler, sei es durch die Umgestaltung traditionsreicher Gedenkstätten – wie etwa der auf dem Friedhof Berlin-Friedrichsfelde. Schon im Januar 1946 wurden die traditionellen Januardemonstrationen wieder eingeführt. Am 15. Januar 1919 waren Rosa Luxemburg und Karl Liebknecht ermordet und dieser mit zahlreichen weiteren Revolutionsopfern in Friedrichsfelde beigesetzt worden. Das 1926 von Mies van der Rohe geschaffene Revolutionsdenkmal, ein sechs Meter hoher roter Klinkerkubus, der die Nazis gestört hatte, wurde jedoch nicht wiederaufgebaut. Wilhelm Pieck setzte sich schon 1945 dafür ein, das Gedenken an die durch die Nazis getöteten Sozialdemokraten zu integrieren. So fand an diesem Erinnerungsort symbolisch Ausdruck, was am 21./22. April 1946 auch organisatorisch für die sowjetische Besatzungszone vollzogen wurde, die Vereinigung von SPD und KPD zur SED.[109] Dabei war von Anfang an daran gedacht, daß an diesem Ort Massendemonstrationen stattfinden sollten. Das Areal besteht aus einem monumentalen Gedenkstein (»Die Toten mahnen uns«), der umgeben ist von einer – bei einem Durchmesser von 45 Metern – kreisförmigen Umfassungsmauer mit Urnen und Gedenktafeln für tote Sozialdemokraten und Kommunisten, einer größeren Öffnung und einem Rednerpult mit der Inschrift »Den toten Sozialisten«.

In noch umfassenderer Weise bringt der Volkspark Friedrichshain den Anspruch der DDR denkmalkünstlerisch zum Ausdruck, krönender Abschluß einer konfliktreichen, kämpferischen und letztlich siegreichen demokratisch-sozialistisch-revolutionären Entwicklung zu sein: von dem in den fünfziger Jahren neu gestalteten Friedhof für die »Märzgefallenen« der bürgerlichen Revolution von 1848, über den 1960 hinzugefügten »Roten Matrosen« (Hans Kies) für die Novemberrevolution 1918, das Ende der sechziger Jahre errichtete »Denkmal für die deutschen Interbrigadisten« (Fritz Cremer), die Spanienkämpfer, das Anfang der siebziger Jahre eingeweihte »Denkmal des deutsch-polnischen Widerstands« zur Erinnerung an den internationalen antifaschistischen Widerstandskampf bis hin zu der noch im September 1989 aufgestellten »Glocke des Weltfriedens«, mit der sich die DDR kurz vor ihrem Ende selbst auszeichnete, für »vierzig Jahre Friedfertigkeit«.

Vielerorts suchte die DDR mit demonstrativen Erinnerungsgesten ihr Traditions- und Selbstverständnis zum Ausdruck zu bringen. So mit dem Portal des preußischen Stadtschlosses, von dem aus Karl Liebknecht am 9. November 1918 die »Freie Sozialistische Republik« ausgerufen hatte und das sie nach der Sprengung des Schlosses dem Treppenhaus ihres neuen Staatsratsgebäudes vorblendete. So mit dem Denkmal für die Opfer der Köpenicker Blutwoche. Es verdient deshalb Interesse, weil es eine Erinnerungsgeste für die Opfer des Faschismus – im Juni 1933 waren von der SA mehrere hundert Kommunisten, Sozialdemokraten und Gewerkschafter verhaftet, gefoltert und viele von ihnen ermordet worden – demonstrativ durch ein Zeichen des siegreichen Widerstands überhöht: eine geballte Faust auf einer sechs Meter hohen armartigen Stele, auf deren Vorderseite die Reliefdarstellung von Opfern eingelassen ist.

Im Westen: Denkmäler für die eigenen Kriegstoten

Auf Stilisierungen und erinnerungspolitisch motivierte Umdeutungen konnten und mochten auch die Denkmalsetzer im Westen nicht verzichten. Auch sie waren um Sinnstiftung und Wertorientierung nach Kräften bemüht, wobei das überragende Interesse zunächst den zivilen Toten und gefallenen Soldaten galt.[110] Manchen erschien es dringlicher, und gewiß war es unverfänglicher, die Toten mit Erinnerungsmalen zu ehren, die durch die vormaligen deutschen Kriegsgegner zu Opfern wurden, als jene Toten, die Opfer der deutschen Gewaltherrschaft geworden waren. Sie rückten nur partiell, widerstrebend und mit erheblicher Verzögerung ins Erinnerungsbild.

Das Bundesentschädigungsgesetz weist in seiner Fassung von 1977 aus, daß es auf dem Gebiet des früheren Großdeutschen Reiches über 1600

Konzentrationslager, Außenstellen und Zwangsarbeitslager gab. Nur an wenigen Orten hat man Gedenkstätten errichtet. Eine bemerkenswerte Bilanz, um so mehr, wenn man sie mit einer anderen Zahl konfrontiert: Die Zahl der auf dem Gebiet der früheren Bundesrepublik errichteten Denkmäler für die Toten des Zweiten Weltkrieges wird auf 35 000 bis 40 000 geschätzt.

Keine Gemeinde hat vergessen, ihre Weltkriegstoten zu ehren. In mittleren wie größeren Städten wurden ihnen oft mehrere Denkmäler gesetzt. Zahlreiche gesellschaftliche Organisationen und soldatische Traditionsvereine traten ebenfalls als Denkmalsetzer in Erscheinung. Anders als nach dem Ersten Weltkrieg fand die Ästhetisierung des Erinnerns und Mahnens ihren Ausdruck nun vorzugsweise in Symbolen der christlichen Ikonografie. Zwar führte der VDK unter seinem Chefarchitekten Tischler in der Anlage von Soldatenfriedhöfen im In- und Ausland zunächst die Tradition des Dritten Reiches fort: mit Heldenhainen und Totenburgen, während Friedhöfe mit individuellen Namenskreuzen erst später angelegt wurden. Immerhin wurden noch nach 1945 400 Soldatenfriedhöfe angelegt, die dem traditionellen Typ entsprachen. Aber nicht mehr die nationale Ikonografie dominierte, mochten sich auch Adler und Eisernes Kreuz behaupten, zumal bei soldatischen Traditionsvereinen. Nicht mehr der heldenhaft kämpfende und fürs Vaterland gestorbene Krieger war die zeittypische Denkmalfigur, prägend wurde nun das Motiv des Leidens, Trauerns und Tröstens.[111] Denkmalwürdig erschienen nicht mehr das Kriegserlebnis, sondern die Kriegsfolgen. Und die Kriegerfriedhöfe wurden nicht mehr als Ort der »nationalen Sammlung« inszeniert, sondern mehr als Ort der »inneren Sammlung«. Eine umfassende Bestandsaufnahme hat nachgewiesen, daß 90 Prozent aller Denkmäler in der Ästhetisierung des Gedenkens teilweise oder ganz der christlichen Ikonografie folgen. Ob Pietà oder Schmerzensmann, Leichnam oder Sarg, Dornenkrone oder Kreuz, Christi Auferstehung, tröstender Engel oder tröstende Maria – die christliche Überhöhung des politisch bedingten und gewaltsam erlittenen Todes kommt dabei nicht nur den Angehörigen der zivilen Kriegstoten zugute, sondern auch und gerade denen der toten Soldaten, wenn auch die evangelische Kirche die symbolische Identifikation des Soldatentodes mit dem Opfer Christi ausdrücklich ablehnte.

Die Formensprache folgte vielfach den klassisch-modernen Figuren der Barlach, Kollwitz, Marcks und Lehmbruck. Die Figuren und Reliefs sind insoweit tendenziell eher unspezifisch und idealisierend, wenn sie dem Kriegsopfer als gefesselte, gestürzte, trauernde und verzweifelte Gestalt symbolisch-verallgemeinernden Ausdruck zu geben versuchen. Das macht sie dann auch von Fall zu Fall zu Projektionsflächen für divergierende Deutungen und Erwartungen. So beispielsweise das schon Anfang der fünfziger Jahre von dem Bildhauer Eugen Schwab geschaffene Kriegsopferdenkmal auf dem Göppinger Friedhof, ein altarähnlicher Block mit umlaufendem Relief.[112] Ein Reliefbild zeigt eine schwebende Figur mit einem die Opfer des Krieges, Männer, Frauen, Kinder, zudeckenden Tuch: für die einen eine »Kriegsfurie«, die alles menschliche Leben von der Erde hinwegfegt, während andere darin den hoffnungsvollen Ausdruck erkannten für eine höhere, bei allem doch noch Schutz gewährende Macht; eine dritte Gruppe sah darin, ganz auf das innerweltliche Tageserfordernis eingestellt, das erwünschte Sinnbild für den Mantel des Vergessens und Schweigens. Im Hinblick auf diese Position erscheint es nur konsequent, die Opfer der deutschen Gewaltherrschaft entweder zu ignorieren oder – wo das nicht mehr möglich war – auszugrenzen und die Erinnerung an sie auf die einstigen Leidensorte zu beschränken, die zögernd und zumeist nur widerstrebend eingerichteten KZ-Gedenkstätten. Denn diese Erinnerung war und blieb eine Selbstanklage, die Schuld- und Schamgefühle hervorrufen mußte, Gefühle, die soviel unbequemer sind als der Genuß des Selbstmitleids.

Bemerkenswert erscheint hier zum einen die ursprüngliche Trennung in der Totenehrung zwischen den eigenen und den fremden Toten. Bemerkenswert ist zum anderen die offenbar bis in unsere Gegenwart ungebrochene Kontinuität und Aktualität der Errichtung von Kriegerdenkmälern, vorzugsweise in ländlichen Räumen, insbesondere in Bayern. Und bemerkenswert ist gewiß auch die Vielzahl der Denkmalsetzer. Sie reicht von den soldatischen Traditionsverbänden, den Kommunen und dem VDK über die christlichen Kirchen bzw. Gemeinden bis hin zur Aktion Sühnezeichen. Quantität und Kontinuität des Kriegerdenkmals haben nicht verhindern können, daß es – wie das traditionelle Denkmal überhaupt und so manche andere Tradition auch – in den siebziger Jahren in eine Krise geraten ist.

Vielleicht hat das kein Künstler so treffend zum Ausdruck gebracht wie Braco Dimitrijévic mit seinem zehn Meter hohen Obelisk im Garten des Charlottenburger Schlosses in Berlin.[113] Eine Persiflage auf den traditionellen Denkmaltypus schlechthin. Dieses Denkmal ist keinem Helden und keinem historischen Datum gewidmet. Seine Inschrift heißt: »11. März. Dieses könnte ein Tag von historischer Bedeutung sein« – es war der Geburtstag eines zufälligen Passanten. Aber nicht nur das war verkehrt gegenüber dem Gewohnten. Die Inszenierung des Trivialen machte sich gleich mehrfach über die Traditionspflege lustig. Die banale mehrsprachige Inschrift ironisierte die üblicherweise nationalen Symbole, und der triviale Anlaß verspottete den prominenten Platz, der traditionell Denkmälern als Bedeutungsträger vorbehalten ist. Vielleicht hatte der Künstler es aber auch besonders gut mit dem Denkmal gemeint und sich an Musils Einsicht gehalten, daß dasselbe »einen wider unsere Natur gerichteten Anspruch an uns« stellt und zu dessen Erfüllung besondere Anstalten erforderlich seien. Auch Denkmäler, so Musil, müßten sich heute mehr anstrengen: »Ruhig am Wege stehn und sich Blicke schenken lassen«, könnte jeder Die Denkmalkunst unserer Tage hat sich viel einfallen lassen, experimentiert mit Formen und Materialien und sucht immer wieder nach neuen Konzepten, um wenigstens von Zeit zu Zeit öffentliche Aufmerksamkeit zu finden. Alle Anstrengungen der Denkmalästhetik wären aber wohl vergeblich, wenn nicht auch die erinnerungspolitische Auseinandersetzung und das öffentliche Erinnerungszeremoniell sich an Denkmälern festmachen würden.

Abstrakte Erinnerungsgesten

Wie es scheint, haben sich die siebziger Jahre im Denkmalbau zunächst eher zurückgehalten. Eine vielleicht überraschende Feststellung, denn durch die Anstöße der 68er Bewegung wurde ja die Auseinandersetzung mit dem Nationalsozialismus thematisch wie formal differenzierter, breiter und intensiver als zuvor geführt. Doch das traditionelle Denkmal schien überholt. In einigen Städten, so beispielsweise in Stuttgart und Göttingen, wurden allerdings bereits neue, abstrakte Konzeptionen realisiert.

Stuttgart stellte 1970 das von Elmar Daucher geschaffene, aus vier großen Steinquadern bestehende Mahnmal auf, mit einer Inschrift von Ernst Bloch: »1933 – 1945 / verfemt verstoßen gemartert / erschlagen erhängt vergast / Millionen Opfer der nationalsozialistischen Gewaltherrschaft / beschwören Dich: / Niemals wieder!« In Göttingen wurde zum 35. Jahrestag der Reichspogromnacht, am 9. November 1973, am Ort der einstigen Synagoge, ein Mahnmal des italienischen Bildhauers Corrado Cagli eingeweiht.[114] Über einer Vertiefung, zu der sechs doppelseitig von Betonwänden begrenzte Treppen hinabführen, liegen sechs Stahlträger so übereinander, daß sie über der zwei Meter abgesenkten Freifläche einen Davidstern ergeben. Über ihm erhebt sich, pyramidenförmig und gedreht, eine fast sechs Meter hohe Stahlplastik aus 86 Chrom-Nickel-Stahl-Dreiecken – zu einer Flamme geformt, einem Feuer, das auf die Katastrophe anspielt, der das jüdische Volk zum Opfer fiel, ob man sie nun mit dem christlich geprägten Begriff »Holocaust« oder mit dem hebräischen »Shoah« bezeichnet.[115] Bilder des Brennens und Verbrennens werden schließlich auch durch die Inschrift an einer der Betonwände beschworen: »Berge werden weichen und Hügel werden wanken, / aber meine Gnade wird von dir nicht weichen« / Jesaia 54,10 / Zur Erinnerung an die 1938 niedergebrannte Synagoge / und den Leidensweg der Jüdischen Gemeinde / Stadt Göttingen.« So eindrucksvoll dieser Ort gestaltet ist, was man erst dann ganz bemerkt, wenn man aus der Tiefe in die Höhe blickt, ins Licht, gebrochen durch die vielen Stahlverstrebungen, so befremdlich erscheint die Inschrift. Daß die Stadt Göttingen, der Denkmalsetzer, wie alle anderen deutschen Städte in der NS-Zeit auch, mit »ihren« Juden ganz ungnädig umgegangen ist, nämlich gnadenlos, wird jedenfalls diskret verschwiegen. Den konkreten historischen Zusammenhang von ideologischer Verblendung und Gewaltverbrechen, von Versagen und Verantwortung politischer Akteure macht das religiös überhöhte Gedenken dort unkenntlich.

Unkenntlich und unverständlich bleibt auf den ersten Blick auch das, worauf der Gedenkstein von Ulrich Rückriem an der Moorweide in Hamburg verweisen will: ein mehrfach zerteilter und wieder zusammengesetzter, inschriftloser Granitblock, der in seiner Monumentalität und Abstraktion wegen seines »metaphorischen Bedeutungsumfangs« Anerkennung fand, aber, wie es scheint, nur geringe öffentliche Beachtung findet, trotz der ergänzenden Schrifttafeln, die zunächst nicht vorgesehen waren.[116] So mag er als Grabmal gesehen werden, Assoziationen zur Jerusalemer Klagemauer wecken oder an ein schützendes Haus erinnern, das Hamburg seinen jüdischen Bürgern ab 1941 nicht mehr sein wollte. Denn dieser Platz an der Moorweide war jener Ort, an dem sich Tausende der etwa 24 000 Hamburger Juden, die überwiegend im nahen Grindelviertel wohnten, einfinden und auf ihre Deportation warten mußten, weshalb Rückriem auch die gesamte dreieckige Rasenfläche zum Monument erklärt, zum Gedächtnisort, zum *Platz der jüdischen Deportierten*. Zunächst war dieser Ort eher eine Erinnerungschiffre. Daß er »dem Gedenken an die jüdischen Bürger Hamburgs, die in den Tagen der nationalsozialistischen Gewaltherrschaft von diesem Platz zu

Tausenden in den Tod geschickt wurden« gewidmet ist, mußte den Orts-
unkundigen durch eine später hinzugefügte Schrifttafel mit dem genannten Text erklärt werden.

Krise des Denkmals: Keine Repräsentation ohne Revision

So ist die Denkmalästhetik von traditionellen zu modernen Formen fort-
geschritten, zeitweilig in eine Krise geraten und erfreut sich längst
wieder einer neuen Konjunktur – dank ihrer Unentbehrlichkeit bei der
Ausgestaltung von immer mehr Gedächtnisorten, aber auch dank der
Kontroversen um ihre eigenen Produkte und dank der veränderten
denkmalpflegerischen Rahmenbedingungen im vereinten Deutschland.
Die Umwidmungen und Stürze von Denkmälern, die Auseinandersetzungen um die Errichtung von Denkmälern und Gedächtnisorten zeigen immer auch an, in welchem Maße der Umgang mit der jeweils als
erinnerungswürdig auszuzeichnenden Vergangenheit konsensbedürftig
und konsensfähig ist, sofern im ironischen Spiel mit den Motiven der
Denkmalsetzer und den Formen und Funktionen des Denkmals dieses
nicht überhaupt für überflüssig erklärt wird. Es ist insofern kaum überraschend, daß dort, wo gesellschaftlich übergreifende, nationale Symbolisierungen notwendig erscheinen oder unvermeidlich werden – wie zuletzt bei der Neuen Wache in Berlin, von der später noch die Rede sein
wird –, die Konsensfrage eher umgangen wird, sei es durch eine forcierte
Entscheidung, sprich: Setzung, sei es durch das Herunterspielen des Be-
darfs breiter gesellschaftlicher Zustimmung.
In einer offenen, pluralistisch strukturierten Gesellschaft konkurrieren
die unterschiedlichen gesellschaftlichen Gruppen auch hinsichtlich ihrer
Einstellungen zur Vergangenheit miteinander. Umstritten sind deshalb
immer wieder die denkmalkünstlerischen Erinnerungsgesten, die diese
Einstellungen zum Ausdruck bringen, je nachdem wie offen oder eng die
Vorgaben der Auftraggeber definiert sind. Das Denkmal ist aber nicht nur
mit dem Freiheitsanspruch pluralistischer Gesellschaften konfrontiert,
der jedem Bürger, jeder Gruppe Meinungs- und Irrtumsfreiheit zubilligt.
Insofern das Denkmal oft eine Nobilitierungsgeste ist, die das Erhabene,
Exklusive und Hierarchische betont, steht es auch im Spannungsverhältnis zum Gleichheitsanspruch demokratischer Gesellschaften.[117]
Die zeitgenössische Denkmalkunst hat vor Konflikt und Kontroverse
natürlich keine Scheu. Im Gegenteil. Die öffentliche Aufmerksamkeit,

die sie aus der anhaltenden Auseinandersetzung um Denkmäler und Gedächtnisorte erfährt, kann ihr nur von Nutzen sein. Selbst dann, wenn sich die Vollendung lange hinzieht oder ein Denkmal überhaupt unvollendet bleibt. Der Streit um das Berliner Prinz-Albrecht-Gelände, das Doppeldenkmal am Hamburger Dammtorbahnhof oder das Walter-Benjamin-Denkmal im katalonischen Port-Bou illustrieren das je auf ihre Weise. Das Problem der Denkmalkunst ist das Denkmal selbst, also der künstlerische Ausdruck für die Erinnerung an Personen(gruppen), Ereignisse usw. Um so mehr, wenn die Künstler davon ausgehen, daß, nach heutigem Verständnis, in jedem »Prozeß der Denkmalbildung« selbst ein »geschichtsrevisionistisches Potential« liegt, dem diese nur schwer oder überhaupt nicht entrinnen kann.[118]

In Gedenkstätten wie Maidanek und Auschwitz-Birkenau erinnern die Berge von Brillen, Haaren und Koffern im übertragenen Sinne an die Juden, die hier ermordet wurden. In diesen »Ikonen der Vernichtung« scheint für nicht wenige Besucher die Vergangenheit unmittelbar präsent zu sein, weshalb diesen Gedenkstätten die »Autorität einer unrekonstruierten Realität« zugeschrieben wird. Insbesondere die überlebenden Opfer neigen dazu, aus ihnen unantastbare Kultstätten zu machen, unentbehrlich für ihre Opferidentität. Diese Gedenkstätten demonstrieren, wie schwierig es ist, zwischen dem emotionalen und dem kognitiven Aspekt der Erinnerung zu unterscheiden und beide aufeinander zu beziehen.

Als neuromantischen Holocaust-Kitsch haben Kritiker denn auch die 1987 eingeweihte Kindergedenkstätte in Yad Vashem bezeichnet. Dort wird in einer Felsenhöhle an die ungezählten ermordeten jüdischen Kinder durch eine Art Son-et-lumière-Spektakel erinnert: Die Besucher sind in fast völlige Dunkelheit gehüllt, umgeben von einer Art Sternenhimmel, den in Glasscheiben und Spiegeln reflektierende Kerzenlichter erzeugen. Das wird ergänzt durch eine Auswahl von Bildern, die das Leiden und die Ermordung jüdischer Kinder in eine Kollektion von ausgesuchten Kinder-Schönheiten verwandeln, während eine monotone Tonbandstimme unablässig ihre Vornamen in das Dunkel ruft.[119] Bedenklich erscheinen solche ins Sakral-Monumentale ausgreifenden ästhetischen und didaktischen Überformungen vor allem deshalb, weil sie die Authentizität der Tat- und Leidensorte ausnutzen und die Visualisierung der Vergangenheit unkenntlich macht, daß Geschichte die Deutung einer vergangenen Gegenwart durch die Überlebenden und Nachkommen ist, einer Deutung, in die zeitgenössische Präferenzen, Wertorientierungen und Interessen einfließen. Kritisiert wird aber auch die Gegenposition, derzufolge der Genozid nur abstrakt thematisiert werden könne. Von dem Unvorstellbaren und Unvergleichlichen – so heißt es gelegentlich – könne oder dürfe man sich kein Bild machen. Der Satz »Du sollst dir kein Bildnis machen« habe aber, so der Historiker Adir Ophir, dieselbe Funktion wie das Gebot »Du sollst keinen anderen Holocaust haben neben mir«, denn beide Positionen liefen auf eine »Sakralisierung des Holocaust« hinaus, machten ihn zu einer »Ersatzreligion für Assimilierte und Atheisten«.[120]

Von jener Vergangenheit, so argumentieren insbesondere jüdische Intellektuelle, könne man nur noch verschiedene Versionen konstruieren, seien sie wissenschaftlicher oder literarischer Natur, weshalb es vor allem auf die prozessuale Dimension des (kollektiven) Gedächtnisses ankomme, also auf die Thematisierung von Vergessen und Verdrängen, von Wiedererinnern, Deuten und Umdeuten.

Unsichtbare und ephemere Denkmäler:
Erinnerung an das Vergessen

Zeitgenössische Künstler haben daraus denkmalästhetische Konsequenzen gezogen und sich vom traditionellen Denkmal verabschiedet. Auch und gerade dort, wo sie es noch einmal benutzt haben, bevor sie es als Teil der Denkmalkonzeption zum Verschwinden brachten.[121] Gemeint ist das durch eine vorübergehend große publizistische Aufmerksamkeit weit über die Stadtgrenzen hinaus bekannt gewordene Harburger *Mahnmal gegen Faschismus, Krieg, Gewalt – für Frieden und Menschenrechte*.[122] Die Bezirksversammlung hatte die Errichtung dieses Denkmals 1983 beschlossen. Wenn es schon kein Gegendenkmal ist, dann doch ein gewisses Gegengewicht zum monumentalen Kriegerdenkmal vor der Johanniskirche, das dort seit 1932 steht, ein am Kopf verwundeter, kampfentschlossener Infanterist. Die Abgeordneten hatten als Standort an einen Park gedacht. Die Künstler Esther und Jochen Gerz, die den Auftrag erhielten, entschieden sich für einen verkehrsreichen Platz über einer Fußgängerunterführung, umgeben von Geschäften, Restaurants, S-Bahn-Station und Marktplatz. Im Oktober 1986 wurde ihr Denkmal eingeweiht, eine zwölf Meter hohe, im Seitenmaß einen Meter breite, viereckige verzinkte Stahl-Stele, bleiummantelt und mit einer Aufforderung der Künstler an die verweilenden Betrachter:

Denkmal gegen Faschismus und Krieg in Harburg (Esther und Jochen Gerz) von 1986: im ursprünglichen Zustand (links) und nach der letztmaligen Absenkung im November 1993.

»Wir laden die Bürger von Harburg und die Besucher der Stadt ein, ihren Namen hier unseren eigenen anzufügen. Es soll uns verpflichten, wachsam zu sein und zu bleiben. Je mehr Unterschriften der zwölf Meter hohe Stab aus Blei trägt, um so mehr von ihm wird in den Boden eingelassen. Solange, bis er nach unbestimmter Zeit restlos versenkt und die Stelle des Harburger Mahnmals gegen den Faschismus leer sein wird. Denn nichts kann auf Dauer an unserer Stelle sich gegen das Unrecht erheben.«

Und die Aufforderung tat ihre Wirkung, auch wenn sie zunächst für Ratlosigkeit und Irritationen sorgte. Wie kaum anders zu erwarten war, machten sich mit den bereitliegenden Stahlstiften zahlreiche Passanten nicht nur zu Mitautoren des Mahnmals im Sinne der künstlerischen Intention. Auch Hakenkreuze wurden eingeritzt. Sprayer hatten keine Chance, weil der fette Bleigrund alle Farbe absorbierte. Was offenbar Versuche provozierte, den Bleimantel mit Hammer und Meißel zu entfernen. Am wirkungsvollsten waren wohl solche Streichaktionen, die die bereits eingravierten Namen durch wilde Übermalungen und Linien unkenntlich machten. Die Stele ist in fünf Jahren siebenmal abgesenkt worden, immer dann, wenn die für Menschenhände erreichbare Fläche vollgeschrieben war. Letztmalig wurde sie im November 1993 abgesenkt.[123] Einen Ausschnitt davon kann man noch durch einen Sehschlitz in einer Tür von der Unterführung aus erkennen. Auf dem balkonartigen Denkmalplatz oberhalb erinnert nur noch die Aufforderung der Künstler zur Unterschriftenaktion gegen Faschismus und Gewalt an die »begrenzte Zeitlosigkeit« (U. Krempel) jenes Mahnmals.

Die beiden Künstler haben sich verschiedentlich zur Denkmal-Ästhetik geäußert.[124] »Mahnmale«, so Esther Shalev-Gerz, »sollten nicht die Namen der Opfer tragen, sondern die Namen der Täter.« Und Jochen Gerz hat sich wiederholt mit dem gegenwärtig Verdrängten, dem unsichtbar Vorhandenen beschäftigt: »In der Kunst wie auch sonst suche ich nach einem Bild für etwas, das kein Bild sein kann. Bei jeder tatsächlichen Passage zwischen Abwesenheit und Bild findet ein Verrat statt (...).« Sein 1993 entstandenes unsichtbares Mahnmal auf dem Platz vor dem Saarbrücker Schloß, in dessen Kellerräumen die Gestapo verhörte und folterte und wo seit einigen Jahren eine ständige Ausstellung zur Judenverfolgung im Saarland zu sehen ist, verbirgt deshalb das zu erinnernde, gesuchte Bild der ausgelöschten Geschichte.[125] Gerz hat nämlich, zusammen mit Studenten der Saarbrücker Kunst-Akademie, mehr als 2100 Pflastersteine vom Schloßplatz aufgenommen und ihnen die Namen der jüdischen Friedhöfe eingeschrieben, die bis 1933 in Deutschland existierten. Danach wurden die Steine wieder eingesetzt, mit der Aufschrift nach unten. So wurde aus dem Schloßplatz ein »Platz des unsichtbaren Mahnmals«, ein »Friedhof jüdischer Friedhöfe«, eine Anspielung auf den jüdischen Schriftglauben und das Bilderverbot und auch eine Geste, die auf den jüdischen Brauch verweist, beim Besuch des Friedhofs einen Stein auf das Grab zu legen.

Eine Nobilitierungsgeste ist auch dies, allerdings eine sehr subtile, keine didaktisch oder expressiv auftrumpfende, eher eine schamhaft zurückhaltende und hoffentlich auch eine, die es vor Vandalismus schützt. Eine Geste, die vermeidet, daß sich das Denkmal in der Wahrnehmung des Betrachters an die Stelle des zu Erinnernden setzt, ihm also die Anstrengung der Vergegenwärtigung und Imagination, der Aneignung von und Auseinandersetzung mit gedeuteter Vergangenheit zumutet und nicht abnimmt.

Auch die ephemere Denkmalinstallation *The missing house* des französischen Künstlers Christian Boltanski bemüht sich um einen direkten Bezug der Erinnerungszeichen auf das Verlorene und Vergangene. Boltanski fand bei der Ortserkundung für seinen Beitrag zur Berliner Ausstellung *Die Endlichkeit der Freiheit* (1990) in der Großen Hamburger Straße eine durch eine Bombe in den Wohnblock gerissene Lücke. An die Brandmauern der benachbarten Häuser ließ er die Namen, Berufe und Wohndauer der früheren Bewohner des zerstörten Hauses anbringen. Erst bei den Recherchen hatte er mit seinen Mitarbeitern herausgefunden, daß die besonderen Lebensgeschichten der zumeist jüdischen Hausbewohner an diesem Ort eng mit der allgemeinen politischen Geschichte jener Zeit verknüpft sind. Unweit dieses Hauses befand sich in dem früheren jüdischen Altersheim eine der Deportationssammelstellen, von der Zehntausende jüdische Bürger Berlins in die östlichen Vernichtungslager gebracht wurden. Daran erinnert die Mitte der achtziger Jahre aufgestellte Figurengruppe von Will Lammert. Dokumente der bürokratisch organisierten Deportation hat Boltanski in einer weiteren Installation gezeigt, genannt *The Museum*. Boltanskis Interesse galt dem Nicht-Darstellbaren, dem Tod, der Auslöschung von Lebenswelten, ihrer »Umwandlung in etwas Namenloses«. Auch sein Werk spricht die »Sprache der Spurensicherung«, möchte den Verlust unmittelbar erfahrbar machen und inszeniert ihn als »Blick in die Leere«. Das hat beim Publikum viel Beifall gefunden. Manche Kritiker blieben skeptisch und sprachen von »Archivierungspoesie« und »romantischer Ruinenästhetik«.[126]

Erinnerung an Walter Benjamin und die Emigration

Ein Monument ohne Monumentalität ist auch das von dem israelischen Bildhauer Dani Karavan geschaffene Denkmal für Walter Benjamin, das nach langwieriger unrühmlicher Vorgeschichte im Mai 1994 im katalonischen Port-Bou in den Pyrenäen eingeweiht werden konnte, dort, wo sich Benjamin dreiundfünfzig Jahre zuvor auf der Flucht vor den Nazi-Verfolgern das Leben nahm. Es ist kein unsichtbares Denkmal, sondern eines, das sich zwischen Illustration und Abstraktion bewegt, eine dreiteilige, stählerne Treppeninstallation, ein anspielungsreiches »Passagen«-Werk der Grenzüberschreitung und des Transitorischen, das sich nicht nur auf Benjamins Leitmotiv und Lebensende beziehen läßt, sondern eben auch auf die lebensrettende Grenz- und Durchgangsstation, die dieser Ort für zahlreiche Flüchtlinge war.[127] Karavans schmale, von hohen Stahlwänden eingefaßte Treppen-Passagen am Friedhof von Port-Bou, der in Terrassen zum Mittelmeer abfällt, richten den Blick des Besuchers jedenfalls nicht auf Benjamins (unbekanntes) Grab oder andere Gräber, sondern auf andere Bezugspunkte im Gelände, die fast unvermeidlich zu Metaphern des Übergangs mit ungewissem Ende werden: das Kommen und Gehen der Wasserwirbel in der Bucht, die Berge, der Zaun, das Zollhaus, die Züge und der überdimensioniert erscheinende, von Gustave Eiffel gebaute Bahnhof und nicht zuletzt der Olivenbaum, der mit dem Meereswind zu kämpfen hat. Für Karavan ein auch anderswo benutztes Symbol des Friedens und der Hoffnung, wie er überhaupt sein Benjamin-Denkmal nicht als Mahnmal verstanden wissen will, sondern als »eine Hommage an alle, die der Barbarei zu entkommen versuchten«.

In einigen Interviews hat Karavan seine Arbeit erläutert. Er habe kein »objekthaftes Kunstwerk« schaffen wollen. Es sei ihm vielmehr darum gegangen, »einen ruhigen Ort zu schaffen, von dem sich die Eindrücke wie von selbst erschließen«. So könnten sich die »einzelnen Stationen«, »wie ein Ring zusammen(fügen), oder wie eine Passage«, der Blick aufs Wasser am Ende der abwärtsführenden Treppe und auf ein kleines Stückchen Himmel beim Rückweg, auf Berge und auf die sich im Wind behauptenden Olivenbäume. Gewiß, solange hierher nicht Touristenströme geschleust werden, ist das ein Ort der Ruhe, an dem man nur das Rauschen des Windes und des Wassers hört, wenn nicht von Zeit zu Zeit die Geräusche ankommender und abfahrender Züge herüberdringen.

In den vierziger Jahren war Port-Bou ein Grenzort und eine Durchgangsstation für ungezählte Flüchtlinge, die dort keine Spuren hinterlassen haben, auch Benjamin eigentlich nicht. Es könnte nun eine Attraktion für eilige Touristen werden. Zwar erkennt man erleichtert, daß Karavan nicht versucht hat, »etwas zu machen, das Benjamins Tragödie repräsentiert«. Denn er weiß, daß »künstlerische Mittel (…) nie in der Lage (wären), mit der schrecklichen Realität der damaligen Zeit zu konkurrieren«. Aber wissen und respektieren das auch die anderen? Wie kann, wie soll man sein Werk davor schützen, als Flucht-Erlebnisraum mißbraucht zu werden, wenn schon seine Förderer ihn rühmen, ein Künstler zu sein, »der auf ganz moderne Weise solche ursprünglichen, ›magischen‹ oder ›heiligen‹ Plätze schafft«?[128] Und war es eine glückliche Idee, diese schmalen Treppen und Tunnel auch noch »Passagen« zu nennen? Karavans Werk hätte sich doch auch ohne die namentliche Anlehnung an die monumentale Studie von Benjamin behauptet, ohne der fast verschwiegenen Erinnerungsgeste noch mit einer rhetorischen Inszenierung spektakulär nachzuhelfen. Dafür gibt es dort bereits ein Beispiel.

Schon bald nach dem Ende der Franco-Ära hat die Gemeinde Port-Bou eine Erinnerungstafel für den deutsch-jüdischen Kulturphilosophen an der Friedhofsmauer angebracht.[129] Inzwischen ist sie halb verwittert und kaum noch lesbar. Eine ganz unaufdringliche, unauffällige Erinnerungsgeste. Eine bescheidene, unaufwendige Ehrung Benjamins, der dort eher zufällig endete. Ein Namhafter unter den vielen namenlos gescheiterten Flüchtlingen. Und zugleich – außerhalb Deutschlands – eine Erinnerung an jenes Deutschland, das Benjamin und viele andere vertrieb und dessen Gewaltregime im baskischen und katalonischen Norden Spaniens keineswegs zufällig Spuren hinterließ, als es Franco im spanischen Bürgerkrieg militärisch unterstützte.

Die Anregung zu dem Denkmal war 1989 vom damaligen Bundespräsidenten Richard von Weizsäcker ausgegangen. Benjamins 50. Todestag stand bevor. Mit der Planung beauftragte das Auswärtige Amt den Arbeitskreis selbständiger Kulturinstitute, dessen Geschäftsführer den israelischen Künstler Dani Karavan gewinnen konnte. Der Auftrag – auf eine runde Million Mark veranschlagt – wurde erteilt, doch zur Ausführung kam es zunächst nicht. Finanzbürokratie, Parlament und Boulevardpresse legten sich quer, um die »Grabpflegemaßnahme« zu stornieren. Der Bundesrechnungshof und der Haushaltsausschuß waren dagegen, und die Boulevardpresse sowieso. Dem öffentlichen Druck gab schließlich auch das Auswärtige Amt nach. Es sei nicht zu verantworten, hieß es, »eine Million in einen abgelegenen Ort mit sehr geringem Nutzwert« zu investieren. Das Projekt wurde erst gerettet, als es den Ministerpräsidenten der Bundesländer gelang, den Betrag bereitzustellen, unterstützt von privaten Förderern, der Gemeinde von Port-Bou und der katalanischen Regierung.

3. Ehemalige Konzentrationslager als Gedenkstätten und Museen

Die Denkmäler zur Erinnerung an den Nationalsozialismus wurden zwar nicht ausschließlich, aber doch in großer Zahl an den Orten der ehemaligen Konzentrationslager errichtet. Das geschah vielfach nach der Befreiung, während der Auf- und Ausbau von Gedenkstätten und Museen zögerlich verlief und viele Widerstände überwinden mußte. Um diese zweite Lagergeschichte geht es auf den folgenden Seiten.[1] Im Mittelpunkt stehen die jeweils drei bekanntesten KZ-Gedenkstätten in Ostdeutschland – Buchenwald (mit Mittelbau-Dora), Ravensbrück und Sachsenhausen – und in Westdeutschland: Bergen-Belsen, Dachau und Neuengamme.

Diese Begrenzung fällt nicht leicht. Denn sowenig die nationalsozialistischen Gewaltverbrechen sich nur auf dem Territorium des damaligen Deutschen Reiches ereignet haben, so wenig kann sich eine Würdigung ausgewählter Gedächtnisorte im Grunde auf das deutsche Staatsgebiet beschränken. Verfolgung, Vertreibung und Ermordung von Millionen Menschen waren erst möglich, als Hitler-Deutschland fast ganz Europa unterworfen und besetzt hatte. Die Spuren des Rassenwahns und der Racheaktionen, der Verfolgung und Vernichtung ziehen sich durch ganz Europa. Die Orte des Leidens und Mordens haben viele Namen: sie heißen Auschwitz-Birkenau, Belzec, Chelmno, Maidanek, Sobibor und Treblinka, Warschau und Wilna, Lidice und Oradour, Herzogenbusch und Westerbork, Papenburg und Wewelsburg, Stutthof und Groß-Rosen, Lodz und Lemberg, Mauthausen, Theresienstadt und Natzweiler-Struthof, Kiew und Riga, Białystok und Babij Jar, Kaunas und Krakau-Plaszow. So sind nach der Befreiung von der deutschen Besetzung an vielen Orten des Schreckens zur Erinnerung an die Opfer Friedhöfe angelegt, Denkmäler errichtet und Gedenkstätten eingerichtet worden, in West- und Osteuropa, in West- und Ostdeutschland, wobei der kommunistische Machtbereich damit früher begann, wie ideologisch einseitig dies auch geschehen sein mag.

An kaum einem anderen Beispielkomplex kann man jedenfalls den Gegensatz im Umgang mit dem NS-Erbe zwischen den beiden deutschen Staaten so gut erkennen wie in der Umwandlung der früheren Konzentrationslager in Gedenkstätten. Konversion und spätere Revision dieser Gedächtnisorte haben in der ost- und westdeutschen Erinnerungskultur ihr je eigenes Profil herausgebildet.[2] Die Gesellschaft der alten Bundesrepublik war von Anfang an mit der ganzen deutschen Geschichte konfrontiert, also auch ihrem negativen Fixpunkt, den Gewaltverbrechen Hitler-Deutschlands. Die Gründer der Bundesrepublik hatten den westdeutschen Teilstaat zum Gesamterben des untergegangenen Deutschen Reiches erklärt und im innerdeutschen Systemantagonismus zudem mit dem Alleinvertretungsanspruch belastet. Die Bundesrepublik mußte deshalb die materiellen Schulden übernehmen und zugleich die moralische Last der Gewaltverbrechen tragen, ob sie wollte oder nicht. Sei es, daß sie lange nicht zwischen den Gewaltverbrechen des Nationalsozialismus und den Kriegsverbrechen unterscheiden mochte, ebensowenig wie zwischen den Opfern der »Endlösung« und den Kriegstoten, was bis heute nachwirkt. Sei es, daß sie – befangen in der Kontinuität des Antikommunismus und in der geistigen Enge des Kalten Krieges – Unterschiede zwischen den totalitären Systemen nicht erkennen wollte und sich damit noch heute schwer tut, wohl auch, weil allzu leicht die intellektuelle Tugend der Differenzierung mit der Untugend der moralischen Indifferenz oder Relativierung der Gewaltverbrechen verwechselt wird.

Der Soziologe M. Rainer Lepsius hat von der Internalisierung der Hypothek des Nationalsozialismus in die politische Kultur der Bundesrepublik gesprochen und davon die Universalisierung des Nationalsozialismus als Faschismus durch die DDR unterschieden.[3] Die alte Bundesrepublik tat sich deshalb so sehr viel schwerer mit diesem Erbe, weil sie mit ihm umgehen mußte. Sie schwankte und schwankt bis heute zwischen Dämonisierung und Historisierung des Hitler-Staates, zwischen Schuldabwehr und Schuldverrechnung, zwischen forciertem Schlußstrichverlangen und organisierter Betroffenheit, zwischen Entsorgung der nationalsozialistischen Vergangenheit und Inszenierung ihrer Gedächtnisorte. Die Beispiele dafür sind zahlreich.

Gegenüber der Bundesrepublik schien sich die DDR zumindest geschichtspolitisch in einer vorteilhafteren Lage zu befinden, jedenfalls zunächst. Sie hatte sich vom Kapitalismus befreit, der aus kommunistischer Sicht entscheidenden Voraussetzung des Faschismus. Ihre Führung kam nicht nur, aber doch in großer Zahl aus der kommunistischen Arbeiterbewegung. Sie hatte den Nationalsozialismus im KZ überlebt oder gegen ihn im Untergrund gekämpft. Zum historischen Fixpunkt der DDR wurde deshalb die 1918/19 nicht verwirklichte sozialistische Revolution und die darauf beziehbare Tradition des antifaschistisch-kommunistischen Widerstands, was die Glorifizierung der Befreiung durch die Rote Armee einschloß und der DDR anfangs zu einem beachtlichen Legitimationskredit verhalf. Sie glaubte, die Vorteile des geschichtlichen Erbes – auch des kulturellen – einheimsen zu können, ohne zugleich für die Verbindlichkeiten aufkommen und sich an den Ungereimtheiten und Widersprüchen abmühen zu müssen. Das zeigte sich gerade auch im Umgang mit ihren Gedächtnisorten.

Buchenwald: Vom »roten Olymp« zur doppelten deutschen Vergangenheit

Weimar – das ist wie kaum eine andere deutsche Stadt ein von Mythen geprägter Ort, neben und zusammen mit Berlin vielleicht der wichtigste Gedächtnisort in der politischen Kulturgeschichte Deutschlands überhaupt.[4] Wie nirgendwo sonst haben sich dort Glanz und Elend der Deutschen zu einer so wohl nur für sie charakteristischen Gemengelage vermischt: der Olymp der unsterblichen Dichterfürsten neben den Massengräbern der namenlosen KZ-Toten. Die Geburtsstadt der ersten deutschen Republik und der Bauhaus-Moderne: zugleich eine Weihestätte der Nazis, in der diese Friedrich Nietzsche zu ihrem Propheten machten. Die DDR erklärte ihn zur Unperson. Sie vereinnahmte nur das klassisch-humanistische Erbe Goethes und Schillers und machte zugleich aus dem KZ Buchenwald ein nationales Befreiungsdenkmal: Zum klassischen kam nun der »rote Olymp« dazu, unentbehrlich für den antifaschistischen Gründungsmythos.[5]
Das SED-Regime verallgemeinerte den Nationalsozialismus zum Faschismus und machte aus den auf ihrem Territorium gelegenen Konzentrationslagern umstandslos antifaschistische Widerstands- und Befreiungsdenkmäler. Das erste war 1958 das ehemalige KZ Buchenwald vor den Toren Weimars auf dem Ettersberg, nach dem das Konzentrationslager zunächst benannt werden sollte. Doch die NS-Kulturgemeinde Weimar hatte seinerzeit erfolgreich Einspruch erhoben wegen der engen Verbindung des Ettersberges mit Goethes Leben. Denn der Reichsführer-SS Heinrich Himmler, Sohn eines bayerischen Gymnasialdirektors, teilte die

Sorge um die Reinhaltung des klassischen Erbes. Dort waren die Herzöge von Sachsen-Weimar auf die Jagd gegangen. Dort hatte der junge Goethe Theater gespielt, dort stand von Buchen umgeben jene Eiche, unter der sich der Geheime Rat gern mit Charlotte von Stein traf.

An diesem Ort wurde gut einhundert Jahre später – mit der Adresse Buchenwald / Post Weimar – ein Konzentrationslager errichtet, in das zwischen 1937 und 1945 etwa eine Viertelmillion Menschen aus fünfunddreißig Ländern kamen, von denen mehr als 60 000 Menschen ihr Leben verloren.[6] Sie wurden ermordet, verhungerten oder starben an Krankheiten. Auch dort zwang man die Gefangenen zur Arbeit in Rüstungsbetrieben (Junkers, Krupp, BMW, Borsig, Gustloff-Werke u. a.). Auch dort herrschte der menschenverachtende Grundsatz »Vernichtung durch Arbeit« und wurden Gefangene Opfer von medizinischen Experimenten. Nach der Befreiung am 11. April 1945 leisteten die etwa 21 000 Häftlinge den berühmten »Schwur von Buchenwald«, der zum Kampf gegen die Naziverbrecher aufrief, die internationale Solidarität aller Antifaschisten und eine neue demokratische, freiheitliche und friedliche Weltordnung forderte.

Wenige Tage nach der Lagerbefreiung bauten ehemalige Häftlinge das erste Denkmal.[7] Sie errichteten einen hölzernen Obelisken auf dem Appellplatz des Lagers und hielten dort eine erste Totenfeier. Bereits im Juli forderten jüdische Häftlinge, das Lager für alle Nationen und ihre kommenden Geschlechter als Mahnmal zu erhalten. Doch dafür stand es wegen des inzwischen eingerichteten sowjetischen Internierungslagers zunächst nicht zur Verfügung. Zur Feier des 1. Jahrestages der Lagerbefreiung wurde auf dem Weimarer Goetheplatz ein provisorisches Denkmal errichtet, ein auf die Spitze gestelltes, pyramidenförmiges rotes Dreieck, das überlebensgroß das Kennzeichen für die politischen Lagerhäftlinge symbolisierte, den roten Winkel. Damit begann die Vereinnahmung und Vereinheitlichung aller Überlebenden als »antifaschistische Widerstandskämpfer«. Der erste Schritt zur Konstruktion eines Helden-, Opfer- und politischen Auferstehungsmythos war getan.

Der nächste Schritt folgte nach der Staatsgründung der DDR. Aus dem ehemaligen KZ sollte nun ein Nationalmuseum werden. Dazu wurden neue Zeichen gesetzt und politisch kompromittierende Spuren der doppelten Lagergeschichte beseitigt. Einerseits konnte 1954 ein »Museum der Widerstandsbewegung« eröffnet werden. Andererseits wurden die Häftlingsbaracken abgerissen, während das Krematorium als Ermordungsstätte Thälmanns, das Torgebäude und die Effektenkammer erhalten blieben. Aus dem Leidensort des Lagers wurde ein unwirtlicher, aber heroischer Kampfplatz. Die neue monumentale Grab- und Gedenkstättenanlage verwandelte in ihrem Bildprogramm den Ort der Niederlage, der Gefangenschaft und des Sterbens in einen die Nachkommenden verpflichtenden Sieg des antifaschistischen Widerstands. Das Preisgericht, das über verschiedene Entwürfe zu befinden hatte, sah in dem mehrfach überarbeiteten Entwurf, an dem Fritz Cremer, Waldemar Grzimek und verschiedene Gartenbauarchitekten beteiligt waren, vier Elemente verknüpft: die Zufahrt zum Lager auf der von den Häftlingen gebauten »Blutstraße«, den Gang durch die trostlose, menschenverachtende Leere des Lagers, den »Abstieg zu den Gräbern« und den sich daraus wie zwangsläufig anschließenden »Aufstieg zu der Gedenkstätte«.

Für die Umsetzung griff man auf architektonische Formelemente der christlichen und vorchristlichen Sepulkralkultur zurück: ein Ehrenhain hinter dem Glockenturm, zahlreiche, aus dem ägyptischen Totenkult stammende Pylonen und für die Massengräber römische Ringgrabtrichter. So entstand eine monumentale Denk- und Grabmalanlage, die nicht zufällig an nationalsozialistische Architektur erinnert, und die intendierte Geschichtsumdeutung visuell vermitteln und räumlich nacherlebbar machen soll: vom Abstieg zu den Massengräbern auf Stufen in dunklen Steinen, über das stumme, »innere Gespräch« der Gedenkstättenbesucher mit der Gemeinschaft der Toten aller Länder entlang der pylonengesäumten »Straße der Nationen« bis zum Wiederaufstieg aus der »Nacht des Faschismus« in das Licht der Freiheit, auf nun hell gepflasterten Stufen mit Blick auf den hoch aufragenden Glockenturm, davor die Buchenwald-Skulptur von Fritz Cremer. Sie mußte mehrfach überarbeitet werden, bis sie dem entsprach, was das SED-Regime an diesem Ort sehen wollte: ein Monument der heroisierten Selbstbefreiung. Unter dem Banner der kommunistischen Partei verkörpern elf Figuren idealtypisch den antifaschistischen Bewußtseinswandel, vom Zweifler über den Kämpfer zum Fahnenträger und Schwörenden. Im Turminnern wird dieses Bildprogramm wieder aufgenommen, werden Wiederaufstieg und Siegesgewißheit noch einmal bekräftigt, durch das von oben einfallende Licht und das bei Gedenkfeiern regelmäßig gesungene Traditionslied der deutschen Arbeiterbewegung »Brüder zur Sonne, zur Freiheit, Brüder zum Lichte empor« – Buchenwald, so Volkhard Knigge, der Leiter der Gedenkstätte, zugespitzt sei so »Golgatha und Ostern der deutschen Arbeiterbewegung in einem«.

Diese politisch-religiöse Siegespose verkehrt die Geschichte des »gebro-

Steine neben dem 1994 erschlossenen Aschegrab aus den Jahren 1944/45, Buchenwald/Weimar. Günter Kunert schrieb dazu: »Keine Träne, kein Fleck der Angst, kein Gedanke, kein Mal dessen, was hier vorging, ist geblieben: Nur Beton ... sieben Buchstaben, die sich entschlüsseln zu einem Wort ... MEMENTO. Von der Höhe des Himmels ist das Wort als Wort sicher leichter zu dechiffrieren, für eine Krähe leichter als für einen streunenden Besucher ... Als sei das Betonwort aus dem fruchtlosen Boden gestiegen für diesen Moment und versinke, sobald der Wanderer den Rücken wendet. Als sei es die siebenfache Inkarnation letzter Atemzüge.« (Kramen in Fächern, Berlin/Weimar, 1968, S. 173)

»Die befreiten Häftlinge« von Fritz Cremer (1958) vor dem »Turm der Freiheit«, Buchenwald.

chenen Antifaschismus«[8] zynisch und selbstgerecht in ihr Gegenteil. Die Arbeiterbewegung erlitt mit dem Sieg des Nationalsozialismus ihre größte Niederlage. Kommunistische Funktionshäftlinge – die »roten Kapos« – arbeiteten mit der SS-Lagerleitung zusammen und genossen Privilegien auf Kosten anderer.[9] Nach der Lagerbefreiung wurden prominente kommunistische Buchenwald-Häftlinge entmachtet und verfolgt. Auch der Selbstbefreiungsgestus verfälscht die Vorgänge um den 11. April 1945. Tatsächlich überschneiden sich verschiedene Ereignisse, die zur Befreiung des Lagers führten: der Abzug der SS-Mannschaften, die Überwältigung restlicher Wachposten durch bewaffnete Häftlingsgruppen, die Befreiung durch die vorrückende US-Armee und die Übernahme der Lagerverwaltung durch sie. Die Rote Armee kam später.

Am Beginn der Gedächtnisgeschichte des Lagers stehen Aufklärung und Entnazifizierung durch die amerikanischen Befreier. Bereits am 16. April 1945 ordnete der kommandierende US-General George Patton an, daß mindestens 1000 Weimarer Bürger ins Lager geführt werden. Sie sollten sich persönlich ein Bild von den Verhältnissen machen, bevor die Toten beerdigt und die Spuren des Schreckens beseitigt würden. Wenige Wochen später war dieses Zwischenspiel schon wieder vorbei. Im August 1945 übernahm der sowjetische Geheimdienst das ehemalige KZ Buchenwald als »Speziallager 2«, in dem zwischen 1945 und 1950 etwa 30 000 Menschen inhaftiert waren, unter ihnen nicht nur politische Gegner, Willkür- und Zufallsopfer, sondern in großer Zahl auch kleinere Nazifunktionäre und Mitläufer. Mehr als 7000 Häftlinge starben an Hunger, Kälte und Krankheiten.[10] Ihre Überreste wurden in zwei Feldern am Ettersberg vergraben, Spuren der Erinnerung beseitigt. Diese Toten waren mit dem erinnerungspolitischen Programm der DDR für die Nationale Mahn- und Gedenkstätte Buchenwald nicht zu vereinbaren.

Kaum verwunderlich also, daß um die doppelte Lagergeschichte ein Konflikt entbrannte, als Anfang 1990 unterhalb des Geländes der Gedenkstätte Gebeine gefunden wurden, die den Massengräbern des einstigen Speziallagers 2 zugerechnet werden.[11] Ein Interessenverband »Buchenwald 1945–50« gründete sich und forderte, die Erinnerung an die verschwiegenen Opfer auf dem Gelände der Gedenkstätte zum Ausdruck zu bringen. Er erhielt dabei Unterstützung von der Vereinigung der »Opfer des Stalinismus«. Das rief das »Internationale Komitee Buchenwald / Dora« auf den Plan. Es appellierte an die Bundesregierung, »dieses Memorial gegen jede Veränderung zu schützen, die seine Bedeutung schmälern« könnte. Die Bundesregierung hob die Gedenkstätte daraufhin in den Rang einer Institution von gesamtstaatlicher Bedeutung, was mit der Übernahme eines 50prozentigen Kostenanteils verbunden war. Angesichts der sich abzeichnenden Neugestaltung bzw. Veränderung vieler ehemaliger DDR-Gedenkstätten sah sie von einer inhaltlichen Festlegung ab.

Mit der Neugestaltung der Gedenkstätte beschäftigte sich seit September 1991 unter der Leitung des Historikers Eberhard Jäckel eine von der Thüringischen Landesregierung berufene Expertenkommission, die Anfang 1992 ihre umfangreichen Empfehlungen vorlegen konnte.[12] Sie sahen vor, die Ausstellung zur Geschichte des KZ Buchenwald von der Parteilichkeit der DDR-Geschichtsschreibung zu befreien und vom gegenwärtigen Forschungsstand aus die verschiedenen Opfergruppen und ihren Widerstand zu würdigen, ohne die Rolle der Täter dabei zu vernachlässigen. Zugleich empfahl die Kommission, die immerhin vierzigjährige Geschichte und Vorgeschichte der früheren DDR-Gedenkstätte und ihre politische Instrumentalisierung gesondert zu dokumentieren.

Soviel Pluralismus und Differenzierung erschien den Häftlingsorganisationen suspekt. Sie argwöhnten dadurch eine unzulässige Relativierung ihres Opfer-Selbstbildes und ihrer Leidensgeschichte. Während der Bund stalinistisch Verfolgter sich an der nun wieder zu Ehren kommenden Totalitarismustheorie orientiert, also zwischen den beiden Lagern und den jeweiligen Regimen keine spezifische Differenz erkennen will, reklamieren die NS-Verfolgtenverbände das Lagergelände ungeteilt für die Repräsentation ihrer Erinnerung.

Gleichwohl sieht das Gutachten – aus guten Gründen – eine deutliche Gliederung des Geländes in voneinander getrennte sogenannte »Erinnerungssphären« vor: Den Schwerpunkt bildet danach weiterhin das ehemalige Konzentrationslager mit der seit 1995 völlig neu gestalteten Ausstellung und der zunächst unverändert gebliebenen architektonischen Mahnmalanlage. Neu hinzugekommen ist die im Frühsommer 1997 eröffnete Dokumentation »Speziallager 2«, die das außerhalb des Lagerzauns gelegene Gräberfeld mit den umstrittenen Toten nur noch visuell einbezieht.

Um die inhaltliche und architektonische Gestaltung der Gedenkstätte dieses zweiten Lagers war monatelang erbittert gestritten worden.[13] Einmal mehr wurde die Pietät gegenüber den Toten zum Politikum. Einmal mehr ging es um die Frage: Waren die im Speziallager der Sowjets ums Leben gekommenen Häftlinge Unschuldige oder Nazis? Unter Berufung auf neue Erkenntnisse aus Moskauer Archivstudien hatte Volkhard Knigge in einem offenen Brief Ende November 1995 geschrieben, daß die Mehrheit der Internierten des sowjetischen Lagers »zivile Funktionsträger des Naziregimes« waren, als solche in »Schuldzusammenhänge verstrickt« gewesen seien und das Speziallager zur »stalinistischen Entnazifizierung« gedient habe. Das war den überlebenden einstigen Häftlingen entschieden zuviel. Die Organisation der Opfer des Stalinismus erstattete Anzeige gegen den Gedenkstättenleiter wegen »Volksverhetzung, Verleumdung und Verunglimpfung Verstorbener«. Auch der Vorsitzende des Häftlingsbeirates für das NKWD-Lager, Gerhard Finn, wandte sich nachdrücklich gegen eine »Kollektivbeschuldigung«, wobei er nicht die Ergebnisse der Nachforschungen empörend fand, denn die Zusammensetzung der Lagerhäftlinge sei im wesentlichen bekannt gewesen. Ihn empörten die von Volkhard Knigge geforderten Korrekturen am Konzept der Gedenkstätte. Alle Verantwortlichen hatten zuvor zugestimmt, und mit dem Bau war inzwischen begonnen worden.

Der Empfehlung der Historiker-Kommission folgend hatte das Nürnberger Architektenbüro Frese und Kleindienst in seinem Entwurf vorgesehen, Trauerplatz und Dokumentenhaus zu integrieren, dem Besucher einen atmosphärischen Eindruck vom Internierungslager zu vermitteln und ihm zugleich die doppelte Lagernutzung vor Augen zu führen. Für das Dokumentenhaus entwarfen die Architekten einen schlichten, erdgeschossigen Zweckbau, kaum sichtbar in den Hang hineingeschoben. Davor sollte ein mit niedrigen Buchenholzstelen bestückter kleiner Gedenkplatz eingerichtet werden, die symbolische Verbindung zu den rund 900 Stahlstelen außerhalb des Lagerzauns für die im Wald vergrabenen Überreste der 7000 Toten. Zusätzlich war ein schmaler Steg vom Gedenkplatz vor dem Dokumentenhaus bis zum Lagerzaun vorgesehen. Im durchaus nachvollziehbaren Selbstverständnis der Architekten eine äußerst behutsame Verbindung von emotionalen Erinnerungssymbolen und nüchterner Dokumentation dieser ambivalenten Lagergeschichte. Sie zogen sich aus dem Projekt zurück, als sie erkannten, wie schwierig sich vor Ort für die betroffenen Gruppen »das Problem eines gleichzeitigen Gedenkens von Tätern und Opfern« darstellte, und daß trotz aller Zurückhaltung ihr Entwurf vor Fehlinterpretationen nicht geschützt ist. Unter dem Eindruck, daß es sich bei diesen Toten um mehr oder weniger schuldhaft in die NS-Zeit verstrickte Menschen handeln könnte und in Buchenwald womöglich das – so Knigge polemisch überspitzt – »schönste Nazi-Denkmal« Deutschlands entstehen würde, folgte das zuständige Thüringische Ministerium für Wissenschaft, Forschung und Kultur der Intervention der Gedenkstättenleitung und verfügte den einstweiligen Verzicht auf alle Elemente des Gedenkens.

Ende Mai 1997 wurde die neue ständige Ausstellung über das sowjetische Speziallager eröffnet. Der Ort ist, wie von der Kommission gefordert, von zwei Seiten zugänglich, so daß der Besucher entweder nur die eine oder nur die andere Gedenkstätte besuchen kann – oder beide. Die Dokumentation besteht aus vier Abteilungen: Zunächst informiert sie über die politischen Voraussetzungen für die Errichtung der sowjetischen Speziallager, dann werden ihr Aufbau und die Lebensbedingungen dargestellt und schließlich auch die Lagerauflösungen. Ein abgetrennter Raum informiert über die berüchtigten Waldheimer Prozesse 1950, in denen zahlreiche Buchenwald-Häftlinge zum Tode verurteilt wurden. Ein erhebliches Gewicht erhalten die ausgewählten Häftlingsbiographien. In lebensgeschichtlichen Längsschnitten wird sichtbar, wie unterschiedlich die Vergangenheiten der Häftlinge und die Gründe für ihre Verhaftung waren, die von weiterhin umstrittenen NSDAP-Funktionen bis zu Willkür, Denunziation und Zufall reichen.

Wer erwartet hatte, daß die vollzogene Trennung von historischer Aufklärung und emotionaler Erinnerung den Konflikt lösen und die Kontrahenten zufriedenstellen würde, mußte sich eines Besseren belehren lassen. Die betroffenen ehemaligen Häftlinge beider Lager kritisieren, daß in Buchenwald das nationalsozialistische Unrecht immer noch durch das stalinistische relativiert wird – und umgekehrt. Andererseits muß das NKWD-Lager als Folge des Konzentrationslagers dargestellt werden. Vielleicht gelingt dies, wenn realisiert wird, was der Vorsitzende der Historiker-Kommission, Eberhard Jäckel, bei der Eröffnung der Speziallager-Dokumentation ankündigte, eine die beiden bestehenden Ausstellungen ergänzende zur »Manipulation der Erinnerung durch die DDR«.

Mittelbau-Dora: Kein »Technik-Tempel« in der »Hölle« des Südharzes

Die Empfehlungen zur Entideologisierung und Umgestaltung erstrekken sich auch auf die Gedenkstätte des ehemaligen KZ Mittelbau-Dora bei Nordhausen im Südharz, das zunächst ein Außenlager Buchenwalds war.[14] Ein Gedenkplatz entstand bereits 1949. Weitere Ausbauten folgten in den sechziger und siebziger Jahren. Das weitläufige Stollensystem im Berg Kohnstein wurde lange nicht einbezogen. Dort mußten zwischen 1943 und 1945 60000 Häftlinge Hitlers Wunderwaffe bauen, die V 2-Rakete. Ein Drittel von ihnen überlebte »Dantes Hölle im Südharz« nicht, wie Überlebende später das Untertage-Inferno nannten. Nach dem Krieg hatten dort die Leuna-Werke Abbruchrecht. Erst ein Machtwort der Thüringer Landesregierung schränkte im Herbst 1991 den Gipsabbau erheblich ein und verringerte die weitere Einsturzgefahr der Kavernen. Ökonomische Interessenten spekulieren auf den gewinnträchtigen Abbau des Düngemittels Anhydrit. Ökologen warnen im Fall eines Zusammenbruchs des Kohnsteins vor erheblichen Auswirkungen auf das lokale Mikroklima. Und die Denkmalschützer sehen die Reste der einstigen Raketenfabrik gefährdet.

Die Kommission empfahl, das gesamte Stollensystem zu erhalten und einen Teil dokumentarisch zu nutzen für die Vermittlung von Aspekten der »Lebensbedingungen der Häftlinge und der Rüstungsproduktion«. Ausdrücklich abgelehnt wurde der Plan, dort eine »technikgeschichtliche und industriearchäologische Ausstellung« einzurichten. Statt dessen empfiehlt das Gutachten, diese Gedenkstätte als Beispiel für die »letzte Phase der Geschichte der Konzentrationslager« zu gestalten, die ja zugleich die letzte Phase des Dritten Reiches war, seines Rüstungswahns und unermüdlich propagierten Glaubens an den »Endsieg«.

Ein vom Landkreis Nordhausen, in dem Mittelbau-Dora liegt, demonstrativ berufenes Kuratorium hatte ein anderes Interesse und Konzept. Es wollte nicht nur an die Schrecken und Opfer erinnern, sondern auch die rüstungs- und bergtechnischen Leistungen gewürdigt sehen. Immerhin sei dieser Ort einer der modernsten High-Tech-Standorte der damaligen Zeit gewesen. Ein Argument, das mancherorts mit Zustimmung rechnen konnte. Die Raketen, die im Harz und in Peenemünde produziert wurden, Hitlers Wunderwaffen, sind offenbar so sehr Gegenstand mythologischer Verklärung und Objekte krimineller Begierde, daß sich für sie auch der graue und offizielle Militaria-Markt interessiert.[15] Einem holländischen Historiker wurden per Chiffre wehrtechnische Unterlagen angeboten, und ein Londoner Auktionshaus bot Raketen-Reste per Katalog an, die die Amerikaner und Russen nach der Befreiung liegengelassen und zugeschüttet hatten. Die nicht mehr zum Einsatz gelangten kompletten Exemplare schafften sie in ihre eigenen Laboratorien. Zwar steht das gesamte Stollenkammersystem im Gipsberg Kohnstein inzwischen unter Denkmalschutz und alles militärische Material ist deshalb Staatseigentum, aber Militariahändler und ihre Zulieferer werden dadurch offenbar nicht abgeschreckt, dort illegal zu graben. Legal, wenn auch nicht unumstritten, gräbt einstweilen nur das Münchener Baustoffwerk Wildgruber, das 1992 von der Treuhand das Recht erwarb, im Tagebau Anhydrit zu baggern. Eigentumsrechtlich umstritten ist allerdings, ob Berg und Stollensystem zusammengehören oder nicht. Erst wenn diese Frage abschließend geklärt ist, wird das Gelände gesichert und die KZ-Gedenkstätte um- und ausgebaut werden können.

Der Konflikt um die Eigentums- und Nutzungsrechte sowie um die Gestaltung der Gedenkstätte hatte das Interesse der Medien geweckt. Die Gedenkstätten-Leiterin erklärte im Frühjahr 1993 entschieden, daß man keinen »Technik-Tempel« installieren wolle.[16] Sollten gleichwohl »Technik-Freaks« hierherkommen, würden sie mit einem »Bild der Zerstörung« konfrontiert. Dies würde nicht über Glanz und Effektivität einer gigantischen Produktionsstätte der Nazis Auskunft geben, sondern über

Zwangsarbeit, Massenelend und Massensterben. Eine vor allem aus päd-
agogischem Antrieb gewonnene Akzentsetzung ist gewiß gerade dort
verständlich und die Sorge vor einer verfehlten Verherrlichung der Rake-
tentechnik und Rüstungsindustrie des Dritten Reiches berechtigt. »Aber
wenn man nicht beides zeigt« – so der bedenkenswerte Einwand von
Günther Gottmann, dem Direktor des Berliner Museums für Verkehr
und Technik –, »die glänzende technische Leistung, die brillante Arbeits-
organisation sowie die absolute Menschenverachtung«, dann »wird man
entweder zum Technizisten oder zum Moralisten«.[17] Und wie immer
man die eine und die andere dieser beiden Einstellungen bewertet, jede
von ihnen verfehlt eben die ganze, widersprüchliche Wirklichkeit des
Dritten Reiches – jeweils auf ihre Weise.

Sachsenhausen: »Blick zurück und Schritt nach vorn«

In die Schlagzeilen geriet 1990 und 1992 auch die dritte ehemalige Nationale Mahn- und Gedenkstätte der DDR: Sachsenhausen bei Oranienburg im Norden Berlins. Massengräber des berüchtigten NKWD-Spezi-
allagers Nr. 7 waren entdeckt worden. Bereits ab Sommer 1945 hatte die
damalige sowjetische Militärverwaltung das Lager wieder gefüllt: nicht
nur mit Nazis, sondern auch mit Sozialdemokraten, Liberalen und anderen Personen, die dem sowjetischen Besatzungsregime oppositionell ge-
genüberstanden. 50000–60000 Häftlinge sollen es gewesen sein und man
schätzt, daß mindestens 12000, aber vielleicht auch bis zu 30000 von
ihnen ermordet wurden oder an Hunger, Krankheit, Kälte und Miß-
handlung gestorben sind. Einige Tausend Inhaftierte sollen in die Sowjetunion deportiert worden sein. Mehrere Tausend kamen in andere
DDR-Gefängnisse, vor allem nach Torgau und Hoheneck oder wurden
zur Aburteilung durch DDR-Sondergerichte nach Waldheim gebracht,
etwa 5000 Internierte ließ man unter Schweigeverpflichtung frei.[18]
Daß von jener Zeit in den Jahren, als diese Gedenkstätte zur »antifaschistischen Amtskirche« der DDR gehörte, nicht die Rede war, kann nach
damaliger Lage der Dinge kaum überraschen, ist aber gleichwohl ein
schwerwiegendes Versäumnis, zumal ja nicht wenige davon wußten.[19]
Doch bei aller Einseitigkeit und trotz aller Geschichtsverfälschung muß
hervorgehoben werden, zumal mit Blick auf die damalige Bundesrepublik, daß die DDR die Umwandlung des Lagers in eine teilweise aus

Spendenmitteln finanzierte Gedenkstätte bereits Mitte der fünfziger Jahre beschloß. 1961 konnte sie eingeweiht werden. Ein erheblicher Teil der Gebäude blieb erhalten. Insbesondere das Torgebäude mit Gitter und der KZ-üblichen Inschrift »Arbeit macht frei«, die Wachtürme mit der Lagermauer, ein Teil des Zellenbaus, die Pathologie mit dem Lei-chenkeller, Krankenbaracken, Küche und Wäscherei und nicht zuletzt Überreste der Station Z mit Gaskammer, Genickschußanlage und Kre-matorium. Wenn auch manches rekonstruiert und durch künstlerische Gestaltung verändert wurde, insbesondere durch den 40 Meter hohen Obelisken mit roten Winkeln als Kennzeichen der politischen Häftlinge samt Kranzniederlegungsmauer und der altarähnlichen Rednertribüne, »der empfindsame Besucher erlebt Sachsenhausen anders, weniger feier-lich. Er erlebt ein KZ, wie es gewesen sein mag, in seiner Leere bevölkert von Menschen, die nicht mehr sind.«[20]

Dort wurden zwischen 1936 und 1945 über 200 000 Menschen gefangen-gehalten, gequält und ermordet. Man schätzt, daß etwa die Hälfte von ihnen ums Leben kam. Zahlreiche Häftlinge wurden zu medizinischen Experimenten mißbraucht und dabei oft getötet. Auch in dieses Lager kamen 1941 gefangene sowjetische Soldaten, etwa 18 000; sie wurden fast ausnahmslos sofort umgebracht. Und noch in den letzten Kriegstagen starben etwa 6000 Menschen auf den Todesmärschen nach der Evakuie-rung des Lagers.

Wer das Lager durch das Torgebäude betreten hat, befindet sich in dem weiten Halbrund des Appellplatzes, der jetzt von einer inzwischen ein-sturzgefährdeten durchbrochenen Betonmauer eingefaßt wird. In ihr sind die Vorderfronten von Häftlingsbaracken nachgebildet. In dieser Leere findet das suchende Auge nur wenige Anhaltspunkte für das, was dort lageralltägliche Wirklichkeit war, die Demütigungen und Folterun-gen der ständigen Zählappelle. Dort wurden die Häftlinge verhöhnt, ge-schlagen, gefoltert und gehenkt. Dort wurden sie zum »Sachsengruß« gezwungen, einer oft stundenlangen Hockstellung mit hinter dem Kopf verschränkten Armen. Dort mußten sie durch den Schlamm kriechen und bei eisiger Kälte stundenlang ausharren. Aber gerade diese Leere schafft Raum für eigene Imaginationen.

Das Leben und Sterben vollzog sich indes nicht nur hinter den KZ-Mau-ern, sondern auch außerhalb. Tag für Tag passierten die Häftlingskolon-nen das Tor »Arbeit macht frei«, um ihre Zwangsarbeit beim Straßenbau und im Klinkerwerk zu verrichten oder bei AEG, Daimler-Benz, Hen-schel, IG Farben, Rheinmetall-Borsig, Varta. Die Gefangenen wurden aber auch zu gefahrvollen Arbeiten im zerstörten Berlin eingesetzt oder – besonders jüdische Experten – in der lagereigenen Werkstatt zur Fälschung von dringend benötigten Devisen und Dokumenten.

Um von dem Prozeß und der »Infrastruktur der Entwertung und Verwertung des Menschen« eine gewisse Vorstellung zu bekommen, sind die räumlichen und baulichen Voraussetzungen an diesem authentischen Ort besonders günstig. Gleichwohl bedarf es langfristig erheblicher konzeptioneller, finanzieller, wissenschaftlicher und museologischer Anstrengungen, die anspruchsvolle Vermittlungsaufgabe zu erfüllen. Sie wird sich vor allem auf eine anschauliche Verknüpfung von lebensgeschichtlichen und lagergeschichtlichen Informationen und Dokumentationen stützen und dafür das Ensemble vorhandener Gebäude nutzen und um weitere ergänzen. Für die Umgestaltung dieses Ortes hat die von dem Bochumer Historiker Bernd Faulenbach geleitete Kommission Anfang der neunziger Jahre den Rahmen abgesteckt und die Richtung vorgegeben.[21] Auch für diesen Gedächtnisort heißt das leitende Kriterium Differenzierung. Die für das neue Museum vorgesehene und stufenweise projektierte Rekonstruktion der Lagergeschichte berücksichtigt die Vorgeschichte, das KZ Oranienburg, ebenso wie die verschiedenen Nachgeschichten: also das »Speziallager« der sowjetischen Besatzungsmacht, die Sachsenhausenprozesse sowie die Vorbereitung und spätere Nutzung als »Nationale Mahn- und Gedenkstätte« der DDR. In das Konzept der Neugestaltung und Erweiterung der Dauerausstellungen einbezogen sind u. a. die Geschichte des Krankenreviers, des Häftlingsalltags und des früheren »Museums für die Leiden jüdischer Kameraden«. Diese Ausstellung wurde bereits Ende 1960 auf Druck einer jüdischen Widerstandsorganisation kurzfristig vor Eröffnung der Gedenkstätte in der wiederaufgebauten Baracke 38 eingerichtet.

Diese Baracke brachte Sachsenhausen im September 1992 in die internationale Presse. Zum einen wegen des Besuchs des israelischen Ministerpräsidenten Jitzhak Rabin, und zum anderen wegen des Brandanschlags auf das darin untergebrachte Museum für die Leiden der jüdischen Kameraden. Wenige Tage nach dem Rabin-Besuch brannte die Baracke fast vollständig ab. Eine Gruppe von Skinheads hatte sich entschlossen, die Gedenkstätte »Sachsenhausen ab(zu)fackeln«. Erst Monate später konnten die Täter gefaßt werden, weil sich einer von ihnen im betrunkenen Zustand mit der Tat gebrüstet hatte. Aufgrund unzureichender Ermittlungsarbeit wurden die Täter vom damaligen Bezirksgericht Potsdam freigesprochen. Der Bundesgerichtshof hob das Urteil im August 1994 auf. In einem zweiten Verfahren, nun vor dem Potsdamer Landgericht, wurden die beiden jugendlichen Täter im Oktober 1995 zu mehrjährigen Freiheitsstrafen verurteilt.

In der teilrekonstruierten Baracke 38 konnte am 9. November 1997, dem 59. Jahrestag der Reichspogromnacht, die Dauerausstellung »Jüdische Häftlinge im Konzentrationslager Sachsenhausen 1936–1945« eröffnet werden. Den abgebrannten Bereich ersetzt ein unterkellerter Neubau, der auf zwei Ebenen die neue Dauerausstellung beherbergt. Der brandbeschädigte Teil wurde restauriert, die Brandspuren erhalten und mit ihnen die zu DDR-Zeiten gezeigte Ausstattung der Baracke mit Häftlingspritschen und sanitären Einrichtungen. Beide Teile sind durch eine raumhohe Glasscheibe getrennt und optisch doch miteinander verbunden. Die Baracke ist auf diese Weise Dokument und Dokumentenhaus in einem.[22] Es ist zugleich die einzige Ausstellung in einer deutschen KZ-Gedenkstätte, die ausschließlich jüdischen Häftlingen gewidmet ist. In der weniger stark beschädigten Baracke 39 wird eine Dauerausstellung über den Lageralltag aller Häftlinge in Sachsenhausen gezeigt.

Wenn man von der Neugestaltung der KZ-Gedenkstätte Sachsenhausen spricht, muß man auch von Oranienburg sprechen. Ein ehrgeiziges städtebauliches Projekt gab dazu den Anstoß. Zur Beseitigung der Wohnungsnot hatte die brandenburgische Landesentwicklungsgesellschaft einen Architektenwettbewerb ausgeschrieben, mit dem die »Urbanisierung der ehemaligen SS-Kasernen« eingeleitet werden sollte.[23] Das über 40 Hektar große Areal liegt gegenüber dem Lager und stellt – so die Stadtspitze – »ein hervorragend geeignetes Entwicklungspotential« dar. Das sogenannte T-Gebäude wird bereits durch das Finanzamt und die Stiftung Brandenburgische Gedenkstätten genutzt. Seit 1938 war es Sitz der Inspektion der Konzentrationslager, also der obersten Führungs- und Aufsichtsbehörde für alle Konzentrationslager im damaligen deutschen Machtbereich. Die ehemaligen SS-Kasernen wurden nach 1945 zunächst von der Roten Armee genutzt und später von der kasernierten Volkspolizei, aus der dann die Nationale Volksarmee hervorging.

Ein Entwurf wollte diesen Todesort in eine Parklandschaft mit Skateboard-Bahn verwandeln. Nach dem Willen vieler Oranienburger und ihrer Stadtverwaltung sollten auf dem Gelände einige ehemalige Kasernen erhalten bleiben und drumherum 8000 Wohnungen in Ein- und Mehrfamilienhäusern entstehen, dazu Gebäude für Gewerbe- und Dienstleistungsbetriebe. Eine Schule und ein Sportplatz waren im preisgekrönten Entwurf des Wiener Architekten Hermann Czech ebenfalls vorgesehen.

Auch Kneipen und ein Fitneß-Center fehlten nicht. Alles nach dem Motto: »Blick zurück – Schritt nach vorn.«

Nur ein Entwurf sprach sich gegen eine Wohnanlage aus. Für den polnisch-amerikanischen Architekten Daniel Libeskind war ein Schöner-wohnen-Modell auf »schlechtem Boden« undenkbar. Statt dessen sah sein Entwurf vor, einen Teil der Kaserne zu schleifen, die Fundamente zu überfluten und im anderen Bereich medizinische und Bildungseinrichtungen zu schaffen, etwas, das auf die Zukunft Oranienburgs und zugleich auf seine Vergangenheit verweist. Es gab heftige Auseinandersetzungen, Libeskind erhielt einen Sonderpreis, aber zunächst keinen Auftrag. Sein mehrfach variierter Grundgedanke ist, die Vergangenheit nicht einfach zu verdrängen, zu überbauen oder abzutragen, sondern an sie anzuknüpfen, auf sie zu verweisen und zugleich mit ihr zu brechen. In der Umgestaltung und Erhaltung dieses Gedächtnisortes sollen Kontinuität und Bruch im wesentlichen auf zweifache Weise zum Ausdruck kommen. Zum einen dadurch, daß das Areal der früheren SS-Kasernen und KZ-Inspektion an das einstige Lager- und jetzige Gedenkstättengelände (mit der Form eines gleichseitigen Dreiecks) angeschlossen bleibt und zugleich verschoben wird, was zur optischen Brechung der »monumentalen Zentralachse des Konzentrationslagers« führt. Und zum anderen, indem architektonische Spurensicherung mit baulicher und landschaftlicher Veränderung verbunden wird, gleichermaßen Ausdruck der Kraft zur Erinnerung wie zur Erneuerung. Libeskind hat sein Konzept später verschiedentlich modifiziert. Der ursprüngliche Entwurf sah vor, alle SS-Kasernen abzureißen und ihre Grundmauern in einem künstlichen See zu versenken, sie also sichtbar unsichtbar zu machen. Weil der Stadtverwaltung dieser radikale Eingriff zu teuer war, schlug Libeskind als Kompromiß vor, den See durch einen Wald bzw. einen bebauten Park zu ersetzen, einige Kasernen zu erhalten, die einstigen SS-Wohnhäuser aber dem natürlichen Verfall preiszugeben. Die Stadt und ihre Bürger haben sich diesen Vorschlag in dem Maße zu eigen gemacht, wie sie sich vom Gegenmodell des Gedenkstättenleiters, Dr. Günter Morsch, distanzierten.

Dieses sieht vor, den gesamten Komplex der früheren KZ-Inspektion unverändert zu erhalten, zumal sich seine übergeordnete Bedeutung gleich mehrfach historisch begründen läßt. Sachsenhausen war das erste »moderne KZ«, das der SS-Architekt Kuiper 1935/36 nach »einer Geometrie des totalen Terrors« konzipierte, wobei sich diese Geometrie außerhalb des Lagers fortsetzte, in der räumlichen Zuordnung der SS-

Kasernen, der Kommandantur, der Villen und Siedlungshäuser. Es war das Verwaltungszentrum aller Konzentrations- und Vernichtungslager in dem von deutschen Truppen besetzten Europa. Es war das Konzentrationslager der Reichshauptstadt Berlin und erfüllte insoweit übergeordnete Modell- und Schulungsfunktionen. Und schließlich wurde es nach 1945 das größte sowjetische Speziallager und später die Gedenkstätte der Hauptstadt der DDR.

Während Libeskind in der vom Gedenkstättenleiter und Landesdenkmalpfleger geforderten Erhaltung der Gebäude außerhalb des Lagers bzw. der jetzigen Gedenkstätte (»Ensembleschutz«) eine »Banalisierung« und »Verharmlosung« erkannte, interpretierte Morsch die späte Akzeptanz des Libeskind-Konzeptes durch die Oranienburger Stadtverordneten als den Versuch, »sich auf der einen Seite mit dem berühmten Libeskind zu schmücken, aber auf der anderen Seite den kalten Abriß zu planen«. Im übrigen würde der Entwurf auch deshalb so nachdrücklich unterstützt, weil er letztlich gar nicht finanzierbar sei, mit der Konsequenz, daß jene Gebäude langsam verfallen würden, die man ohnehin nicht erhalten wolle. »Was weg ist, ist weg«, meinte der Gedenkstättenleiter pointiert und fügte hinzu, zwar würden auch durch Nichtstun Fakten geschaffen, das aber »sei das Gegenteil von einem bewußten Umgang mit der Geschichte«.

Der Streit zog sich hin. Erst im Sommer 1998 kam Bewegung in die verhärteten Fronten. Nicht zuletzt der Vermittlungsversuch des brandenburgischen Ministers für Wissenschaft und Kultur, Steffen Reiche, löste den Konflikt auf und bahnte den Weg zu einem Kompromiß. Zusammen mit dem Büro Libeskind wird die Gemeinde Oranienburg auf der Grundlage eines modifizierten Konzeptes den Bebauungsplan für das ehemalige SS-Kasernengelände erarbeiten. Dieser Entwurf verzichtet nun auf Abriß und Flutung der unter Denkmalschutz gestellten SS-Bauten, hält aber an dem »Hoffnungseinschnitt« fest, jenem langgestreckten, flachen Bauriegel, der sich über den früheren Exerzierplatz bis zur Kommandanten-Villa Eicke erstrecken und als Begegnungsstätte und Museum, aber auch gewerblich genutzt werden soll. Der Denkmalpfleger nahm zunächst Anstoß an den Dimensionen dieses architektonischen Hoffnungssymbols. Aber auch diese Bedenken konnten ausgeräumt werden.

Mit diesem Vorhaben will sich die Gedenkstätte nicht begnügen. Sie hat für die Zukunft weitreichende Pläne. Die 1936 für den damaligen Inspekteur der Konzentrationslager, Theodor Eicke, gebaute Villa soll als internationale Jugendbegegnungsstätte genutzt werden. Von großer Bedeutung ist ferner der Aufbau des Speziallager-Museums, dessen Eröffnung zunächst erst für das Jahr 2006 vorgesehen war, wegen seiner großen Bedeutung und zusätzlich eingeworbener Mittel zeitlich vorgezogen wird. Die Eröffnung ist für das Jahr 2000 geplant, wenn sich die Auflösung des sowjetischen Speziallagers Nr. 7 zum fünfzigsten Mal jährt. Das Speziallager Sachsenhausen war zugleich Internierungs- und Strafgefangenenlager, Lager für Wehrmachtsoffiziere und Repatriierungslager für sowjetische und polnische Zwangsarbeiter, Untersuchungsgefängnis und Hospital. Außerdem werden die Revierbaracken I und II, die einzigen authentischen Baracken aus der Entstehungszeit des Konzentrationslagers, saniert und zugänglich gemacht. Dort befand sich eine damals moderne medizinische Abteilung. Sie wurde von der SS zur Demonstration und Täuschung gegenüber ausländischen Delegationen und für medizinische Experimente ihrer Rassenforschung genutzt. Von nicht geringer Bedeutung ist schließlich die Sanierung und Neugestaltung der »Station Z«, wie die Lagerleitung in ihrem zynischen Verwaltungsdeutsch die Tötungsanlagen und Krematorien nannte. Der zunächst weitgehend erhaltene Bau wurde gesprengt, als Anfang der fünfziger Jahre die Volkspolizei der DDR das an das Lager angrenzende Gelände zu nutzen begann. Als es Anfang der sechziger Jahre in die Nationale Mahn- und Gedenkstätte einbezogen wurde, erhielt es eine monumentale, inzwischen vom Verfall bedrohte Überdachung.

Ravensbrück: »Eine Gedenkstätte rechnet sich eben nicht«

Nicht nur Buchenwald und Sachsenhausen machten zu Beginn der neunziger Jahre in der nationalen und internationalen Presse unrühmlich von sich reden. Auch das kleine brandenburgische Städtchen Fürstenberg an der Havel, etwa achtzig Kilometer nördlich von Berlin, geriet in die negativen Schlagzeilen. In unmittelbarer Nachbarschaft zum ehemaligen Frauen-KZ Ravensbrück am Schwedtsee sollte, so war es geplant und von den zuständigen Stellen bereits beschlossen, ein gemischtes Wohn- und Gewerbegebiet entstehen, mit Supermarkt, Autohaus und Yachthafen.[24] Dort, im angeschlossenen sogenannten »Jugendschutzlager« Uckermark und in den über 70 Außenlagern hatten mehr als 130 000 Frauen, Mädchen und Kinder – und 20 000 bis 40 000 Männer – unter katastrophalen Verhältnissen gelitten, waren zwischen 1939 und 1945 etwa 90 000 Menschen ermordet worden oder durch Krankheiten, Unterernährung und Schwerstarbeit ums Leben gekommen. Eine von ihnen war Milena Jesenska, die Freundin Kafkas, über deren Leidenszeit im Lager Margarete Buber-Neumann berichtet.[25]

Dort haben die Sowjets nach 1945 eine große Garnison eingerichtet. In der SS-Siedlung wohnten die Offiziere der Roten Armee mit ihren Familien. Für die insbesondere auf Betreiben von Rosa Thälmann im September 1959 eingeweihte »Nationale Mahn- und Gedenkstätte« blieben deshalb zunächst nur die SS-Kommandantur, der langgestreckte Zellenbau, das Krematorium und die äußere Lagermauer.[26]

Nach dem Abzug der Russen sollte dort der »Aufschwung Ost« Einzug halten und ein Supermarkt das Leben normalisieren und Arbeitsplätze schaffen, die in der 6000 Einwohner zählenden strukturschwachen Gemeinde dringend benötigt werden. Auch von der Vergangenheit vor 1945 wollte sich die Stadt nicht länger erdrücken lassen. So sah es zunächst der Bürgermeister, so sah es anfangs auch der damalige Leiter der Gedenkstätte, und so sahen es die Fürstenberger auch dann noch, als die märkische Kleinstadt weltweit mit Protesten konfrontiert war.[27] Simon Wiesenthal, der Leiter des Wiener Dokumentationszentrums des Bundes jüdischer Verfolgter, schrieb an Brandenburgs Ministerpräsidenten Stolpe, daß es »mit dem Gedenken an die Opfer der Verbrechen schwer in Einklang zu bringen« sei, »ein solches Vorhaben auch nur in Erwägung« zu ziehen. Heinz Galinski, der damalige Vorsitzende des Zentralrats der Juden in Deutschland, forderte »gesetzlichen Schutz« für die »Würde und Unversehrtheit« dieses Ortes. Dem Protest schlossen sich mit Ausnahme der FDP auch die Fraktionen des Potsdamer Landtages an. Und der Ministerpräsident versuchte vor Ort persönlich, die Wogen zu glätten und den Streit zu schlichten. Es müsse möglich sein, so Stolpe, an diesem Ort eine »würdige Auseinandersetzung« mit der Geschichte zu führen und zugleich »unmittelbar Marktwirtschaft zu erfahren«. Das war leichter gesagt als getan. Vor dem Supermarkt kam es jedenfalls zu heftigen Auseinandersetzungen zwischen einer aus Berlin und anderswo angereisten Mahnwache von Demonstranten gegen die »Kommerzialisierung des KZ-Geländes« und Fürstenbergern, die nicht einsehen mochten, warum ein Supermarkt schlimmer sein soll als die früheren Schießübungen der Russen und das »verlogene Antifaschismus-Getue« mit zwei Großveranstaltungen im Jahr, viel Wodka und Valencia. »Wenn die Russen da gefeiert haben, hat keiner sich aufgeregt«, empörte sich ein Einheimischer. Außerdem hätten die Häftlinge überall im Ort gearbeitet. Dann müsse man die Gedenkstätte auf die ganze Stadt ausdehnen. Viele von ihnen seien auch auf dem Friedhof begraben. Man könnte doch aus Fürstenberg keinen Friedhof machen: »Fürstenberg muß leben.« So mögen damals wohl viele gedacht haben.[28]

Die Landesregierung, der Bauträger, die Handelskette Tengelmann und die Kommunalpolitiker verständigten sich unterdessen auf einen Baustopp des nahezu fertiggestellten Supermarktes, für den im übrigen ein Ersatzgrundstück gefunden wurde. Um Schadensbegrenzung bemüht, aber offenbar ganz unbekümmert um die Nähe zur Sprache im NS-Staat, wies das brandenburgische Ministerium für Stadtentwicklung alle Landräte und Oberbürgermeister an, »artfremde Baumaßnahmen« im Bereich von Gedenkstätten zukünftig nicht mehr zu genehmigen. Das konnte allerdings nicht verhindern, daß sich bald neue begehrliche Investorenblicke auf Fürstenberg richteten. Diesmal interessierte sich ein ungenannt gebliebenes Unternehmen für die nach Abzug der sowjetischen Offiziere leeren und teilweise schon verfallenden Häuser der ehemaligen SS-Siedlung, die mit Millionenaufwand für private Käufer instand gesetzt werden sollten.[29]

In der Bundesrepublik gibt es zahlreiche bewohnte ehemalige SS-Siedlungen. Aber vielleicht ist »das Nebeneinander von lauschiger Privatheit und mörderischem Arbeitsplatz« – so die Leiterin der Gedenkstätte, Sigrid Jacobeit – nirgendwo so kraß wie hier, weshalb sie vorschlug, ein »Mischmodell« zu realisieren. Ihre zum Internationalen Frauentag im März 1994 als Aufruf veröffentlichte »Ravensbrück-Initiative« forderte Bund, Land und Stadt auf, sich gemeinsam für eine soziale, kulturelle und wissenschaftlich-ökologische Nutzung einzusetzen. Den Aufruf unterschrieben eine Reihe prominenter Politikerinnen aus Berlin und Brandenburg. Ende der neunziger Jahre begann diese Initiative Früchte zu tragen. In Zusammenarbeit zwischen der Gedenkstätte, der Stadt Fürstenberg, dem Land Brandenburg und dem Deutschen Jugendherbergswerk wird in sechs der acht Aufseherinnen-Häusern der aus 23 Gebäuden bestehenden ehemaligen SS-Wohnsiedlung eine Jugendbegegnungsstätte eingerichtet. In einem weiteren Gebäude wird eine ständige Ausstellung zur Problematik der Täterinnen gezeigt, während eines der Häuser dieses Ensembles von der Stadt Fürstenberg bereits als Gästehaus für Überlebende des Frauen-Konzentrationslagers instand gesetzt wurde. Diese unterschiedliche Aufgaben der Gedenkstätte sinnvoll verknüpfende Nutzung fand auch die Zustimmung der Häftlingsorganisationen.

Differenzierte Nutzungs- und Veränderungsempfehlungen hat bereits das 1992 vorgelegte Gutachten der Faulenbach-Kommission ausgesprochen.[30] Sie zielen auf die räumliche Erweiterung der Gedenkstätte um das Gelände des ehemaligen Konzentrationslagers, also des Frauen- und des Männerlagers, sowie der SS-Betriebe und Teile der SS-Siedlung. Das gesamte Gelände soll »zurückhaltend parkartig gestaltet«, die Denkmalanlage und die Skulpturen zunächst erhalten und mit ergänzenden Kommentierungen versehen werden. Dem Gutachten folgend sind bereits mehrere ständige Ausstellungen neu gestaltet worden. Bereits im Mai 1993 konnte die neue Dauerausstellung »Topographie und Geschichte des Frauen-KZ« in der ehemaligen SS-Kommandantur eröffnet werden, im Herbst 1994 folgte eine weitere Dauerausstellung, die in 27 Lebensbildern von »Ravensbrückerinnen« aus verschiedenen Ländern deren Biographie erzählt und dokumentiert, weshalb diese Frauen ins Lager verschleppt wurden.

Weitgehend unverändert bleiben die erst in den achtziger Jahren entstandenen siebzehn »Nationenräume« im sogenannten Zellenbau, dem einstigen Lagergefängnis. In ihm befand sich das erste Lagermuseum, das 1984 als Museum des antifaschistischen Widerstandskampfes im ehemaligen SS-Kommandanturgebäude neu eröffnet wurde. Im Zellenbau richteten Vertreterinnen der Opfer- und Häftlingsgruppen zahlreicher ost- und westeuropäischer Länder eigene nationale Gedenkräume ein. Sie waren in der konzeptionellen Gestaltung weitgehend frei. Ausdrucksstarke und anrührende Arrangements demonstrieren in den knapp zehn Quadratmeter großen Zellen national sehr verschiedenartige Gesten weiblichen Gedenkens: klassenkämpferisch-kraftvolles Rot und Gold bei den Albanerinnen und Bulgarinnen, nüchterne Dokumentationen der Haft und des Widerstands bei den Norwegerinnen und Holländerinnen, und in der französischen Zelle die Trikolore, dazu, auf dem Boden, ein gläsernes Dreieck über verwelkten Rosen.[31] Der Zerfall der Sowjetunion hat es mit sich gebracht, daß sich die Zahl der nationalen Gedenkräume erweitert, weil sich die neuen osteuropäischen Länder nicht mehr durch Rußland vertreten sehen möchten. Wenn man den Zellenbau mit diesen eindringlichen Bildern wieder verläßt, wird der Blick wenig später in die dunkle Schlucht des schulterbreiten Erschießungsgangs zwischen zwei Meter hohen Mauern hineingezogen, in dem Hunderte von Frauen und Mädchen ermordet wurden.

In den neunziger Jahren bietet Ravensbrück ein heterogenes Bild mit Zeugnissen aus sehr verschiedenen Zeitschichten: Spuren aus der Zeit

Der Erschießungsgang. Hier wurden hunderte Frauen und Mädchen von der SS durch Genickschuß ermordet.

des Konzentrationslagers, baufällige, militärisch genutzte Bauten und Brachland aus späteren Jahren, Rückbau, Spurensuche und neue Akzente aus jüngster Zeit. Eine für die fortschreitende Neugestaltung der Gedenkstätte herausragende Bedeutung hat der ehemalige SS-Textilbetrieb mit acht Fabrikhallen. Es sind die einzig erhaltenen architektonischen Zeugnisse aus der Zeit der Zwangsarbeit. Sie sollen nach Abschluß bestandssichernder Baumaßnahmen und der Beseitigung von baulichen Veränderungen aus der Zeit der sowjetischen Nutzung u. a. für Ausstellungen zum Thema Zwangsarbeit im Frauen-KZ Ravensbrück und den zahlreichen Außenlagern genutzt werden, sowie für kleinere Wechselausstellungen und die pädagogische Arbeit.

Nicht unerwähnt bleiben darf in diesem Zusammenhang, daß seit 1995 ein »Fürstenberger Förderverein – Gedenkstätte Ravensbrück e. V.« besteht, der sich zum Ziel gesetzt hat, eine Brücke zu schlagen zwischen der Stadt und der Gedenkstätte. Der Eklat um den Supermarkt und die anfänglich starke Verunsicherung unter den Fürstenbergern hat die Gemeinde nachhaltig sensibilisiert und die Gründung dieser Bürgerinitiative nach sich gezogen, die bereits mit mehreren Veranstaltungen und einem eigenen Informationsblatt an die Öffentlichkeit getreten ist.

Der vielleicht wichtigste Schritt für den zukünftigen Umgang mit der Vergangenheit an diesem Ort ist 1997 getan worden, als die Stadt Fürstenberg mit Unterstützung der brandenburgischen Regierung einen landschaftsplanerischen Wettbewerb zur Gestaltung des gesamten, fast 200 Hektar großen Geländes ausschrieb. Sie soll sich an drei Zielperspektiven orientieren: die historischen Zeugnisse und baulichen Überreste sind zu bewahren, die verschütteten sichtbar zu machen und eine aktive Auseinandersetzung mit der Vergangenheit soll auch künftig ermöglicht werden. Den ersten Preis gewannen 1998 die Landschaftsarchitekten Susanne Burger und Stefan Tischer in Zusammenarbeit mit dem Architekten Philipp Oswalt und der Historikerin Stefanie Brauer. Der Entwurf geht von einem prozessualen Konzept aus, einem »work in progress«, für das vor allem Jugendliche gewonnen werden sollen. Zunächst wird auf einer ehemaligen Kohlenhalde ein Schlackenberg errichtet. Nach und nach sollen dann die Fundamentreste der einstigen Häftlingsbaracken freigelegt, die Bodenfläche der drei Kernbereiche – Stammlager mit Industriehof, Siemenslager und Jugendlager Uckermark – mit Schlacke bedeckt und die Fundamente ausgespart werden. Die Ausmaße des Jugendlagers wird ein Blumenfeld markieren. Ebenso ein anschließendes Waldstück, das die »Verflechtung« zwischen dem Ort Fürstenberg und dem ehemaligen Konzentrationslager sichtbar machen soll, ohne damit die damalige Gemeinde pauschal als Mitwisser zu denunzieren. Es ist die erklärte Absicht der Architekten, die »Unabgeschlossenheit der Erinnerungsarbeit zum Ausdruck« zu bringen und ihr zugleich eine Perspektive zu geben – ein »Generationenprojekt«, so Sigrid Jacobeit[32].

Dachau – »wurde nicht gefragt«

Zwar sind dort nach 1945 nicht Tausende Gefangene an Krankheiten gestorben, verhungert oder getötet worden wie in Buchenwald und Sachsenhausen. Dachau diente – mehr als ein Jahrzehnt – zunächst den Amerikanern als Internierungslager für Nazis und dann als Flüchtlingslager. Als man den Bau der Gedenkstätte mitsamt Museum auf jahrelanges Drängen der ehemaligen Häftlinge schließlich beschloß und sie mit der

Eröffnung des Museums im Mai 1965 einweihen konnte, da war auch an diesem Ort unkenntlich geworden, daß man das Konzentrationslager in zwanzig Jahren fast vergessen hatte. Vieles war verändert und verfallen, manches verschiedentlich um- und neugebaut oder gründlich nachgebessert. Das Konzentrationslager wurde gewissermaßen ein zweites Mal gebaut, mit Stacheldraht, Wachtürmen und Gräben.[33]

Zunächst standen allerdings Aufklärung und Anklage im Vordergrund.[34] Häftlinge und amerikanische Besatzungsmacht konfrontierten die Dachauer, die deutsche und die Weltöffentlichkeit mit dem, was dort geschehen war. Im November 1945 fand die erste, über Rundfunk bis in die USA übertragene Gedenkveranstaltung statt. Sie stand ganz im Zeichen des bevorstehenden ersten Dachauer Prozesses. Es gab zahlreiche Gedenkfeiern, ein Gedenkstein wurde eingeweiht, eine erste Publikation erstellt und im Krematorium eine Dokumentation eingerichtet. Doch im Umgang mit diesem Ort, den die amerikanische Militärregierung als eine »geheiligte Stätte« erhalten wissen wollte, trat schon bald eine Wende ein.

Bereits zu Beginn des Jahres 1948 erwog der bayerische Landtag die »Errichtung von Arbeitslagern für asoziale Elemente«. Aus dem »Elendslager« wurde dann mit Millionenaufwand ein Flüchtlingslager gemacht. Und bald sprach man nicht mehr vom ehemaligen KZ, sondern von der Wohnsiedlung Dachau-Ost, ein Gelände mit allerlei Geschäften, Kino, Schule und Kindergarten. Doch Dachau blieb in den fünfziger Jahren ein Ort des Anstoßes und den zuständigen politischen und Verwaltungsstellen ein Dorn im Auge. Statt der KZ-Opfer zu gedenken, gedachte man lieber der Kriegsgefangenen. 1953 wurde die Ausstellung im Krematorium entfernt. Der schon beantragte Abriß des einstigen Krematoriums konnte 1955 nur dadurch verhindert werden, daß auf Betreiben des französischen Außenministers in die Pariser Verträge eine Erklärung aufgenommen wurde, die der Bundesrepublik untersagte, Gräber von NS-Opfern aufzugeben. Zuvor war am Leitenberg ein verkommenes Massengrab entdeckt worden, und ehemalige, prominente französische Dachau-Häftlinge hatten die Sache publik gemacht.

Die Häftlings-Arbeitsgemeinschaft Dachau war es auch, die in Verbindung mit der Fédération Internationale des Résistants weitere Anstöße gab und zum zehnten Jahrestag der Lagerbefreiung im Mai 1955 eine große Veranstaltung organisierte. Doch das Projekt einer Gedenkstätte kam kaum voran. Es wäre womöglich ganz gescheitert, hätte es in jenen Jahren im Gemeindepfarrer und ehemaligen Dachau-Häftling Leonhard

Roth nicht einen so engagierten und tatkräftigen Fürsprecher und Streiter gehabt, der nach jahrelangen Auseinandersetzungen mit der Stadt und der Diözese schließlich seines Amtes enthoben wurde – und sich das Leben nahm. So wichtig das Engagement einzelner Personen vor Ort war, so wichtig war auch dort der politische Druck in- und ausländischer Häftlingsorganisationen, voran des Comitée International de Dachau.

Aus dem Ausland kam auch der Anstoß für die Errichtung der katholischen »Todesangst-Christi-Kapelle«, die 1960 im Beisein von 50 000 Menschen eingeweiht wurde. Dabei blieb es nicht. 1964 wurde das Sühnekloster »Heilig Blut« eingeweiht und im Mai 1967 kurz nacheinander die evangelische »Versöhnungskirche« und die jüdische Gedenkstätte. In keinem anderen ehemaligen Konzentrationslager wird die Erinnerung an das Massentöten und Massensterben so sehr durch christlich-ökumenische Zeichen der Tröstung und Versöhnung überformt.

Daß solche Symbole eine höchst unversöhnliche Wirkung haben können, hat der internationale Streit um das Karmelitinnen-Kloster und das acht Meter hohe Holzkreuz auf dem Gelände des ehemaligen KZ Auschwitz gezeigt. Jüdische Organisationen werteten dies als Versuch, den Ort des Massenmords an den Juden, Symbol und Mythos der jüdischen Leidensgeschichte, zu christianisieren. Dies wiederum und der Abzug der Karmelitinnen hatte den Protest nationalpolnischer Katholiken zur Folge, die den Juden vorwarfen, »Auschwitz judaisieren« zu wollen. Sie treffen sich regelmäßig unter dem Holzkreuz und beten für die Rückkehr der frommen Frauen, »wenn die Zeiten der gottlosen Juden vergangen sind«.[35]

Als die Gedenkstätte Dachau am 9. Mai 1965 eröffnet wurde, präsentierte sich das Gelände wie umgewandelt: aufgeräumt, ausgebessert, frisch gestrichen und freundlich. Nachgebaut hatte man die Fundamente bzw. Grundrisse von dreißig früheren Häftlingsbaracken, die nach Umsiedlung der letzten Bewohner abgerissen worden waren. Für das Museum wurden zwei Baracken vollständig nachgebaut. Ursprünglich befanden sich darin das Häftlingsbad und die Häftlingsküche. Mag auch der Gedenkstein vor dem Krematorium die Besucher stumm auffordern: »Denket daran, wie wir hier starben.« Mag der Oberbürgermeister im farbigen Stadtprospekt vorsorglich darum bitten, das »Entsetzen« und die »Empörung« nach dem Besuch der Gedenkstätte nicht auf die »1200jährige bayerische Stadt Dachau (zu) übertragen, die bei der Errichtung des KZ nicht gefragt wurde« – Entsetzen und Empörung provoziert dieses aufgeräumte Ambiente nicht.[36] Daß in der zwölfjährigen Lagerzeit an diesen Ort 200 000 Gefangene gebracht wurden, daß 30 000 von ihnen an Erschöpfung, Epidemien, Krankheiten und medizinischen Versuchen elendig zugrunde gingen und eine unbekannte Zahl Opfer von Einzelexekutionen, Massenerschießungen und Todesmärschen wurden, bleibt eine abstrakte Information, eine Nachricht aus einer anderen Welt, die auch durch die Ausstellung kaum verständlicher wird. Auch dort ist im übrigen die Nachgeschichte des Konzentrationslagers, eine Geschichte des Verfalls und Verdrängens, die ja zugleich die Vorgeschichte der heutigen Gedenkstätte ist, allenfalls angedeutet. So, als gäbe es zwischen der NS-Vergangenheit und der bundesdeutschen Gegenwart keine zeitliche Verbindung. Gewiß, Dachau verschweigt seine NS-Vergangenheit nicht mehr. Aber das Städtchen präsentiert sie wie in einem exotischen Museum auf einem abseits gelegenen, gepflegten Friedhof und sich selbst »wie eine gute Stube nach dem großen Frühjahrsputz«. Dachau rühmt sich nicht zu Unrecht seiner landschaftlichen Reize und seiner Kunstschätze. Stolz verweist es auf seine Vergangenheit als Künstlerstadt und die vielen kulturellen Anreize für den umworbenen Touristen in der Gegenwart.

Soviel Kleinstadtidylle und Künstlerstadtnostalgie fanden nicht immer und bei allen Besuchern nur Beifall und Zustimmung. Es gab und gibt auch Widerspruch. Der Konzeptkünstler Jochen Gerz etwa hat ihn in seiner ebenso unversöhnlichen wie umstrittenen Installation *Dachau-Projekt* im Münchener Lenbach-Haus schon in den siebziger Jahren zum Ausdruck gebracht.[37] In einem schmucklosen, von nackten Glühbirnen erleuchteten Raum waren auf einfachen Tischen Fotoalben festgeschraubt. Sie enthielten Fotografien, die allerlei Beschriftungen des Gedenkstättengeländes dokumentieren: Verbots- und Hinweisschilder wie »Rauchen verboten«, »Feuer / Notruf«, »Hinrichtungsstätten«, »Versöhnungskirche«. Die Aufnahmen sind ausnahmslos auf dem Gelände der Gedenkstätte gemacht, verweisen aber gleichsam indirekt oder assoziativ auf das vergangene Geschehen an diesem Ort, indem sie den bürokratischen Charakter des Gedenkstätten- wie des Lageralltags hervorheben. Gerz ging es in diesem Projekt um »die Vergleichbarkeit der sprachlichen Organisation dessen, was im allgemeinen als Extremfall von Lebensbeschränkungen angesehen wird«, ein KZ eben, mit dem, was gemeinhin als besonders lebensbereichernd und kulturell wertvoll gilt und geschätzt wird, einem Museum. Die Hinweisschilder erhalten dadurch ihre unterschwellige Bedeutungsaufladung. »EXIT – Ausgang« – so auch der Titel des Projekts – führt den heutigen Besucher wieder nach draußen, für die meisten KZ-Insassen bedeutete der Ausgang Deportation und Tod. So wird Exit dort zu Exekution. Und das Hinweisschild »Brausebad« verweist an sich nur auf eine nützliche sanitäre Einrichtung. Am Ort eines ehemaligen Konzentrationslagers wird man es unwillkürlich mit der täuschenden Bezeichnung für »Gaskammer« assoziieren.

Kritisch gegen das rituell organisierte Gedenken und den zeitgeschichtlichen Museums-Tourismus eingestellt, wollte Gerz an der Beschriftung, einem scheinbar bedeutungs- und harmlosen Zeichen zeigen, daß die »Verwaltung der Realität« sich an diesem Ort aufschlußreich auf die »Realität der Verwaltung« beziehen läßt, daß den Schriftzeichen im Museum Dachau »die gleiche Funktion (...) eigen ist« wie im KZ Dachau. So wird sprachliche Wirklichkeit verfremdet, enthüllt sich dort ihr absurder Doppelsinn. An diesem Ort, an dem menschliche Werte und Würde jahrelang mit Füßen getreten wurden, werden die Besucher gebeten, die Würde des Ortes zu achten. An diesem Ort, an dem Menschen rechtlos waren und gefoltert und gemordet wurden, werden die Besucher über die Museumsordnung per Verbotstafel informiert. Das *Dachau-Projekt* fand nicht nur Zuspruch, sondern auch Widerspruch. Einige sahen in der Ausstellung bloß eine vom tatsächlichen Geschehen ablenkende Verharmlosung. Andere den abwegigen Versuch, Organisation und Pflege der KZ-Gedenkstätte ins Lächerliche zu ziehen. Für nicht wenige war die »peinigende Doppeldeutigkeit« aber offenbar nur peinlich.

Seitdem sind mehr als zwanzig Jahre vergangen. Die Gedenkstätte Dachau untersteht seit Anfang der neunziger Jahre nicht mehr der bayerischen Schlösser-, Gärten- und Seenverwaltung, sondern dem Kultusminister. Und dieser hatte schon 1989 vor dem Landtag erklärt, »die museale Gestaltung« der Gedenkstätte müsse »quantitativ wie qualitativ fortgeschrieben werden«. Zunächst geschah wenig. Dann gab es Streit um die neue Konzeption. Er wurde dadurch kompliziert, daß die Konfliktlinie nicht allein zwischen Gedenkstätte und Kultusverwaltung verläuft, sondern quer durch die Gruppen, die an einer Fortschreibung bzw. Veränderung der Gedenkstättenkonzeption ein Interesse haben. Die internationale Häftlingsvereinigung (Comitée International de Dachau) hat ein vertraglich verbrieftes Mitspracherecht, das sie durch eine umfangreiche Bestandsaufnahme und zahlreiche Veränderungsvorschläge bedroht sah, die ein Arbeitskreis Zukunft der Gedenkstätte vorgelegt hatte. Auch das zuständige Kultusministerium äußerte Bedenken angesichts des Eifers und des Umfangs der Veränderungswünsche, während die Gedenkstättenleitung eine teils zustimmende, teils distanzierte Haltung einnahm und sich vor das Comitée stellte. Der Arbeitskreis forderte vor allem, übergreifende Bezüge zu verdeutlichen: den Zusammenhang zwischen dem KZ Dachau und dem NS-Staat, das Verhältnis zwischen Lager, Gedenkstätte und der Stadt Dachau und schließlich Bezug zur Gegenwart und den aktuellen rechtsextremistischen Erscheinungen.

Am fünfzigsten Jahrestag der Lagerbefreiung hielt der bayerische Ministerpräsident Edmund Stoiber die Gedenkrede und sagte für die Umgestaltung sechs Millionen Mark aus Privatisierungserlösen des Freistaates zu. Sie sind inzwischen aufgestockt. Auch die Bundesregierung und die Stadt München beteiligen sich finanziell. Die Mittel sind für eine vollständige Neugestaltung der ständigen Ausstellung vorgesehen sowie für die Sanierung baufälliger Gebäude. Dazu gehören das frühere Torgebäude, durch das zukünftig der Zugang zur Gedenkstätte erfolgen wird, das Lagergefängnis und der Westflügel des einstigen Verwaltungsgebäudes, das auch die neue Ausstellung für die jährlich ca. 700 000 Besucher aufnehmen soll. Für die Neugestaltung der Ausstellung hat ein wissenschaftlicher Fachbeirat unter der Leitung des Berliner Zeithistorikers Wolfgang Benz im Sommer 1996 ein Konzept vorgelegt, in das alle an der Gedenkstätte interessierten Gruppen eingebunden werden konnten, auch das zunächst mißtrauische Internationale Dachau-Komitee. Sonder-Ausstellungen zum SS-Terrorsystem, zur Solidarität und zum Widerstand der Häftlinge sowie zur Nachkriegsgeschichte des Lagers werden neue inhaltliche Akzente setzen. Die anfangs sehr umstrittene und immer wieder verzögerte internationale Jugendbegegnungsstätte konnte 1998 als staatliches Jugendgästehaus eröffnet werden. Studientage sollen die Möglichkeit geben, vor Ort Kenntnisse über das KZ Dachau und die Geschichten seiner Opfer und seiner Täter zu vertiefen. Die Idee, aus Dachau einen »Lernort der Geschichte« zu machen, hat mehr als fünfzig Jahre nach der Lagerbefreiung Gestalt angenommen. Diese Entwicklung könnte allerdings eine unter der Dachauer Bevölkerung latent vorhandene Einstellung aktivieren, die von einzelnen Bürgern immer wieder offen geäußert wird, daß sie, »die unschuldigen Einwohner von heute, die eigentlichen Opfer der Geschichte seien«.[39]

Bergen-Belsen: »Die Sensation Belsen eingraben«

Auch die beiden in Norddeutschland gelegenen früheren Konzentrationslager: Bergen-Belsen bei Celle nordöstlich von Hannover und Neuengamme bei Hamburg wurden erst ab Mitte der sechziger Jahre schrittweise zu Gedenkstätten umgewandelt. Zwar war damit in Bergen-Belsen bereits bald nach 1945 ein erster Anfang gemacht worden. Die überlebenden jüdischen Opfer hatten ein Mahnmal aufgestellt, und auf Anordnung der britischen Militärregierung wurden eine Inschriftenmauer und ein Obelisk errichtet, nachdem zur Vermeidung von Seuchengefahr schon im Mai 1945 sämtliche KZ-Baracken niedergebrannt worden waren. Ein Dokumentenhaus mit kleiner Ausstellung zur Geschichte des Lagers kam erst 1966 hinzu, nachdem das weitläufige Gelände zuvor eine gärtnerische Neugestaltung erfahren hatte.[40] 1982 wurde die Gedenkmauer um eine Inschrift für die ermordeten Sinti ergänzt, auf der im übrigen ein allen Opfern gewidmeter Text steht, in seiner religiösen Überhöhung der politischen Gewaltverbrechen damals wie heute gewiß nicht unproblematisch: »Extincti ignoti notique hic evanuerunt / innocui, diris carnificum manibus / criminibus lassata dei clementia vindex // succurit misero tandem hominum generi« (Zu deutsch: »Bekannte und unbekannte unschuldige Menschen, die von grausamen Henkershänden ums Leben gebracht wurden, sind hier verschollen. Gottes Güte, von den Verbrechen ermüdet, kam endlich dem unglücklichen Menschengeschlecht als Retter zu Hilfe«). Demgegenüber heißt es auf dem Stein des jüdischen Mahnmals sehr viel präziser und unübersehbar in kritischer erinnerungspolitischer Absicht: »Israel and the world shall remember / Thirty thousand Jews / Exterminated in the Concentration Camp / Of Bergen Belsen / At the hands of the murderous Nazis // Earth conceal not the blood / Shed on thee!«[41]

Aber eben dies geschah, immer wieder, und auf verschiedene Weise. So offerierte das Informationsblatt für den Landkreis Celle »Sehenswertes auf einen Blick« Mitte der achtziger Jahre u. a. den Gedenkstein für den populären Heimatdichter Hermann Löns auf dem Wietzer Berg und den »historischen Fachwerkbau« der einstigen Celler Synagoge, die – so konnte man ohne weitere Erläuterung erfahren – »am 9. 11. 1938 demoliert« wurde, doch einen Hinweis auf die KZ-Gedenkstätte sucht man darin vergeblich. Und die zweitausend Bergener Bürger legen Wert darauf, daß es auf den Hinweisschildern zu den Massengräbern nur heißt: »Gedenkstätte Belsen.« Wie Dachau versteht sich auch Bergen als »Stadt mit Tradition«. Eine Tradition, in der Gewaltverbrechen nicht vorkommen dürfen. Noch im Sommer 1985, bald nach dem Besuch des amerikanischen Präsidenten Reagan in der Gedenkstätte, gab es vehementen Protest, als die SPD im Bergener Stadtrat den Antrag stellte, die zum ehemaligen Konzentrationslager führende Straße nach der dort ums Leben gekommenen Anne Frank zu benennen. »Irgendwo reicht's« – so der Belsener Bürgervorsteher. Im übrigen, so hieß es, habe man schließlich in den sechziger Jahren die »Sühnekirche vom kostbaren Blut« gebaut.[42]

Schon damals hatte sich der mit der Neugestaltung der Parkanlage beauftragte Gartenbauarchitekt zusammen mit den Bergener Bürgern zum Ziel gesetzt: »Es muß uns gelingen, die Sensation Belsen einzugraben.«[43] So entstand ein schmucker Heidepark-Friedhof, in gesunder Luft, mit gepflegten Wegen, Wacholder und Birken, dort, wo das bürokratisch-organisierte Inferno des unsagbar qualvollen Massensterbens herrschte, wo die in 14 Massengräbern verscharrten Überreste von 50 000 Menschen liegen und abseits, noch versteckter, sich eine weitere Massengrabstätte befindet mit den Gebeinen von 50 000 sowjetischen Kriegsgefangenen, die 1941/42 ums Leben kamen. Bergen-Belsen, das ist der Ort einer eigenartigen Erinnerungslandschaft, eine grauenvolle Geschichte unter sanften Heidehügeln. Ein Ort, den eine Lokalzeitung im Sommer 1990 – die umgestaltete Gedenkstätte war gerade eröffnet – den »Daheimgebliebenen« als »lohnendes Ausflugsziel« empfahl, für »nachdenkliche Spaziergänge«, zwischen Besuchen im Tierpark und im Windmühlenmuseum, und nach den nötigen Erfrischungen und Stärkungen im Badeteich und in der ländlichen Gastronomie.[44]

Bergen-Belsen: das ist seit Jahrzehnten – wie Auschwitz – ein weltbekannter Name, ein Synonym für die Gewaltverbrechen Hitler-Deutschlands und zugleich ein Ort zwischen Naturpark und militärischem Übungsgelände.[45] Ein Ort, an dem es vorkommt, daß man Menschen von einem Grab her singen hört »O Haupt voll Blut und Wunden« und ihr Gesang plötzlich verstummt, im Lärm des Gefechtsschießens vom nahen NATO-Truppenübungsplatz. Zugleich werden die Besucher aufgefordert, »die Ruhe der Toten« zu respektieren. Eine befremdliche Situation. Auch diese: Der etwa einen Kilometer lange Weg zum Massengrab Hörsten, in dem die Überreste der 50 000 sowjetischen Kriegsgefangenen liegen und das erst in den achtziger Jahren in den Gedenkstättenkomplex einbezogen wurde, ist gesäumt von Warnschildern: »Bitte den Weg nicht verlassen. Rechts und links militärischer Sicherheitsbereich« heißt es auf einem, »Schußwaffengebrauch« warnt ein

anderes. Und auch sonst setzt bürokratischer Ordnungseifer seine un-
übersehbaren Zeichen im Gelände, in dem es wenig genug zu sehen gibt.
Dort, wo Zehntausende zerlumpt und in Sträflingskleidung ihr würde-
loses Dasein fristeten, bevor sie ermordet wurden oder an Hunger und
Krankheit starben, werden die Besucher ermahnt, die Gedenkstätte »in
angemessener Kleidung« zu betreten und die »Würde des Ortes« zu achten. Das hält jung und alt an heißen Sommertagen nicht davon ab, durch
die »Deponie für Kranz und Würde« in leichter Strandbekleidung zu
spazieren – und den Hausherrn nicht, Rabbiner, die gegen den Reagan-
Besuch in Bitburg und Bergen-Belsen protestieren wollten, von der Polizei abführen zu lassen und zu ermahnen, doch bitte »die Würde der
Stätte zu achten«.[46]

Bergen-Belsen: das war und ist seit Jahrzehnten nicht nur ein ordentlich
verwalteter und gepflegter Friedhof mit wenigen namenlosen Grabstei-
nen über den Massengräbern, ein abseits gelegener Ort, den heute Jahr für
Jahr gleichwohl etwa 350 000 Menschen besuchen, von denen ungefähr 40
Prozent aus dem Ausland kommen. Bergen-Belsen ist auch ein Ort aufschlußreicher Inszenierungen des kollektiven Gedächtnisses. Regelmäßig
fanden und finden dort Befreiungsfeiern der Häftlingsorganisationen aus
den verschiedenen europäischen Ländern statt. Zur Einweihung der Gedenkstätte mit Obelisk und Inschriftmauer kam im November 1952 der
damalige Bundespräsident Heuss. Er sprach vom »Geschichtsschicksal«
dieses Ortes, und daß die Deutschen nie vergessen dürfen, was hier geschah. Er fand aber auch verständnisvolle Worte für jene, denen der »Obelisk ein Stachel sein könne« in den »Wunden«, von denen nicht wenige
hofften, daß sie »der Zeiten Lauf heilen«[47] würde. Danach kam lange niemand mehr von den Staatsrepräsentanten aus Bonn. Anfang 1960 besuchte
Bundeskanzler Adenauer Bergen-Belsen in Begleitung von Nahum
Goldmann, dem damaligen Präsidenten des Jüdischen Weltkongresses.
Kurze Zeit zuvor war neben anderen die Kölner Synagoge mit Haken-
kreuzen beschmiert worden, was internationales Aufsehen erregt hatte.
Adenauer bedauerte die »Vorgänge (…) aufs tiefste«.[48]

Und zum 20. Jahrestag der Lagerbefreiung im April 1965 weilte Bundespräsident Lübke in Bergen-Belsen. Die Nazis hatten den preußischen
Zentrumsabgeordneten zeitweilig ins Gefängnis gebracht. Wegen seiner
Tätigkeit als stellvertretender Leiter einer an KZ-Bauten beteiligten Bau-
gruppe mußte sich Lübke am Ende seiner Amtszeit allerdings mit kritischen Anfragen und manchen Angriffen auseinandersetzen. In seiner
Rede bemühte er sich um eine unverkennbar differenzierte Würdigung

der Geschichte, doch seine Sorge galt vor allem den eigenen Landsleuten, den Tätern und noch mehr den Opfern unter ihnen. Nicht zu überhören war der Versuch, den Kreis der eigentlich verantwortlichen Täter klein zu halten und um so nachdrücklicher den größeren Teil der Deutschen zu Opfern zu machen. »Die Zahl der deutschen Opfer«, so Lübke, »die hingerichtet oder inhaftiert wurden, überstieg die Zahl der Henker um ein Vielfaches. Die Leiden und der Tod dieser unserer Landsleute beziehen uns ein in jene internationale Solidarität aller Frauen und Männer, die überall in der Welt für die Freiheit und Würde des Menschen kämpfen und sterben. Sie verbinden unser Volk in Leid und Schmerz auch mit den sechs Millionen deutscher und ausländischer Juden (…).« Und auch für die ehemaligen Wehrmachtsangehörigen hatte er eine tröstliche, die soldatische Tradition rehabilitierende Umdeutung der Geschichte parat. Auch das gehöre zur »Perfidie des nationalsozialistischen Regimes«, so Lübke weiter, »daß es den Soldaten in den Rücken fiel«, weshalb es eine Pflicht sei, »der Welt mit aller Deutlichkeit zu sagen, daß sie keinen Anteil hatten an den Schandtaten und an der Schuld jener, die die Mordbefehle erließen und durchführten«.[49] Die bisher letzte spektakuläre Inszenierung, die weltweit Aufsehen erregte und in den USA einen innenpolitischen Konflikt auslöste, fand dort zum 40. Jahrestag des Kriegsendes und der Befreiung von der NS-Herrschaft statt. Gemeint ist die zweigeteilte Versöhnungsveranstaltung von Kohl und Reagan am 8. Mai 1985 in Bitburg und Bergen-Belsen, von der im letzten Kapitel noch ausführlicher die Rede sein wird.

So ist Bergen-Belsen – wie die anderen Konzentrations- und Vernichtungslager auch – längst ein Gedächtnisort mit einer doppelten Geschichte: jener des Lagers, von der Überlebende später sagten, wer nach Bergen-Belsen kam, der fiel »aus dem Leben und der Zeit heraus« (Renata Laqueur), und jener sehr viel längeren Geschichte, in der aus dem Lager ein Gedächtnisort wurde, die »zentrale Gedenkstätte des Landes Niedersachsen«. Sie ist zuletzt im April 1990 – auf einstimmigen Beschluß des Niedersächsischen Landtages von 1985 – erweitert und verändert worden, durch ein neues Dokumentenhaus mit einer neukonzipierten ständigen Ausstellung und der Einbeziehung des abseits gelegenen Massengrabes mit den sowjetischen Kriegsgefangenen, denen auch der letzte Teil der Ausstellung gewidmet ist.[50] Erweiterung und Neukonzeption haben durchweg Zustimmung gefunden. Begrüßt wurde auch die personelle und räumliche Ausstattung, während insbesondere umstritten blieb, daß die Gedenkstätte nur etwa die Hälfte des einstigen KZ-Geländes umfaßt, denn auf dem angrenzenden Truppenübungsplatz befinden sich mutmaßlich weitere Gräber und Gebäudefundamente.[51]

Die Ausstellung ist nun umfassender angelegt. Dabei ist es zweifellos von Vorteil, daß die Geschichte dieses Ortes in zwei Kreisen präsentiert wird, einem äußeren mit dem Terror- und Verfolgungssystem des NS-Regimes und einem inneren zum Lager selbst. Aber was soll und wie kann an diesem »Lernort« gelernt werden, von welchen Voraussetzungen geht das Lernen aus und wo führt es hin, wenn die Weimarer Vorgeschichte des Nationalsozialismus noch nicht einmal in der rassen- und bevölkerungspolitischen Perspektive entwickelt, geschweige in ihren gesellschaftlichen Bezügen dargestellt wird, wenn die Ausstellung die widersprüchliche, Massenmord und Massenbegeisterung umschließende, ganze Geschichte der NS-Zeit gleichsam halbiert, den Blick auf die Opfer konzentriert, ohne zugleich nach den Tätern, Mitläufern und Zuschauern zu fragen, und wenn sie die komplizierte Nachgeschichte des NS-Staates und dieses Ortes einfach ignoriert?

Durch dokumentarisch-museale Aufbereitung scheint das bedrückende Geschehen an diesem Ort während des Krieges und der Gewaltverbrechen aus der Zeit zu fallen, so, als sei es aus dem Nichts gekommen und mit der Befreiung der Überlebenden, der Rückführung in ihre Heimatländer, der Bestattung der Toten und der Bestrafung der Täter fast spurenlos verschwunden. Das so schwer Verständliche dieser Geschichte scheint sich einer verstehenden und verhältnismäßigen Vermittlung auch dort zu verweigern, im verniedlichenden Modell des Lagergeländes ebenso wie in den spärlich kommentierten großformatigen Bildern des Grauens. Immerhin stehen ja zahlreiche schriftliche Zeitzeugnisse – Tagebücher von Opfern und Überlebenden,[52] Prozeßakten, Berichte britischer Offiziere – zur Verfügung. Ihre Lektüre ist für eine Annäherung an diesen Ort unverzichtbar, allerdings auch zeitaufwendig und mutet dem Besucher zu, was die reichhaltige und rasche Bilderfolge nicht vermag, ja, geradezu überflüssig zu machen scheint, sich selbst ein Bild zu machen durch die eigene Anstrengung der Aneignung von überlieferter Geschichte.

»Ich hatte früher versucht, mir ein Bild vom Innern eines Konzentrationslagers zu machen«, schreibt der britische Oberleutnant Derrick Sington, der als einer der ersten das Lager betrat, »aber so hatte ich es mir nicht vorgestellt. Auch die seltsame, affenartige Schar hatte ich mir nicht vorgestellt, die sich mit geschorenen Köpfen und scheußlich gestreifter, entwürdigender Sträflingskleidung an die Stacheldrahtzäune drängte, die sich um die Lagerabschnitte zogen. (...) Links vom Hauptweg standen Reihen grüner hölzerner Baracken, und wir kamen in einen Kotgeruch – wie der Geruch eines Affenhauses. Ein trübseliger blauer Rauch wogte wie Bodennebel zwischen den niedrigen Gebäuden. (...) Aber die nur halbgläubigen Hochrufe dieser fast verlorenen Männer, dieser Clowns in ihrer schrecklichen Narrenkleidung, die einmal polnische Offiziere, Landarbeiter in der Ukraine, Budapester Ärzte und französische Studenten gewesen waren.« Etwas später kommt Sington zum Frauenlager. »Die braunen Hütten hoben sich freundlich gegen die dunklen Fichtenwälder ab. Die Rinde der Silberbirken hatte einen zarten Glanz, und die Zweige waren froh belaubt mit dem frischen Grün des Frühlings. Vier Frauen hockten in einem Hof und verrichteten ihre Notdurft. Ich war ein wenig überrascht, aber dem kleinen Schreck folgte ein großer, denn dicht hinter den Frauen lag ein Gewirr von Armen, Beinen und Hinterteilen, dazwischen hin und wieder ein verfilzter Haarschopf. (...) Bevor ich den Fußpfad verließ, kam noch ein weiterer Leichenhaufen, dann noch einer, noch einer und wieder einer.« Ein ungarisches jüdisches Mädchen führte ihn schließlich zu einem zwei Meter hohen Leichenhaufen.

»Wußten Sie, daß wir vier Tage lang die Toten hierher durch das Lager schleifen mußten?«

»Nein.«

»Mutter und Vater und alle meine Brüder und Schwestern starben in den Gaskammern von Auschwitz. Ich bin die einzige, die noch lebt. Verstehen Sie unseren Haß?«

Singston versteht und versteht das alles doch nicht. Und sein Weg durchs Lager an diesem Tag der Befreiung ist noch nicht zu Ende: immer wieder Leichenberge von grotesk ineinander verknäuelten Körpern und überall teilnahmslos vor sich hindämmernde, von Typhus, Tuberkulose und Ruhr greisenhaft ausgezehrte Häftlinge, die noch nach der Befreiung zu Tausenden sterben.[53]

Zwar sind in der Gedenkstätte ein Seminarraum für Gruppengespräche und ein Raum für Filmvorführungen vorhanden. Zwar soll zusätzlich ein »Haus der Stille« gebaut werden, kein Sakralraum, wie man versichert, sondern eine »Stätte der Besinnung«. Aber es fehlen Leseräume, in die sich Besucher zurückziehen könnten, um in den Aufzeichnungen überlebender Häftlinge und in anderen Berichten über das Lager zu lesen. Oder um sich mit einzelnen, inzwischen recherchierten und dokumentierten Lebensgeschichten von Tätern und Opfern zu beschäftigen, beispielsweise mit der von Irma Grese, einer auffälligen Erscheinung.[54] Sie wollte Krankenschwester werden und wurde Aufseherin in Ravensbrück, Auschwitz und Bergen-Belsen und hat dort weibliche Häftlinge mißhandelt und erschossen. Sie wurde dafür 22jährig 1945 durch ein britisches Militärgericht hingerichtet. – Beschäftigen könnte man sich auch mit der Lebensgeschichte von Miriam Turgeman-Lewald, die am 1. März 1944 als Kind deutsch-jüdischer Eltern in Bergen-Belsen geboren wurde, mit bleibenden körperlichen und psychischen Schäden überlebte und jahrzehntelang vergeblich um eine Entschädigung kämpfte, weil sie nach den einschlägigen gesetzlichen Voraussetzungen ihren Wohnsitz niemals im Deutschen Reich hatte. Daß sie im KZ Bergen-Belsen geboren war und sich dort in ihrem ersten Lebensjahr aufgehalten hatte, zählte nicht.[55]

Die Beschäftigung mit diesen Zeugnissen ist ein ergänzender und weiterführender Weg in die Geschichte an diesem schwierigen Lernort. Ein Weg, der den jährlich Hunderttausenden Kurzzeitbesuchern kaum offensteht, obwohl er eine intensive Begegnung mit der Geschichte verspricht. Jedenfalls eröffnet er einen Zugang, der das Abstrakte, Anonyme und Allgemeine der Bilder und Texte in der ständigen Ausstellung konkretisieren kann in individuellen lebensgeschichtlichen Spuren dieser deutschen Geschichte. Eine solche konkrete Anschauung und Aneignung von Geschichte vermittelt wohl auch ein anderes Graben vor Ort: die Freilegung von verschütteten Fundamenten auf dem einstigen KZ-Gelände im Rahmen Internationaler Workcamps, wie sie der CVJM und andere Jugendorganisationen von Zeit zu Zeit ermöglichen, hier und anderswo. Vielleicht ist dieser konkrete sogar der beste Weg, zumal für jüngere Menschen, zusammen mit Jugendlichen aus anderen ost- und westeuropäischen Ländern zu nachhaltigen Erfahrungen zu kommen im Umgang mit der Vergangenheit.[56]

Neuengamme: »Das Schandmal auslöschen«

Die Geschichte der Umwandlung des KZ Neuengamme in eine Gedenkstätte und ihre spätere Revision verlief anders als die der beiden schon vorgestellten Beispiele, sie läßt aber durchaus gewisse Parallelen erkennen, vor allem mit Dachau. Auch dort mußte die Geschichte erst einmal verdrängt werden, bevor sie wieder erinnert werden konnte.[57] Zwar wurde acht Jahre nach Kriegsende dank einer Initiative ehemaliger französischer Häftlinge und aufgrund einer 20 000-Mark-Spende der französischen Regierung ein erstes Mahnmal errichtet und den Opfern zumindest eine schlichte Säule gewidmet. Als aber weitere sieben Jahre später ein Gedenkstein mit ergänzendem Text hinzukam, konnte die Lagergemeinschaft schreiben, daß »heute nicht einmal die Bevölkerung Hamburgs weiß, was eigentlich damals unweit vor den Toren dieser Stadt (...) geschah«, daß dort 55 000 Häftlinge ermordet wurden, verhungerten und an Krankheit zugrunde gingen und daß es »bis heute (...) keine Bibliothek, kein Archiv, kein Museum«[58] gibt. Der Grund ist dort so offensichtlich wie anderswo. Man wollte und konnte nicht.

Und die Voraussetzungen, die Geschichte dieses Ortes vergessen zu machen, waren besonders günstig. Als britische Soldaten Anfang Mai 1945 das Lager betraten, war es menschenleer, aufgeräumt und das eben noch gegenwärtige Geschehen wie ausgelöscht. Die Baracken waren gereinigt, der Unrat beseitigt und das Belastungsmaterial weitgehend verschwunden. Wer es nicht wußte, hatte schon jetzt Mühe zu erkennen, daß an diesem Ort und in den über 80 Außenlagern mehr als 100 000 Menschen inhaftiert waren, zumeist aus der Sowjetunion, aus Polen und Frankreich, aber auch 15 000 Juden, daß etwa 55 000 von ihnen ums Leben gekommen waren, 7000 Gefangene noch nach der Räumung des Lagers bei der Bombardierung der Schiffe »Cap Arcona« und »Thielbek« in der Lübecker Bucht. Wenig deutete darauf hin, daß Zehntausende für die deutsche Kriegswirtschaft Zwangsarbeit hatten leisten müssen, in den Rüstungswerken und im Klinker-Werk, bei der Regulierung der Dove-Elbe und bei der Trümmerbeseitigung und Leichenbergung im nahen, schwer zerstörten Hamburg.[59]

Schon bald füllte sich das Lager wieder. Zunächst wurden dort die seinerzeit nach Deutschland verschleppten sowjetischen Zwangsarbeiter untergebracht, bevor sie wieder in ihre Heimat zurückkehren konnten. Danach diente es als Internierungslager für höhere NS-Dienstgrade. Nachdem der weitaus größte Teil von ihnen 1947 / 48 durch die Spruchkammerverfahren als »entlastet« oder »minder schwer belastet« eingestuft und entlassen worden war, leerte sich das No. 6 Civil Internment Camp schnell. Eine »günstige Gelegenheit«, wie die Hamburger Justizbehörde in einem Schreiben an den Senat im Oktober 1947 erkannte. Die Nachkriegsnot in der Trümmerstadt Hamburg hatte dort inzwischen die Gefängnisse gefüllt. Die Behörde schlug deshalb vor, »hier eine vorbildliche Anstalt der Menschlichkeit und des modernen Strafvollzugs von Weltruf« aufzubauen, die geeignet sei, die »Ehre und den Ruf« Hamburgs wieder herzustellen und die »grauenhaften Schrecken dieses Lagers (…) aus der Erinnerung an unsere Zeit« auszulöschen.

Und so geschah es. Im September 1948 übernahm die Gefängnisbehörde das Gelände, die Verwaltung zog in den einstigen Totenblock ein, aus den Garagen der SS wurden Werkstätten, die SS-Hauptwache mit Wachturm diente als Gefängnisportal, und die selbstbewußt gehißte Hamburger Flagge zeigte an, daß dort nicht mehr die britische Besatzungsmacht ein Internierungslager für Kriegsverbrecher und NS-Täter unterhielt. Schon bald stellte sich heraus, daß manche KZ-Bauten unbrauchbar waren – oder gar nicht benötigt wurden. Einige wurden abgerissen, andere verpachtet, auch ein Zellenneubau entstand. Wenige Jahre nach Kriegsende schien das »Schandmal der Vergangenheit« ausgelöscht, »sozusagen metiergerecht«. Auch eine unverfängliche Sprachregelung war inzwischen gefunden: Man sprach nicht mehr vom Konzentrations- oder Internierungslager Neuengamme, sondern von der »Vollzugsanstalt Vierlande«.

Es blieb den Verfolgten und überlebenden Opfern überlassen, die Erinnerung an diesen Ort wachzuhalten, insbesondere der Arbeitsgemeinschaft Neuengamme. Ihre Aktivitäten und die seit 1950 zunehmenden »Wallfahrten« ehemaliger Häftlinge, aber auch politischer Druck von französischen Dienststellen sorgten dafür, daß die Errichtung einer Gedenkstätte auf der politischen Tagesordnung blieb. Der Wunsch ehemaliger Gefangener, den Teil des Gefängnisgeländes zu betreten, an dem das KZ-Krematorium gestanden hatte, wurde abschlägig beschieden. Sechs Jahre nach Kriegsende müsse – so Bürgermeister Brauer – »alles vermieden werden, was an alte Wunden rührt und alte schmerzliche Erinnerung wachruft«, und alles dafür getan werden, die »vergangene Epoche endlich aus der lebendigen Erinnerung auszulöschen«, weil andernfalls die Gefahr bestünde, »noch die heutige Generation« – man schrieb das Jahr 1951 – im Sinne der Kollektivschuldthese insgesamt verantwortlich zu machen. Im übrigen wurde auf das KZ-Mahnmal auf dem Ohlsdorfer Friedhof für alle Opfer der Gewaltherrschaft verwiesen.

Der französische Hochkommissar mochte sich damit nicht begnügen und drohte »offiziöse Schelte« an, falls die regelmäßigen Wallfahrten (Pelerinagen) der ehemaligen französischen Häftlinge behindert würden. Der Hamburger Senat, dem der französische »Totenkult« unverständlich war, willigte schließlich ein, wiederum gedrängt durch das französische Angebot zur Mitfinanzierung, eine Gedenkstätte zu errichten, allerdings nicht an der Stelle des früheren Krematoriums, sondern außerhalb des Gefängnisgeländes, in der einstigen Lagergärtnerei. Bei der Einweihung der über sieben Meter hohen, schornsteinartigen Stele im Oktober 1953 erinnerte Bürgermeister Brauer – dem religiös gestimmten und antikommunistisch gefärbten Zeitgeist folgend – an die »sittliche Verpflichtung (...) der abendländischen Christenheit« bezüglich »der Verteidigung ihres Erbes«; er erinnerte auch an die Häftlinge aus den westeuropäischen Ländern. Daß der größte Teil von ihnen aus der Sowjetunion und Polen stammte, daran erinnerte er nicht. Das kollektive Gedächtnis war nicht nur lückenhaft, es war im geteilten Deutschland und in der Zeit des Kalten Krieges auch gespalten.

Doch die Auseinandersetzung um die Gedenkstätte Neuengamme ging weiter. Dafür sorgten insbesondere die regelmäßigen Wallfahrten und der Zusammenschluß der verschiedenen Häftlingsorganisationen zur Amicale Internationale de Neuengamme (AIN) 1958 in Brüssel. Ihre wichtigste Aufgabe sah sie in der Einrichtung einer würdigen Gedenkstätte. Der Senat plante zeitweilig ein Zuchthaus. Zur Vorbereitung des 15. Jahrestages der Lagerbefreiung Anfang Mai 1960 legte die Arbeitsgemeinschaft ein Memorandum vor. Darin wurde die Hoffnung zum Ausdruck gebracht, daß die Bevölkerung Hamburgs die Gelegenheit nützen wird, »der Welt und der Jugend zu zeigen, daß ihre Sympathie den Widerstandskämpfern gehört, die Freiheit und Leben im Kampf gegen den Unrechtsstaat Hitlers eingesetzt haben«. Im übrigen wurde darauf hingewiesen, daß man sich »in keiner Bibliothek, in keinem Museum oder Archiv (...) ein anschauliches Bild« machen könne, eine – so die Arbeitsgemeinschaft – »für viele Menschen unverständliche Unterlassung«, die nun »wenigstens teilweise gutgemacht« werden müsse. Auch das Internationale Lagerkomitee wandte sich mit einer Resolution an den Senat, in der es seinen Wunsch nach einem internationalen Denkmal und zugleich seine Bereitschaft äußerte, das Mahnmal, wenn nötig, auch ohne Hamburger Beteiligung zu finanzieren.

Das Rathaus signalisierte nun seine grundsätzliche Bereitschaft, verhielt sich in der Weiterführung des Projekts jedoch zögernd, zumal es zwischen der Arbeitsgemeinschaft und der AIN zum Streit darüber gekommen war, der Senat aber einen von allen Amicale-Gruppen gemeinsam getragenen Vorschlag erwartete. Zudem verlangte er, daß das neue Denkmal nur eine Ergänzung sein dürfe; das Hauptmahnmal für die NS-Opfer müsse weiterhin das auf dem Ohlsdorfer Friedhof bleiben. Die Kommunistenfurcht im Rathaus tat ihr übriges. Sie hat die Verhandlungen zwischen dem Senat und den Amicale-Gruppen immer wieder verzögert und erschwert. Anfang November 1965 wurde schließlich, wiederum weitab vom Krematorium, die neue Gedenkstätte eingeweiht: eine Skulptur der französischen Künstlerin Françoise Salmon, die selbst Auschwitz-Häftling gewesen war, und eine Gedenktafel zur Erinnerung an alle Opfer des ehemaligen Konzentrationslagers und seiner über siebzig Außenlager. Wieder einmal zeigte sich, daß öffentliches Erinnern durchaus mit Vergeßlichkeit und Verdrängungsneigungen einhergehen kann. Denn zunächst hatte man nicht nur eine Null vergessen und die Zahl der Toten mit »5500« eingemeißelt, man verschwieg auch die Namen der Firmen, die von der Zwangsarbeit der ausländischen Häftlinge profitiert hatten. Statt Hamburg-Blohm & Voss oder Bremen-Borgwardwerke hatte man auf der Ehrenmauer nur die Ortsnamen der Außenkommandos eingemeißelt. Die fehlende Null wurde nachgetragen, aber die Korrektur blieb als solche noch jahrelang erkennbar, bis auch dieser Gedächtnisfehler korrigiert wurde. Auf dem Senatsempfang zur Einweihung der Gedenkstätte erklärte Bürgermeister Weichmann: »Die Geschichte Hamburgs akzeptiert heute auch die Geschichte des KZ Neuengamme.«

Aber diese Gedenkstätte wurde kein Ort, den überwiegend Hamburger aufsuchten. In der Mehrzahl kamen ausländische Besucher und Gruppen, Überlebende und Angehörige von Opfern. Und der Senat interessierte sich mehr für den Ausbau des Strafvollzugs. Zwar soll er Mitte der sechziger Jahre seine grundsätzliche Bereitschaft zum Bau eines Dokumentenhauses bekundet haben. Doch Ende der sechziger Jahre entstand erst einmal ein neues Jugendgefängnis – fensterlose, graue Betonklötze mit gläsernen Kuppeln und Stacheldrahtreitern – eine bizarre Architektur an diesem Ort. Das Dokumentenhaus ließ noch gut zehn Jahre auf sich warten.

Es bedurfte verschiedener äußerer Anstöße, bis die Hamburger Bürgerschaft schließlich im September 1979 den »Neubau eines Dokumentenhauses« beschloß, das »über das Verbrechen des Nazi-Regimes« aufklären soll. Anstößig in diesem Sinne gewirkt haben verschiedene Ereignisse und Einflüsse: mutmaßlich die vierte Verjährungsdebatte, die 1979 im 16. Strafrechtsänderungsgesetz zur Festschreibung der Unverjährbarkeit von Mord führte; die breite öffentliche Resonanz auf die Ausstrahlung des amerikanischen TV-Films *Holocaust*; gewiß auch die auf die *stern*-Serie von Günther Schwarberg, *Der SS-Arzt und die Kinder*, durch die der Kindermord am Bullenhuser Damm in Hamburg einer größeren Öffentlichkeit bekannt wurde, und womöglich auch der Besuch des damaligen polnischen Partei- und Regierungschefs Edward Gierek, dessen Bruder in Neuengamme ums Leben gekommen war, einer von etwa 10 000 polnischen Opfern.

Die Einweihungsfeier des Dokumentenhauses am 18. Oktober 1981 vor 600 ausländischen Gästen bot wenig Anlaß zu Selbstlob, wie kritische Kommentatoren schrieben.[60] Sie war zudem von Mißtönen begleitet, aber auch von manch selbstkritischem Kommentar. Einmal mehr sollte der in jahrzehntelanger antikommunistischer Praxis ausgegrenzte VVN-Bund der Antifaschisten übergangen werden; er erhielt erst eine Einladung, als der *stern* mit der Schlagzeile Druck gemacht hatte »Die Opfer sind nicht eingeladen«. Glücklicherweise fand der damalige Kultursenator des SPD-Senats, Wolfgang Tarnowski, angemessene Worte, als er das Dokumentenhaus »ein Zeugnis amtlicher Gleichgültigkeit und kollektiver Verdrängung« nannte. Er setzte sich nachdrücklich dafür ein – auch gegen den Widerstand in den eigenen Reihen –, daß dieses Haus ein »Stachel im Fleisch unserer Vergeßlichkeit und Selbstgerechtigkeit« werden kann, weshalb er die Verlegung der geschlossenen Anstalt forderte und die Ausdehnung der Gedenkstätte auf das gesamte ehemalige KZ-Gelände.

Doch die weitere Ausgestaltung der Gedenkstätte blieb nicht nur zwischen den verschiedenen Verwaltungsstellen umstritten, sondern auch zwischen den Parteien. Im Februar 1984 entschied der Senat, alle »nicht zu den Vollzugsanstalten gehörenden Geländeteile und Gebäude des ehemaligen Konzentrationslagers Neuengamme ... unter Denkmalschutz zu stellen«, das Klinkerwerk »vor dem Verfall« zu bewahren und dessen kommerzielle Nutzung so schnell wie möglich zu beenden und das seinerzeit von Gefangenen gebaute »Plattenhaus« in dessen Nähe wieder aufzubauen. In der Folge verbreitete sich die Basis der Gruppen und Aktivitäten, die sich mit Neuengamme beschäftigten, seiner Zukunft als Gedenkstätte und seiner Vergangenheit als Lager. Eine Initiative Dokumentationsstätte KZ Neuengamme wurde gegründet, Workcamps machten das Gelände zugänglich und trugen zur Spurensicherung bei, Filme wurden gemacht, Forschungsprojekte initiiert, insbesondere über die vergessenen Außenkommandos, Konferenzen fanden statt und Ausstellungen wurden erarbeitet. In seiner Rede vom Dezember 1984, »Es genügt nicht zu erinnern – eine Hamburger Initiative«, führte der damalige Erste Bürgermeister der Stadt, Klaus von Dohnanyi, aus, daß es nun zwar für Neuengamme »endlich eine angemessene Lösung« gäbe, aber »hinreichend« sei sie noch nicht, weshalb er allen Personen, Gruppen und Aktivitäten ausdrücklich die Unterstützung durch den Senat versprach, die sich dafür einsetzen, »die dunkle Vergangenheit wirklich auszuleuchten«.

Die Ausgestaltung und der Ausbau der Gedenkstätte erwiesen sich nicht zuletzt immer wieder auch als ein finanzielles Problem. Das brachte im August 1988 die Hamburger Stiftung zur Förderung von Wissenschaft und Kultur auf die Idee, jene Firmen um eine Spende zu bitten, die vor 1945 von Neuengammes billigen Zwangsarbeitern profitiert hatten.[61] Für die Krupp-Tochter Norddeutsche Hütte AG hatten deutsche und polnische Zwangsarbeiter am Hochofen gearbeitet. Für Continental mußten

Französinnen, Russinnen und Spanierinnen Gasmasken herstellen. Gerade drei der über zwanzig angeschriebenen Betriebe zeigten sich bereit zu zahlen. Die anderen mochten eine »symbolische Verpflichtung« nicht anerkennen, die man mit einer Zahlung eingehen würde, sahen sich selbst in finanziellen Schwierigkeiten und die zuständige Behörde in der Pflicht, »für die Aufarbeitung unserer tragischen Vergangenheit Sorge zu tragen«, oder baten »mit Bedauern« ganz einfach »um Verständnis«.

Seit Anfang der neunziger Jahre konzentriert sich die Auseinandersetzung um Neuengamme auf das fragwürdige Nebeneinander von Haftanstalt und KZ-Gedenkstätte, woran nicht nur die ehemaligen Häftlinge immer wieder Anstoß nehmen.[62] Anläßlich der Gedenkveranstaltung am 5. Mai 1990 bekräftigte Bürgermeister Henning Voscherau den Senatsbeschluß vom Vorjahr: »Was falsch war, sollen wir so nennen – und endlich ändern. Der Senat und diese Stadt werden die Justizvollzugsanstalt Vierlande verlegen, werden die früheren Gebäude des Konzentrationslagers der Gedenkstätte zurückführen. Das ist nicht Wiedergutmachung, die kann es nicht geben. Es ist das Eingeständnis einer Unzumutbarkeit.« Dem wiederholt erklärten guten Willen werden vor dem Jahr 2000 keine Taten folgen und die Forderung der AIN unerfüllt bleiben. Am 3. Mai 1996, dem 50. Jahrestag des sogenannten Curio-Haus-Prozesses, in dem ein britisches Militärgericht die SS-Lagerleitung von Neuengamme verurteilt hatte, verlangte die Amical Internationale erneut, daß »Hamburgs Schande«, das Gefängnis auf dem einstigen KZ-Gelände, noch »vor der Jahrtausendwende« ein Ende finden muß. Angesichts der schlechten Haushalts- und Finanzsituation der Hansestadt ist der Beginn eines Gefängnisneubaus erst danach möglich, als gesichert erscheint er damit noch nicht.

Erfolgreicher und zügiger verlief die Umsetzung von Empfehlungen zur Umgestaltung der Gedenkstätte für die Zeit nach der Verlagerung der Justizvollzugsanstalt. Der Senat hatte 1991 eine Kommission berufen, die ihren Bericht ein Jahr später vorlegen konnte. Dieser sieht u. a. vor, daß zukünftig 22 Hektar neu in die Gedenkstätte einbezogen und später insgesamt ca. 50 Hektar zur Verfügung stehen werden, sowie 15 Gebäude aus der Zeit des Konzentrationslagers. Die Bereiche des Gedenkens und der Dokumentation werden getrennt und der Hauptzugang zum Gelände dorthin verlegt, wo die Häftlingstransporte seinerzeit ankamen, in die Nähe des damaligen Lagerbahnhofs. Auch die Nachkriegsgeschichte dieses Ortes, seine Umnutzung und Überbauung sollen dokumentiert werden.[63]

Dieses umfassende Konzept einer Neugestaltung der Gedenkstätte blieb nicht unwidersprochen. Einspruch erhob auch die oppositionelle CDU in der Bürgerschaft. Sie war insbesondere mit der beschlossenen Verlegung der Vollzugsanstalt nicht einverstanden. Sie mochte nun die jahrzehntelang mitgetragene Politik des SPD-Senats im Umgang mit diesem Gedächtnisort nicht korrigieren: »Es hätte etwas Manipulatives«, so ein CDU-Abgeordneter, »die Fehlentscheidungen zu heilen, indem man die Spuren verwischt und im wahrsten Sinne des Wortes Gras darüber wachsen läßt.« Eine irreführende Bewertung, denn der Bau der Justizvollzugsanstalt Vierlande sollte seinerzeit die Spuren der Erinnerung an das KZ Neuengamme verwischen.

Zum 50. Jahrestag der Lagerbefreiung mochte der Senat nicht mit leeren Händen dastehen. Ende November 1994 beschloß er kurzfristig, das Dokumentenhaus in ein Gedenkhaus umzubauen und die ständige, nun erheblich erweiterte Ausstellung in einen Gebäudeteil der Justizvollzugsanstalt zu verlegen, der dafür übergangsweise von der Justizbehörde zur Verfügung gestellt wird. Das für die neue Ausstellung vorgesehene Ausweichgebäude wurde während der Zeit des Konzentrationslagers von den thüringischen Walther-Werken, einem Rüstungsbetrieb, für die Produktion von Waffen genutzt. Zugleich beteuerte der Senat, daß er in diesem Ausbau »keine Alternative« zu dem von der Expertenkommission erarbeiteten Gesamtkonzept sehe. Ebenso nachdrücklich verwies er darauf, daß sich die Gedenkstätte zukünftig »weitaus besser als bislang ›als Ort der Erinnerung und der Trauer, des Forschens und des Lernens‹ präsentieren« könne.[64]

Seit 1995 hat dieses funktional aufgefächerte Erinnerungskonzept neue Räume und einen erweiterten Rahmen. Das bisherige Dokumentenhaus ist von dem Düsseldorfer Künstler Thomas Schütte in ein »Haus des Gedenkens« umgestaltet worden. In ihm befinden sich auf an den Wänden hängenden Tüchern die Namen von 20 000 Toten, außerdem mehrere Toten- und Gedenkbücher sowie zwei Modelle des gesamten Geländes, die einen Vergleich zwischen dem Zustand bei Kriegsende und dem der Gegenwart erlauben. In einer ehemaligen Fabrikhalle ist zunächst das neue Museum untergebracht. Gegenüber der früheren Lese-Ausstellung im Dokumentenhaus stehen nun audio-visuelle Inszenierung und Exponate im Vordergrund, werden Wünsche nach sinnlicher Wahrnehmung befriedigt. Sei es in Gegenständen des Lageralltags, sei es in Großfotos, sei es mit dem zentral plazierten Hörraum unter einer Kuppel aus Stahlsegmenten, in dem Besucher Video-Berichte von Überlebenden hören können, zu den Themen »Wege ins Lager« und »Selbstbehauptung und Widerstand«. In diesem Schwerpunkt finden zwei vom Senat geförderte Projekte ihren Niederschlag. Für das eine wurden in 16 Ländern mit 121 ehemaligen Häftlingen Interviews geführt und für das andere werden lebensgeschichtliche Daten für die weitere Erforschung von Opferbiographien erhoben.

Der Hamburger Senat ist in der Vergangenheit wiederholt kritisiert worden, daß er seine politische Verantwortung für den Gedächtnisort Neuengamme anfangs überhaupt nicht erkannt und später lange nur sehr zögerlich wahrgenommen hat. Andererseits haben einzelne Personen an verantwortlicher Stelle immer wieder die Auseinandersetzung mit der NS-Vergangenheit gesucht und vorangebracht, genannt seien besonders Erich Lüth, Wolfgang Tarnowski und Henning Voscherau. Neuengamme ist gleichwohl kein Ruhmesblatt in der hanseatischen Gedächtnisgeschichte und Erinnerungspolitik. Aber man darf auch nicht verkennen, daß diese Zurückhaltung Ausdruck einer für die westdeutsche Gesellschaft insgesamt charakteristischen Tendenz gewesen ist. Diese Einstellung hat sich in den letzten Jahren gewandelt, was in der Neugestaltung zahlreicher Gedenkstätten inzwischen auch sichtbar wird. Die beachtlichen Fortschritte, die in der Um- und Neugestaltung der Gedenkstätte Neuengamme in der jüngsten Zeit erzielt worden sind, verdanken sich nicht zuletzt dieser neuen Tendenz.

Die Zukunft der KZ-Gedenkstätten – eine nationale Aufgabe

Seit Beginn der neunziger Jahre hat sich auch der Bundestag verschiedentlich mit dem Problem der Einrichtung und Umgestaltung von Gedenkstätten zur Erinnerung an die NS-Zeit beschäftigt. Anfang März 1994 veranstaltete der Innenausschuß des Bundestages in der Gedenkstätte Sachsenhausen eine öffentliche Anhörung von Sachverständigen über die »Beteiligung des Bundes an Mahn- und Gedenkstätten« – die erste Veranstaltung dieser Art überhaupt. Auch die Enquête-Kommission »Überwindung der Folgen der SED-Diktatur im Prozeß der deutschen Einheit« hat sich eingehend mit Fragen der öffentlichen Erinnerung an die beiden deutschen Diktaturen und ihre Opfer auseinandergesetzt und in ihrem im Sommer 1998 veröffentlichten Schlußbericht umfangreiche Empfehlungen an Bundestag und Bundesregierung gerichtet.[65] Ziel der Debatten und

Expertenbefragungen war die Erarbeitung von Kriterien und einem Gesamtkonzept für die Bundesbeteiligung, wobei anfängliche Blickverengungen und Einseitigkeiten später überwunden wurden. In der Bundestagsdebatte im November 1992 hatte die CDU-Abgeordnete Roswitha Wisniewski noch unwidersprochen erklären können, »daß die sogenannte antifaschistische Vergangenheitsbewältigung (in der DDR, d. Verf.) erheblich von der möglichst objektiven historischen Darstellung und Bewertung abwich, um die man sich im westlichen Deutschland bemühte und bemüht«.

Die zuvor dargestellten Beispiele Bergen-Belsen, Dachau und Neuengamme dürften verdeutlicht haben, wie wenig eine solche Bewertung den Verzögerungen in der Umwandlung westdeutscher Konzentrationslager in Gedenkstätten und dem westlichen Versäumnis, die jeweiligen Vorgeschichten der Gedenkstätten zurück bis 1945 kritisch aufzuarbeiten, gerecht wird. Zu Recht hat deshalb der SPD-Abgeordnete Siegfried Vergin während der Ausschuß-Anhörung zu bedenken gegeben, ob es nicht nötig sei, »auch unsere größeren Gedenkstätten in der Bundesrepublik-Alt einer Revision zu unterziehen« – wobei er ausdrücklich hinzufügte, daß er »Revision nicht als Revisionismus« verstanden wissen wollte. Diesen Gedanken unterstrich auch der Bochumer Historiker Hans Mommsen in der zugespitzten, gleichwohl zutreffenden Feststellung, daß die Bundesrepublik später als die DDR wegen einer gesamtgesellschaftlich »mangelnden Aufarbeitung dieses Problems auf der nationalen Ebene« erinnerungspolitisch aktiv geworden sei. Das hat zunächst zweifellos damit zu tun, »daß in beiden deutschen Staaten die Konfrontation des Kalten Krieges in hohem Maße die Auseinandersetzungen mit der nationalsozialistischen Vergangenheit blockiert und deformiert« (Annette Leo) hat. Dort die erzwungene »gesellschaftliche Aufmerksamkeit« samt Jugendweihe, NVA-Vereidigung und antifaschistischem Befreiungskult. Hier die Verdrängung der Gedächtnisorte aus dem öffentlichen Bewußtsein und der jahrzehntelang ziemlich vergebliche Kampf von nationalen und internationalen Häftlingsorganisationen gegen das Vergessen. Erst jetzt, mit der Rückkehr des nationalgeschichtlichen Bezugsrahmens, wird es möglich – und nötig, den Blick in Ost und West auf die ganze, »gemeinsame Geschichte« zu richten.

Der Innenausschuß und die Enquête-Kommission haben das Engagement des Bundes für die Gedenkstätten von gesamtstaatlicher Bedeutung ausdrücklich anerkannt und für diese auch zukünftig eine Bundesbeteiligung gefordert. Die gesamtstaatliche Bedeutung soll an Kriterien gebunden sein, wie sie der Historiker Reinhard Rürup definiert hat. Danach müssen die Gedenkstätten ein spezifisches Profil aufweisen: sie sollen sich an einem Ort von historisch herausragender Bedeutung befinden, der auch im öffentlichen Bewußtsein verankert ist und einem Verfolgungskomplex exemplarisch zugeordnet wird; sie müssen wissenschaftlich, museologisch und pädagogisch fundiert sein; sie sollen bereits in der Vergangenheit durch lokale Initiativen und Häftlingsorganisationen mitgeprägt worden sein, durch dieses Engagement auch zukünftig begleitet werden und mit nennenswerten Besucherzahlen rechnen können; das jeweilige Sitzland der Gedenkstätte soll sich an der Finanzierung mit dem Bund nach Möglichkeit zu gleichen Teilen beteiligen. Die Enquête-Kommission hat darüber hinaus empfohlen, beim Bundesminister des Innern einen ständigen wissenschaftlichen Beirat einzurichten, über die Beteiligung des Bundes an Gedenkstätten den Bundestag regelmäßig durch die Bundesregierung zu informieren und die dezentrale Gedenkstättenlandschaft der Bundesrepublik zu fördern und auszubauen.

Die als gesamtstaatlich bedeutsam ausgewiesenen Gedächtnisorte müssen zukünftig stärker als bisher – über den lokalen und regionalen Horizont hinaus – notwendig um eine internationale Dimension erweitert werden, was die Pflege von außerhalb der Bundesrepublik gelegenen Gedenkstätten durch die Bundesregierung einschließt. Jahrzehntelang haben diese Arbeit vor allem lokale Initiativen, nationale und internationale Häftlingsorganisationen und nicht zuletzt die Aktion Sühnezeichen geleistet. Auf die Notwendigkeit dieser konzeptionellen Veränderung und perspektivischen Erweiterung wiesen die Historiker Hans Mommsen und Reinhard Rürup während der Anhörung des Innenausschusses des Bundestages übereinstimmend hin. Dem denkbaren Einwand, daß dadurch zu viele Gedenkstätten entstünden oder in das Blickfeld öffentlicher Aufmerksamkeit gerückt und ihre gesellschaftliche Akzeptanz dadurch in Frage gestellt werden könnte, hielt Rürup entgegen, daß man nicht vergessen dürfe, »wie viele Kriegerdenkmäler wir aus unzähligen Kriegen in unserer Gesellschaft haben, die stets akzeptiert worden sind«. Das Problem sei der Umgang mit den Gedenkstätten, also ihre zeit- und zieladäquate Gestaltung, die über eine museale Dokumentation der jeweiligen Lagergeschichte hinausgehen und einen größeren sachlichen und zeitlichen Kontext einbeziehen müsse. Dazu gehöre unbedingt die internationale Erfahrung mit politischen Gewaltverbrechen. Denn, so argumentierte Hans Mommsen, die nächste Generation wird Diktatur und Gewaltverbrechen nicht aus einem Bewußtsein von Schuld und Verantwortung wahrnehmen, sondern »nur aus der Analogie der alltäglichen politischen Erfahrung« heraus. Und wenn man die ausklammert, »gleichsam heile Gesellschaft spielt«, die sich an »Abweichungen erinnert«, die nach der Jahrtausendwende im vorherigen Jahrhundert liegen, »dann wird die Gedenkstättenarbeit keine Linie haben«.

Zu Recht wird hier der Öffnung des Gedenkens an den Gedächtnisorten das Wort geredet, einer Öffnung zu ihren (nationalen und internationalen) gesellschaftlichen Kontexten und in eine zeitlich übergreifende Perspektive. Den begrenzten Gedächtnisort in seinen größeren Zeit-Raum einzuordnen, also das Besondere mit dem Allgemeinen zu verknüpfen, bedeutet allerdings Gewinn und Gefahr zugleich. Vor den Risiken einer solchen Relativierung und Historisierung hat schon vor mehreren Jahrzehnten und wie kein anderer Jean Améry gewarnt, ein Auschwitz-Überlebender, der im vorausschauenden Rückblick auf die Völkermorde dieses Jahrhunderts – lange vor dem »Historikerstreit« und lange auch vor der Renaissance der (unterschiedliche Diktaturen) identifizierenden Totalitarismustheorie – schrieb:

> »Das Reich Hitlers wird zunächst weiter als ein geschichtlicher Betriebsunfall gelten. Schließlich aber wird es Geschichte schlechthin sein, nicht besser und nicht übler als es dramatische historische Epochen nun einmal sind, blutbefleckt vielleicht, aber doch auch ein Reich, das seinen Familienalltag hatte (…)« und die »von einem hochzivilisierten Volk mit organisatorischer Verläßlichkeit und nahezu wissenschaftlicher Präzision vollzogene Ermordung von Millionen wird als bedauerlich, doch keineswegs einzigartig zu stehen kommen« neben die Gewaltverbrechen der Türken, der Franzosen usw.: »Alles wird untergehen in einem summarischen ›Jahrhundert der Barbarei‹.« [66]

Die vergleichende Einordnung der NS-Vergangenheit ist also weder verzichtbar noch unbedenklich. Das inzwischen allseits propagierte und auch während der Ausschuß-Anhörung überwiegend favorisierte Gedenkstätten-Konzept zielt neben der Erweiterung des Gedächtnishorizontes auf eine funktionale Teilung seiner verschiedenen Aufgaben: Die Bereiche des emotionalen Gedenkens, der wissenschaftlichen Dokumentation, ästhetischen Repräsentation und pädagogischen Vermittlung sollen voneinander getrennt und zugleich aufeinander bezogen werden. Das leitende konzeptionelle Kriterium heißt Differenzierung. Denn die räumliche und funktionale Gliederung findet in der Unterscheidung zwischen den verschiedenen Opfergruppen einerseits und zwischen den Tätern und Opfern andererseits ihre konsequente Ergänzung. Solche Unterscheidungen sind gewiß unverzichtbar. Doch ihnen haftet etwas an von der objektivistischen Künstlichkeit klassifikatorischer Systeme. Eine solche Ordnung erweckt den Eindruck, als könne man »bei genauer Darstellung der historischen Wahrheit (…) eine Vermischung des Gedenkens an Täter und Opfer eigentlich« ausschließen, wie der Direktor des Deutschen Historischen Museums in Berlin als eine von vielen Stimmen unter den befragten Museumsexperten meinte. Diesem Blick auf die NS-Vergangenheit entgeht zweierlei. Zum einen, daß ein und dieselbe Person zugleich Täter und Opfer sein konnte – oder Opfer und Täter. Zum anderen fehlen ihm die Sensibilität und die Phantasie, zu erkennen, daß Differenzierungen auch Grenzen, unüberwindbar Trennendes, beinhalten. Die gleiche Geschichte ist ja nicht nur für die nationalsozialistischen Täter und ihre überwiegend jüdischen Opfer von »unterschiedlicher Relevanz« gewesen – wie Saul Friedländer in seinem Briefwechsel mit Martin Broszat schrieb. Diese Differenz, diese Grenze, diese schmerzliche, immer wieder irritierende Distanz-Nähe besteht noch zwischen uns heutigen Deutschen, die wir doch immer auch Nachkommen des nationalsozialistischen Deutschland sind, und den Nachkommen der Opfer. Über diese Grenze kommen wir nicht hinweg, denn ihre Geschichte ist, seit wir sie aus der unsrigen herausgetrennt haben, nicht mehr die unsere, sosehr sie auch eine von unseren Vorfahren verursachte Geschichte bleibt. Und eben deshalb haben wir nichtjüdische Deutsche – aller wissenschaftlichen Differenzierungskunst zum Trotz – zur Geschichte der jüdischen Opfer nicht den gleichen Zugang wie zur Geschichte der NS-Täter, der Masse der Mitläufer und der in ihr fast verschwindenden Zahl von Oppositionellen und Widerständigen. Wir können ihn nicht haben: »Auf immer fällt die Geschichte auseinander in die der Opfer und die der Henker.« [67] Ihre Nachkommen mögen – und müssen – sie überliefern und unter den sich wandelnden Vorgaben des jeweiligen Zeitgeistes deuten und erklären, zusammenfügen läßt sich das Auseinandergefallene nicht mehr. Mit diesem Dilemma sind wir und Generationen nach uns beladen. Die jüdischen Deutschen haben den nichtjüdischen Deutschen alles gegeben: ihre Kreativität und ihren materiellen Reichtum, ihre Zuneigung und ihre Identität, als Weltkriegssoldaten sogar ihr Leben. Diese aber haben jenen alles genommen, am Ende auch das Leben. Der Riß in der deutsch-jüdischen Geschichte bleibt. Das zeigt sich vielleicht nirgendwo deutlicher als in Berlin, der alten und neuen Hauptstadt Deutschlands, zugleich sein zentraler, nun wieder ungeteilter Gedächtnisort und als solcher eben selbst eine vielgestaltige Erinnerungslandschaft.

4. Berlin: Die Hauptstadt als zentraler Gedächtnisort

Als die Mauer fiel, jubelte Berlin. Seither stöhnt es unter den neuen Herausforderungen, den sich überschlagenden Ansprüchen, Planungen und Spekulationen. Eine italienische Zeitschrift ernannte Berlin bereits zur Kulturhauptstadt der Jahrtausendwende, und das amerikanische Magazin *Time* zitierte aus einem alten Reisebericht Mark Twains: »Es ist eine neue Stadt, die neueste, die ich jemals sah.«[1] Und noch eine andere Stimme aus dem vorigen Jahrhundert mag sich aufdrängen: »Oh Berlin, wie weit ab bist Du von einer wirklichen Hauptstadt«, schrieb Fontane, der die Stadt nicht sonderlich mochte, wenige Jahre nachdem sie Hauptstadt des zweiten deutschen Kaiserreichs geworden war, »du bist durch politische Verhältnisse über Nacht dazu geworden, aber nicht durch Dich selbst.« Und er glaubte zu wissen, warum: »Die große Stadt hat nicht Zeit zum Denken, und was noch schlimmer ist, sie hat auch nicht Zeit zum Glück.«[2]

Nun ist Berlin – unversehens, aber doch seit Jahrzehnten herbeigesehnt und gefordert – Hauptstadt des wiedervereinten Deutschland geworden, und die Frage mag sich abermals stellen, ob die Stadt Zeit zum Denken hat und Zeit zum Glück. Ob sie überhaupt Zeit hat, sich Zeit läßt, wenn jenes Bild verschwindet, »an dem sich die Berliner bis zur verzweifelten Liebe wundrieben«, wie es in einem einfühlsamen Nach- und Zwischenruf hieß: das Bild einer »Hauptstadt der Melancholie« mit ihren »innerstädtischen Stadträndern und Brachen«.[3] Wenn aus dem geteilten und eingemauerten Stadtstaat die Staatsstadt der dritten deutschen Republik werden soll. Wenn dort, wo eben noch Todesstreifen und Transitstrecken die Teilung in zwei Staaten und Stadthälften markierten und den Austausch zwischen ihnen kontrollierten, sich das Laboratorium eines »dritten deutschen Zustands« bemerkbar macht.[4] Es steht viel auf dem Spiel. Auch das Gedächtnis der Stadt, vor allem im Osten, der nun an den Westen angeschlossen wird.[5] Das bis dahin geteilte und gespaltene Gedächtnis der Stadt kann sich rückverwandeln in eine hochkonzentrierte, heterogene Erinnerungslandschaft, als die sich eine Metropole immer wieder erfahren läßt. Spuren der Weltgeschichte stoßen hier unvermittelt auf solche der Alltagsgeschichte, Zeugnisse kultureller Blüte finden sich neben Manifestationen, die von Triumphen technisch-wirtschaftlicher Macht erzählen, Wege der Erinnerung an gesellschaftliche Katastrophen und individuelles Leid wechseln unvermittelt mit Spuren kreativer Lebensverhältnisse, vielleicht des Glücks.

So muß in der altneuen Mitte der Stadt das gefunden werden, was der Züricher Kunst- und Architekturhistoriker Kurt W. Forster treffend eine »Berliner Balance« genannt hat. Dieses Ausbalancieren hat nicht nur eine stadt-räumliche Dimension.[6] Gewiß, es geht zum einen um die zukünftige städtebauliche Balance zwischen Ost und West mit der Spreeinsel als »architektonisch ausgebildetem Gelenk« und mit dem – wie Forster vorschlägt – roten Rathaus als perspektivischem Fixpunkt für eine neu zu begründende Kontinuität zwischen den lange voneinander getrennten Stadthälften. Zugleich ist das Rathaus das für nachmonarchische und nachtotalitäre Verhältnisse – im Gegensatz zum Schloßwiederaufbau – angemessene, weil bürgerlich-demokratische Symbol.

Es geht zum anderen aber auch um eine zeit-räumliche Dimension, um eine Balance zwischen der Bewahrung von Gedächtnisorten, der ergänzenden und korrigierenden Kommentierung von Denkmälern, zumal aus der jüngeren und jüngsten deutschen Vergangenheit, und der bereits begonnenen tiefgreifenden Veränderung. Nachdem die Mauer niedergerissen ist, das epochentypische Bauwerk für mehr als eine Generation, kann der Blick unverstellt auf zentrale Orte dieser Vergangenheit fallen und von dort ihren historischen Gesamtzusammenhang erschließen, die ungeteilte Topographie der Täter und Opfer, der Verfolgung und Vertreibung, des Leidens und des Widerstands.[7] Wo eben noch rivalisierende Erinnerungen an die Zeit vor 1945 bzw. vor 1933 zu Feindbildern verhärtet waren, macht die Rückkehr des nationalgeschichtlichen Bezugsrahmens nicht nur die Auflösung dieser Feindbilder möglich, sondern auch die Umdeutung, Erweiterung und Zusammenfassung der Geschichtsbilder des geteilten Deutschlands nötig. In die gestern noch gegeneinander abgegrenzten Horizonte des jeweiligen kollektiven Gedächtnisses findet zurück, was gleichsam exterritorialisiert oder »vergessen« war, abgedrängt in das jeweils jenseits der Mauer gelegene, verteufelte oder verkannte andere Deutschland. In das Bewußtsein derer, die der Zufall im Westen leben ließ, kehrt die unter antikommunistischer Blickverengung ausgegrenzte Geschichte der kommunistischen Arbeiterbewegung Deutschlands zurück und zugleich in seiner ganzen

Widersprüchlichkeit die des antifaschistischen Widerstands. Andererseits erweitert sich das eindimensional verkümmerte und verzerrte Geschichtsbewußtsein der Ostdeutschen um die bislang abgewiesenen widersprüchlichen Traditionsbestände und die Komplexität der ganzen deutschen Geschichte, insbesondere aber um den die preußisch-deutsche Geschichte überschattenden negativen Fixpunkt: die Gewaltverbrechen Hitler-Deutschlands.

NS-Bauten: Keine Großbelastung für Berlin

Nach 1945 hieß die Devise erst einmal, aus dem Schatten der Vergangenheit herauszutreten. Das versuchten die beiden deutschen Nachfolgestaaten des Großdeutschen Reiches auch städtebaulich und im Umgang mit vorbelasteten Bauten gerade in Berlin. Sie taten das je auf ihre, systempolitisch bedingte Art und Weise. Während das SED-Regime den östlichen Teil zur »Hauptstadt der DDR« erhob (wobei Magistrat und Städteplaner anfangs durchaus noch eine gesamtstädtische bzw. gesamtdeutsche Option verfolgten), mußte sich der westliche Teil als »Frontstadt« bewähren, hielt die Bundesrepublik an ihrem Anspruch einer »Hauptstadt im Wartestand« fest.[8]
Das politische und das städtebauliche Planungsinteresse bei der Umgestaltung des Zentrums richtete sich zum einen auf die Schaffung einer »sozialistischen Magistrale« als Verbindung von historischem Zentrum und den im Osten der Stadt gelegenen großen Arbeiterwohngebieten, insbesondere auf die Verbindung von Unter den Linden, Alexanderplatz und Frankfurter Allee, später Stalinallee. Zum anderen ging es um die Umgestaltung jenes Platzes zum Marx-Engels-Forum, der durch den Abriß des nur teilzerstörten Berliner Schlosses, dem »Symbol des reaktionären Preußentums«, entstanden war. Dort sollte »in monumentaler Raumgestalt die Macht des neuen Staates« gefeiert werden, mit dominanten Gebäudekomplexen, Sichtachsen, dem Sitz von DDR-Ministerrat und DDR-Volkskammer und einer gewaltigen Aufmarschfläche auf der Spreeinsel – zugleich das Gegenstück zum westlichen Regierungsforum im Spreebogen. Die städtebauliche Entwicklung verlief teilweise anders. Tatsächlich zeigt sich in der eher kleingeteilten Raumgestaltung zwischen Fernsehturm und dem Palast der Republik »der schwierige Abschied von der bedrückenden Staatsräson des Stalinismus«, weshalb

in jüngster Zeit wiederholt der Absicht widersprochen wurde, die dort städtebaulich dokumentierte DDR-Geschichte umstandslos abzuräumen.[9]

Der Westen mußte von der historischen Mitte abrücken – oder überließ diese sich selbst. Er hielt aber im kontinuierlich »staatlich besetzten Spreebogen« an der westdeutschen Option für eine gesamtdeutsch-hauptstädtische Lösung fest und hat südlich davon an der gemeinsamen Grenze schrittweise ein Kulturforum errichtet. Dabei wurde ein Gelände genutzt, das durch Kriegseinwirkungen schwer getroffen, aber bereits für die von Hitler und Speer geplante Nord-Süd-Achse teilweise freigeräumt worden war. Dort, wo ab Mitte der 1960er Jahre die Neue Nationalgalerie errichtet wurde, Mies van der Rohes einziger nach seiner Emigration in Deutschland errichteter Bau, befand sich die Ruine des bereits weitgehend fertiggestellten »Hauses des Fremdenverkehrs« am »Runden Platz«. Sie wurde später abgetragen. Das geschah auch mit manch anderen Gebäuden, die die Nazis genutzt oder gebaut hatten. Der größte Teil davon befand sich im Westen Berlins, weshalb sich vor allem dort die Frage stellt, wie mit der baulichen Erblast umgegangen wurde, also mit dem, was während der NS-Zeit für staatliche, wirtschaftliche, kulturelle und Wohnzwecke gebaut und genutzt worden war.

Auch in Berlin war der Umgang mit der NS-Architektur und den von den Nationalsozialisten genutzten Gebäuden zunächst eher pragmatisch als von einer denkmalpflegerischen Konzeption angeleitet, zumal die schwer zerstörte Stadt einen großen Bedarf an nutzbaren Gebäuden und Wohnhäusern hatte. Anders als beispielsweise Nürnberg und München war Berlin nicht durch die NS-Bewegung, sondern durch den NS-Staat baulich geprägt worden. Das mag die Nutzung der NS-Bauten durch kommunale, staatliche, gewerbliche und private Eigentümer und Mieter erleichtert und ihre Integration in das latent hauptstädtische Ambiente begünstigt haben. Erleichtert wurde der Umgang mit dieser Architektur aber vor allem dadurch, daß der weitaus größte Teil der von der »Generalbauinspektion« unter Speer geplanten städtebaulichen Veränderungen infolge des Krieges über das Planungs- und Modellstadium nicht hinauskam. Berlin wäre nicht mehr Berlin gewesen, hätte die Stadt so um- und neugebaut werden können, wie es Hitler und Speer vorschwebte. Zu Recht hat Hans J. Reichhardt in seinen Notizen zur Ausstellung »Von Berlin nach Germania« deshalb bemerkt, »daß die geplanten Bauten des Nationalsozialismus der Stadt und ihrer Identität schmerzlichere Zerstörungen zugefügt hätten als der Bombenhagel des Krieges«, so verheerend dessen Zerstörungen auch waren.[10]

Einiges ist allerdings fertig geworden und – mehr oder weniger – erhalten geblieben. So im Bereich der westlichen Ost-West-Achse der von 80 auf 200 Meter Durchmesser vergrößerte Große Stern mit der durch eine »Trommel« um sieben Meter erhöhten Siegessäule samt Bismarck-, Moltke- und Roon-Denkmälern. Diese Erinnerungszeichen an das Zweite Reich, als dessen Erbe und Nachfolger sich das Dritte Reich so gern und so oft darstellte, waren dorthin versetzt worden, weil sie an ihrem ursprünglichen Standort, dem Königsplatz vor dem Reichstag, der geplanten Nord-Süd-Achse zwischen Großer Halle im Spreebogen und dem neuen Südbahnhof im Wege standen. Die Siegessäule ist ein offenbar unerschütterliches Symbol »siegesdeutscher« Historie und eine touristisch umlagerte und bestiegene Fotoattraktion sowieso. Sie überstand den Bombenkrieg, und die Franzosen beantragten ihre Beseitigung 1946 vergeblich. Schon Walter Benjamin hatte sie gewünscht und vorgeschlagen: »Mit dem letzten Sedantag hätte man sie abreißen sollen«, denn: »Mit der Niederlage der Franzosen« schien ihm »die Weltgeschichte in ihr glorreiches Grab gesunken, über dem diese Säule die Stele war.«[11]

Weitgehend fertiggestellt wurde das zwischen der Charlottenburger Brücke und dem S-Bahnhof Tiergarten gelegene Haus des Deutschen Gemeindetages, in das nach 1945 der Deutsche Städtetag einzog und das später den Namen »Ernst-Reuter-Haus« erhielt. Zu eigener Berühmtheit hat es die von Speer selbst entworfene Beleuchtung gebracht. Die Ost-West-Sichtachse durfte nicht beeinträchtigt werden durch über die Straße hängende Lampen. Deshalb entwarf Speer doppelarmige Kandelaber, die als kilometerlange Lichterketten das Brandenburger Tor mit dem heutigen Theodor-Heuss-Platz (einst Adolf-Hitler-Platz) verbinden. Klaus Herding und Hans-Ernst Mittig haben sie bereits Anfang der siebziger Jahre zum Gegenstand einer eingehenden Analyse gemacht.[12] Sie sind nach dem Krieg, weil stark beschädigt, teilweise durch moderne ersetzt, teilweise wiederhergestellt worden. Die Lücken vor der Technischen Hochschule und am Charlottenburger Tor, in denen seinerzeit die Ehrentribünen für die Aufmärsche standen, wurden geschlossen. Der Vorschlag der beiden Kunsthistoriker, die Rekonstruktionen der Kandelaber durch Hinweise auf ihre frühere Entstehungs- und Nutzungsgeschichte zu ergänzen, fand seitens der zuständigen Behörde keine Beachtung.[13]

Nicht mehr ausgeführt wurde das von Wilhelm Kreis konzipierte Ensemble der drei neuen Museen. Sie hätten das historische Zentrum einschneidend verändert, denn ihnen wäre das Wohngebiet zwischen Friedrichstraße und Oranienburger Straße einschließlich der Universitätskliniken zum Opfer gefallen.[14] Unausgeführt blieben auch die Großbauten der geplanten Nord-Süd-Achse, dem Kernstück des gesamten Generalbebauungsplans. Speer hat verschiedentlich betont, wie wichtig Hitler insbesondere das etwa sieben Kilometer lange Mittelstück dieser Achse war, mit einem neuen Nordbahnhof im Stadtteil Moabit, dem sich in südöstlicher Richtung anschließenden, gut einen Kilometer langen und 400 Meter breiten Großen Becken, der rund 300 Meter hohen Großen Halle für 150 000 bis 180 000 Menschen, dem Königsplatz davor mit Führer-Palais und Oberkommando der Wehrmacht, von wo aus die maßlose, 120 Meter breite Achse ihren kilometerlangen geraden Verlauf nehmen sollte: zunächst den Tiergarten durchschneidend, über den Kemperplatz hinweg und den anschließenden neuen sogenannten Runden Platz (ungefähr dort, wo sich heute Neue Nationalgalerie und Staatsbibliothek gegenüberstehen), weiter in südlicher Richtung bis zum neuen Südbahnhof in Tempelhof, davor der Triumphbogen, der alle bisherigen Maße sprengende Großbau, mehr als doppelt so hoch wie Napoleons Pariser Arc de Triomphe, den er in den Schatten stellen sollte.

Von der Absicht dieser gigantischen Bauvorhaben zeugen nicht nur Pläne, Akten, Berechnungen und Aufzeichnungen, sondern auch ein im Jahr 1941 von der Firma Dyckerhoff & Widmann südöstlich der Kolonnenbrücke im Bereich des Bauwerks T auf märkischen Sand gesetzter sogenannter Großbelastungskörper. Er sollte die Tragfähigkeit der Mergelschichten testen. Ein Koloß, der dort vermutlich noch lange abseits steht. Denn eine Sprengung ist wegen der nahen Wohnblocks unmöglich und jede andere Beseitigung zu teuer. Er taugt zu nichts anderem als dazu, an den Größenwahn Hitlers und seiner Stadtplaner zu erinnern. Immerhin.

Oft sind die steinernen Spuren der NS-Vergangenheit als solche kaum zu erkennen, so zahlreich sie auch erhalten sind: in Verkehrs-, Industrie- und Verwaltungsbauten, aber auch in Wohnanlagen und kulturellen Einrichtungen.[15] Denn der weitaus größte Teil der während der NS-Zeit gebauten bzw. von den NS-Dienststellen benutzten Gebäude wurde nach Entfernung der Hoheitszeichen weitergenutzt. Wohn- und Büroräume waren knapp im schwer zerstörten Berlin. Und man brauchte sie schnell. Die Entnazifizierung blieb nicht selten oberflächlich. In manchen Fällen hielt man sie offenbar gar nicht für notwendig, erschien die Kunst am Bau wohl zeitlos, zumindest aber systemneutral.

So veränderte sich beispielsweise das Charlottenburger Finanzamt gegenüber dem Jahr seiner Fertigstellung, 1938, kaum. Der Reichsadler über der Eingangstür hält nun nicht mehr das Hakenkreuz in seinen Krallen, sondern die Hausnummer. Über dem einstigen »Gau-« und heutigen Landesarbeitsamt in Kreuzberg sitzt immer noch ein großer steinerner Adler auf dem Mittelrisalit. Und vor der Sporthalle der ehemaligen Luftwaffen-Kaserne »General Göring«, die nach 1945 den Franzosen als Hauptquartier diente, steht eine bekannte Großplastik aus der NS-Zeit: Georg Kolbes *Schreitender*.

Die Alliierten hatten als Sieger selbstverständlich keine Probleme mit der Nutzung dieser Gebäude. Sie zogen in die ehemaligen Wehrmachtskasernen ein. Andere militärische Einrichtungen wurden zivil genutzt. Geradezu kurios mutet die Entnazifizierungsgeschichte des eisernen Adlers an, der seit 1940 auf dem Mittelbau hoch über dem Tempelhofer Flughafengebäude gethront hatte. Anfang der sechziger Jahre kam er in die USA, um 1984 – von NS-Hoheitszeichen befreit – dem Bezirksbürgermeister wieder zurückgegeben zu werden. Ohne Weltkugel und Hakenkreuz galt der Eisenvogel offenbar nicht mehr als nazistisch, sondern nur noch als allgemeines Symbol der Luftfahrt.[16] Die Alliierten mochten mit den monumentalen NS-Bauten und NS-Symbolen unbefangen umgehen: die Briten, indem sie Teile des früheren Olympiageländes nutzten, die Amerikaner mit dem Tempelhofer Flughafen. Für die Sieger waren die Steine und Gebäude Symbole des einstigen Kriegsgegners. Die Besiegten konnten so einfach nicht verfahren. Sie gerieten schnell und unversehens in den Verdacht einer zumindest stillschweigend-zustimmenden Traditionspflege. Zumal dann, wenn es sich um Gebäude handelte, in denen einst die Täter agiert hatten.

Der weitaus größte Teil der in den dreißiger Jahren entstandenen Gebäude, die weitergenutzt werden konnten, waren Verwaltungsbauten von Ministerien, Industriebauten, Banken und Versicherungen, militärische Einrichtungen, Sportstätten u. a. Dort schien die Entsorgung erheblich einfacher zu sein als an jenen Orten, die man primär mit den NS-Tätern und NS-Opfern identifizierte. Jedenfalls verhielt man sich entsprechend pragmatisch im Umgang mit ihnen. Ganz so, als gehörten die Sport-, Freizeit- und Verkehrsbauten, die Verwaltungsgebäude und die Industriearchitektur nicht auch in einem spezifischen Sinn zur Geschichte des NS-Staates. Ganz so, als seien NS-Bauten wie die Reichsbank oder das

Luftfahrtministerium, der Flughafen Tempelhof, das Ausstellungsgelände um den Funkturm mit Deutschlandhaus und Deutschlandhalle[17] und das Reichssportfeld[18] Produkte und Zeugnisse einer politikfreien Sphäre der industriegesellschaftlichen Moderne.

Die DDR ging dabei kaum anders vor als Westberlin. In das Gebäude der Reichsbank (Otto-Nuschke-Straße, Berlin-Mitte) zog nach Entfernung des Bild- und Reliefschmucks von Josef Thorak das Finanzministerium der DDR ein. Zwischen 1959 und 1989 war es Sitz des Zentralkomitees der SED. Nach umfangreichen Umbauten wird dort das Auswärtige Amt einziehen. Der rückseitige, zur Mauerstraße gelegene Erweiterungsbau von Goebbels' Propagandaministerium, der erhalten blieb, wurde später vom Nationalrat der DDR genutzt. Das bekannteste Beispiel ist das frühere, von Ernst Sagebiel gebaute Reichsluftfahrtministerium, in dem Göring residierte. Die nationalsozialistische Architekturkritik rühmte das Gebäude als einen »von modernem Atem« erfüllten »majestätischen Bau«.[19] Als »Haus der Ministerien« diente es später der DDR, ab 1990 war es Sitz der »Treuhand«, zukünftig wird dort das Finanzministerium unterkommen. In dem Gebäude, das einst der NSDAP für die Verwaltung ihres »Gaues Berlin« gedient hatte, wurden bis 1990 Bücher hergestellt und vertrieben: vom Verlag für Wirtschaft der DDR. Auch dort die schon bekannte Korrektur: Man entfernte Hakenkreuz und Reichsadler und ersetzte die NS-Embleme durch den Namen und das Verlagssignet – ein aufgeschlagenes Buch. Die beiden Großplastiken von Paul Bronisch wurden allerdings ersatzlos entfernt.

Ähnlich verfuhr man im Westen mit der Um- und Weiternutzung früherer NS-Verwaltungsbauten. In das Zentralgebäude der Vermögensverwaltung der Deutschen Arbeitsfront (Julius Schulte-Frohlinde), ab 1938 erweitert und umgebaut, zogen zunächst verschiedene Senatsdienststellen ein. Heute beherbergt es die Berliner Verkehrsgesellschaft. Vom vergleichsweise auffällig gestalteten Fassadenteil mit Eingangsportal, »Führerbalkon« und überdimensionierten Fahnenstangen entfernte man den über anderthalb Stockwerke reichenden Granit-Adler mit Ehrenkranz und Hakenkreuz und ersetzte das Ensemble durch zwei Fenster, die in Größe und Anordnung den übrigen genau entsprachen. So mag und sollte wahrscheinlich der Eindruck entstehen, dies sei der ursprüngliche und unveränderte Zustand einer nüchternen Zeitlosigkeit. Doch das Gebäude kann seine Entstehungszeit kaum verbergen. Die Entnazifizierung war auch dort bloß halbherzig und vordergründig: »Die unreflektierte

Demontage visueller Symbolik der Nazi-Zeit steht einer peinlichst genauen Rekonstruktion des architektonischen Formenapparates gegenüber«, schrieb einer der besten Kenner der örtlichen NS-Baugeschichte. »Während die fetischisierten Symbole des Nationalsozialismus liquidiert werden, wird das ästhetische Prinzip konserviert. Indem die unmittelbaren politischen Identifikationssymbole beseitigt werden, meint man, die Architektur auch von den sie bedingenden Herrschaftsverhältnissen losgelöst zu haben und in eine unkonkrete ›Tradition-an-Sich‹ einordnen zu können.«[20] Ein Baudenkmal ist erhalten, aber für den Nichtkundigen ist es nicht zu identifizieren. Ein weiteres Beispiel ist das Mitte der dreißiger Jahre von der Nordstern Versicherung am Fehrbelliner Platz gebaute Verwaltungsgebäude, heute Sitz des Senators für Inneres. Es trug zahlreiche Reliefplastiken. Die des prominenten Arno Breker wurden entfernt, die des weniger bekannten Waldemar Raemisch beließ man an ihrem Platz.[21]

Noch leichter fiel die Weiternutzung von Industriebauten. Sie kam weitgehend ohne kosmetische Korrekturen aus. So beispielsweise das Rasierklingenwerk von Gillette-Roth-Büchner in Berlin-Tempelhof, 1936/37 von Paul Renner gebaut, ein in seiner widersprüchlichen Formensprache typischer Industriebau des Dritten Reiches. Funktionale Konstruktion und Grundrißgestaltung und ihre zumindest teilweise Kaschierung durch konventionellen Natur- und Backstein. Und als ob das noch nicht Zugeständnis genug an den NS-Zeitgeist gewesen wäre, wurde das horizontal ausgedehnte Gebäude mit einem monumentalen Mittelrisalit versehen und der Haupteingang durch einen vorgelagerten Portikus hervorgehoben. In der ebenso sentimentalen wie hochtrabenden Sprache der Zeit nannte man das »Pforten zur Arbeitswelt«.[22] Ähnliche Kombinationen von moderner Stahlskelett-Konstruktion und konventioneller Ziegelverblendung finden sich auch andernorts in Berlin: so im Luftfahrt-Gerätewerk und im Siemens-Wernerwerk in Spandau, 1936/37 bzw. 1940/41 von dem Siemens-Hausarchitekten Hans Hertlein errichtet. So im Osram-Werk in Berlin-Wedding. Ein Beispiel durchgehaltener sachlich-funktionaler Industriearchitektur ist hingegen die 1942/43 von Egon Eiermann gebaute Propellerfabrik in Berlin-Reinickendorf, die erst durch Umbauten in den fünfziger Jahren stark verändert wurde.[23] Hinweise zur Bau- und Nutzungsgeschichte dieser Zweckbauten, in denen vor und während des Krieges zumeist kriegswichtiges Gerät produziert wurde, finden sich hier so wenig wie beispielsweise in der ehemaligen »Kameradschaftssiedlung der SS« in Berlin-Zehlendorf zwischen

Argentinischer Allee und Quermatenweg.[24] Und auch nicht an der größten damals entstandenen Berliner Wohnanlage am Grazer Damm.

Nach diesen zahlreichen Beispielen von Um- und Weiternutzung früherer NS-Bauten müssen nun auch jene genannt werden, die – zunächst mehr oder weniger beschädigt – später wieder aufgebaut wurden. So beispielsweise die ehemalige Japanische Botschaft, die wegen Schäden in den Fundamenten 1986 abgerissen werden mußte. Auch dort bediente man sich teilweise desselben Sach- und Kunstverstands. Cäsar Pinnau, der dieses Gebäude in den dreißiger Jahren mit Paul Moshamer errichtet hatte, wurde nun mit dem Innenausbau beauftragt. Der als 1:1-Kopie angelegte Wiederaufbau entspricht dem Original allerdings nur mit Einschränkungen.[25] Die Japanische Botschaft war im übrigen nur eines von mehreren Botschaftsgebäuden, deren Neubau Speer in den dreißiger Jahren veranlaßt hatte, weil sie seinem »Generalbebauungsplan« für die Reichshauptstadt Berlin im Wege waren.

Ein anderes Beispiel ist der Glockenturm auf dem Reichssportfeld. Mit seinem Wiederaufbau (1960–62) beauftragte man abermals Werner March, bereits in den dreißiger Jahren der verantwortliche Architekt. An diesem Ort wird nicht nur jährlich der gefallenen Olympiakämpfer gedacht. Gedenktafeln erinnern auch an einen der Hauptorganisatoren der Spiele von 1936: Carl Diem. Sie verschweigen allerdings, daß am gleichen Ort noch im März 1945 Jugendliche für den »Endkampf« mobilisiert wurden und etwa zweitausend 10–14jährige Hitlerjungen im Kampf gegen die Rote Armee starben. Erst recht vergeblich sucht man nach einem Versuch, den gewiß nicht leicht verständlichen Zusammenhang zu erschließen, durch den dieser Ort sein berühmt-berüchtigtes Image bekam: Das Ineinandergreifen von sportlicher Wettkampf-Show, filmischer und architektonischer Ästhetisierung dieses Ereignisses, innenpolitischer Stabilisierung und außenpolitischer Aufwertung eines verbrecherischen Regimes, »heimlicher« Gewalt und Kriegsvorbereitung.

Aber nicht deshalb kam dieser Komplex in den neunziger Jahren ins Gerede, nachdem er Jahrzehnte für sportliche und andere Großveranstaltungen gedient hatte und umfangreiche Sanierungen und bauliche Veränderungen geplant wurden, als sich Berlin um die Ausrichtung der Olympischen Spiele im Jahr 2000 bewarb. Im Mittelpunkt stand die Frage, ob die Spiele mit dem vereinten Deutschland als Gastgeber in einem unter Hitler erbauten Stadion und Sportgelände stattfinden sollten und ob man dies Sportlern zumuten könne und dürfe, die aus jenen Ländern kommen, die von Hitler-Deutschland überfallen worden waren. Der Publizist Wolf Jobst Siedler sah darin eine »überflüssige Diskussion«, denn man könne nicht Architekten und Skulpturen »für die Untaten ihrer Nutzer büßen« lassen. Andernfalls würde sich »Auschwitz als Barriere vor jeden freien Umgang mit der Vergangenheit« stellen.[26] Dem hielt Hilmar Hoffmann, der Präsident der Goethe-Institute, entgegen, daß »die nationalsozialistische Gesamtkonzeption des Olympiageländes (...) weder kommentarlos verborgen noch kommentarlos gezeigt werden« dürfe.[27] Der Einspruch blieb nicht unwidersprochen. Denn bei soviel »Abarbeitung« argwöhnte der Berliner Kunsthistoriker Tilmann Buddensieg eine – unbeabsichtigte – »Aufwertung« des Olympiastadions, das er im übrigen als Zweckbau einer »sachlichen Nüchternheit« deutlich unterschieden wissen wollte von der alle Maße sprengenden Gigantomanie des von Speer geplanten Deutschen Stadions auf dem ehemaligen Reichsparteitagsgelände in Nürnberg.[28] So gesehen, also den Blick auf das bloße Erscheinungsbild dieser Architektur beschränkt und herausgelöst aus dem zeitgeschichtlich-politischen Kontext ihrer Entstehung und ihrer Funktion, kann man das Berliner Olympiagelände vielleicht für eine andere Tradition retten. Aber ist eine solche Blickverengung angemessen?

Doch nur dann, wenn man unterstellt, daß sich dieser Ort »eine Art Unschuld vom Dritten Reich« bewahrt – oder durch allerlei Umnutzungen in seiner Nachgeschichte erworben hat.[29] Schon die zeitgenössischen Beobachter konnten sich täuschen lassen, wenn sie wollten. Der Korrespondent von *Le Figaro* telegrafierte nach Paris: »Von Konzentrationslagern bekommt man nichts zu sehen.« Man konnte, wenn man wollte, aber offenbar auch erkennen, wozu der Sport dem dort anscheinend so friedfertigen und um weltweite Sympathie werbenden Regime diente. Am Schluß der »Friedensspiele« schrieb der Berichterstatter einer osteuropäischen Zeitung, daß »die neueste Richtung die Vorbereitung zum Kriege« ist.[30] Während des Krieges diente das Reichssportfeld mit seinen vielen Bauten vor allem militärischen Zwecken. Auf der Pressetribüne wurden Flak-Geschütze installiert und unterhalb der Zuschauertribüne in der Westkurve Zünder für Flugabwehrwaffen produziert. Der »Großdeutsche Rundfunk« hatte dort ein Ausweichquartier, und der Glockenturm diente als Flieger-Beobachtungsposten und zugleich als Lager für das Wochenschau-Filmmaterial aus Goebbels' Propagandaministerium.

Nach dem Krieg sind »Waldbühne«[31] und Olympiastadion Schauplatz vielfältiger musikalischer, sportlicher und religiöser Großveranstaltungen gewesen. Unter dem Motto »Rin ins Va'jnügn« sorgte der RIAS mit »bunten Nachmittagen« für Stimmung und gute Laune. Im Olympiastadion erlebte der Triumphzug der deutschen Fußballweltmeister-Elf durch deutsche Lande sein Finale. Die Katholiken und Protestanten veranstalteten an diesem Ort ihre Kirchentage. Auch die »Brüder und Schwestern aus der Zone« waren herzlich willkommen – allerdings ohne »Kartoffelkäfer« – wie man die SED-Mitglieder wegen ihres Parteiabzeichens nannte – und ohne die als »Blauhemden« verpönten FDJ-Mitglieder.

Die Erinnerung an die NS-Vergangenheit dieses Ortes war – wie es schien – längst und für immer ausgelöscht, als dort nach dem »Deutschen Herbst« im Winter 1977/78 der Regisseur Klaus Michael Grüber mit der »Schaubühne« Hölderlins *Hyperion* inszenierte. Es war dunkel und kalt, als Hyperion ins fast leere Stadionrund rief:

»Es ist ein hartes Wort und dennoch sag ich's, weil es die Wahrheit ist: ich kann kein Volk mir denken, das zerrissener wäre wie die Deutschen. Handwerker siehst Du, aber keine Menschen, Denker, aber keine Menschen, Herren und Knechte, junge und gesetzte Leute, aber keine Menschen – ist das nicht wie ein Schlachtfeld, wo Hände und Arme und alle Glieder zerstückelt untereinander liegen, indessen das vergossene Lebensblut im Sande zerrinnt?«[32]

Es war nicht ohne Reiz und ja durchaus nicht unberechtigt, in Hitlers Olympiastadion Hölderlins verzweifelte Klage zu inszenieren über sein deutsches »Vaterland, das, wie ein Totengarten, weit umher liegt« – unter dem anspielungsreichen Titel *Winterreise*, nicht zuletzt das Codewort für die erste bundesweite Fahndung nach RAF-Mitgliedern.[33] Wo wäre ein geeigneterer Ort, dieses doppelte deutsche Mißverständnis darzustellen als hier? Das Mißverhältnis von Sport bzw. Poesie und Politik im allgemeinen und im besonderen der Mißbrauch der Olympischen Spiele und des antiken Mythos durch das NS-Regime und der Mißbrauch von Hölderlin, dessen Brief-Roman deutschen Soldaten als Feldpostausgabe mit in den Krieg gegeben wurde, wohl in der Annahme, daß jene durch Hyperions Begeisterung und Kampfeswillen für eine nationale Wiedergeburt stimuliert und mobilisiert werden könnten.

Was kaum anderswo möglich erscheint, wurde dort versucht: einen Gedächtnisort zugleich als Spielort zu nutzen, um komplizierte Zusammenhänge zwischen Vergangenheit und Gegenwart in Szene zu setzen, fernab der gewöhnlichen Theaterbühne.

Orte der Täter: Die umstrittene Rückkehr ins Stadtgedächtnis

Natürlich konnten nicht an jedem Ort mit einem spezifischen Bezug zur NS-Zeit so beziehungsreich und unterhaltsam zugleich tiefere Einsichten in die Geschichte geboten werden. An manchen Stellen wurde die Vergangenheit ganz umstandslos planiert und begraben. So als hätte es sie gar nicht gegeben – oder doch nur als monströse Idee. Die im Rohbau fertige, sogenannte Wehrtechnische Fakultät – Teil der im nördlichen Grunewald geplanten neuen Hochschulstadt Hitlers – ließ man abtragen. Sie liegt im Trümmerschutt unter Berlins höchster Erhebung, dem Teufelsberg, heute beliebt für Ausflüge und Wintersport und von den Amerikanern lange Zeit als Horchposten und Fenster durch den Eisernen Vorhang genutzt, mit großen Funk- und Radaranlagen.

Die bis auf Reste ihrer Außen- und Grundmauern zerstörte Neue Reichskanzlei, die Speer 1938/39 mit großem Aufwand gebaut hatte, wurde ganz abgetragen. Es gelang allerdings nicht, die mehrere Meter dicken Wände des »Führerbunkers« wegzusprengen. Er wurde mit Erde und Trümmerschutt zugeschüttet. Gras und Unkraut wuchsen darauf. Mitte der achtziger Jahre begann die DDR auf diesem verlassenen Grund unweit der Mauer Wohnblocks zu bauen. Nach dem Mauerfall wurden Teile der weitläufigen Bunkeranlage der ehemaligen Reichskanzlei vorübergehend freigelegt. Aus Sorge, dort könnte alsbald eine Kultstätte der west- und ostdeutschen Neonazis entstehen, hat man die Eingänge rasch zubetoniert. Der wissenschaftliche Leiter des Berliner Archäologischen Landesamtes trat nachdrücklich dafür ein, einige der Bunker zwischen Ebert-, Voß- und Wilhelm-Straße unter Denkmalschutz zu stellen, mit der erklärten Absicht, »Seelenschichten der deutschen Geschichte« freizulegen.[34] Zwar konnte er sich dabei auf einen einstimmigen Beschluß des Berliner Abgeordnetenhauses berufen, der den Senat aufgefordert hatte, über das Gelände der ehemaligen Reichskanzlei vor jeder weiteren Planung oder Bebauung eine Dokumentation zu erstellen, doch sonst fand der Plan wenig Zustimmung. Die Jüdische Gemeinde Berlin sah darin »eine dauernde Irritation und Beleidigung für die Opfer des Nationalsozialismus«. Und der Zeithistoriker Wolfgang Benz befürchtete, daß sich im Falle der Freilegung des sogenannten »Führerbunkers« wiederholen könnte, was sich seit langem auf dem Obersalzberg in den ostbayerischen Alpen etabliert hat, eine »Devotionalienbörse«, und daß vor allem »die Sensationslust« von Geschichtstouristen befriedigt wird.[35]

Der Verein »Aktives Museum Faschismus und Widerstand« bemühte sich um einen Kompromiß; er wollte sich einer Auseinandersetzung mit der NS-Vergangenheit an einem Ort offensichtlicher Publikumsattraktion einerseits nicht verschließen, mochte ihm aber keine »oberste Priorität« einräumen.

Verschüttet und planiert sind die steinernen Spuren der Vergangenheit auch dort, wo sich zu Beginn der dreißiger Jahre der »Volksgerichtshof« befand, im ehemaligen Königl. Wilhelm-Gymnasium in der Bellevuestraße 15.[36] Keine Schrifttafel erinnert daran, daß dort weit mehr als 10 000 Todesurteile verhängt wurden, die meisten während des Krieges – wegen »Wehrkaftzersetzung«, »Zweifel am Endsieg«, Verbreitung von »Flüsterwitzen« oder wie immer die Delikte eines damals lebensgefährlichen politisch-oppositionellen Verhaltens hießen. Kein Hinweis findet sich, daß der Bundesgerichtshof und das Berliner Landgericht dem Freislerschen Blutgericht noch 1968 bescheinigten, ein »normales, unabhängiges Gericht« gewesen zu sein, und natürlich auch kein Hinweis darauf, daß der Bundestag erst im Januar 1985 die Rechtswirkungen der »Volksgerichtshof«-Entscheidungen aufhob und diesen zum »Terrorinstrument« des NS-Staates erklärte.[37] Und wer es nicht weiß, erfährt es auch dort nicht: daß keiner der überlebenden NS-Richter von einem Gericht der Bundesrepublik rechtskräftig verurteilt worden ist. Für sie galt das Richterprivileg, da man ihnen »niedere Beweggründe« nicht nachweisen konnte. Zur Erinnerung an die Opfer des »Volksgerichtshofs« – unter ihnen mehrere der Widerstandskämpfer des 20. Juli – wurde im Oktober 1983 vor dem ehemaligen Preußischen Kammergericht eine Granittafel aufgestellt, dort, wo nach 1945 der Alliierte Kontrollrat residierte, im Kleistpark an der Potsdamer Straße.

Nur wenige Minuten entfernt befindet sich das frühere Grundstück Tiergartenstraße 4, das unter dem berüchtigten Kürzel »T 4« Sitz der »Euthanasiezentrale« war.[38] Zuvor hatte in der einstigen Stadtvilla die NSDAP-Auslandsorganisation residiert. Mehrere hundert Mitarbeiter organisierten dort die Ermordung Zehntausender geistig und körperlich behinderter Menschen. 1940/41 wurden in den verschiedenen Anstalten etwa 70 000 Menschen ermordet. Öffentliche Proteste erzwangen eine vorübergehende Einstellung der Massentötung. Sie wurde später mit veränderten Techniken fortgesetzt. Die »Aktion T 4« war eine Art Vorlauf für die Gewaltverbrechen im Osten. Ein Großteil des Personals wurde für die »Endlösung« rekrutiert. Auch die Kommandanten der Vernichtungslager Belzec, Sobibor und Treblinka kamen von hier.

Einige der Hauptverantwortlichen der »Euthanasie«-Aktion wurden nach dem Krieg hingerichtet. Andere konnten unter falschem Namen ihre ärztliche Tätigkeit fortsetzen oder erreichten die Einstellung ihrer Verfahren. Noch Ende der achtziger Jahre wurden zwei ehemalige »T 4«-Ärzte verurteilt, allerdings nur zu geringen Haftstrafen.

Zunächst erinnerte auf dem riesigen Trümmergelände zwischen Kemperplatz und Potsdamer Platz nichts mehr daran, daß von diesem Ort das erste NS-Gewaltverbrechen geplant und organisiert worden war. Anfang der 1960er Jahre errichtete dort Scharoun die neue Berliner Philharmonie. Erst am 1. September 1989 wurde auf dem Bürgersteig eine etwa drei mal drei Meter große Bronzetafel eingelassen, die nach einem Entwurf des Bildhauers Richard Serra gestaltet ist. Sie trägt die Inschrift:

»Ehre den / vergessenen / Opfern / An dieser Stelle, in der Tiergartenstraße 4. / wurde ab 1940 der erste national- / sozialistische Massenmord organisiert, / genannt nach dieser Adresse: ›Aktion T 4‹. / Von 1939 bis 1945 wurden fast 200 000 / wehrlose Menschen umgebracht. / Ihr Leben wurde als ›lebensunwert‹ / bezeichnet, ihre Ermordung hieß ›Euthanasie‹. / Sie starben in den Gaskammern von Grafeneck, Brandenburg, / Hartheim, Pirna, Bernberg und Hadamar: / Sie starben durch Exekutionskommandos, / durch geplanten Hunger und Gift. / Die Täter waren Wissenschaftler, Ärzte, / Pfleger, Angehörige der Justiz, der Polizei, / der Gesundheits- und Arbeitsverwaltungen. / Die Opfer waren arm, verzweifelt, aufsässig / oder hilfsbedürftig. Sie kamen aus / psychiatrischen Kliniken und Kinderkrankenhäusern, aus Altenheimen / und Fürsorgeanstalten, / aus Lazaretten und Lagern. / Die Zahl der Opfer ist groß, gering die Zahl / der verurteilten Täter.«[39]

Auch in der Witzlebenstraße 4–10 (Charlottenburg) wird – erst seit wenigen Jahren – an NS-Täter erinnert.[40] Die Auseinandersetzung um die Gedenktafel, die darüber informiert, daß dort »über 260 Kriegsdienstverweigerer und zahllose Frauen und Männer des Widerstands« zum Tode verurteilt wurden, ist einmal mehr aufschlußreich für den Zusammenhang von Denkmalgeschichte und politischer Kultur. Das Reichskriegsgericht hat über eintausend Todesurteile verhängt, darunter in mehreren Hundert Fällen wegen sogenannter »Wehrkraftzersetzung«, dem seit 1949 grundgesetzlich geschützten Recht auf Kriegsdienstverweigerung. Zu den bekanntesten Strafverfahren zählt das gegen die Widerstandsgruppe »Rote Kapelle« um Harro Schulze-Boysen und Arvid Harnack. Eine Gruppe von Kriegsdienstgegnern brachte während des Evangelischen Kirchentages im Sommer 1989 eine Gedenktafel an dem Gebäude an, in dem sich jetzt das Kammergericht befindet. Sie konnte sich dabei auf ein einstimmiges Votum der Bezirksversammlung stützen. Das hinderte einen Kammerrichter allerdings nicht, die Tafel tags darauf eigenmächtig entfernen und in einem Müllcontainer entsorgen zu lassen. Sein Dienstherr fand das Verhalten nicht zu beanstanden. Auch er konnte sich auf eine höhere Legitimation berufen, als er die Auseinandersetzung mit der Geschichte an diesem Ort verweigerte. Der Bundesgerichtshof hat mehrfach die Widerständigkeit von Kriegsdienstverweigerern in Abrede gestellt und die einstigen Richter vom Vorwurf der Unrechtsprechung freigesprochen. Da half es offenbar wenig, daß der Bundesjustizminister bei der fast zeitgleich in Berlin eröffneten Ausstellung »Justiz und Nationalsozialismus« die »Flucht vor der nationalsozialistischen Vergangenheit« als »zentrale Fehlleistung der bundesdeutschen Justiz« bezeichnete.[41] Seit dem 1. September 1989 ist eine Gedenktafel aus Metall und auf Stahlpfosten befestigt aufgestellt, allerdings mit räumlicher Distanz zum Tatort – auf dem Bürgersteig vor dem Eingang des Kammergerichts.

Die Wannsee-Villa

Zur hauptstädtischen Topographie der Täter gehört gewiß auch das Haus Am Großen Wannsee 56/58. Bekanntlich verständigten sich dort am 20. Januar 1942 ein Dutzend höhere NS-Funktionäre und Ministerialbeamte über technische Einzelheiten der »Endlösung«. Man mag gerade an dieser Gedenkstätte, die 1992 mit viel Publicity und geschichtspädagogischem Anspruch eröffnet wurde, ein Beispiel sehen für das, was Karl Markus Michel spöttisch, aber doch nicht unberechtigt als »Topolatrie« bezeichnet hat. Also jene in zahlreichen lokalen Initiativen organisierte Bewegung der »Ortsbesetzer«, die den bedeutenden ebenso wie den weniger bedeutenden Gedächtnisort als authentischen Erlebnisraum installiert und dabei vom Mythos des Ortes, Bauwerks usw. profitieren möchte, dabei aber womöglich Gefahr läuft, die steinernen Spuren des Dritten Reiches in eine zeitgeschichtliche Erlebnislandschaft zu verwandeln. Der Einwand ist nicht ohne weiteres abzuweisen.[42] Gerade dort dürfte die lange Vorgeschichte der »Gedenkstätte« zeitgeschichtlich aufschlußreicher und bedeutsamer sein als die kurze Geschichte dieses als »Ort der Wannseekonferenz« möglicherweise überbewerteten einstigen Gästehauses der Sicherheitspolizei und des SD. Dorthin hatte Reinhard Heydrich, der Chef des Reichssicherheitshauptamtes, im Januar 1942 zu einer »Besprechung mit anschließendem Frühstück« mehrere hochrangige Vertreter aus Ministerien und Parteidienststellen eingeladen, nicht um zu entscheiden, sondern nur um zu informieren, denn die »Endlösung« war zu diesem Zeitpunkt längst im Gange.[43] Wenn aber die Vernichtung der europäischen Juden nicht von dort ihren Ausgang genommen hat, dann wird man fragen müssen, ob dieses Haus der angemessene Ort ist für die ihm spät zugewiesene umfassende Aufgabe, einerseits »Mahnstätte der Täter« zu sein und andererseits »Gedenkstätte der Opfer« und darüber hinaus noch als Bildungseinrichtung für besondere Berufsgruppen zu dienen, zumal mit der »Topographie des Terrors« bereits eine zentrale Dokumentation und Gedenkstätte für die NS-Gewaltverbrechen besteht.

Kritisiert wurde schon bei der Eröffnung der ständigen Ausstellung, die ihr damaliger Leiter, Gerhard Schoenberner, auf der Grundlage seines Anfang der sechziger Jahre erschienenen und damals viel beachteten Buches *Der gelbe Stern* erstellt hat, daß sie dem Anspruch der politischen Vorgabe nicht voll gerecht wird. Die Senatsvorlage hatte verlangt: »Die Opfer müssen ebenso sichtbar werden wie die Täter und das System, das die einen wie die anderen zu dem machte, was sie wurden.«[44] Zugespitzt, aber doch nicht falsch, hieß es in einem Kommentar, daß die Opfer in der Ausstellung ebenso »anonym« bleiben wie die Täter.[45] Eine andere kritische Stimme monierte, daß der »Massenmord ohne Mörder dargestellt« werde und die jüdischen Opfer nur so, »wie jene sie sahen«: als »Untermenschen«. So würden dem Betrachter ausgemergelte, elende, oft nackte Gestalten auf Fotos präsentiert, würde ihm nicht erklärt – die Fotos bleiben als Quelle unkommentiert –, wer diese Bilder fotografierte, und daß die Deutschen ihre Opfer durch systematische Verelendung zu diesen »häßlichen« Gestalten gemacht hätten.[46] Das aber mache diese Bilder nicht nur zu einer desorientierenden, höchst fragwürdigen Attraktion. In dieser Foto-Schau werde den ermordeten Menschen zudem »noch einmal (…) ihre Geschichte, ihre Einzigartigkeit geraubt«. Denn man habe versäumt, den qualvollen Vorgang des Verlustes der Individualität zu dokumentieren und daran zu erinnern, wie diese Menschen als jüdische Familien in der Vorkriegszeit gelebt, gearbeitet und ausgesehen hätten, in Wilna, in Warschau, in Lodz, in Lemberg und anderswo.[47]

Der Initiator dieses Projektes hatte wohl anderes im Sinn als ein Museum und eine Tagungsstätte mit Mediothek und »Multiplikatoren« für »berufs- und adressatenspezifisches ›Lernen in Projekten‹«. Mitte der sechziger Jahre, zu einer Zeit also, als das Prinz-Albrecht-Gelände noch verlassen und vergessen im Schatten der Mauer lag und fast niemand in Berlin an eine zentrale Dokumentations- und Forschungsstelle für die

NS-Gewaltverbrechen und an ein Antisemitismus-Forschungsinstitut dachte, da war es der lange unermüdlich tätige Joseph Wulf, nach 1945 einer der Mitbegründer der Zentralen Jüdischen Historischen Kommission in Polen, der eben dies forderte: ein »Internationales Dokumentationszentrum zur Erforschung des Nationalsozialismus und seiner Folgeerscheinungen«. Doch dieses Ziel wurde nie erreicht. Zwar fand Wulf prominente Fürsprecher, aber es gab von Anfang an auch Widerstand.[48] Sei es, daß man die von Wulf ihres Symbolwertes wegen ins Auge gefaßte Wannsee-Villa am liebsten abgerissen hätte, damit »keine Spur von dieser Schreckensstätte übrig bleibt«. Sei es, daß man – quer durch alle Parteien – die Räumung des Schullandheims, welches das Bezirksamt Neukölln seit 1952 in der Villa unterhielt, für wenig opportun hielt, zumal mit Blick auf die rechtsradikale Szene. Dort war eine Hetzkampagne im Gange. »Rachedenkmal statt Kinderheim«, schlagzeilte die *Deutsche Wochenzeitung*. Auch die *Deutsche National- und Soldaten-Zeitung* verfälschte das Problem in rechtspopulistischer Manier und schrieb: »Nazi-Dokumente wichtiger als Arbeiterkinder?« Selbst der damalige Regierende Bürgermeister, Klaus Schütz, sprach von einer »makabren Kultstätte«. Er unterstützte allerdings die Gründung des Dokumentationszentrums, lehnte aber die Wannsee-Villa als Standort ab. Auch *Christ und Welt* polemisierte heftig gegen jene, die »den Weg der Deutschen in die Zukunft mit weiteren düsteren Kultstätten (…) versehen« wollten, denn »Hitler und seine Kumpane haben uns so viele Schädelstätten des Grauens beschert, daß sie den Blick auf die übrige Geschichte der Deutschen verstellen«.[49] Davon konnte zu jenem Zeitpunkt wahrlich nicht die Rede sein. Nicht der Blick »auf die übrige Geschichte der Deutschen« war verstellt, sondern der auf die Geschichte des Nationalsozialismus, auch in Berlin. Der mit dem Projekt Anfang der siebziger Jahre befaßte Bundesinnenminister sah ebensowenig Handlungsbedarf und schrieb auf eine Anfrage des Bundespräsidenten, daß die dem »Dokumentationszentrum zugedachten Aufgaben bereits ausreichend durch das Bundesarchiv und das Institut für Zeitgeschichte (in München, d. V.) erfüllt werden«. Danach geriet das Projekt für ein Jahrzehnt in Vergessenheit. Der Förderverein war aufgelöst worden, und im Herbst 1974 hatte sich Wulf das Leben genommen.

Erst Anfang der achtziger Jahre fand dieser Ort wieder öffentliche Beachtung. Aus Anlaß des 40. Jahrestages der Wannsee-Konferenz wurden alte Forderungen und Initiativen erneuert. Aber sie blieben zunächst noch erfolglos. Inzwischen konzentrierten sich die Aktivitäten auf die

Um- und Neugestaltung des Prinz-Albrecht-Geländes. Im Herbst 1986 gab der Berliner Senat dann aber seine Absicht bekannt, in der Wannsee-Villa eine Gedenk- und Begegnungsstätte einzurichten und das Schullandheim anderswo unterzubringen. Am 20. Januar 1992, dem 50. Jahrestag der Wannsee-Konferenz, fand dann die Einweihung dieses weiteren Museums statt, die zu einem internationalen Medienereignis wurde. Der *Times*-Korrespondent trug mächtig auf und schlagzeilte: »Holocaust birthplace becomes museum with a mission.« Und die Mission des Hauses sah er offenbar darin, »to explain one of history's worst crimes, initiated at a drunken breakfast«.[50]

Sehr viel weniger aufwendig, ganz ohne Medienshow und Geschäftigkeit, wurde Ende der achtziger Jahre von dem Zentrum der Wirtschaftsverwaltung des SS-Staates in Steglitz Unter den Eichen 126 / 135 öffentlich Notiz genommen – durch eine Gedenktafel mit der knapp informierenden Inschrift:

»Hier befand sich während der NS-Zeit der Sitz des / SS-Wirtschafts- und Verwaltungshauptamtes / Zentralverwaltung zur Organisation und wirtschaftlichen / Nutzung aller Konzentrations- und Vernichtungslager, / sowie der zentralen Leitung der SS-Wirtschaftsunternehmen. / Bis zur Errichtung des KZ-Außenlagers / in der Wismarer Straße waren im östlichen Innenhof des / Gebäudes von 1940 bis 1942 / Häftlinge des KZ Sachsenhausen untergebracht.«[51]

Mit diesem Ort wird kein spektakuläres Ereignis in Verbindung gebracht, aus dem die Dramaturgen der Gedächtnisorte ohne weiteres didaktisches oder inszenatorisches Kapital schlagen könnten. Das Anonyme und Abstrakte bürokratischen Handelns verweigert sich dort dem auf Anschaulichkeit und personelle Authentizität fixierten Bemühen um »erlebnisreiche« Wiederaufbereitung von Geschichte. An diesem Ort fand allerdings das statt, was zum Systemcharakter der NS-Herrschaft gehörte: die Organisation der »Vernichtung durch Arbeit« und die Verwaltung jenes beachtlichen Mehrwertes, der durch dieses SS-Programm erwirtschaftet wurde.

Die »Topographie des Terrors«

Das inzwischen berühmteste Beispiel dafür, daß die NS-Geschichte erst einmal verdrängt und vergessen gemacht wurde, bevor man bereit war, sich wieder an sie zu erinnern, ist das Gelände zwischen dem Gropius-Bau (dem früheren Kunstgewerbe- bzw. Völkerkundemuseum) an der

Niederkirchner Straße (früher Prinz-Albrecht-Straße), der Anhalter Straße und der südlichen Wilhelmstraße. Die Trümmerwüste, die dort in der frühen Nachkriegszeit bestand, blieb jahrzehntelang Brachland. Dort hatte man – anders als in Frankfurt – kein Juden-Ghetto eingeebnet und die Geschichte einer verfolgten und vernichteten Minderheit vergessen. Dort hatte man auch nicht – wie in der Wannsee-Villa – irgendein von den Nazis zeitweise genutztes Gebäude »entnazifiziert« und sodann weiterbenutzt. Dort hatte man die Befehlszentrale des SS-Imperiums und seiner Gewaltverbrechen allmählich in Vergessenheit geraten lassen.

Weltberühmt war einst die vom »Soldatenkönig« angelegte barocke Friedrichstadt mit ihren Adels- und Bürgerpalästen, jenem Stadtteil, den Schinkel später klassizistisch ausgestaltete. Weltbekannt war diese Gegend zu Bismarcks Zeiten, insbesondere die Wilhelmstraße als Sitz preußischer und reichsdeutscher Regierungsämter.[52] Stadtweit und schließlich weltweit gefürchtet war manches Haus und manche Straße nach 1933. In der ehemaligen Kunstgewerbeschule mit der nachmals berüchtigten Adresse »Prinz-Albrecht-Str. 8« residierte die von Göring geschaffene und aus der preußischen Polizei hervorgegangene Geheime Staatspolizei. Das frühere Hotel Prinz Albrecht hatte Himmler zum Sitz des SS-Hauptquartiers gemacht. Und in das Prinz-Albrecht-Palais an der Wilhelmstraße zog der Sicherheitsdienst (SD), zunächst eine Parteigliederung, später eine quasi staatliche Spionageorganisation. Im September 1939 vereinigte Himmler Gestapo, Kripo und SD im Reichssicherheitshauptamt (RSHA).

Infolge der schweren Luftangriffe und der erbitterten Bodenkämpfe um das Machtzentrum des Dritten Reiches wurden alle Gebäude um den Prinz-Albrecht-Garten mehr oder weniger schwer in Mitleidenschaft gezogen. Sie wären allerdings größtenteils zu retten gewesen. Die Gebäudeschädenkarte von 1945 weist die meisten Bauten dieses Areals als wiederaufbaufähig aus. Gleichwohl wurden alle vom NS-Regime genutzten Gebäude bis Mitte der fünfziger Jahre gesprengt, abgetragen und das Gelände enttrümmert. Bevor man die Geschichte wiederentdeckte, machte man sie erst einmal unsichtbar.[53]

Sprengung und Abriß des Gestapo-Gebäudes blieben weitgehend unbeachtet. Die von der DDR-Regierung unter Ulbricht verfügte Sprengung des Berliner Schlosses löste hingegen empörte Reaktionen aus. Restliche Mauern wurden Mitte der fünfziger Jahre gesprengt. Der Trümmerschutt füllte den Gefängniskeller. Der Mauerbau im August 1961 zerriß neben dem politischen auch den räumlichen Zusammenhang der Stadt. Wenig später wurde zudem das relativ gut erhaltene ehemalige Völkerkundemuseum weggesprengt. Denn die neue Hausherrin und Hüterin des historischen Erbes, die Stiftung Preußischer Kulturbesitz, mochte auch nicht mehr am einstigen kulturellen Zentrum festhalten und zog in den Westen um, in den noblen Villenvorort Dahlem. So war nur noch wenig von vormals nahezu vollständiger Blockrandbebauung übriggeblieben: der Martin-Gropius-Bau und Teile des Europa-Hauses. Das historisch-architektonische Profil dieses Areals hatte man ausgelöscht.

Das sollte aber nur die erste Phase historischer Spurentilgung sein. Die zweite überzog die Brachfläche mit allerlei Umnutzungen bzw. Umnutzungsplänen. Abrißfirmen brachten Bauschutt zur Wiederaufbereitung für die zahlreichen Bauprojekte und Sanierungsgebiete der sich aus den Trümmern erhebenden und ungestüm modernisierenden Stadt. Auf einem »Autodrom« konnten sich Fahrlustige ohne Führerschein vergnügen. Das Bezirksamt Kreuzberg dachte zeitweilig daran, einen Hubschrauberlandeplatz anzulegen, während der Senat dieses Gebiet in anderer Weise »verkehrsgerecht« gestalten wollte. Für den Wettbewerb »Hauptstadt Berlin« entstand der Plan, die östlich gelegene Kochstraße zur Schnellstraße auszubauen und über das Prinz-Albrecht-Gelände hinweg Richtung Landwehrkanal zu führen. In jener Zeit überließ man das Gebäude des ehemaligen Kunstgewerbemuseums dem Verfall und der weiteren Zerstörung. Im deutsch-deutschen Niemandsland waren die Voraussetzungen besonders günstig, daß aus diesem Gelände »ein Ort der nicht-angenommenen deutschen Geschichte« (W. Scheffler) wurde – und als solcher wiederum ein auch für jene Zeit aufschlußreicher Gedächtnisort.

Erst in den siebziger Jahren geriet er wieder ins öffentliche Bewußtsein. Dazu trugen mehrere Ereignisse und Akteure je auf ihre Art und Weise bei: die Mitte der siebziger Jahre beginnende Restaurierung des Gropius-Baus, der Stadt- und Architekturhistoriker Dieter Hoffmann-Axthelm, ein Tunix-Kongreß und die Planer der Internationalen Bauausstellung Berlin. 1980 forderten mehrere Organisationen, daß ein Mahnmal auf dem Gelände errichtet wird, und 1982 brachte die SPD-Fraktion einen Antrag im Abgeordnetenhaus ein, der empfahl, zusätzlich ein Dokumentenhaus und ein Museum einzurichten. Doch mit der Ausschreibung des Wettbewerbs im Sommer 1983 wurde ein folgenschweres Problem geschaffen. Die teilnehmenden Künstler sollten nämlich höchst

Ein vielfach denkmalgeschützter Gedächtnisort im Zentrum der Hauptstadt mit drei Zeitschichten: unten die provisorische Ausstellung »Topographie des Terrors«, in der Mitte ein Rest der Berliner Mauer, darüber das Gebäude des preußischen Landtages, nach der Wende Sitz des Berliner Abgeordnetenhauses, gegenüber (nicht mehr im Bild) das ehemalige Reichsluftfahrtministerium.

Gegensätzliches harmonisieren. Sie waren aufgefordert, »die geschichtliche Tiefe des Ortes mit den Nutzungsansprüchen Parkgestaltung, Spielplatz, Bewegungsfläche etc. in Übereinstimmung« zu bringen. Von verschiedenen Stellen wurde die mangelnde Beteiligung einer breiten Öffentlichkeit an der Entscheidungsbildung kritisiert. Der in dieser Zeit gegründete Verein »Aktives Museum« forderte für diesen Gedächtnisort mehr Werkstattcharakter und ein internationales Begegnungszentrum. Er entwickelte eine rege Tätigkeit und trat mit zahlreichen Ausstellungen, Diskussionen, Anträgen hervor – und im Mai 1985 dann mit der spektakulären Aktion »Nachgraben«, durch die Teile der Fundamente und Kellermauern freigelegt wurden. Die denkmalpflegerische Neugestaltung des Prinz-Albrecht-Geländes drohte in dieser Zeit durch andere Interessen und Konzepte überlagert und abgedrängt zu werden.

Zwar hatte eine Jury im Mai 1984 einen 1. Preis an die Architekten Jürgen Wenzel und Nikolaus Lang vergeben, den sie auch zur Ausführung empfahl – und zwölf weitere Preise an andere Bewerber verteilt. Der Entwurf von Wenzel/Lang wollte aus dem Gelände einen Gedenkhain machen, mit geometrisch-streng angeordneter Baumbepflanzung und einer Art

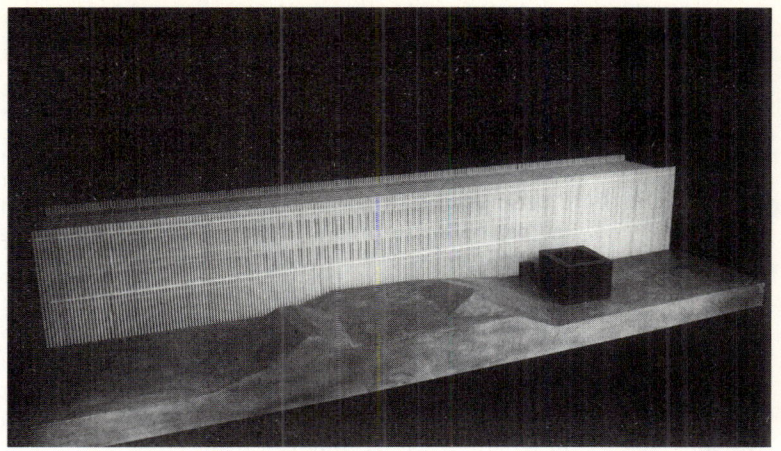

Der abstrakte Gebäuderiegel des neuen Ausstellungs- und Dokumentationszentrums
»Topographie des Terrors« von Peter Zumthor und Thomas Durisch (Modell).

»Versiegelung« des Bodens mit eisernen Platten, in denen Dokumente
eingelassen werden sollten. Doch Ende 1984 hob der Regierende Bürgermeister Diepgen (CDU) die Jury-Entscheidung auf. Zuvor war bekannt
geworden, daß die Bonner Regierung auf Wunsch und Initiative von
Bundeskanzler Kohl in Berlin ein Deutsches Historisches Museum errichten lassen wollte und man offenbar daran dachte, dafür das Prinz-Albrecht-Palais wieder aufzubauen.[54] Auch deshalb empfahl der Senat im
Hinblick auf die bevorstehende 750-Jahr-Feier der Stadt im Jahr 1987 nur
eine provisorische Lösung. Verantwortlich wurde nun der Senator für
Kulturelle Angelegenheiten. Die wachsende Unzufriedenheit mit der
hinhaltenden Senatspolitik führte Ende 1985 allerdings zur Gründung
einer »Initiative zum Umgang mit dem Gestapo-Gelände«. Im Sommer
konnten unter Leitung des Architekten Robert Frank Ausgrabungen
und Spurensicherungen beginnen. Dabei wurden die Kellergefängnisse
der ehemaligen Gestapozentrale freigelegt. Sie erhielten eine großflä-
chige Überdachung. Und im folgenden Jahr konnte die unter Leitung des
Berliner Historikers Reinhard Rürup erarbeitete Dokumentation »Topographie des Terrors« eröffnet werden, rechtzeitig zur 750-Jahr-Feier.

169

Sie war als Provisorium geplant. Und zugleich mit der Öffnung dieses Gedächtnisortes wurde versucht, die jüngeren Spuren des nachträglichen Unsichtbarmachens zu dokumentieren und zu erhalten.

Auf Beschluß des Berliner Abgeordnetenhauses konstituierte sich Anfang 1989 eine Fachkommission zur Erarbeitung von Vorschlägen für die zukünftige Nutzung des Prinz-Albrecht-Geländes, die ein Jahr später ihren Abschlußbericht vorlegte. Darin wurde empfohlen, einen »Ort der Aufklärung und der geistigen Auseinandersetzung mit den Entstehungsbedingungen und Strukturen des nationalsozialistischen Terrorsystems« zu schaffen, denn dieses Gelände sei in erster, wenn natürlich auch nicht in einziger Linie ein »Ort der Täter«. Die Kommission empfahl ferner, »auf einen erneuten Versuch der künstlerischen Gesamtgestaltung (...) ebenso zu verzichten wie auf ein monumentales Denkmal«. Und sie sprach sich auch dafür aus, einen »Ort der Stille« einzurichten, einen Raum »ungestörter Besinnung«, denn dieser Ort sei ja zugleich einer der Opfer. So liefen die Empfehlungen darauf hinaus, »das Gelände (...) im wesentlichen in seinem jetzigen Charakter (zu) erhalten« und für den »dauerhaften Schutz der Ausgrabungen« ebenso zu sorgen wie für den »Zusammenhang zwischen Spurensicherung und Informationsarbeit«. Außerdem wurde – um eine langfristig tragfähige finanzielle und organisatorische Grundlage zu schaffen – eine (zunächst) unselbständige »Stiftung Topographie des Terrors« ins Leben gerufen, an der sich zukünftig auch die Bundesrepublik beteiligen soll.

Ein Wettbewerb zur Neugestaltung des Geländes hat Anfang der neunziger Jahre stattgefunden. Der preisgekrönte und zur Ausführung vorgesehene Entwurf von Peter Zumthor und Thomas Durisch stellt neben einen kompakten siebengeschossigen Baukörper – für ein Begegnungszentrum – an der Stresemannstraße eine »abstrakte Gebäudehülle« als Ausstellungshalle über der Ausgrabungsstätte.[55] Doch trotz einer – wie die Architekten erklärten – kargen, asketischen Architektur wird man erst sehr viel später beurteilen können, ob die Auflage der Fachkommission erfüllt wird, »alles Aufdringliche, den Gesamteindruck Verändernde« zu vermeiden, ob nach den geplanten Eingriffen und Veränderungen dieses Geländes also noch bleibt, noch bleiben kann, was man ihm mit dem Architekturhistoriker Hoffmann-Axthelm wünschen möchte: ein fast leerer, ein »außerordentlicher Ort«[56], vielleicht ein ärgerlicher, aber gewiß ein städtebaulich störender Ort, wenn die Stadt auch dort im Laufe der Zeit wieder zusammenwächst.

Ende des Jahres 1996 machte dieser schwierige Gedächtnisort abermals unrühmliche Schlagzeilen. »Der Berliner Senat spart die Erinnerung an das Dritte Reich ein«, hieß es in der *Frankfurter Allgemeinen*. Von einem »Bubenstück« sprach *Die Zeit*.[57] Was war geschehen? Im Rahmen seiner rigorosen Sparmaßnahmen zur Konsolidierung des Haushaltes 1997 hatte der Senat beschlossen, den ca. 45 Millionen Mark teuren Neubau, an dem sich der Bund mit etwa 20 Millionen beteiligen will, bis zum Jahr 2000 zu verschieben. Ausgerechnet diesen Bau, zusammen mit der Widerstandsgedenkstätte in der Mitte Berlins zweifellos der wichtigste Gedächtnisort. Unter dem massiven nationalen und internationalen Protest sah sich der Senat gezwungen, seinen Sparbeschluß zurückzunehmen. Und anläßlich des zehnjährigen Bestehens der seinerzeit provisorisch angelegten Dokumentation »Topographie des Terrors« verkündete Berlins amtierender Kultursenator Peter Radunski im Juli 1997, der ein gutes halbes Jahr zuvor den Bau der Zumthor-Hülle noch um einige Jahre aufschieben wollte, daß in seiner Amtszeit drei Gedenkstätten fertiggestellt werden sollten: das Jüdische Museum in der Lindenstraße, das Holocaust-Mahnmal beim Brandenburger Tor und eben die Bauten des Dokumentationszentrums.

Synagogen und Bahnhöfe:
Spuren der Vertreibung und Vernichtung

Dem steinernen Gedächtnis der Stadt abhanden gekommen waren zunächst auch die Stätten der ausgelöschten Jüdischen Gemeinde, insbesondere die großen Synagogen oder was davon nach Pogrom, Deportation und Bombenkrieg noch übriggeblieben war.[58] Die Synagoge in der Levetzowstraße, in der Pogromnacht 1938 nur geringfügig beschädigt, wurde ab Ende 1941 als Sammellager für die Deportationen in die Vernichtungslager im Osten benutzt und hat den Krieg als Vollruine überstanden. Sie wurde 1956 abgerissen, nachdem sich zuvor Berliner Behörden und die Jewish Restitution Successor Organization lange um die Mängelbeseitigung gestritten hatten. Das massive Gebäude war offenbar so gut erhalten, daß mehrfach gesprengt werden mußte, »als ob die Synagoge Levetzowstraße, Zeugin jüdischen Lebens und jüdischen Leids seit 1912, sich beharrlich weigerte, ihren Platz zu räumen«.[59] Dabei blieben zunächst die vier Säulen des Synagogenportals erhalten, die aber bald darauf auch entfernt wurden. Vier Jahre später erinnerte eine Gedenktafel an die zerstörte Synagoge. Sie nahm es allerdings mit der Geschichte nicht so genau und rückdatierte die Zerstörung auf das Jahr 1938, was wohl dem gängigen Geschichtsbild entsprach, aber eben nicht der wirklichen Geschichte. Wo die Synagoge gestanden hatte, war nun eine Lücke, eine freie Fläche. Sie wurde eingezäunt. Hinter dem meterhohen, engmaschigen Zaun spielten viele Jahre Kinder. Ein Schild davor warnte die Passanten: »Betreten bei Schnee und Glätte auf eigene Gefahr!« Ein weiteres Beispiel dafür, wie unsensibel, wie »vergeßlich« mit bürokratischen Vorschriften an Gedächtnisorten hantiert wird.

Auf Initiative der Alternativen Liste wurde Anfang der achtziger Jahre die Errichtung eines Mahnmals beschlossen. Im November 1988 konnte das von dem Bildhauer Peter Herbrich und den Architekten Jürgen Wenzel und Theseus Bappert geschaffene Architekturensemble eingeweiht werden, eine – so die Künstler – »gewaltige, lebende Wand, die Öffnung, die Schwelle und die Rampe. Sie bilden an der Stelle des ehemaligen Tempeleingangs einen Raum der Sammlung. Den Umgang und die Vielfalt, die Größe und die Bedeutung der ausgelöschten preußisch-jüdischen Kultur symbolisiert die »Schwelle« mit gußeisernen Reliefs aller Berliner Vereins- und Gemeindesynagogen. Dazu kommen Rampe und Waggon mit Figurationen, die abstrakt in Eisen geschnürte Menschenpakete darstellen (…) zur Veranschaulichung der Ereignisse (…), die von diesem Ort ausgingen.«[60] Bei dem Wettbewerb hatten mehrere Entwürfe einen Preis erhalten. Die von Richard Heß geschaffene Bronzeplastik einer zerbrochenen Thorarolle wurde allerdings nicht dort, sondern vor dem Gemeindehaus in der Fasanenstraße aufgestellt.

Die Synagoge Levetzowstraße war nicht die einzige, welche die Pogromnacht vom 9. November und den Krieg – wenn auch als Ruine – überstanden hatte und erst in den fünfziger Jahren gesprengt und abgetragen worden ist. Andere prominente Beispiele der insgesamt fünfzig Berliner Synagogen, von denen die Nazis am 9. November 1938 vierzig in Brand steckten, sind die in der Oranienburger und in der Fasanenstraße. Dort errichtete die Westberliner Jüdische Gemeinde, die sich 1953 von der Ostberliner Gemeinde getrennt hatte, ein neues Gemeindehaus, einen nüchternen Stahlbetonskelettbau, der vielfältig genutzt wird. An die alte Synagoge, deren Ruine ebenfalls noch bis in die fünfziger Jahre stand, erinnern das dem Haupteingang vorgestellte Portal der zerstörten Synagoge und zwei Risalite ihrer Fassade, die seitlich aufgestellt wurden.[61]

Nur wenig anders verhielt es sich mit der Synagoge in der Oranienburger Straße, im früheren Ostberlin.[62] Auch sie blieb in der Nacht vom 9. zum

10. November von den SA-Brandstiftern nicht verschont. Ein »beherzter Reviervorsteher« vertrieb allerdings die zerstörungswütigen SA-Männer unter Hinweis auf das wegen seines Kunstwertes unter Polizeischutz stehende Gotteshaus und beorderte die Feuerwehr an die Brandstelle. Zu Pessach 1939 wurde die Synagoge bereits wieder benutzt. Auch den Krieg überstand sie, nun als »Heeresbekleidungsamt« genutzt und – Ende 1943 durch Bomben schwer beschädigt – als Ruine. Sie wäre wohl zu retten gewesen. Doch daran bestand zunächst kein politisches Interesse, und die so sehr dezimierte, zudem geteilte Gemeinde war dazu auch kaum imstande. So wurde der Hauptteil der 1866 geweihten größten Gemeinde-Synagoge in Berlin im Sommer 1958 gesprengt. Im wesentlichen blieb nur die Vorderfront erhalten – »zur dauernden Erinnerung und zur Mahnung für alle Zeiten«, wie es in einem Protokoll heißt. Pläne, ein jüdisches Museum einzurichten, konnten nicht realisiert werden. Zeitweilig bestand die Absicht, die Ruine für den Neubau einer Straße ganz abzureißen. Zum 100. Jahrestag der Einweihung wurde am östlichen Turm eine Erinnerungstafel angebracht. Mehr konnte die Gemeinde nicht erreichen, mehr wollte die DDR-Regierung offenbar auch nicht. Das änderte sich erst »50 Jahre nach der Schändung / dieser Synagoge / und (wiederum nicht korrekt, d. V.) 45 Jahre nach ihrer Zerstörung«. So steht es jedenfalls auf einer Tafel, die in Anwesenheit von Erich Honecker und mit großem propagandistischem Aufwand am 9. November 1988 enthüllt wurde. Erst jetzt war das politische Interesse vorhanden, zu beschließen, so der weitere Text auf dieser Tafel, daß »dieses Haus / nach unserem Willen, / mit Unterstützung vieler Freunde / in unserem Lande / und aller Welt neu erstehen (wird)«. Im Sommer desselben Jahres wurde die Stiftung »Neue Synagoge Berlin – Centrum Judaicum« ins Leben gerufen. Seit dem Spätsommer 1991 glänzt die vergoldete Hauptkuppel samt Davidstern wieder – weithin sichtbar – über den Dächern der Stadt. Die erhalten gebliebenen rückwärtigen Gebäudeteile sind inzwischen wieder zugänglich und werden für kulturelle Zwecke genutzt. Ein vollständiger Wiederaufbau ist zunächst nicht beabsichtigt, die Möglichkeit dazu soll aber nicht »verbaut« werden. Die vielen anderen großen und kleinen Berliner Synagogen stehen im Schatten der Geschichte dieses prominenten Gotteshauses.

Den Novemberpogrom und den Krieg hatte auch die Schöneberger Synagoge an der Münchener Straße weitgehend unversehrt überstanden. Auch sie diente den Nazis als Sammelstelle. Auch sie wurde erst Mitte der fünfziger Jahre abgerissen – für einen Sportplatz. Daran erinnert eine

Gedenktafel am Sockel des 1960 von Gerson Fehrenbach geschaffenen Denkmals. Auch die schwer beschädigte Schöneberger Synagoge an der Passauer Straße wurde in den fünfziger Jahren abgerissen, um einem Parkhaus für das Kaufhaus des Westens Platz zu machen. Die Spandauer Synagoge überstand das Ende der NS-Zeit nicht; an sie erinnert eine von Volkmar Haase geschaffene, anrührende Gedenktafel mit einem plastischen Davidstern, der das zerstörte Bild der Synagoge umschließt. An die bald nach dem Novemberpogrom abgerissene Ruine der Synagoge Lessingstraße erinnert gleichfalls eine Bronzetafel. Ihr ist zu entnehmen, daß zahlreiche Professoren an den Gottesdiensten teilnahmen, unter ihnen Albert Einstein und Ismar Elbogen, weshalb sie auch, halb spöttisch, halb respektvoll, »Intelligenztempel« genannt wurde. Auch die Synagoge Lützowstraße – neben jener in der Levetzowstraße die zweite große Reform-Synagoge im Tiergarten – überstand den Krieg als Ruine. An ihre Stelle traten Mitte der fünfziger Jahre Bürogebäude. Nicht anders erging es dem liberalen »Friedenstempel« in der Wilmersdorfer Markgraf-Albrecht-Straße; dessen Ruine stand bis in die späten fünfziger Jahre und mußte dann neuen Wohnhäusern weichen. Die Wilmersdorfer Synagoge in der Prinzregentenstraße erlitt ein ähnliches Schicksal. Sie war das letzte jüdische Gotteshaus, das vor Beginn der NS-Herrschaft in Berlin errichtet und 1930 eingeweiht wurde und über 2000 Menschen Platz bot. Die Synagoge brannte 1938 völlig aus. Auch dort wurde die Ruine erst lange nach dem Krieg abgerissen.

Nicht nur die Synagogen(ruinen) und die an ihrer Stelle errichteten Denkmäler oder Gedenktafeln erinnern an das ausgelöschte jüdische Leben. Zu Symbolen der Vertreibung und Vernichtung sind auch die Berliner Deportationsbahnhöfe geworden. Von den vor 1933 rd. 160000 Berliner Juden konnten sich etwa 90000 durch Flucht vor den Nazis retten. Etwa 55000 Berliner Juden gelang das nicht. Sie wurden über Sammellager an verschiedenen Bahnhöfen der Stadt in Deportationszüge verladen und in die östlichen Ghettos und Vernichtungslager gebracht und ermordet. Der S-Bahn- und Güterbahnhof Grunewald ist einer davon. Auf Initiative einer Verfolgten-Organisation wurde Anfang der siebziger Jahre am Signalhaus eine Gedenktafel mit hebräischer Inschrift angebracht, »Zur Erinnerung an die Opfer der Vernichtung«. Sie ist zweimal entwendet worden. Auf Antrag der Alternativen Liste wurde 1987 ein Wettbewerb für die Errichtung eines Denkmals ausgeschrieben. Ihn gewann der Bildhauer Karol Broniatowski. Zuvor hatte es eine Auseinandersetzung über den Standort gegeben, denn das da-

Deportationsdenkmal am S-Bahnhof Grunewald von Karol Broniatowski (1991).

mals der (ostdeutschen) Deutschen Reichsbahn gehörende Gelände des Güterbahnhofs konnte nicht benutzt werden, womit die Initiatoren so wenig einverstanden waren wie manche Künstler. Der Architekturhistoriker Hoffmann-Axthelm suchte einmal mehr zu vermitteln und mahnte Behutsamkeit im Umgang mit dem Ort an. Er forderte eine unauffällige künstlerische Gestaltung, »die nicht dazu führt, daß der original historische Ort verschwindet und (…) die offenen Fragen durch ein eindeutiges Denkmal zugestellt werden«.[63]

Broniatowski hat den Weg zum Deportationszug, zur Verladerampe, in einem Betonblock nachgestaltet. der neben dem Eingang zum S-Bahnhof entlang des Weges hinauf zum Güterbahnhof an den Fuß des Bahndamms gestellt ist. Im Beton sind – schattenrißartig ausgespart – die Negativformen menschlicher Körper zu sehen, die in der Fluchtperspektive des Auges immer kleiner und undeutlicher werden. Das Preisgericht lobte die künstlerische »Gestaltungskraft«, die »die undarstellbaren Vorgänge sichtbar« gemacht habe. Mag sein. Die Wirkung, die von diesem Denkmal ausgeht, wird im übrigen auch dann nicht geringer, wenn man weiß, daß schon Louis Leygue in seinem Entwurf für ein Denkmal des unbekannten politischen Gefangenen die Negativform eines stilisierten menschlichen Körpers benutzt hat. Ich gestehe gern, daß mich dieses abseits gelegene Monument immer wieder beeindruckt. Gleichwohl – oder gerade deshalb – wird man auch hier fragen dürfen, ob nicht die ästhetische Überformung bei aller Zurückhaltung in der formalen Gestaltung dazu tendiert, dem suchenden Auge anrührend schmeichelnd, an die Stelle des zu Erinnernden und Ausgelöschten zu treten. Zudem bleibt völlig unklar, was es heißt, die Vertreibung und Vernichtung von Zehntausenden Berliner Juden zu undarstellbaren Vorgängen zu erklären und doch gleichzeitig ihre künstlerische Nachgestaltung für möglich und hier sogar für besonders gut gelungen zu halten. Darüber hinaus wird der Betrachter eben auch an dieser Stelle im unklaren darüber gelassen, daß die Orte des Terrors und des Leidens hier wie anderswo in der Stadt zunächst aus ihrem steinernen Gedächtnis gedrängt worden sind, bevor man sie Jahre oder Jahrzehnte später wieder in das öffentliche Gedächtnis zurückholte, nun eine schnell wachsende Zahl von Orten als historische Spuren identifizierte und sie – dem Zeitgeschmack mehr oder weniger folgend – ästhetisch und didaktisch inszenierte.

Und als ob an diesem Ort das frühere Vergessen der Vergangenheit besonders nachdrücklich vergessen gemacht werden soll, ist noch ein zweites Deportations-Denkmal hinzugekommen. Als 1993 bekannt wurde, daß die Bundesbahn dort eine Reinigungshalle für ihre ICE-Züge plante, protestierten der Zentralrat und die Berliner Jüdische Gemeinde scharf gegen diese Absicht. Eine neue Denkmalinitiative war die Folge. Im Januar 1998 konnte das Mahnmal eingeweiht werden: eine dunkle Stahl-Schotter-Installation der Saarbrücker Architektengemeinschaft Hirsch, Lorch und Wandel. Neben den Bahngleisen liegen auf hundertdreißig Metern Länge über schwarzem Schotter gußeiserne Gitter, die auf ihrer Schmalseite längs der Bahnsteigkante die Daten der 186 Deportationszüge tragen, ihre Zielorte und die Zahlen der von dieser Stelle in die Ghettos und Vernichtungslager verschleppten Berliner Juden. So monumental dieses Mahnmal auch in seiner ebenerdigen Ausdehnung erscheint, so sehr kommt es ohne ästhetisierende Effekte aus.[64]

Weitere Deportationsbahnhöfe waren der in der Putlitzstraße und der einst für seine »Großen Bahnhöfe« berühmte Anhalter Bahnhof am Askenasischen Platz.[65] Dort empfing Wilhelm II. den russischen Zaren und bereiteten Berliner Arbeiter Ende Oktober 1918 dem aus dem Gefängnis entlassenen Karl Liebknecht einen begeisterten Empfang. Dort wurde 1927 auch jener damals noch weitgehend unbekannte neue NSDAP-Gauleiter Joseph Goebbels jubelnd begrüßt, der sich ein Ziel gesetzt hatte: die »Eroberung« Berlins. Auch in den Kriegsjahren wurden große Bahnhöfe inszeniert. So für den im Sommer 1940 von der Westfront zurückkehrenden »größten Feldherrn aller Zeiten«, so im Herbst 1940 für den sowjetischen Außenminister Molotow, so auch im Februar 1942 für die Ankunft der Leiche des tödlich verunglückten Reichsministers für Bewaffnung und Munition, Fritz Todt.

Zur selben Zeit war der Anhalter Bahnhof ein Bahnhof der Abschiede, der Trennungen, der Flucht, der Deportationen. Von dort flohen jüdische Berliner vor ihren Verfolgern ins Ausland. Von dort fuhren ab Oktober 1941 die Sonderzüge in die östlichen Vernichtungslager. Die Großangriffe im Februar 1945 zerstörten die südliche Friedrichstadt schwer und auch den Anhalter Bahnhof, aber nicht dessen Außenmauern. Schon bald nach dem Krieg wurde der Zugverkehr wieder aufgenommen, infolge der Teilung der Stadt aber 1952 eingestellt. Und Ende der 50er Jahre begann der Abriß der Ruine. Nur ein Rest blieb erhalten, ein Teil der nördlichen Stirnwand mit den Allegorien des Tages und der Nacht. Die Ruine und die mauernahe Bahnhofsbrache wurde später verschiedentlich für künstlerische Projekte genutzt. Die erwähnte *Winterreise*-Inszenierung im Olympiastadion baute das Anhalter Bahnhofsportal als Kulisse nach. Ende der 70er Jahre diente es einem Objektkünstler als »archäologisches Areal«. Zur 750-Jahr-Feier wurde hier eine szenische Ausstellung gezeigt, »zur Wahrnehmungsgeschichte einer industriellen Metropole«, genannt: *Mythos Berlin* (1987). Seitdem wird von Zeit zu Zeit über die Neugestaltung des Geländes diskutiert. Auch dort ist Mitte der 90er Jahre die städtebauliche Zukunft offen und die Vermutung nicht abwegig, daß diese Lücke im steinernen Gedächtnis der Stadt, die an Verlorenes, Vergessenes erinnert, eines Tages überformt, geschlossen, unkenntlich gemacht wird.

Weißensee: Ein Monument der gescheiterten Assimilation

Vielleicht gibt es kein zweites Zeugnis, das wie dieses, über Jahrzehnte und in Tausenden von Denkmalsteinen gewachsen und dann jäh abgebrochen, so umfassend, so differenziert und – es sei einmal erlaubt zu sagen – so unendlich traurig und schön zugleich von vergangenen Tagen erzählt: die »Totenstadt von Weißensee«.[66] Was sich sonst nur dem geduldig bücherlesenden Auge erschließt, das erzählen und bezeugen hier Steine. Sie fügen sich zu einem immer wieder melancholisch stimmenden, grandiosen Mosaik vom Aufstieg der deutschen Juden in der deutschen Gesellschaft. Weißensee ist ein monumentales Dokument vom jüdischen Beitrag zur Weltgeltung der deutschen Kultur mit Berlin als einem längst legendären Zentrum der wissenschaftlichen, politischen und kulturellen Moderne – und zugleich dokumentiert dieser Ort das Scheitern eines verheißungsvollen Programms: der Emanzipation einer religiösen und jahrhundertelang diskriminierten Minderheit durch Assimilation. Wo könnte man anschaulicher erfahren als hier, daß die »deutsch-jüdische Symbiose« einen Augenblick lang Wirklichkeit zu werden schien und sich dann doch als Fiktion, als tödlicher Trugtraum erwies? Wo wären – einmal abgesehen von Archiven und Bibliotheken – beredtere Zeugnisse dafür zu finden, daß der Ausbruch aus dem Ghetto, aus dem inneren und äußeren Spannungsverhältnis von Marginalisierung und Messiaserwartung, den Juden außerordentliche Anstrengungen abverlangte und sie zu außerordentlichen Leistungen beflügelte, daß aber ihre wissenschaftlichen Entdeckungen, ihre künstlerische Kreativität, ihre wirtschaftlichen und politischen Erfolge das völkische Schlagetot-Vokabular von der »Verjudung« der deutschen Kultur nicht zum Verstummen und den blindwütigen Antisemitismus nicht zur Vernunft bringen konnten, daß dieser beispiellose Höhenflug vielmehr gewaltsam abgebrochen wurde, die enthusiastische Hingabe vergeblich war und die Hoffnung an diesem Ort verstummte. Sichtbar ist das dort bis heute geblieben, was Jakob Wassermann trotz vieler großer literarischer Erfolge am Ende erkennen mußte, desillusioniert und in großer Bitterkeit: »keine Tat, keine Entselbstung, nicht Schweiß noch Blut, nicht Bild noch Figur, nicht Melodie noch Vision« reichen hin, dem deutschen Juden »das Vertrauen, die Würde, die Unantastbarkeit von vornherein zuzugestehen, die im gegnerischen Lager der Geringste ohne Abzug genießt«. Die Jüdischen Friedhöfe Weißensee und Schönhauser Allee vor allem sind voller steinerner Zeugnisse davon.

So begegnet man in den breiten Gräber-Boulevards den in zwei, drei Generationen ins deutsche Bildungs- und Besitzbürgertum aufgestiegenen jüdischen Honoratioren des Wilhelminischen Kaiserreichs, den Geheimen Regierungs- und Kommerzienräten, den Fabrikbesitzern und Bankiers, den Professoren und Doktoren, Verlegern, Publizisten und Künstlern. Und da finden sich abseits, in eng gedrängten Gräbern die Namenlosen und Armen, zumeist erst um die Jahrhundertwende zugewanderte Ostjuden. Da zeigt sich, daß und wie sich die deutschen Juden aus ihrer religiösen Tradition lösten – sei es, daß von den hebräischen Inschriften oft nur noch Buchstabenkürzel übrigblieben[67] oder die jüdische Zeitrechnung bei den Geburts- und Sterbedaten aufgegeben wurde, sei es, daß sich die Grabsteine immer mehr christlichen Grabmälern anglichen, während in der zurückhaltenden figürlich-allegorischen Ausschmückung die Nachwirkung des jüdischen Bilderverbots sichtbar blieb. Auch die geometrisch-bürokratische Anlage von Weißensee entspricht nicht dem Bild älterer jüdischer Ghetto-Friedhöfe; sie verrät die Nähe zur deutsch-christlichen Friedhofsordnung, über die schon Theobald Tiger (d. i. Kurt Tucholsky) seinen lyrischen Spott ausgoß:

»Jedweder hat hier seine Welt: / ein Feld. / Und so ein Feld heißt irgendwie: / O oder I … / (…) Du liebst. Du reist. Du freust dich, du – / Feld U – / Es wartet in absentia / Feld A. / Es tickt die Uhr. Dein Grab hat Zeit, / drei Meter lang, ein Meter breit. / Du siehst noch drei, vier fremde Städte, / du siehst noch eine nackte Grete, / noch zwanzig-, dreißigmal den Schnee – / Und dann: / Feld P – in Weißensee – / in Weißensee.«

Auch vom wilhelminischen Nationalismus und Hurrapatriotismus blieb die jüdische Assimilationsbewegung nicht unbeeinflußt. Als Wehrpflichtige oder Freiwillige zogen etwa 100 000 deutsche Juden für »Kaiser und Reich« in den Krieg; ein Drittel von ihnen wurde wegen besonderer Tapferkeit ausgezeichnet. 2000 gelang der ersehnte, bis dahin verwehrte Aufstieg in den Offiziersrang, und nicht weniger als 12 000 besiegelten »ihre Treue zum Vaterland mit dem Tode«. Die antisemitische Agitation beeindruckte das nicht. Auch nicht die zahlreich in Weißensee veranstalteten Gedenkfeiern, die immer zugleich auch Aufklärungskampagnen waren, zumindest sein sollten. Bei der Einweihung eines Gefallenendenkmals auf dem Ehrenfriedhof rief der Rabbiner Leo Baeck beschwörend den Versammelten zu: »Viele der deutschen Volksgenossen kennen sie nicht, viele wollen sie nicht kennen, die mit dem gleichen Enthusiasmus, der gleichen Vaterlandsliebe wie die christlichen Kameraden ins Feld gezogen sind (…) deren Blut gemeinsam geflossen ist.« Die Rechte höhnte nur: »Es sollen Juden im Felde gefallen sein; schade, daß sie nicht alle gefallen sind.«

Doch die deutschen Juden hielten aus und hielten fest an der Fiktion ihrer Emanzipation. In allen nur denkbaren Einstellungen und Haltungen, »fordernd und flehend und beschwörend, kriecherisch und auftrotzend, in allen Tonarten ergreifender Würde und gottverlassener Würdelosigkeit (…) bis hin zur völligen Selbstaufgabe« versuchten sie sich den nichtjüdischen Deutschen zu erklären und mit ihrer ganzen Produktivität, Begeisterung und Hoffnung zur Verfügung zu stellen, wie Gershom Scholem später im Rückblick schrieb.[68] »Jeder bleibt auf seinem Posten« – gab die Reichsvereinigung der deutschen Juden aus. Der weitaus größte Teil von ihnen hat das bekanntlich lange befolgt. Noch 1937 lebten immerhin etwa 140000 Juden in Berlin. Der Friedhof widerspiegelt allerdings die sich schrittweise vollziehende Diskriminierung, Verfolgung und Vertreibung. Von der ersten Terrorwelle am 1. April 1933 gegen jüdische Geschäftsleute, Ärzte und Rechtsanwälte über die sogenannte »Reichskristallnacht« am 9. November 1938 bis zu den Deportationen zwischen 1941 und 1943. Die Radikalisierung der Rassenpolitik und Verfolgungsmaßnahmen dokumentiert sich nicht zuletzt in den Zahlen der Selbsttötungen. Allein für Weißensee sind rund 2000 Beisetzungen von Menschen nachgewiesen, die durch Selbsttötung aus dem Leben schieden, wobei die Zahlen 1938, 1941 und 1942 (dem Beginn der Deportationen nach Auschwitz) jeweils deutlich anstiegen.

Weißensee bezeugt allerdings auch den Willen zur Selbstbehauptung und den Mut zum Widerstand, zu dem vor allem jüngere Pazifisten und Marxisten fanden. Bekannt geworden ist die Gruppe um den Jungkommunisten Herbert Baum, die nach einem – auch innerhalb der Gruppe umstrittenen – Brandbombenanschlag gegen eine NS-Propagandaausstellung im Lustgarten (»Das Sowjetparadies«) aufflog und ermordet wurde. Die Rache des Regimes wütete darüber hinaus noch gegen mehrere Hundert anderer Juden, die nach Sachsenhausen deportiert und dort getötet wurden. Peter Melcher hat mit feinem Gespür darauf aufmerksam gemacht, daß die besondere Plazierung der Gedenktafel als ein symbolischer Ausdruck für die Sonderstellung dieser Gruppe gelesen werden kann: sie war doppelt isoliert, in der Jüdischen Gemeinde und im kommunistischen Widerstand.[69]

Das ungefähr 40 Hektar große Friedhofsgelände diente auch den »Illegalen«, den untergetauchten Juden als Zufluchtsort und Treffpunkt, zumal sich die Verfolgungsorgane hier selten blicken ließen. Der damalige Rabbiner Riesenburger beschreibt eines dieser Verstecke, das vorübergehend Schutz bieten konnte, das tempelartige Mausoleum des berühmten Kammersängers Josef Schwarz (1881–1926) bei aller Bedrückung der Situation nicht ohne Komik: »In der Mitte des Daches dieses Erbbegräbnisses befand sich eine Glasplatte. Man hob diese immerhin schmale Platte und suchte sich links und rechts von ihr ein Ruhelager für die Nacht. Unten ruhte der begnadete Sänger (…) oben lagen seine Glaubensbrüder im unruhigen Schlaf, durch den sich die bange Frage zog:

Wie lange noch?«[70] Auf dem Grabmal heißt es: »Herr Gott du bist unsere Zuflucht für und für« (Psalm 90,2).

Die nach 1945 nur noch aus wenigen hundert Mitgliedern bestehende Jüdische Gemeinde Ostberlins war selbstverständlich nicht in der Lage, dieses große Areal zu unterhalten und zu pflegen. Der Magistrat hob den Friedhof in den Rang eines »Denkmals der Kulturgeschichte« und unterstützte dessen Erhalt auch finanziell und personell. Zudem beteiligten sich – in späteren Jahren – Studierende aus Ostberlin, aber auch Mitglieder der Aktion Sühnezeichen. Wiederholt kam es auch zu Friedhofsschändungen. Dahinter mögen sich antisemitische Ressentiments ebenso verbergen wie antikommunistischer Protest gegen den erklärtermaßen antifaschistischen Staat DDR. Bei der Entwendung von Edelmetallen aus Grabinschriften und Grabornamenten mögen aber auch ganz unpolitische, vielleicht nicht einmal kriminelle Motive im Spiel gewesen sein, denn die – trotz aller pflegerischen Bemühungen – unverkennbaren Verfallserscheinungen dürften den Friedhof für nicht wenige zu einer Art besitzlosem Niemandsland gemacht haben.

Wer über den Friedhof Weißensee wandert und in diesem monumentalen Dokument wie in einem Totenbuch liest und Fragen zu stellen beginnt, wird das Gelände irgendwann verlassen und den Radius seiner Erkundung erweitern, nach Möglichkeit über die ganze Stadt. Denn überall finden sich Gedenk- und Erinnerungstafeln an Geburts- und Wohnhäusern von deutschen Juden, deren Leben und Wirken die Nachwelt für immerhin so bedeutsam hielt, daß sie es in dieser Form nach und nach erinnerungsfähig gemacht hat.[71]

Es hat in der Nachkriegszeit eine Vielzahl von privaten und staatlich-kommunalen Initiativen gegeben, denen ein inzwischen recht dichtes Netz von Gedenktafeln zu verdanken ist. Und immer wieder waren auch Fälle von Vandalismus zu beklagen. Der weitaus größte Teil dieser Gedächtnisstützen wurde anläßlich der 750-Jahr-Feier Berlins installiert, im Rahmen des Berliner Gedenktafel-Programms, das mit den von dem Graphiker Wieland Schütz gestalteten Porzellantafeln die Information und nicht den moralischen Appell betont und somit zu einer durchaus nicht unangemessenen Versachlichung im Umgang mit der nationalsozialistischen Vergangenheit beitragen kann. Zahlreich finden sich diese Erinnerungstafeln vor allem in drei Bezirken Berlins, in Charlottenburg, in Schöneberg und Wilmersdorf. Dort, wo zahlreiche etablierte Berliner Juden lebten, begegnet man auf Schritt und Tritt den vielen Künstlern, Wissenschaftlern, Schriftstellern, Publizisten und Politikern. In der Wielandstraße etwa lebten der Pianist Artur Schnabel, der 1933 nach New York emigrieren konnte, und die in Auschwitz ermordete Malerin Charlotte Salomon. In Schöneberg finden sich auch Erinnerungstafeln für Ernst Weiß und Else Lasker-Schüler, für Kurt Pinthus und Egon Erwin Kisch, für Kurt Tucholsky und die Frauenrechtlerin Alice Salomon. An den Namen und an das Werk von Nelly Sachs, Ehrenbürgerin von Berlin, erinnert nicht nur eine Gedenktafel, sondern auch der nach ihr benannte Park der Bülowstraße.

Auch für den Nobelpreisträger und gebürtigen Hamburger Carl von Ossietzky hat die Stadt mehrere Erinnerungs- und Ehrungszeichen gesetzt, am Eingang der Strafanstalt Tegel ebenso wie in der Charlottenburger Kantstraße und in dem nach ihm benannten Park im Bezirk Tiergarten. Ossietzkys Lebensgeschichte ist in gewisser Weise typisch für eine ganze Epoche. Er begann als Schreiber beim Hamburger Amtsgericht, trat wie viele seiner Generation zu Beginn des Weltkrieges für die nationale Sache ein, wurde durch das Fronterlebnis zum radikalen Pazifisten, durch die *Weltbühne* erst berühmt, dann des Landesverrats angeklagt und verfolgt, schließlich verhaftet und gefoltert; er konnte durch internationale Solidarität nicht mehr gerettet werden und starb an der Krankheit, die er sich im KZ Esterwege zugezogen hatte.

In der Nördlinger Straße, dort wo sich das Haus mit der Nummer 8 befand, stehen Gedenktafeln für Albert Einstein, der rechtzeitig in die USA emigrieren konnte, und für Rudolf Breitscheid, einen der führenden SPD-Politiker der Weimarer Republik, der den Nazis letztlich nicht entkam, der sich im Pariser Exil für die Volksfront engagierte, der kein Visum für die USA erhielt, zusammen mit Rudolf Hilferding in Frankreich verhaftet und der Gestapo ausgeliefert wurde und im KZ Buchenwald bei einem Bombenangriff Ende 1944 ums Leben kam.

In Wilmersdorf erinnern Tafeln an große Theaterleute der zwanziger Jahre, an Julius Bab, Alfred Kerr und Max Reinhardt, die sich durch Flucht vor den Nazis retten konnten, und an Leon Jessel, der in Gestapohaft starb; ferner an den Verleger Samuel Fischer, der 1934 starb, an die Schriftsteller und Philosophen Lion Feuchtwanger, Egon Erwin Kisch, Alfred Kantorowicz, Ernst Bloch, die sich ins Exil retten konnten, sowie an Walter Benjamin und Walter Hasenclever, die sich auf der Flucht vor ihren Verfolgern und aus Furcht, ihnen in die Hände zu fallen, das Leben nahmen.

Zumeist erfährt der aufmerksame Spaziergänger von diesen Erinnerungstafeln nicht viel mehr als einige biographische Eckdaten. Das mag ihn vielleicht veranlassen, seinen Spaziergang in eine Bibliothek zu verlängern und sich mit Hilfe der einschlägigen Handbücher und Lexika näher zu informieren und gar Werke derer zur Hand zu nehmen, auf deren Namen er hier gestoßen ist. Schwerer als diese Lücke wiegt, daß auf diesen Tafeln nicht gesagt wird, weshalb diese Personen von den Nazis verfolgt, vertrieben und ermordet wurden, nämlich ihrer jüdischen Religionszugehörigkeit wegen, einem soziologischen Merkmal also, aus dem die Nazis ein minderwertiges, gar gefährliches biologisches machten. Man muß es bedauern, daß diese überaus verdienstvolle Initiative zur Erinnerung an die verfolgten und ermordeten prominenten Juden der Stadt, ob sie nun aus Vorsicht oder Verlegenheit davon absah, den Grund der Diskriminierung anzugeben, nicht einem Rat von Gershom Scholem gefolgt ist. Wie kaum ein zweiter hat er sich dagegen gewehrt, daß den aggressiven Stimmen der Verfolger, die alles, was für sie unverständlich war, für bedrohlich, vor allem aber für »undeutsch« hielten und als »verjudet« brandmarkten, nach 1945 eine eigentümliche Verschwiegenheit und Verlegenheit folgte, von den Juden als Juden zu reden. Nachdem die Juden »als Juden ermordet worden sind«, schrieb Scholem, »werden sie nun in einem postumen Triumph zu Deutschen ernannt, deren Judentum zu betonen ein Zugeständnis an die antisemitischen Theorien wäre«. Und – so müßte man wohl hinzufügen – eine ebenso unerwünschte Provokation für die Scham- und Schuldgefühle der Deutschen. »Welche Perversion im Namen eines Fortschritts«, so Scholem weiter, »der den Verhältnissen ins Auge zu schauen nach Möglichkeit vermeidet! Aber gerade das betrachte ich als unsere Aufgabe, und wir können gar nicht nachdrücklich genug von den Juden als Juden sprechen, wenn wir von ihrem Schicksal unter den Deutschen reden.«[72]

Daß es weiterhin schwerfällt, über die von Deutschen ermordeten und vertriebenen und ab 1933 aus der deutschen Geschichte herausgetrennten Juden öffentlich angemessen zu reden, zeigen zwei Beispiele umstrittener Holocaust-Denkmäler aus jüngerer Zeit. In dem einen Fall bemühte sich eine Koalition aus CDU, FDP und »Republikanern«[73], ein Denkmal für die ermordeten Steglitzer Juden zu verhindern. Mit der Mehrheit ihrer Stimmen beschloß die Steglitzer Stadtverordnetenversammlung, »ersatzlos Abstand zu nehmen« von dem bereits 1992 preisgekrönten Entwurf der Architekten Wolfgang Göschel und Joachim von Rosenberg. Ihr Stein des Anstoßes besteht aus einer neun Meter langen und über drei Meter hohen polierten Edelstahlwand, in welche die Deportationslisten der Steglitzer Juden eingraviert sind, mit Namen, Geburtsda-

Einweihung der »Spiegelwand« von Wolfgang Göbel und Joachim von Rosenberg. Mahnmal zur Erinnerung an die deportierten und ermordeten Juden aus Berlin-Steglitz im Juni 1995.

ten und Adressen. Jede Bewegung, jeder Blick, jedes Verweilen und jedes hastige Vorbeieilen wird von diesem Denkmal widergespiegelt. Es verhält sich gegenüber den Passanten nicht diskret, sondern direkt. Es visualisiert die Vertriebenen und Ermordeten nicht abstrakt als Lücke, Leerstelle oder Hohlform, sondern nennt sie konkret beim Namen. Und wer einen der etwa 2000 Namen lesen will, sieht sich dabei selbst ins Gesicht. Das ging nicht wenigen zu weit. Ästhetische und sicherheits-technische Bedenken wurden geltend gemacht. Man warnte vor Vandalismus. Ein alternativer Entwurf von CDU und FDP schlug vor, ein Hinweisschild aufzustellen für eine durch Neubauten verstellte Synagoge in der Nähe des Denkmalstandortes auf dem Hermann-Ehlers-Platz. Als der Streit sich zuspitzte und eine größere Öffentlichkeit aufmerksam machte, griff der Berliner Bausenator Wolfgang Nagel ein. Um das »Ansehen der Hauptstadt« nicht beschädigen zu lassen, machte er den Steg-

litzer Denkmalstreit mit Hilfe der Großen Koalition des Abgeordnetenhauses zur Sache des Senats, der entschied, das Denkmal ohne Abstriche
zu bauen. Im Sommer 1995 ist es enthüllt und seiner Bestimmung über-
geben worden. Offenbar erfüllt es seinen Zweck; denn immer wieder
kommt es vor der Glaswand spontan zu nicht selten erregten Debatten.
Kein stummes, ein beredtes Erinnerungszeichen, eines, das für den
flüchtigen Augenblick des Betrachtens und Verweilens Vergangenes und
Gegenwärtiges in einem Bild zusammenhält.[74]

Das andere Beispiel ist das 1993 von Renata Stih und Frieder Schnock in-
stallierte Denkmal im Bayerischen Viertel in Berlin-Schöneberg. Tafeln
mit Piktogrammen und Gesetzestexten aus der NS-Zeit, die an Straßen-
lampen montiert sind, erinnern an den schrittweisen Prozeß der Ausgrenzung, Vertreibung und Ermordung der vor 1933 etwa 16 000 Schöneberger Juden. Den Anstoß zu diesem Denkmal gab eine Ausstellung in
Schöneberg während der NS-Zeit, zum 50. Jahrestag der Machtübertragung an Hitler. Zusammen mit dem bezirklichen Kunstamt waren daran
zahlreiche lokale Gruppen, Geschichtswerkstätten und Einzelpersonen
beteiligt. Aus Anlaß der 750-Jahr-Feier der Stadt wurde 1987 ein weiteres
Ausstellungsprojekt realisiert: »Flanieren im Schatten der Vergangenheit.« Nachdem ein Schöneberger Bürger ermittelt hatte, daß über 6000
Juden dieses Stadtteils während der NS-Zeit deportiert worden waren,
beschloß die Bezirksversammlung, »eine weithin sichtbare Mahn- und
Gedenkstätte« zu schaffen. Abermals wurde unter breiter Beteiligung
der Bevölkerung debattiert und experimentiert. Schließlich einigte man
sich auf ein dreiteiliges Konzept: dezentrale Markierungen, ein zentraler
Gedenkort und eine Dokumentationsstelle beim lokalhistorischen Museum, in der sich jeder Bürger über die Geschichte seiner Straße, seines
Hauses und der früheren jüdischen Bewohner informieren kann. Einige
Tage vor der Enthüllung der Tafeln hatten Arbeiter begonnen, einige Tafeln unverhüllt zu montieren. Bewohner beschwerten sich, daß »antisemitische Plakate« geklebt würden. Innensenator und Polizei ließen die
ersten Schilder kurzerhand wieder entfernen und erklärten das Denkmal
für »geschmacklos«. Hintergrund war wohl auch der Solinger Brandan-
schlag durch Neonazis, bei dem fünf türkische Frauen und Kinder getötet wurden. Die Sorge blieb, die Tafeln könnten affirmativ gelesen
werden und jemand »Türken« darüber sprühen.[75]

Orte und Opfer des deutschen Widerstands

Die DDR hat sich in anderer Weise schwer getan, an die jüdischen Verfolgten zu erinnern. Das geschah offenbar am ehesten dann, wenn es sich um Gruppen jüdischer Opfer handelte, wie etwa bei den ermordeten Kindern des jüdischen Kinderheims in Niederschönhausen oder bei zerstörten jüdischen Friedhöfen und Synagogen. Sofern es aber um jüdische Einzelpersonen ging, die – als Sozialdemokraten oder Kommunisten – dem antifaschistischen Widerstand zugerechnet werden konnten, sah man von der Erwähnung ihrer jüdischen Herkunft ab. Das war vermutlich kein Versehen, sondern eher geschichtspolitisches Kalkül.[76]

Mit der Gedenkstätte der Sozialisten in Friedrichsfelde, dem wichtigsten Gedächtnisort für die von der früheren DDR vereinnahmte Geschichte der revolutionären Arbeiterbewegung, verhielt es sich nicht anders. Dort sind nicht nur die ermordeten Rosa Luxemburg und Karl Liebknecht beigesetzt und befinden sich Gedenksteine für Wilhelm Pieck, Otto Grotewohl und Walter Ulbricht. Dort wird auch an zahlreiche Sozialisten erinnert, die von Rechtsextremisten in der Weimarer Republik ermordet worden sind oder unter der NS-Herrschaft ums Leben kamen, unter ihnen Kurt Eisner und Gustav Landauer, Rudolf Breitscheid, Theodor Haubach, Rudolf Hilferding und Adolf Reichwein, allerdings ohne jeden Hinweis darauf, daß diese der SPD bzw. USPD angehörten und daß einige von ihnen jüdischer Herkunft waren. Die DDR vereinnahmte sie alle als Opfer des Kampfes gegen den deutschen Imperialismus und internationalen Faschismus. So wie sie das ja auch andernorts tat, beispielsweise im Volkspark Friedrichshain mit den Opfern der Novemberrevolution, an die der »rote Matrose« von Hans Kies erinnert, mit den getöteten Revolutionären von 1848 oder mit den deutschen Spanienkämpfern, für die Fritz Cremer ein Denkmal gestaltete. Das SED-Regime machte aus ihnen Vorkämpfer der DDR und stilisierte sie zu Kronzeugen einer von ihr beanspruchten, demokratisch-sozialistisch-antifaschistischen Genealogie.

Erst spät begann sie, ihren ideologisch eindimensional definierten Opferbegriff zu differenzieren und auch für die jüdischen Verfolgten zu öffnen. An etwa einem Dutzend verschiedener Orte Ostberlins wird seit den achtziger Jahren an die deportierten und ermordeten Juden erinnert: an mehreren Stellen im Bezirk Weißensee, am Jüdischen Friedhof in der Schönhauser Allee und an der Deportationssammelstelle in der Großen

Hamburger Straße. Doch noch in dieser Zeit hat man die Zugehörigkeit von NS-Opfern zur Arbeiterbewegung verschiedentlich höher bewertet als ihre jüdische Herkunft. Der Anfang der achtziger Jahre am Lustgarten eingeweihte Gedenkstein für die Widerstandsgruppe um den jüdischen Jungkommunisten Herbert Baum ließ dessen jüdische Herkunft unerwähnt. Und bei der Gedenktafel-Aktion für die »Hauptstadt der DDR« aus Anlaß der 750-Jahr-Feier wurden jüdische Opfer nur zu einem verschwindend kleinen Bruchteil als solche genannt.

Zu den nicht nur in der früheren DDR lange vergessenen Widerstandsaktionen gehört der spontane öffentliche Protest von mehreren hundert nicht-jüdischen Frauen Anfang März 1943 in der Rosenstraße für die Freilassung ihrer dort festgehaltenen jüdischen Männer.[77] Diese waren im Rahmen der sogenannten »Fabrik-Aktion« verhaftet worden. Auf Betreiben des Berliner Gauleiters und Reichspropagandaministers Goebbels, der ein »judenfreies« Berlin vorweisen wollte, wurden alle etwa 17000 den Judenstern tragenden Zwangsarbeiter Ende Februar an ihren Arbeitsplätzen festgenommen und in die bereits bestehenden sowie weitere Auffanglager gebracht. Die Deportationen begannen sofort. Die in sogenannten »einfachen Mischehen« lebenden, »arisch versippten« Juden kamen jedoch überwiegend in das Gebäude der Sozialverwaltung der Jüdischen Gemeinde in der Rosenstraße (Berlin-Mitte). Die »arischen« Frauen, die dort und vor der nahe gelegenen Gestapo-Leitstelle in der Burgstraße in Sprechchören mit ihren Kindern protestierten: »Gebt uns unsere Männer heraus« und »Gebt unsere Väter frei«, wurden nicht etwa auf der Stelle verhaftet. Man suchte sie vielmehr zu beruhigen und, als das nicht half, mit Drohungen einzuschüchtern, die aber auch keine Wirkung zeigten. Nachdem die Frauen mehrere Tage und Nächte ausgeharrt hatten, wurden die rund 1500 »arisch versippten« Juden freigelassen, um bis zum Kriegsende Zwangsarbeit zu leisten. Sogar 25 bereits nach Auschwitz deportierte Juden konnten wieder zurückkehren. Auch sie überlebten.

Die Gründe für das nachgiebige Verhalten der Gestapo und der SS mögen vielfältig gewesen sein: Es hatte mit »Humanität und Gefühlsduselei nicht das Geringste zu tun«, wie ein SS-Offizier erklärte, als es während der »Fabrik-Aktion« zu Mißhandlungen gekommen war, aber sehr viel mit bürokratischer Ordnung und »strengster Wahrung der Form«, auf die man sich während der »Endlösung« so oft und so gern berief. Die schwere Bombardierung Berlins Anfang März 1943, die Beunruhigung durch die Nachricht von der Niederlage in Stalingrad, aber auch das Er-

»Frauenprotest in der Rosenstraße 2. Denkmal für die Juden in Berlin, ihre Verfolgung und Deportation« von Ingeborg Hunzinger (1995), zur Erinnerung an den erfolgreichen Protest nichtjüdischer Frauen für die Freilassung ihrer jüdischen Männer aus Gestapohaft.

scheinen von ausländischen Korrespondenten am Ort dieses denkwürdigen Protestes kamen womöglich hinzu.

Enttrümmerung und sozialistische Hauptstadtplanung haben nach dem Kriege die meisten Spuren beseitigt. Das Grundstück Rosenstraße 2–4 mit der im rückwärtigen Hofraum gelegenen Synagoge wurden planiert. Man brauchte Platz für die neuen Hochhausbauten an der Spandauer Straße. Keine Tafel, kein Denkmal erinnerte an den erfolgreichen Frauen-Protest, bis im März 1992 eine Litfaßsäule von Studierenden der Fachhochschule für Sozialarbeit aufgestellt wurde, die sich mit der Rosenstraßen-Aktion in einer Projektarbeit beschäftigt hatten. Zur selben Zeit arbeitete bereits die Bildhauerin Ingeborg Hunzinger an einer Skulpturengruppe zu diesen Ereignissen.[78] Sie besteht aus drei überlebensgroßen Vulkangesteinquadern, in gebrochener, blaßroter Farbe – »gefrorene Asche«, so die Künstlerin. Der eine Block zeigt eine Gruppe gefangener Männer, aus der sich ein befreiter löst, einer Frau zustrebend, die aus dem anderen Block herausragt. Die Bruchstellen beider Blöcke legen nur eine Lesart nahe: Sie sind auseinandergerissen und gehören doch zusammen. Der dritte Block zeigt die Frauen, dicht nebeneinanderstehend mit ihren Kindern, nicht ohne Furcht, aber in ihrer Gemeinsamkeit stark und entschlossen. Hinzu kommt reicher symbolischer Schmuck, so wie man ihn von jüdischen Friedhöfen her kennt: Krone und Löwe, die Menora und der Davidstern. Die gleichfalls eingemeißelte Inschrift gibt dieser Aktion eine vielleicht allzu pathetisch ins Allgemeine ausgreifende Interpretation: »Die Kraft des Zivilen Ungehorsams und die Kraft der Liebe bezwingen die Gewalt der Diktatur.« Eine so umstandslose Verallgemeinerung und Überhöhung dieses Widerstandsbeispiels wird jedenfalls weder diesem gerecht noch der Überwindung von Gewaltherrschaft überhaupt.

Bei den Hunderten von Gedenk- und Erinnerungstafeln in der Stadt beanspruchen die Widerstandskämpfer eine gewisse Dominanz. Das fällt in Ostberlin noch stärker ins Auge als in Westberlin.[79] Während dort vor allem der konservative, militärische, kirchliche und sozialdemokratische Widerstand gewürdigt wird, steht in Ostberlin naturgemäß der kommunistische Widerstand im Vordergrund. Andere Widerstandsgruppen nehmen nur einen jeweils nachgeordneten Rang ein. Mit der Erinnerung an den Widerstand durch Gedenktafeln begann man schon im Jahr 1945. Nach der Auflösung der VVN ging diese Aktivität im Osten der Stadt auf das Komitee der antifaschistischen Widerstandskämpfer über, die Erforschung des Widerstands lag – von der SED kontrolliert – in der Hand von Geschichtskommissionen, die bei jeder Bezirks- und Kreisleitung eingerichtet wurden. Und während sich »Gedenktafeln« an dem jeweiligen Ort des Geschehens oder Wirkens einer Person befinden, sind »Erinnerungstafeln« davon unabhängig und stehen in Verbindung mit der Benennung von Schulen und Kasernen, Straßen, Plätzen usw.

Die Neuorganisation des Schulwesens in der DDR und in Ostberlin hat seit 1990 auch dazu geführt, daß die Schulen ihre früheren Namen verloren. Eine pauschale Namens-Säuberung erscheint indes dort so wenig angemessen wie bei der umstrittenen Umbenennungsaktion von Ostberliner Straßen.[80] Statt Namen wie Hans und Hilde Coppi, die der Widerstandsgruppe »Rote Kapelle« angehörten, oder Clara Zetkin wegen ihrer sowjetkommunistischen Sympathieerklärung von 1932 umstandslos als DDR-Erblast zu entfernen, wäre dort der auch andernorts versuchte, behutsame Umgang mit dem widersprüchlichen geschichtlichen Erbe das adäquatere Verfahren.

Eine Berliner Senatskommission hat dafür ein bemerkenswertes Beispiel gegeben und 1993 eine umfangreiche Dokumentation zu den politischen Denkmälern im früheren Ostberlin vorgelegt und differenzierte Empfehlungen erarbeitet. Sie sehen den Abbau von Denkmälern nur in Ausnahmefällen vor – beispielsweise dem monumentalen Thälmann-Denkmal an der Greifswalder Straße – und sprechen sich bei der großen Mehrzahl der Denkmäler für den Erhalt und zugleich nachdrücklich für modifizierende bzw. ergänzende Kommentierungen aus.[81]

Es war auch im Westen kein Zufall, sondern im Geschichtsbild der Zeit begründet, daß zuerst der Widerstand gegen das Hitler-Regime öffentliche Beachtung fand, während sie den Orten der Verfolgung und des Terrors erst sehr viel später zuteil wurde. Die Erinnerung an den bürgerlichen und militärischen Widerstand, wenn sie auch anfangs noch unter dem Vorbehalt des Verrats und, zumal aus alliierter Sicht,[82] des Scheiterns stand, konnte später die erdrückende Last der Vergangenheit wohl erleichtern. Dieses Erbe kam der jungen Bundesrepublik auf internationaler Bühne zugute und war auch in der Debatte um den Aufbau der Bundeswehr willkommen. Die ebenso deutliche Erinnerung an die NS-Täter und an ihre jüdischen Opfer wäre das ganz und gar nicht gewesen. Zumal in einer Zeit, die nach dem Nürnberger Militärtribunal, den Amnestien und dem 131er Gesetz die Bestrafung der NS-Täter im wesentlichen für abgeschlossen hielt, die Integration der Millionen Mitläufer für systemnotwendig und die sogenannte Wiedergutmachung mit dem Luxemburger Abkommen und dem Bundesentschädigungsgesetz als geregelt ansah. Hinzu kam, daß der Opferbegriff schon bald nach dem Krieg keineswegs nur auf die rassisch, religiös und politisch Verfolgten beschränkt blieb. In der frühen deutschen Nachkriegsgesellschaft wurden auch sogenannte Schicksalsgruppen als Opfer des Krieges und der NS-Herrschaft angesehen: Flüchtlinge und Vertriebene, Ausgebombte, Kriegerwitwen und -waisen, Invaliden und Spätheimkehrer.

Zunächst ergriffen vor allem Angehörige von Widerstandskämpfern als Einzelpersonen oder als Interessengruppen – wie die VVN oder das Hilfswerk 20. Juli[83] – die Initiative, mit Denkmälern und Gedenktafeln Zeichen der ehrenden Erinnerung zu setzen. Im Laufe der Jahrzehnte erweiterte und differenzierte sich das in Erinnerungstafeln vergegenwärtigte Bild des Widerstands, dessen pluralistische Erscheinung andernorts bis heute politisch umstritten ist. Mit mehr als drei Vierteln aller Gedenktafeln entstand der weitaus größte Teil allerdings erst in den achtziger Jahren.[84] Wer seit dieser Zeit durch die Straßen der verschiedenen Bezirke geht, ob durch Charlottenburg und Kreuzberg, durch Neukölln und Reinickendorf, Schöneberg und Steglitz, Tempelhof und Tiergarten, den Wedding oder Wilmersdorf, der entdeckt die wenig bekannten Wohnorte und Wirkungsstätten der prominenten Namen der Opfer des Widerstandes, die an ihm auf zahllosen Tafeln vorüberziehen: viele Männer des 20. Juli (Beck, v. Hassell, Oster, v. Stauffenberg, v. Tresckow u. a.) und des kirchlichen Widerstands (Bonhoeffer, Delp, v. Galen, Lichtenberg u. a.) ebenso wie sozialdemokratische (Breitscheid, Heilmann, Leber, Leuschner, Mierendorff, Reichwein, Schumacher u. a.) und kommunistische Widerstandskämpfer, ob sie nun im Land oder aus dem Exil gegen das Hitler-Regime kämpften. Verschiedentlich erinnern Tafeln auch an verfolgte Minderheiten und spezifische Opfergruppen – Kriegsdienstverweigerer, Deserteure, Homosexuelle, Zwangsarbeiter, Euthanasieopfer – und an die verfolgten Angehörigen bestimmter kultureller und politischer Institutionen und Organisationen, an die von den Nazis ermordeten 96 Reichstagsabgeordneten ebenso wie an die Mitglieder der kommunistischen Widerstandsgruppen um Robert Uhrig und Harro Schulze-Boysen / Arvid Harnack.

Und was besondere Erwähnung verdient: Neben den prominenten Widerstandsopfern, denen nicht selten gleich mehrere Tafeln gewidmet sind, finden sich auch verschiedentlich Gedenktafeln für nahezu unbekannt gebliebene mutige Oppositionelle. Beispielsweise in Kreuzberg für Wilhelm Lehmann, einen der SPD nahestehenden Transportarbeiter, von dem man nur wenig, aber immerhin dies weiß: daß der 73jährige 1942 an die Innenwand des Toilettenhäuschens am Mariannenplatz schrieb: »Hitler, du Massenmörder, mußt ermordet werden, dann ist der Krieg zu Ende.« Lehmann wurde denunziert, vom »Volksgerichtshof« verurteilt und in Plötzensee hingerichtet. Und ebenfalls in Kreuzberg stößt man auf die Gedenktafel für Ursula Goetze, Sprachenstudentin, die sich schon als 16jähriges Mitglied des Kommunistischen Jugendverbandes 1933 an spontanen Widerstandsaktionen beteiligte, über den am Deutschen Institut für Psychologische Forschung und Psychotherapie tätigen Neurologen Dr. John F. Rittmeister[85] Kontakt zur Widerstandsgruppe um Harro Schulze-Boysen und Arvid Harnack (»Rote Kapelle«) fand, im September 1942 verhaftet und ein knappes Jahr später, 27jährig, in Plötzensee ermordet wurde.

Der Weg zur pluralistischen Öffnung und Differenzierung der Dokumentation des Widerstands im Straßenbild ist lang gewesen und mühsam. Durchaus vergleichbar den Anstrengungen, die für die Errichtung und Ausgestaltung einer ständigen Ausstellung zum deutschen Widerstand nötig waren. Bereits 1952 wurde in der ehemaligen Strafanstalt Plötzensee vom Berliner Senat eine »Gedenkstätte für die Opfer der Hitlerdiktatur« errichtet. Die Entwürfe zu ihrer Ausgestaltung waren gleich nach dem Kriege im damals noch teilweise zugänglichen Berliner Schloß auf Veranlassung von Scharoun in einer Ausstellung gezeigt worden.[86] In Plötzensee starben zwischen 1933 und 1945 etwa 3000 Menschen verschiedener Nationalität, unter ihnen zahlreiche prominente und weniger bekannte Mitglieder von Widerstandsorganisationen wie die der »Roten Kapelle«, der jüdisch-kommunistischen »Gruppe Baum«, des »Kreisauer Kreises« und die meisten Verschwörer des 20. Juli. Die Gedenkstätte besteht aus einem Dokumenten- und dem Hinrichtungsraum. Davor befinden sich eine auffällig große Urne mit Erde aus verschiedenen Konzentrationslagern, ein Holzkreuz und eine langgestreckte Mauer, zu der drei Stufen hinaufführen. Die Inschrift tritt niemandem zu nahe. Sie unterscheidet nicht verschiedene Opfer- und Tätergruppen. Von den Tötungs- und Widerstandsmotiven ist keine Rede. Der passende Rahmen für namenloses, allgemeines, gruppenübergreifendes Erinnerungszeremoniell. Unsichtbar, weil bei der Grundsteinlegung eingemauert, bleibt der ungleich differenziertere und aussagekräftigere Urkundentext:

»An dieser Stelle sind in den Jahren der Hitlerdiktatur / von 1933 bis 1945 Hunderte von Menschen / wegen ihres Kampfes gegen die Diktatur / für Menschenrechte und politische Freiheit durch / Justizmord ums Leben gekommen. Unter diesen / befanden sich Angehörige aller Gesellschaftsschichten / und fast aller Nationen. / Berlin ehrt durch diese Gedenkstätte / die Millionen Opfer des Dritten Reiches, die / wegen ihrer politischen Überzeugung, ihres / religiösen Bekenntnisses oder ihrer rassischen / Abstammung diffamiert, mißhandelt, / ihrer Freiheit beraubt oder ermordet worden sind.[87]

Harmonisierung und eine ins Menschlich-Allgemeine greifende Abstraktion bestimmten zunächst auch das Gedenken an dem anderen Tat- und Leidensort des deutschen Widerstands. Im Hof des ehemaligen Reichskriegsministeriums (sog. Bendlerblock) in der Stauffenbergstraße 13 weihte der damalige Regierende Bürgermeister von Berlin, Ernst Reuter, am 20. Juli 1953 das Denkmal zur Erinnerung an die dort hingerichteten Widerstandskämpfer vom 20. Juli 1944 ein. Dies war auf Initiative des ehemaligen Generals Gerhard Graf von Schwerin geschehen, der gefordert hatte, an dem Ort, an dem »edelstes deutsches Blut geflossen ist im Kampf um die Befreiung von verbrecherischer Tyrannei«, eine »einfache Gedenktafel« anzubringen.[85] Reuter nutzte die Gelegenheit, das Gedenken an das gescheiterte Stauffenberg-Attentat mit der Erinnerung an den kurz zuvor gescheiterten Berliner Arbeiter-Aufstand zu verbinden. Das entsprach durchaus dem herrschenden Zeitgeist mit seiner den NS-Staat und den SED-Staat tendenziell gleichsetzenden Totalitarismustheorie. Eine Sichtweise, die in der Rede Reuters ebenso zum Ausdruck kam wie in der künstlerischen Denkmalgestaltung durch Richard Scheibe.

Dieser hatte eine an den Händen kaum sichtbar gefesselte athletische Jünglingsgestalt geschaffen, formal expressiv-naturalistisch, inhaltlich aber als ideal-abstrakte Figur ohne Geschichte. Konkrete Anspielungen auf den Widerstand gegen Hitler, seine Gruppierungen und inneren Widersprüche fehlen. Zusammen mit dem gleichfalls allgemein humanistischen und antitotalitären Text wird das erinnerungswürdige Ereignis vielmehr zu einem allgemeinen Gewaltopfer stilisiert. Mit solch idealisierten heroisch-nackten Figuren erfreute sich Scheibe schon während des Dritten Reiches großer Wertschätzung. So mit seinem Ehrenmal zur »Befreiung der Saar«. Die zeitlos-nackte Jünglingsfigur mit Schwert trug nun nur das Symbol für das zeitgemäß soldatische Outfit, den deutschen Stahlhelm. Bereits in der Weimarer Republik hatte er das an der Frankfurter Paulskirche aufgestellte Denkmal für Friedrich Ebert geschaffen, das den Nazis allerdings mißfiel. Sie zerstörten es. 1950 wurde es wiederhergestellt.[90] Daß Richard Scheibe nach 1945 auch in der Sowjetunion und in der DDR gewürdigt wurde, als einer jener Künstler aus dem Westen, die noch »unverrückbar auf humanistischen Positionen« stehen und an die »schöpferischen Möglichkeiten des Realismus glauben«, ist eine kaum mehr überraschende Feststellung, zumal ja auch andernorts bis vor kurzem Kunst des Faschismus antifaschistisch umfunktioniert wurde, wie etwa die Rösser von Josef Thorak aus dem Garten von Hitlers Reichskanzlei, die sich lange auf dem Sportplatzgelände der sowjetischen Kaserne in Eberswalde befanden und das in schönster weiblicher Gesellschaft – mit den beiden Akten Olympia und Galathea von Fritz Klimsch, gleichfalls aus den dreißiger Jahren: Denkmäler als quasi zeitlos-klassische Zierstücke und nationale Identifikationsmonumente in traditioneller Formensprache. Eben deshalb waren und sind sie so vielseitig verwendbar, fast systemneutral.[91]

Eine erste, kleinere Widerstandsausstellung im Bendlerblock gestaltete

Mitte der sechziger Jahre der Historiker Friedrich Zipfel mit Unterstützung der Berliner Landeszentrale für politische Bildung, zu einer Zeit, in der auch eine der ersten Exil-Ausstellungen gezeigt werden konnte.[92] Mit dieser versuchte die Friedrich-Ebert-Stiftung den noch weitverbreiteten Vorbehalten gegenüber den Emigranten und ihrer angeblichen nationalen Unzuverlässigkeit zu begegnen. In einem zweiten Anlauf wurden in den späten siebziger Jahren durch die Parteien und die Kirchen, das Institut für Auslandsbeziehungen und das Militärgeschichtliche Forschungsinstitut weitere Ausstellungen erarbeitet. Sie machten jeweils auf wichtige ideologische Strömungen, verschiedene Organisationen und Akteure aufmerksam. Einen entscheidenden und bis heute kontroversen Schritt weiter ging die Anfang der achtziger Jahre von dem damaligen Regierenden Bürgermeister Richard von Weizsäcker initiierte ständige Ausstellung »Widerstand gegen den Nationalsozialismus«. Die früheren Ausstellungen wollten den Widerstand einzelner Gruppen würdigen, und das mit Blick auf die begrenzten Zielgruppen der verschiedenen parteipolitischen, kirchlichen und soldatischen Milieus. Die neue Initiative zielte auf die Dokumentation einer umfassenden, gesamtdeutschen Widerstandsgeschichte. Ihr war und bleibt die Aufgabe gestellt, für ein »integrales« Widerstandsbild zu werben, d. h. die vorherrschenden, idealisierenden, diffamierenden oder ignorierenden Blickverengungen allmählich zu überwinden. Ein ebenso anspruchsvolles wie schwieriges und gesellschaftspolitisch notwendiges Programm, das seither anhaltend politischen Anfeindungen ausgesetzt ist: Denn nun wurde »dem Kreisauer Kreis (...) die Rote Kapelle« gegenübergestellt, »dem militärischen Widerstand im Umkreis des 20. Juli das Nationalkomitee Freies Deutschland und der Bund Deutscher Offiziere, dem sozialdemokratischen Widerstand der kommunistische, diesem der anarchistische, dem Widerstand der Protestanten derjenige der Katholiken oder der religiösen Gemeinschaften, dem Kampf gegen den Nationalsozialismus von außen, aus dem Exil, die Selbstbehauptung in der inneren Emigration«.[93]
Diese Komplexität des Widerstandsbildes konnte nur schrittweise realisiert werden. Und trotz aller Sorgfalt und Umsicht mußte sich der Aufbau der Ausstellung immer wieder gegen den teilweise erbitterten Widerstand von Betroffenen behaupten. Dabei waren für das Ausstellungskonzept von Anfang an zwei Grundsätze verbindlich. Zum einen das Kriterium, die verschiedenen Widerstandsgruppen – ihrer Größe, ihren Aktivitäten, ihrer regionalen, milieuspezifischen oder nationalen Bedeutung entsprechend – durchaus unterschiedlich zu gewichten. Zum

anderen aber von der prinzipiellen Gleichrangigkeit aller Widerstandsakteure auszugehen, sie also gleichermaßen für dokumentations- und erinnerungswürdig zu halten, wegen ihrer gemeinsamen Gegnerschaft gegen das Hitler-Regime. Aus der Sicht von einzelnen Gruppen und von Angehörigen einzelner Widerstandskämpfer mochte eine solche mehrdimensionale, pluralistische Perspektive eine schwer erträgliche Relativierung des historischen Ranges bedeuten, den sie als Verwalter ihres Widerstandserbes beanspruchten. Zumal im Rahmen der ständigen Ausstellung nun die gegensätzlichen Strömungen und die jenseits ihrer Hitler-Gegnerschaft politisch rivalisierenden Akteure aus ihren bis dahin separierten Schutzzonen unbehelligter Traditionspflege herausgelöst und unmittelbar miteinander konfrontiert werden. Aber wie sonst, wenn nicht durch diese einer Ausstellung adäquaten Art der »Querverweise« soll man einen komplexen Sachverhalt erschließen und eine kritisch-vergleichende Diskussion anstoßen?

So entzündete sich nach der ersten Teileröffnung Mitte der achtziger Jahre in katholischen Kirchenkreisen die Kritik daran, daß die Ausstellung den katholischen Widerstand nicht nur als Protest gegen das NS-Regime darstellte, sondern auch als Produkt innerkirchlicher Auseinandersetzungen. Dabei ging es um die nahezu widerspruchslose Hinnahme des Verbots der Zentrumspartei durch den katholischen Klerus und dessen Anpassung an die neuen Machtverhältnisse, um das Konkordat und um die Rolle des Papstes.[94] Im Anschluß an die zweite Teileröffnung, die in weiteren Ausstellungsräumen vor allem dem Exil und dem kommunistischen Widerstand gewidmet war, wurde bemängelt, daß nicht auch eine Ausstellungseinheit für das Thema »Christdemokraten im Widerstand« vorgesehen sei, gewissermaßen als politisches Gegengewicht zur Würdigung des Widerstandes aus den Organisationen der Arbeiterbewegung.

Diese Intervention machte einmal mehr deutlich, daß die Erben der Widerstandskämpfer sich vielfach einem »integralen Widerstandsverständnis« ebenso entschieden verweigern wie einer Würdigung des Widerstands aus den Bedingungen der Zeit heraus, was ja die Berücksichtigung des Nachwirkens wilhelminischer Traditionen und Weimarer Erfahrungen notwendig einschließt. Diese Verweigerung hat sich in den geschichts- und ordnungspolitischen Debatten der Bundesrepublik wiederholt niedergeschlagen. Sei es, daß die Widerstanderben einen exklusiven Besitz- und Deutungsanspruch für das von ihnen repräsentierte Erbe geltend machten. Sei es, daß sie das von ihnen gehütete und gedeutete jeweilige politisch-ideologische Vermächtnis zur normativen Vorentscheidung für die Bundesrepublik stilisierten und im innerdeutschen Systemkonflikt auch nach Kräften politisch instrumentalisierten.

Nach der Präsentation der dritten Ausbauphase spitzte sich die Auseinandersetzung um das im Bendlerblock öffentlich dokumentierte und visualisierte Widerstandsbild abermals zu. Hatte zunächst der damalige bayerische Ministerpräsident Franz Josef Strauß nachdrücklich bestritten, daß das Nationalkomitee irgendeine würdigende Erwähnung verdiene, so waren es im Vorfeld der Feierlichkeiten zum 50. Jahrestag des Attentats der Stauffenberg-Sohn Franz Ludwig Schenk Graf von Stauffenberg und der Bundesverteidigungsminister, inzwischen neuer Hausherr im Bendlerblock. Die Auseinandersetzung eskalierte bis zur Forderung nach Entfernung insbesondere der Porträts von Ulbricht und Pieck – Personen, so Minister Rühe, »die ein Unrechtsregime nur durch ein anderes ersetzt haben (…) verdienen nicht an gleicher Stelle und in einem Atemzug mit (…) Graf von Stauffenberg, Goerdeler und Leuschner geehrt zu werden«.[95] Erneut wurde nicht zwischen Ehrung und Erwähnung unterschieden, zwischen emotionalisiertem und inszeniertem Gedenken für die Männer des 20. Juli einerseits und reflektierter Information und Aufklärung über den ganzen deutschen Widerstand andererseits. Nach dem Wunsch ihrer Initiatoren sollen aber Gedenkstätte und ständige Ausstellung verschiedene Funktionen erfüllen. Es geschieht ja nicht wahllos, sondern hat seine mit Bedacht gewählte Richtigkeit, daß das ehrende Gedenken gleichsam am Grab der Widerstandskämpfer um Graf von Stauffenberg stattfindet, dort, wo sie erschossen und erhängt wurden, im Innenhof des Bendlerblocks und in Plötzensee, während die wissenschaftlich darstellende und deutende Auseinandersetzung mit den Motiven, Aktionen und Perspektiven des ganzen vielfältigen Widerstands, seinen Voraussetzungen, seinem Verlauf, seiner Verflechtung, seinen Versäumnissen und seinem Vermächtnis der zentralen Wirkungsstätte des militärischen Widerstands vorbehalten ist.

Die Neue Wache: Eine nationale Gedenkstätte für alle Toten?

Der Streit um den Gedächtnisort Bendlerblock in der Stauffenbergstraße ist ein markantes Beispiel für den schwierigen Umgang mit Baudenkmälern und Gedenkstätten, deren Geltungsanspruch nicht nur bereichs- und gruppenspezifisch definiert ist. Denkmalbau und Denkmalpflege, Denkmalrevision und Denkmalsturz zeigen immer auch an, in welchem Maße die Einstellungen der Nachlebenden zur Vergangenheit sich verändern, zwischen verschiedenen Gruppen differieren und gesamtgesellschaftlich konsensbedürftig und konsensfähig sind. Das gilt verständlicherweise vor allem dort, wo divergierende Traditionen zu ganzheitlichen Geschichtsbildern verknüpft und nationale Symbolisierungen gefordert, gar dekretiert werden. Zeichen, die manche für unverzichtbar, zumindest für wünschenswert erachten, manche schlicht für überflüssig halten und die meisten wohl eher als unvermeidlich ansehen, weil nationale Denkmäler und staatliche Symbole für die Selbstdarstellung weiterhin gebraucht werden, ihnen aber kaum noch eine verbindliche Aussage zugetraut wird.[96]

Diese Schwierigkeiten kann man wohl am besten an zwei Beispielen veranschaulichen. Das eine ist die jahrelange Auseinandersetzung um die zentrale Mahn- und Gedenkstätte für die Opfer des Krieges und der Gewaltherrschaft in Bonn.[97] Und das andere ist die Umgestaltung der Neuen Wache zur neuen zentralen Gedenkstätte der Bundesrepublik, um deren Verwendung und Ausgestaltung bereits am Ende der Weimarer Republik und dann erneut nach dem Zweiten Weltkrieg gestritten worden war.[98] Beide stehen in einem engen Zusammenhang.

Als um den Jahreswechsel 1992/93 bekannt wurde, daß Bundeskanzler Kohl von seiner »ästhetischen Richtlinienkompetenz«[99] Gebrauch gemacht und die Bundesregierung auf seine Anregung hin entschieden hatte, am 14. November 1993, also am Volkstrauertag, die umgestaltete Neue Wache in Berlin als zentrale Gedenkstätte der Bundesrepublik Deutschland einzuweihen, da war das allerdings nicht der Schlußpunkt unter eine längere, öffentliche Debatte, sondern der Anstoß zu einer kurzen, heftigen Auseinandersetzung, die an dem Beschluß der Bundesregierung allerdings nichts mehr zu ändern vermochte. Das Projekt wurde termingerecht fertiggestellt, allen Einwänden und Bedenken zum Trotz. Vielleicht glaubte der Kanzler und mit ihm sein Kabinett, auf diese Weise eine Wiederholung des unbefriedigenden und letztlich ergebnislosen Streits um das zentrale Bonner Mahnmal vermeiden zu können. Vielleicht glaubte er zusammen mit seinem Ratgeber, dem Direktor des Deutschen Historischen Museums, Christoph Stölzl, mit der Synthese von Schinkels Klassizismus, der kapellenähnlichen Raumgestaltung durch Heinrich Tessenow und der etwa lebensgroß vergrößerten Pietà von Käthe Kollwitz ein denkmalästhetisch angemessenes, erinnerungspolitisch übergreifendes und insoweit auch gesellschaftlich integrationsfähiges Gedenkstättenkonzept zu präsentieren. Jedenfalls schienen Bundeskanzler und Bundesregierung zu wissen, was sie wollten. Schon bald zeigte sich aber, daß sie offenbar weder wußten, was sie taten – noch, was sie nicht taten.[100] Und zugleich wurde offenbar, daß sie es besser hätten wissen können und wohl auch besser hätten wissen müssen. Tatsächlich fand das Vorhaben zwar im Parlament bis weit in die Reihen der SPD Zustimmung, die zunächst nur gegen das Verfahren protestierte und erst Monate später auch sachliche Einwände erhob. Um so heftiger artikulierte sich die Kritik außerparlamentarisch. Sie tat das ebenso substantiell und differenziert, wie sie sich verärgert zeigte über soviel Bevormundung und Fahrlässigkeit im Umgang mit diesem, neben Nationalfahne, Nationalhymne und Nationalfeiertag zentralen Staatssymbol.

Doch die Bundesregierung hielt unbeirrt und unbelehrbar fest an der von ihr angeordneten »Normalisierungskur« der Neuen Wache, so

– als ob es unter den zeitgenössischen Künstlern keine intensive und kontroverse Debatte um die Darstellung und Darstellbarkeit des Holocaust und des Weltkriegs geben würde;

– als ob ein zentrales nationales Denk- und Mahnmal für die Toten des Krieges und der Gewaltherrschaft in einer pluralistischen Demokratie ohne breite öffentliche Auseinandersetzung und parlamentarischen Beschluß legitimiert werden könne;

– als ob die vor dem Zweiten Weltkrieg und vor Auschwitz geschaffene Pietà von Käthe Kollwitz, also ein christliches Symbol, für diese, die ermordeten Juden zunächst stillschweigend einbeziehende, Gedenkstätte angemessen wäre;

– als ob das wiedervereinte Deutschland dort seine Unfähigkeit demonstrieren wollte, »nach zwei Weltkriegen und zwei Diktaturen eine eigene Sprache und ein Symbol für das Leid dieses Jahrhunderts zu finden«[101];

– als ob es gegen das umstandslose Zusammenfügen von Schinkel, Tessenow und Kollwitz nicht erheblichen und gut begründeten Einspruch gegeben hätte.

Gerade diesem Ort haben die Brüche der deutschen Geschichte im Laufe von Jahrzehnten ein des öfteren wechselndes Gesicht gegeben, wobei die steinernen Spuren dieser Verwerfungen immer wieder mehr oder weniger getilgt worden sind. Ein Blick auf die Geschichte dieses Gebäudes hätte Schwierigkeiten nationaler Totenehrung in Deutschland offengelegt und vielleicht lehren können, daß eine nationale Gedenkstätte dort erhebliche Anstrengungen erfordert.

Immerhin war die Neue Wache einhundert Jahre neben ihrer militärischen Funktion, das nahe Schloß samt König und später Kaiser zu schützen, zugleich ein Denkmal zur Erinnerung an die siegreichen antinapoleonischen Befreiungskriege, was ihre spätere Umfunktionierung zur Gedenkstätte für die Weltkriegstoten erleichtert haben mag.[102] Im übrigen wurde dieses Gebäude im Laufe der Jahrzehnte durchaus unterschiedlich genutzt. Dort gab es Ausstellungen und fanden nach dem Weltkrieg Familien vorübergehend eine Notunterkunft. In den Arrestzellen hatten zuvor nicht nur Straßendiebe und betrunkene Soldaten zur Ausnüchterung gesessen, sondern auch Revolutionäre von 1848. Nach der Jahrhundertwende befand sich in der Neuen Wache die Zentrale des Militärtelegraphen und der Militärpost. Von dort aus wurde zu Beginn des Ersten Weltkrieges die Mobilmachung angeordnet und am Ende auch die Demobilisierung.

Mitte der zwanziger Jahre machte die Kunsthistorikerin Frida Schottmüller den Vorschlag, in der Neuen Wache das Reichsehrenmal zu errichten. Dazu sollte das im wesentlichen aus Offiziersstube, Wachtstube, Innenhof und Arrestlokal bestehende Gebäude vollständig entkernt und in der Raummitte ein Sarkophag aufgestellt werden – für alle Deutschen, »die uns der Krieg nahm«. Als Figurenschmuck hatte man zusätzlich, schon damals, an eine Pietà gedacht. Doch die süddeutschen Länder waren gegen Berlin als Standort, und die soldatischen Traditionsverbände favorisierten die »freie Natur« für ein nationales Ehrenmal. 1930 entschied dann die preußische Reigerung unter ihrem Ministerpräsidenten Otto Braun (SPD), die Neue Wache als preußisches Ehrenmal für die im Weltkrieg gefallenen deutschen Soldaten umgestalten zu lassen. »Schlicht«, »weihevoll« und dem »Ernst der Zeit« entsprechend, wie es in dem von der Reichsregierung und der preußischen Regierung gemeinsam ausgeschriebenen Wettbewerb hieß, zu dem man sowohl konservative Architekten wie auch Vertreter des Neuen Bauens einlud: Peter Behrens, Erich Blunck, Hans Grube, Ludwig Mies van der Rohe, Hans Poelzig und Heinrich Tessenow, für dessen Entwurf sich die Jury mit knapper Mehrheit entschied.

Im Zentrum seines Gedenkraums stand unter einem offenen Oberlicht ein hoher, altarähnlicher schwarzer Granitblock, auf dem ein Eichenkranz lag. Tessenow wollte ihn aus Gold gefertigt sehen. Die Republik aber mußte sparen. Man entschied sich daher für eine etwas preisgünsti-

Innenraum der von Heinrich Tessenow 1931 neugestalteten Neuen Wache mit dem nach 1933 von den Nationalsozialisten hinzugefügten Holzkreuz.

Innenraum der im Zweiten Weltkrieg zerstörten Neuen Wache (1947).

gere Ausfertigung, im Kern aus Silber und die über zweihundert Eichenblätter aus Goldblech. Zwei große Kandelaber flankierten den Granitblock, vor dem eine Bronzeplatte lag mit den Jahreszahlen »1914/1918«.

Die Resonanz der Fachöffentlichkeit war zwiespältig. Wilhelm Kreis rühmte die Würde und Schönheit, den Ernst und die Monumentalität der Gedenkstätte. Siegfried Kracauer lobte die »gute Bescheidenheit« und den Verzicht auf alle »metaphysische(n) Konterbande«.[103] Er übersah allerdings, daß dort – mit Kranz, Stein, Kerzen und offenem Oberlicht – die »Elementarsymbolik der Rechten« versammelt war, die mit Luft, Wasser, Feuer und Erde traditionell den Krieg als Naturereignis mystifiziert. Die monarchistischen und nationalistischen Kreise blieben der Einweihungsfeier im Sommer 1931 allerdings ebenso fern wie die Kommunisten. Otto Braun wollte ein Zeichen der »inneren Einheit« setzen, aber Revolutionäre, Republikaner und Rechte fanden auch dort nicht zusammen. Für die Linke war Braun ein »Sozialfaschist«, für die

Mahnmal für die Opfer des Faschismus und Militarismus der DDR, Innenraum der Neuen Wache seit 1968.

Die von dem Berliner Bildhauer Harald Haacke vierfach vergrößerte Skulptur »Mutter mit totem Sohn« (1937) von Käthe Kollwitz unter dem offenen Oberlicht der Neuen Wache.

Rechte ein »vaterlandsloser, antinationaler« Mann. Die Nazis feixten schadenfroh über den »wohlverdienten Tritt« gegen Braun. Sie waren die lachenden Dritten und hatten wenig später keine Mühe, die Neue Wache unter geringfügigen Korrekturen dem Fundus des nationalsozialistischen Totenkultes einzuverleiben. Um zum Ausdruck zu bringen, daß »wahres Christentum und heldisches Volkstum zusammengehören«, was nationale und kirchliche Kreise gefordert hatten, wurde an der Rückwand ein großes Eichenholzkreuz angebracht.

Als am Ende des Krieges die Neue Wache nur noch Ruine war, wie die meisten Gebäude ringsum, mit teilweise eingestürztem Portikus, zerstörter Dachkonstruktion und deformiertem Granitblock, da empfahl Tessenow, den Bau so stehen zu lassen, denn »so ramponiert wie er jetzt ist, spricht er ja Geschichte«.[104] Durch provisorische Instandsetzung und Sicherung des Gebäudes blieben die Spuren der Kriegsschäden zunächst erhalten. Mitte der fünfziger Jahre beschloß der Magistrat von Berlin die Umgestaltung der Neuen Wache zum »Mahnmal für die Opfer des Faschismus und der beiden Weltkriege«. Ausführung und Koordination lagen bei Hermann Henselmann, dem zuständigen Architekten und Städteplaner, der sich vergeblich darum bemühte, das Projekt unter gesamtdeutscher Beteiligung zu realisieren. Als die Neue Wache im Mai 1960 eingeweiht wurde, da war Tessenows Raumgestaltung weitgehend wiederhergestellt. Das Kreuz hatte man selbstverständlich entfernt und ersetzt durch die über die Rückwand laufende Inschrift »Den Opfern des Faschismus und Militarismus«. In der Mitte des Raums der schwarze Granitblock, aber ohne den Eichenkranz, dessen wertvolle Blätter bald nach dem Krieg entwendet worden waren. Sie tauchten später im Westen wieder auf. Der Kranz wurde erneuert und fand nun – da die DDR an der Rückgabe dieses Symbols uninteressiert war – im Garnisonsfriedhof Berlin-Neukölln neue Verwendung.

Eine umfassende Umgestaltung erfuhr die Neue Wache einige Jahre später. Zum 20. Jahrestag ihres Bestehens war die DDR um eine andere Form der Selbstdarstellung bemüht, die mit Staatswappen, ewiger Flamme und Urnen für den Unbekannten Soldaten und Unbekannten Widerstandskämpfer auch internationalen Gepflogenheiten zu entsprechen suchte. Diese unterschied sich deutlich von anderen nationalen Mahn- und Gedenkstätten mit ihrer, wie in Ravensbrück und Buchenwald, aufwendigen figurativen Denkmalästhetik. Nicht zuletzt deshalb haben Berliner Denkmalpfleger nachdrücklich den Erhalt dieser Ende der sechziger Jahre geschaffenen Innenarchitektur gefordert. Das wäre im Falle des als Steinintarsie gearbeiteten Staatswappens der DDR spätestens nach deren Beitritt zum Geltungsbereich des Grundgesetzes nicht mehr möglich, im Falle des übrigen Inventars aber zumindest einer Diskussion wert gewesen.

Statt dessen fand in der altneuen Hauptstadt eine Entwicklung ihren Abschluß und ihren vorübergehend heftig umstrittenen Ausdruck. Sie hatte schon bald nach dem Krieg in Berlin begonnen.[105] Ein anderer Standort als die ehemalige Reichshauptstadt schien für jene, die sich für ein »Deutsches Ehrenmal« einsetzten, nicht in Betracht zu kommen. Danach verlagerten sich diese Aktivitäten allerdings in den Westen, wobei die soldatischen Traditionsverbände und der VDK sich sowohl um dezentrale Standorte bemühten wie auch um den zentralen Standort Bonn, so sehr dieser auch unter dem Vorbehalt einer erwarteten späteren Wiedervereinigung stand.

In Bonn war bereits 1951 auf dem Nordfriedhof eine Gräberanlage mit einem Hochkreuz eingerichtet worden, die bis Anfang der sechziger

Jahre an den Volkstrauertagen für die Kranzniederlegung benutzt wurde. Sie entsprach aber, zumal bei ausländischen Staatsgästen, den Ansprüchen an staatliche Selbstdarstellung immer weniger. Anläßlich von de Gaulles Staatsbesuch im Sommer 1962 fand die Totenehrung am Ehrenmal vor dem Münchener Armeemuseum statt. Zuvor war von privater Seite vorgeschlagen worden, die von Schinkel erbaute frühere Anatomie und spätere Akademische Kunstsammlung der Universität am Hofgarten zum »Gefallenen-Ehrenmal des Deutschen Volkes« zu machen. Gegen eine beabsichtigte Umgestaltung des Akademie-Inneren sperrte sich die Universität. So wurde am Vorabend des 17. Juni 1964, nicht etwa am 8. Mai oder am 1. September, durch den damaligen Bundespräsidenten Lübke ein Ensemble als »Bundesehrenmal« eingeweiht, das aus einem etwa drei Meter hohen Kreuz, einem Steinblock mit Bronzetafel und der Inschrift »Den Opfern der Kriege und der Gewaltherrschaft« nebst Taxushecke bestand.

In der zweiten Hälfte der siebziger Jahre gab es erneut Pläne zur Errichtung eines nationalen Mahn- und Ehrenmals in Bonn. 1983 konstituierte sich ein Kuratorium, das aus Vertretern mehrerer einschlägiger Interessenverbände bestand.[106] Das im Mai 1983 vorgelegte »Aide-mémoire über die Errichtung einer nationalen Gedenkstätte für die Kriegstoten des deutschen Volkes« empfahl eine vergrößerte Dornenkrone, schwebend oder bodennah, und zur symbolischen Erinnerung an die zwei Millionen Toten des Ersten und die sieben Millionen Toten des Zweiten Weltkrieges war auch noch an Mosaiksteine gedacht. Als Standort hatte man das Gelände der Gronau vorgesehen in unmittelbarer Nähe des Abgeordnetenhochhauses.

Auf einem außerparlamentarischen Bonner Forum im Herbst 1984 wurde der Vorschlag abgewiesen.[107] Auch Bundesbauminister Schneider distanzierte sich. Er wies darauf hin, daß es sich bei dem geplanten Mahnmal um kein »herkömmliches Krieger-, Helden- oder Ehrendenkmal« handeln könne. Hier gehe es um ein »Anliegen des ganzen Volkes«, was die Einbeziehung einer breiten und kritischen Öffentlichkeit wünschenswert erscheinen lasse. Zu- und Widerspruch gab es reichlich. Eine Gruppe von Überlebenden und Hinterbliebenen des deutschen Widerstands, darunter Heinrich Albertz, Emmi und Walter Bonhoeffer, Helmut Gollwitzer, Helmuth von Moltke und Inge Aicher-Scholl hielten ein solches Mahnmal für »nicht realisierbar, wenn zwischen Kriegsopfern und politischen Opfern etwa des Widerstands oder des Holocausts keine prinzipielle Unterscheidung getroffen wird«.

Dem widersprach der damalige Vorsitzende der CDU/CSU-Bundestagsfraktion, Alfred Dregger, in der Bundestagsdebatte vom 25. April 1986[108] mit dem Argument, man dürfe und könne »die Toten unseres Volkes nicht nach Spruchkammerkategorien in Gerechte und Ungerechte einteilen« – und spielte damit zugleich geschickt auf ein zumindest in der älteren Generation noch verbreitetes Ressentiment gegenüber dem gescheiterten Versuch alliierter Entnazifizierung an. Und Minister Schneider – zuvor eher zurückhaltend – schlug in der parlamentarischen Debatte forsche Töne an:

»Der Mißbrauch nationaler Symbole und Traditionen zerstört nicht ihre geistig-sittliche Substanz. Die Tatsache, daß unsere Soldaten von einem Unrechtsregime in einem sinnlosen Krieg mißbraucht worden sind, mindert nicht unsere Dankbarkeit für ihr Pflichtgefühl und ihre Tapferkeit (...) Die Geschwister Scholl, alle Toten des Krieges und Opfer der Gewaltherrschaft haben uns ein Testament hinterlassen. Darin ist uns aufgegeben, für den Triumph des Guten und Echten über das Böse und Falsche zu kämpfen, für eine friedliche Gemeinschaft mit allen Völkern der Erde.«

Andere waren zurückhaltender und sprachen vom »schier Unmöglichen«, auch in der Fraktion der Christdemokraten. Ende 1985 war der Bundestagspräsident von den Fraktionen und der Bundesregierung gebeten worden, sich um eine interfraktionelle Entschließung für die Errichtung einer zentralen Gedenkstätte zu bemühen. Er mußte im März 1986 jedoch mitteilen, daß sich die CDU/CSU-Fraktion dem Vorschlag der SPD nicht anschließen könne, als Inschrift einen Passus aus der Rede des Bundespräsidenten vom 8. Mai 1985 zu wählen. Darin hatte sich dieser nachdrücklich für ein differenziertes Gedenken ausgesprochen und die jeweilige Gruppenzugehörigkeit der Toten genau benannt.[109] Der Vertreter der Jüdischen Gemeinde in Bonn empfahl, auf ein zentrales Denkmal zu verzichten. Und die Fraktion der Grünen forderte den Bundestag im Dezember 1985 auf zu beschließen: »Die Bundesrepublik Deutschland braucht überhaupt kein ›Nationales Mahnmal‹. Ausländische Staatsgäste, die in Bonn durch Kranzniederlegungen oder andere Gesten die Toten ehren wollen, werden – wie in den vergangenen 36 Jahren – Verständnis dafür haben, daß in der Bundesrepublik Deutschland die Errichtung eines nationalen Mahnmals scheitern muß, wegen der Gefahr einer Gleichsetzung im Tode von Tätern und Opfern der nationalsozialistischen Verbrechen gegen die Menschheit (...).«[110]

Seit dem 14. November 1993 müssen ausländische Staatsgäste nun nicht mehr wegen einer fehlenden Gedenkstätte um Verständnis gebeten werden, denn an diesem Volkstrauertag wurde in Berlin die umgestaltete

Neue Wache als Zentrale Gedenkstätte der Bundesrepublik eingeweiht, nachdem zuvor – und erstmals seit dem Ende des Zweiten Weltkrieges – im Reichstagsgebäude eine Feierstunde stattgefunden hatte. Was die Bundesregierung als repräsentativen Staatsakt zelebrierte, empfanden all jene sachkundigen Kritiker und oppositionellen Gruppen, die der geringschätzig so genannten »Gedenkzentrale« oder »Kranzabwurfstelle« (*die tageszeitung*) skeptisch bis ablehnend gegenüberstehen, bloß als repressiv, weshalb es an jenem naßkalten Novembertag nicht nur zahlreiche Kränze gab, sondern eben auch viele Pfiffe und Protest.

Zu einer Gegenveranstaltung hatte der Verein Aktives Museum eingeladen, ein Zusammenschluß von Einzelpersonen und mehreren religiösen, politischen, Künstler-, Verfolgten- und Minderheiten-Organisationen.[111] Mehrere hundert Personen, unter ihnen der parteilose Kultursenator Ulrich Roloff-Momin und der Vorsitzende der Jüdischen Gemeinde Berlins, versammelten sich zunächst am ehemaligen Gestapo-Gelände (»Topographie des Terrors«) zu einem »Gedenkgang« gegen die Gleichsetzung von Opfern und Tätern. Danach führte der Weg in die Zimmerstraße, zum früheren Ballhaus Clou, einer der ehemaligen Deportationssammelstellen, und von dort zur Tiergartenstraße 4, in der die Euthanasie-Aktion organisiert wurde.

In den Monaten zuvor waren zahlreiche Einwände erhoben und Vorbehalte geltend gemacht worden. Es blieb bei politisch folgenlosen publizistischen Protestaktionen. Denn die SPD hatte sich früh dem Regierungsbeschluß angeschlossen, auf die Einleitung eines Gesetzgebungsverfahrens verzichtet und spät ihre Bedenken vorgetragen.[112] Die Kritik kreiste vor allem um drei Aspekte. Zum einen um die Frage, ob eine zentrale Gedenkstätte ausgerechnet in der Neuen Wache eingerichtet werden könne, die vor 1918 und nach 1933, also die weitaus längste Zeit ihrer Geschichte, militärisch genutzt und als Kriegerehrenmal vorbelastet sei. Zum anderen ging es um die Frage, ob die Pietà von Käthe Kollwitz der adäquate denkmalkünstlerische Ausdruck für die mahnende Erinnerung an die Toten der NS-Gewaltverbrechen und der Weltkriege sein könne. Schließlich und nicht zuletzt galten und gelten die Einwände der bis zuletzt umstrittenen Inschrift, die alle Toten gleichermaßen zu Opfern macht.

Der Berliner Kunsthistoriker Tilmann Buddensieg sprach sich einerseits für eine »zeitgenössische Ausgestaltung« durch Künstler wie Gerhard Merz, Ulrich Rückriem oder Richard Serra aus, zeigte aber zugleich viel Verständnis für die Entscheidung des Bundeskanzlers, mit Kollwitz einen Konsens herbeizuführen, denn: »Die trauernde Mutter und der tote Sohn sind etwas, das jeder versteht.«[113] Das war für den Historiker Reinhart Koselleck eine zu vordergründige Sicht. Man dürfe nicht nur fragen, was dieses Pietà-Blow-up zum Ausdruck bringe, man müsse auch fragen: »Was sagt (...) unsere Pietà nicht?«[114] Auch wenn die Kollwitz nicht Trost im freiwilligen Opfer des Sohnes gefunden habe – im Gegenteil – und daher der »christlichen Verheißung zu entrinnen suchte«, als nationales Denkmal stünde diese Skulptur unweigerlich als ein christliches Erlösungs- und Hoffnungssymbol da, als das es die staatlichen Denkmalsetzer ja auch verstanden wissen wollen. Kollwitz selbst hat sich über den Tod ihres Sohnes Peter, der als Kriegsfreiwilliger starb, nicht hinwegtrösten können, sondern zeitlebens an ihrer Mitschuld gelitten, weil sie den Kriegsfreiwilligen ziehen ließ. Das steinerne Elternpaar auf dem flandrischen Soldatenfriedhof Vladslo-Praetbosch und seine 1959 in der Kölner St. Alban-Ruine aufgestellte Kopie gelten deshalb als der authentische Ausdruck ihrer Auseinandersetzung mit dem soldatischen Opfertod: In der bildlichen Darstellung des Schmerzes ist der tote Sohn nicht mehr vorhanden. Das Überleben ist trostlos, das Verlorene nicht mehr darstellbar.

Die Wahl der Pietà erscheint somit bereits im Hinblick auf das Werk und die persönliche Deutung des Opfertodes durch die Künstlerin fragwürdig. Noch fragwürdiger aber muß die Entscheidung für diese Skulptur erscheinen, wenn man bedenkt, daß die Selbstaussage der Pietà die Ermordung von Millionen Frauen während des Zweiten Weltkrieges ausblendet, ausblenden muß, denn sie ist Jahre zuvor entstanden. Unangemessen erscheint diese Skulptur auch, weil sie als christliches Symbol die Millionen jüdischer Opfer ignoriert. Daran hätte die Regierung schon ihre weltanschauliche Neutralitätspflicht hindern müssen. Die »hilflose Verwaltung der deutschen Geschichte« (T. Buddensieg) durch die Bundesregierung steigerte sich zur öffentlichen Peinlichkeit, als die Kollwitz-Erben intervenierten und einen moralisch-politischen Anspruch mit Hilfe einer Rechtsposition durchsetzten. Auf das noch bei ihnen liegende Urheberrecht stützten sie ihre Forderung: »Entweder die preußischen Militaristen *vor* der Wache oder die vergrößerte Mutter ihrer Großmutter *in* der Wache.« Beides zugleich ginge nicht. Das rief nicht nur, aber vor allem die Anwälte des preußischen Architekturerbes auf den Plan.[115] So ist dem staatlichen Denkmalsetzer bei der Stiftung dieser Zentralen Gedenkstätte gleich ein dreifaches Fehlverhalten vorgehalten worden: daß er sich taktlos gegenüber den jüdischen Opfern bzw. Nachkommen verhalten hat, kenntnislos oder bedenkenlos gegenüber kunst- und denkmalgeschichtlichen Zusammenhängen und skrupellos im Umgang mit dem Grundgesetz, dessen Artikel 3 ihn ja ausdrücklich dazu verpflichtet, niemanden wegen seines Geschlechtes, seiner Herkunft, seines Glaubens, seiner religiösen oder politischen Anschauungen zu benachteiligen oder zu bevorzugen.

Aber selbst wenn man dem Kanzler zugute halten will, daß er seine Richtlinienkompetenz auch auf dem ressortübergreifenden Feld der Erinnerungspolitik wahrnimmt und sich mit einer populären Geste des Gedenkens um eine symbolische Integration zwischen den Generationen und gesellschaftlichen Gruppen bemüht, so sind doch die Risiken groß, das gewünschte Ziel zu verfehlen. Denn divergierende Geschichtsbilder lassen sich eben nicht unter Zeitdruck und per Regierungsorder zu einem allgemeinen integrieren, sondern nur in einer offenen und öffentlichen Auseinandersetzung, wenn überhaupt. Eine Verständigung über die NS-Vergangenheit steht aus, auch im vereinten Deutschland. Unter Zeitdruck hatte sich die Bundesregierung selbst gesetzt. Ganz unnötig, denn – so noch einmal Koselleck in seinem ironisch zugespitzten Kommentar: »Die Toten laufen uns nicht davon. Schon gar nicht ein halbes Jahrhundert nach der Katastrophe, die wir Deutschen verursacht und uns eingehandelt haben. Aber die Toten holen uns ein.« Immer wieder und ja nicht zum ersten Mal.

Aber der Streit entbrannte nicht nur um das architektonische Ensemble und die Kollwitz-Pietà. Auch um die Inschrift gab es Ärger. Schon in der Vergangenheit hatte die Formel »Den Opfern von Krieg und Gewaltherrschaft« keineswegs alle überzeugt und befriedigt. Denn wer sind die Opfer? Alle Toten? Die toten nationalsozialistischen Täter auch? Die Gleichstellung von gefallenen Wehrmachtssoldaten, SS-Angehörigen, gemordeten Juden, Sinti und Roma, getöteten Widerstandskämpfern und zivilen Bombenopfern wird erleichtert, weil unsere Sprache die Unterscheidung zwischen dem passiv-zufälligen *victime* und dem aktiv-freiwilligen *sacrifice* nicht kennt. Unser Opferbegriff schmückte sich, zumindest bis 1945, staatsoffiziell mit einer sakralen Aura, und das hat – wie an zahlreichen Beispielen gezeigt werden konnte – in der christlichen Überhöhung der Kriegsopfer nachgewirkt. So wurde dort und so wird nun auch in der Neuen Wache die gewiß gut gemeinte Nobilitierungsgeste, die alle Toten zu Opfern macht, unvermeidlich zu einer Nivellierungsgeste. Symbolische Versöhnung durch Verfälschung von

gesellschaftlichen Verhältnissen, die in der Konfrontation von privilegierten *Volksgenossen* und rechtlosen *Volksfremden* extrem unversöhnlich definiert waren.

Der Vorsitzende des Zentralrats der Juden in Deutschland, Ignatz Bubis,
mochte denn auch seine Zusage zur Einweihung der Neuen Wache im
November 1993 erst geben, als ihm der Bundeskanzler ein eigenes Holocaust-Mahnmal zugesichert hatte und sich die Bundesregierung bereit
erklärte, die genannte Inschrift im Boden vor der Pietà durch eine differenzierte Aufzählung der verschiedenen Gruppen unter den Getöteten
auf einer Metallplatte zu ergänzen – außerhalb der Gedenkstätte.

DIE NEUE WACHE IST DER ORT DER ERINNERUNG
UND DES GEDENKENS AN DIE OPFER
VON KRIEG UND GEWALTHERRSCHAFT.

Wir gedenken
der Völker, die durch Krieg gelitten haben.
Wir gedenken ihrer Bürger, die verfolgt wurden
und ihr Leben verloren.
Wir gedenken der Gefallenen der Weltkriege.
Wir gedenken der Unschuldigen,
die durch Krieg und Folgen des Krieges
in der Heimat, die in Gefangenschaft und
bei der Vertreibung ums Leben gekommen sind.

Wir gedenken der Millionen ermordeter Juden.
Wir gedenken der ermordeten Sinti und Roma.
Wir gedenken aller, die umgebracht wurden
wegen ihrer Abstammung, ihrer Homosexualität
oder wegen Krankheit und Schwäche.
Wir gedenken aller Ermordeten, deren Recht auf
Leben geleugnet wurde.

Wir gedenken der Menschen,
die sterben mußten um ihrer religiösen oder
politischen Überzeugung willen.
Wir gedenken aller,
die Opfer der Gewaltherrschaft wurden
und unschuldig den Tod fanden.

Wir gedenken der Frauen und Männer,
die im Widerstand gegen die Gewaltherrschaft
ihr Leben opferten.
Wir ehren alle, die eher den Tod hinnahmen,
als ihr Gewissen zu beugen.

Wir gedenken der Frauen und Männer,
die verfolgt und ermordet wurden,
weil sie sich totalitärer Diktatur nach 1945
widersetzt haben.

So mag man die Neue Wache als eine zentrale Gedenkstätte lesen, die in ihrem Kern ein inadäquates Kunstwerk benutzt, eine Erinnerungsgeste als Versöhnungsgeste in Szene setzt, die den Toten aus der Sicht der Nachkommen nicht gerecht wird, und deshalb mancher Korrekturen und Ergänzungen von außen bedarf. Das Scheitern des Versuchs, mit der Umgestaltung der Neuen Wache eine nationale Gedenkstätte für alle Toten der NS-Zeit zu errichten, hat nicht eine Revision dieses Konzeptes, sondern eine weitere, nicht minder fragwürdige Denkmalinitiative zur Folge gehabt.

Ein Trauermal für die ermordeten Juden im Land der Täter?

Die langwierige und geräuschvolle Auseinandersetzung um diese Denkmalinitiative ist beispielhaft für den anhaltenden Streit um die Vergegenwärtigung der nationalsozialistischen Vergangenheit überhaupt. Guter Wille und viel politische Gedankenlosigkeit, Versäumnis und Zufall standen am Anfang. Es war gedankenlos und fahrlässig, daß aus dem Debakel um die Neue Wache keine andere Konsequenz gezogen wurde als die eines weiteren Denkmals mit nationalem Geltungsanspruch. Zumal von Anfang an Folgeprobleme absehbar waren. Mit der Entscheidung für ein spezielles Denkmal zur Erinnerung an die jüdischen Opfer mußte sich unweigerlich die Frage nach weiteren Opferdenkmälern stellen, was prompt geschah. Gedankenlos und fahrlässig war auch der zweite Anstoß, der aus einer privaten Initiative gegeben wurde. Die Hannoveraner Funkhausdirektorin und Fernsehjournalistin Lea Rosh hatte – wie es verschiedentlich hieß – nach Filmaufnahmen in der nationalen israelischen Gedenkstätte Yad Vashem die Idee, in Berlin ein vergleichbares Mahnmal zu errichten, ungeachtet der Frage, ob in Deutschland, im Land der Täter, in vergleichbarer Weise an die jüdischen Opfer erinnert werden kann wie in Israel. Gedankenlos und fahrlässig haben auch die Auslober insgesamt gehandelt, die Bundesregierung, der Berliner Senat und der private »Förderkreis zur Errichtung eines Denkmals für die ermordeten Juden Europas«, als sie die Vorgaben für die Künstler formulierten. Diesen wurde die Aufgabe gestellt, auf einer mehr als fußballfeldgroßen Fläche einen monumentalen Gedenk- und Erlebnisraum architektonisch oder skulptural zu gestalten. Er soll sich dazu eignen, in den Besuchern dieser Gedenkstätte »große Gefühle« zu mobilisieren. In der Ausschreibung ist allgemein und recht vage von Trauer, Scham, Achtung, Erkenntnis und Toleranz die Rede. Erstaunlicherweise haben sich nur wenige Künstler von diesen Vorgaben distanziert und das darin eingeschlossene große Vertrauen in die Möglichkeit zeitgenössischer Denkmalkunst als uneinlösbar zurückgewiesen. Ein Versäumnis war es auch, daß der Bundestag bei diesem Denkmalprojekt mit immerhin nationalrepräsentativem Anspruch weder frühzeitig noch überhaupt maßgeblich in Erscheinung getreten ist. Und schließlich hat auch noch der Zufall eine unglückliche Rolle gespielt. Denn ohne den Mauerfall, ohne das Ende der DDR, hätte diese Denkmalinitiative womöglich einen ganz anderen Verlauf genommen.

Als Denkmalstandort hatten die Initiatoren ursprünglich das nahe an der Mauer neben dem Martin Gropius-Bau gelegene Prinz-Albrecht-Gelände vorgesehen, auf dem seit Anfang der achtziger Jahre die Dokumentation »Topographie des Terrors« entstand. Im Januar 1989 veröffentlichte die Denkmalinitiative ihren ersten Aufruf.[116] Wenig später forderte der Vositzende der Sinti und Roma die Bundesregierung auf, am vorgesehenen Standort auch an alle nichtjüdischen Opfergruppen zu erinnern. Bedenken wurden von dem wissenschaftlichen Leiter der »Topographie des Terrors« vorgebracht, dem Historiker Reinhard Rürup. Eine Gedenkstätte an diesem Ort müsse, so argumentierte er, der Aufklärung über das nationalsozialistische Herrschaftssystem dienen und den »bürokratischen Charakter des Mordens und Verfolgens« in den Mittelpunkt stellen. In einer Anhörung bekräftigten zahlreiche geschichtspolitische Vereine und Verfolgtenverbände dieses Votum und verwiesen darauf, daß es sich bei dem Prinz-Albrecht-Gelände um den vielleicht wichtigsten »Ort der Täter« handeln würde. Diese Position machte sich auch der neue, rot-grün zusammengesetzte Senat zu eigen. Der Mauerfall und die sich abzeichnende Wiedervereinigung brachten erneut Bewegung in die Auseinandersetzung und eine dem Förderkreis willkommene Standortvariante ins Spiel, die der Stuttgarter Historiker Eberhard Jäckel im Frühjahr 1990 vorschlug: das Gelände der früheren Ministergärten nördlich der ehemaligen Reichskanzlei. Ein Jahr später legte der Schweizer Ausstellungsgestalter Harald Szeemann ein Konzept für eine integrierte Gedenkstätte vor, das Dokumentation, historische Objekte und gestalteten Raum miteinander verbindet.

Auseinandersetzungen zwischen dem Förderkreis, dem Berliner Kultursenator Ulrich Roloff-Momin und dem Bund folgten. Dabei ging es nicht zuletzt um die Frage nach dem Träger der Gedenkstätte. Im April 1994 erfolgte die offizielle Ausschreibung des Wettbewerbs in allen großen deutschen Tages- und Wochenzeitungen; zwölf namhafte Künstler wurden direkt eingeladen, sich zu beteiligen.[117] Mehr als fünfhundet Einsendungen mußte die Jury begutachten und plazieren. Die weitaus meisten lösten die gestellte Aufgabe in monumentaler Weise. Den ersten Preis teilten sich der Kölner Architekt Simon Ungers und eine Künstlergruppe um die Berliner Bildhauerin Christine Jackob-Marks. Deren riesige, schräggestellte Betonplatte mit den Namen von über vier Millionen ermordeter Juden war vom Förderkreis schnell favorisiert worden, rief aber in der öffentlichen Debatte zunehmende Ablehnung hervor und war bald als »Grabplatte« verschrien. Als Bundeskanzler Kohl im Sommer 1995 sein berühmtes »Machtwort« sprach, beendete er damit zumindest die erste Phase dieses Denkmalstreits.

Man hätte mehr aus dem ersten Wettbewerb machen können. Immerhin hatte die Jury mit dem 11. Platz einen Entwurf bedacht, der aus der Kritik an den Vorgaben des Wettbewerbs ein Anti-Monument entwickelt hatte, den »Bus-stop« von Renata Stih und Frieder Schnock. Das vorgesehene Denkmalgelände wird in diesem Modell von einer durchgehenden Bahnsteighalle mit Gebäuden für Kartenverkauf, Warteräume, Dokumentation und Medienzentrum geteilt, während das übrige Feld als Stadtbrache erhalten bleibt. »Bus-stop« verstehen seine Erfinder als transitorisches Denkmal, das den monumentalen und ritualisierten Charakter öffentlicher Erinnerung auflöst und den an der NS-Vergangenheit interessierten Besucher von der Mitte Berlins aus in Rundfahrten zu den authentischen Erinnerungsorten bringen will, von Berlin bis Auschwitz, von Buchenwald bis Treblinka. In einer Situation, in der die allgemeine Ratlosigkeit ebenso groß war wie der Diskussionsbedarf, hätte der »Bus-stop«, probeweise und befristet als Denkmal-Experiment genutzt, Chancen geboten, aus einer Sackgasse herauszukommen. Eine ländervergleichende Debatte hätte entstehen können – über die verschiedenen Gedenkstätten und über die unterschiedlichen nationalen Deutungen des Holocaust, Voraussetzung für jede selbstkritische Ortsbestimmung in einer erinnerungspolitischen Grundsatzfrage.[118]

Als der Bundestag Anfang Mai 1996 in die verfahrene Auseinandersetzung eingriff, waren an die Aussprache verständlicherweise nicht geringe Erwartungen geknüpft. Aber die erhoffte Kontroverse und inhaltlich weiterführende, gar klärende Debatte fand nicht statt. Gewiß, das Parlament diskutierte über Standort und Terminierung, es verwies darauf, daß das Holocaust-Mahnmal die Bedeutung der KZ-Gedenkstätten nicht relativieren dürfe und erinnerte an das Debakel der Neuen Wache. Es kritisierte auch die durchgängige Monumentalität der Entwürfe als Folge der in jeder Hinsicht überzogenen Wettbewerbsaufgabe. Aber es fehlte im Bundestag offenbar der Wille, das Problem dieses nationalen Mahnmals zur Sache des Parlaments zu machen oder der außerparlamentarischen Debatte auch nur neue Denkanstöße zu geben. Die Situation blieb verfahren und der Diskussionsbedarf groß. In einem von Hanno Loewy, dem Leiter des Frankfurter Fritz Bauer-Instituts, initiierten »dringenden Appell«[119] veröffentlichten im Sommer 1996 mehrere Gedenkstättenleiter und Wissenschaftler eine kritische Stellungnahme zum Wettbewerb. Sie begrüßten, daß sich die Auslober für eine zweite Phase entschieden hätten und warnten zugleich davor, an den »unglücklichen Vorgaben« des bisherigen Wettbewerbs festzuhalten, dem Standort, dem Termin und der Fixierung auf ein Mahnmal für die jüdischen Opfer.

Der Appell blieb ungehört. Wie berechtigt er war, zeigte sich schon im Vorfeld der drei Kolloquien im Januar, Februar und April 1997, zu denen der Berliner Kultursenator Peter Radunski Ende 1996 neunzig Sachverständige als »ständige Teilnehmer« einlud.[120] Einerseits wurden Dimension und Bildprogramm des Denkmals als ebenso klärungsbedürftig bezeichnet wie dessen historischer und städtebaulicher Kontext. Andererseits aber sollten die umstrittenen Vorgaben verbindlich bleiben: Standort, Zeitplan, Kosten und die neun prämierten Entwürfe als Entscheidungsgrundlage. Der Konflikt war vorprogrammiert. Der Streit zwischen den Vertretern der drei Auslober und den Sachverständigen spitzte sich schnell zu. Während diese sich durch das Verfahren unter Kuratel gestellt sahen, zeigten sich jene in der Sache uneinsichtig und im Verfahren unflexibel, jedenfalls während der beiden ersten Kolloquien, was zu entsprechenden Protesten führte. Die dringend benötigte Legitimation für das monumentale Projekt wurde dadurch weiter verspielt. Es schien zeitweilig weniger um eine erinnerungs- und denkmalpolitische Entscheidung von nationalem Rang zu gehen, sondern vor allem um Ehre und Eitelkeit der Akteure. Die skeptischen Sachverständigen sahen sich zu Statisten degradiert und als Saboteure des Wettbewerbs diffamiert. Die Künstler fühlten sich in ihrer Autonomie bedroht, und die Auslober als Veranstalter schwiegen, drohten oder provozierten mit Belehrungen und anderen befremdlichen Einlassungen. Eberhard Jäckel verteidigte die Monumentalität des Denkmals mit dem Argument, daß sich darin die »Opfer über die Täter« erheben würden. Und Lea Rosh konterte den wiederholt und nicht zuletzt von der Bundestagspräsidentin gemachten Vorschlag, das Holocaust-Mahnmal vor dem Reichstag zu plazieren, mit dem ebenso aufschlußreichen wie fragwürdigen Hinweis darauf, daß dieser »dem deutschen Volke« gewidmet sei und damit ein falscher Zusammenhang hergestellt würde, denn: nicht »die Deutschen haben die Juden ermordet, sondern die Nazis«. Das erinnerte ein wenig an das beliebte und selbstentlastende Auseinanderdividieren von »bösen Nazis« und »guten Deutschen«.

Rita Süssmuth war es auch, die während des zweiten Kolloquiums dieser Veranstaltung zu geben versuchte, was ihr von Anfang an fehlte und das Thema wie kein anderes verlangt: Behutsamkeit und Würde, Sachlichkeit und die Rationalität eines offenen Gesprächs und vernünftigen Verfahrens. Sie mochte keine der formalen Vorgaben als definitiv gelten lassen, widersprach den Auslobern ebenso wie den Experten und versuchte zugleich, den Konflikt zwischen ihnen zu entschärfen. Sie schlug vor, das geplante Denkmal einerseits kleiner und bescheidener als die zunächst vorgesehene »Grabplatte« zu gestalten, andererseits aber »radikal, eindringlich und provozierend«. Sowenig sich ihre Auffassung durchsetzte, so wenig konnte sie verhindern, daß die Veranstaltung zu einem Eklat führte. Mehrere Sachverständige, namhafte Historiker, Kunsthistoriker und Architekten, verließen das Kolloquium, weil sie, wie es vielfach hieß, an dieser »Alibiveranstaltung« nicht länger mitwirken mochten. Zwar zeigte sich zu Beginn des dritten Kolloquiums insbesondere der Berliner Kultursenator Radunski moderater im Verfahren und flexibler in der Sache und räumte ein, daß unter den Auslobern weiterhin »Beratungsbedarf« bestehe. Doch eine inhaltliche Klärung kam nicht mehr zustande, von einem Konsens in den drei kontroversen Vorgaben, Standort, Termin, Kosten, gar nicht zu reden. So standen am Ende ein Verdacht und eine Hoffnung. Der Verdacht, das Holocaust-Mahnmal würde den Judenmord zu einem »nationalen Gründungsopfer« (Kathrin Hoffmann-Curtius) für das vereinte Deutschland stilisieren, und die Hoffnung, daß der Bundestag in dieser Frage von nationaler Bedeutung zukünftig eine stärkere Rolle spielen würde und die von Peter Conradi (SPD) vorgeschlagene Stiftung mit staatlicher Beteiligung und breiter gesellschaftlicher Verankerung einen Ausweg aus der Sackgasse finden könnte.

Erstmals traten nun auch die zu einer Arbeitsgemeinschaft zusammengeschlossenen Leiter der KZ-Gedenkstätten mit einer Erklärung an die Öffentlichkeit. Sie gaben darin ihrer Sorge Ausdruck, daß zum einen der unverkennbare Zug zur Zentralisierung des Gedenkens in der neuen Hauptstadt das über das gesamte Land ausgebreitete Netz von Gedenkstätten abwerten und seinen dauerhaften Bestand auch beeinträchtigen könne. Zum anderen befürchteten sie, daß eine definitive künstlerische Überformung des Genozids die öffentliche Auseinandersetzung mit einem monumentalen Schlußakkord beenden könnte.[121]

Diese und andere kritische Stimmen konnten die Auslober des ersten Wettbewerbs nicht davon abbringen, im Sommer 1997 einen zweiten zu beginnen, den sie allerdings aus gutem Grund nicht als solchen bezeichneten, denn dem »engeren Auswahlverfahren« fehlten wesentliche Elemente eines offenen Wettbewerbs. Die Auslober benannten eine fünfköpfige Findungskommission und betrauten sie mit der ungewöhnlichen Doppelaufgabe, Teilnehmer auszuwählen und auch über ihre Entwürfe zu befinden. Die Kommission lud 25 Künstler und Architekten ein, darunter die neun erstplazierten und weitere international renommierte, darunter auch einige, die im ersten Verfahren frühzeitig ausgeschieden waren: Jochen Gerz, Daniel Libeskind, Richard Serra, Gesine Weinmiller sowie Christian Boltanski, Eduardo Chilida, Ulrich Rückriem und Rachel Whiteread. Die vier letzteren lehnten ihre Teilnahme jedoch ab. Die Juroren mußten über 19 eingesandte Entwürfe befinden, von denen sie zwei für die Entscheidung vorsahen: Den der Berliner Architektin Gesine Weinmiller, die einen »Raum der Stille« als rampenartig gesenkten Platz vorschlug, auf dem – scheinbar willkürlich plaziert – 18 steinerne Wandscheiben stehen, die sich dem Besucher beim Verlassen über eine Treppe im Rückblick zu einem Davidstern zusammenfügen. Den größten Zuspruch fand der Entwurf von Richard Serra und Peter Eisenman, ein begehbares, abgesenktes Feld mit zunächst viertausend leicht schräg gestellten, bis über fünf Meter hohen Betonstelen auf strengem Raster, in dem die Kunstkritik eine abstrakte Anspielung auf das Gräberfeld eines jüdischen Friedhofes erkannte. Die Auslober waren mit dem Votum der Jury allerdings nicht einverstanden und brachten die Entwürfe ihrer Favoriten (Gerz und Libeskind) ins Spiel. Eine Präsentation aller Mahnmal-Modelle und eine abschließende breite öffentliche Diskussion vor der definitiven Entscheidung sollte folgen.

Zu dieser kam es allerdings nicht. Denn Ende November 1997 veröffentlichte der Präsident der Berliner Akademie der Künste, der ungarische Schriftsteller György Konrád, eine Philippika »wider das Holocaust-Denkmal«. Alle bisherigen Entwürfe, so Konrád, zeigten »gnadenlosen und didaktischen Kitsch«. Es bedürfe »keines Denkmals, das der robusten Größe Deutschlands angepaßt wäre (...) Durch die Übergabe eines großen Platzes und den Einsatz enormer Finanzmittel« könne »die Geschichte nicht abgeschlossen (...), das Nachdenken darüber« müsse

»auch im nächsten Jahrhundert fortgesetzt werden«.[122] Die Reaktion auf seine vehemente Intervention zeigte an, daß die Chancen dafür gut stehen. Die Debatte schien nun erst richtig zu beginnen, offener, politischer und auch in der Sache präziser als zuvor. Konráds Einwände waren nicht neu, aber sie trafen den ästhetischen und politischen Kern des Problems, wirkten wie ein Befreiungsschlag und verhalfen dem Verfahren zu einem Moratorium. Prominente Mitunterzeichner des Aufrufs für den ersten Wettbewerb wie Walter Jens und Günter Grass protestierten nun gegen die Errichtung eines Holocaust-Mahnmals, weil, so Jens, »dem Schrekken aller Schrecken (…) durch monumentale Entsprechung auf artistischem Feld nicht beizukommen« sei. Dieser Einwand war weder neu noch originell. Mahnmalsgegner hatten ihn frühzeitig geäußert und waren dafür beschimpft worden.

Auch in den beiden großen Parteien äußerten sich die ablehnenden Stimmen vernehmlicher. Während die Berliner Sozialdemokraten an dem inzwischen überarbeiteten Eisenman-Entwurf festhielten, sprach sich der für das Amt eines Staatsministers für Kultur vorgesehene Verleger Michael Naumann dagegen aus. Kanzlerkandidat Gerhard Schröder plädierte für eine parteiübergreifende Debatte. Auch in der CDU sorgte die Mahnmalsdebatte für Streit. Der Regierende Bürgermeister von Berlin, Eberhard Diepgen, war schon während der Besichtigung der vier in die Endauswahl gekommenen Entwürfe im Januar 1998 dem Projekt gegenüber auf Distanz gegangen. Im März erklärte er in einem Interview, wenn man keine Verständigung über das ästhetische Konzept des Denkmals erreichen könne, würde sich die Frage stellen, ob man es überhaupt errichten solle. Er wurde verschiedentlich mit dem Satz zitiert, aus Berlin dürfe keine »Hauptstadt der Reue« werden.

Während die einen die künstlerische Unlösbarkeit der gestellten Aufgabe als Argument benutzten, das Denkmalprojekt zu Fall zu bringen, hielten die anderen trotz aller Bedenken und Zweifel daran fest, offenbar, weil aus ihrer Sicht ein Scheitern der Mahnmalsidee schwerer wiegt als die Mängel einer Realisierung und weil die Repräsentanten der Republik ein solches Scheitern als persönlichen Makel und als Manko in der symbolischen Selbstdarstellung der vereinten Nation empfinden. So erschien es ebenso konsequent wie durchsichtig, daß der Bundeskanzler und der Regierende Bürgermeister kurz vor Beginn der heißen Phase des Wahlkampfes entschieden, das Holocaust-Mahnmal aus dem Wahlkampf, zu dessen Streitfragen er längst gehörte, herauszuhalten und die Entscheidung darüber bis nach der Bundestagswahl zu vertagen.

Eisenman hatte seinen Entwurf auf Wunsch der drei Auslober inzwischen überarbeitet. Serra trat im Frühsommer von dem Projekt zurück. Statt viertausend sind nun nur noch etwa zweieinhalbtausend Betonpfeiler vorgesehen, jeder 90 Zentimeter tief, 2,30 Meter breit, bis über fünf Meter hoch und unregelmäßig geneigt, in schmalen Abständen auf strengem Raster, bis zu zweieinhalb Meter unter Straßenniveau. Außerdem werden in die Stelen die Namen von etwa einhundert Hinrichtungsstätten, Konzentrations- und Vernichtungslagern eingeschrieben. Mochten vormals skeptisch eingestellte Kritiker dieses Monument nun als symbolischen »Friedhof einer ermordeten Kultur« rühmen, als ein »antikisches Trümmerfeld«, mochten sie dankbar und wortgewaltig vom »bedeutenden Entwurf« eines jüdischen Künstlers sprechen und ihn als »urbanistischen Zwischenfall« feiern, als unverzichtbare »Meditationszone« inmitten des Regierungsviertels und der »Explosionen des Kommerzes«, die früheren Bedenken und Einwände waren durch diese blumige Kritikerprosa kaum widerlegt.[123]

Nach einer über zehnjährigen, an- und abschwellenden Debatte war eine Zwischenbilanz überfällig, auch als künftige Orientierungshilfe für die neue Regierung nach der Bundestagswahl Ende September 1998. Deutlicher als zuvor konnte man jetzt das Mißverständnis und die politische Gedankenlosigkeit erkennen und benennen, die diesen ebenso fragwürdigen wie erinnerungspolitisch aufschlußreichen Wettbewerb von Anfang an begleitet haben. Zum einen ist es das unbegründete und unverantwortliche Kunstvertrauen der Auslober. Ihr Mißverständnis, mit künstlerischen Mitteln dem Gedenken an die Holocaust-Opfer einen definitiven und emotional wie intellektuell wirksamen Ausdruck zu geben, ist nur am Rande thematisiert worden. Nur wenige der eingeladenen renommierten Künstler sind dem Wettbewerb ferngeblieben, noch weniger haben gegen dessen Vorgaben mit künstlerischen Mitteln protestiert. Immerhin verfügt die längst selbstreflexiv gewordene zeitgenössische Denkmalkunst über eine neue Formensprache, die aus dem Scheitern der traditionellen Denkmalidee immer wieder kreative Konsequenzen zieht, vom Antimonument bis zum unsichtbaren Denkmal.

Zum anderen geht es um die politische Gedankenlosigkeit, daß eine monumentale Erinnerungsgeste für die jüdischen Opfer im Land der Täter nicht umstandslos möglich, also in jedem Fall erläuterungsbedürftig ist, über die Nennung von Tatorten im überarbeiteten Eisenman-Entwurf hinaus. Sofern man auf ein solches Denkmal nicht überhaupt besser verzichtet, weil es entweder ein »Schandmal« (Christian Meier) sein muß oder eine – doppelte – Anmaßung darstellt. Trauer können die heute lebenden Deutschen nicht nachholen; sie setzt deren emotionale Bindung an die ermordeten Juden voraus, zumindest ein Fortwirken derselben. Noch bedenklicher erscheint, daß die Nachkommen der Täter, die in einem strafrechtlich unmittelbaren Sinne nicht verantwortlich sind für die Gewaltverbrechen ihrer Vorfahren, sich mit einem Holocaust-Mahnmal einer Schuld bemächtigen, die sie nicht tragen. Gerade dadurch stellen sie sich in einer politisch-moralisch schwer erträglichen Pose der Selbstgerechtigkeit und Selbsterhebung dar. Diese Befürchtung hatten aufmerksame Beobachter und Kommentatoren des Verfahrens frühzeitig, aber vergeblich ausgesprochen, unter nachdrücklichem Verweis auf das Debakel der Neuen Wache.[124]

Die Bremer Soziologin Sibylle Tönnies hat in dem Zusammenhang an Elias Canetti erinnert, der in *Masse und Macht* beschrieb, wie Schuld kollektiv bewältigt wird. Durch Rollentausch und Positionswechsel verwandelt sich eine »Hetz- und Kriegsmeute« in eine »Klagemeute« und befreit sich so von der Schuld des Tötens und der Angst, von der Rache der Überlebenden getroffen zu werden. Dieser Mechanismus ist für viele religiöse Kulturen konstitutiv, auch für den Entsühnungskult im Christentum.[125] In der forcierten Betonung der jüdischen Katastrophe durch die deutsche Erinnerungskultur des ausgehenden 20. Jahrhunderts, die das nationale Trauermal für die ermordeten Juden auch noch durch einen jüdischen Architekten errichten lassen möchte, in dieser aufdringlichen und anmaßenden Anbiederung der Täter-Nachkommen an die jüdischen Holocaust-Überlebenden und ihre Nachfahren taucht der Mechanismus der Selbstentsühnung wieder auf. Er führt zu einer erschlichenen, nicht aber zu einer solidarischen Annäherung. Diese setzt als Bedingung der Möglichkeit einer ferneren Aussöhnung voraus, daß die heute lebenden Deutschen die frühere Todfeindschaft zwischen den deutschen Tätern und ihren jüdischen Opfern anerkennen und in ihren Ursachen verstehen. Das kann ein monumentales Trauermal, ein nachgestalteter jüdischer Friedhof am Brandenburger Tor, nicht leisten. Der Ort dafür sind die Dokumentationen der Gedenkstätten, die Bibliotheken, Bildungseinrichtungen und historischen Museen, in Berlin und im ganzen Land. Deren langfristige finanzielle Sicherung über eine Bund-Länder-Stiftung stand Ende 1998 ebenso aus wie die der Museen und Gedenkstätten zur Aufklärung über die Zeit des Nationalsozialismus im europäischen Ausland.

5. Gedenktage: Kalendarische Erinnerung und politische Skandale

Die Kunst, Staat zu machen, hat es hierzulande schwerer als anderswo. Das kommt nicht von ungefähr, steht vielmehr in engem Zusammenhang mit den zahlreichen Zäsuren und Brüchen in der politischen Systementwicklung und insbesondere mit dem Mißbrauch ästhetischer Politik durch den NS-Staat. Daß Staat gemacht werden muß, zumal der demokratische, auf abstrakten Verfahren und ideellen Werten beruhende moderne Verfassungsstaat, steht dabei außer Frage. Blieben die Institutionen, Ideen und Identifikationsangebote ohne sinnlich wahrnehmbaren Ausdruck, also unsichtbar, das Verfassungsethos liefe Gefahr, für unansehnlich gehalten zu werden, zumindest für unscheinbar. Der Staat muß sich auch symbolisch darstellen können, und er muß in repräsentativen Veranstaltungen erlebbar sein.[1] Auf ein attraktives Erscheinungsbild und eine gewisse affektive Bindung seiner Bürger ist jedes Gemeinwesen angewiesen. Wir nennen dieses wertrationale Verhältnis inzwischen Verfassungspatriotismus. Mißtrauisch gegen jeden unkontrollierten irrationalen Überschwang, mißtrauisch auch gegen den Mißbrauch aller Ideen und Dekorationen, sind wir doch nicht ohne Pathos, ohne Stolz, ohne Ausdrucksverlangen und innere Anteilnahme, denn welchen Wert, welche integrierende Kraft hätten unsere zentralen Verfassungswerte ohne sie?

Von der emotionalen und ästhetischen Seite der Politik kann hierzulande indes nicht umstandslos ausgegangen und gesprochen werden. Die Bundesrepublik konnte auf keine gesicherten Traditionsbestände zurückgreifen, die meisten staatsrepräsentativen Ausdrucksformen waren verbraucht oder kompromittiert. Zudem verstand sich der westdeutsche Teilstaat zumindest in seinen frühen Jahren als ein eher transitorisches Gemeinwesen. Entsprechend zurückhaltend und schwierig gestalteten sich seine Versuche der symbolischen Selbstdarstellung. Oder sie standen unter Zeitvorbehalt. Einer der sozialdemokratischen Väter der Republik, Adolf Arndt, äußerte sich in seiner berühmten Rede anläßlich der Berliner Bauwochen 1960 besorgt, daß sich inzwischen das »Vorurteil festgefressen« habe, die Demokratie sei »etwas Anonymes, ja geradezu

Amusisches, unfähig, sich im öffentlichen Bauen darzustellen und im Bauen ihr Ethos sichtbar zu machen«.[2] Diese Kritik wäre auch für die anderen Bereiche und Ausdrucksmittel staatlicher Selbstdarstellung nicht unberechtigt gewesen. Sie stehen in einem engen funktionalen Verbund. Verbraucht schien nicht nur der Fundus erhabener architektonischer Formen. Auch von den patriotischen Festspielen, den fröhlichen politischen Festen und selbstbewußten nationalen Feiern früherer Zeiten war nicht mehr viel übriggeblieben.[3] Selbst der Volkstrauertag, unter den Nazis zum »Heldengedenktag« verkommen, ließ sich nicht mehr ohne weiteres gebrauchen.

Von Schwierigkeiten der steinernen Staatsrepräsentation war zuletzt die Rede. Von Schwierigkeiten mit der Gestaltung nationaler Gedenk- und Feiertage wird nun zu reden sein. Für sie gilt zunächst, was für die nationalen Symbole in diesem Lande überhaupt charakteristisch ist: Ihr Verschleiß war im Verlauf der Jahrzehnte enorm. Deutschland hat seine Flaggen, Hymnen und nationalen Feiertage mit den politischen Systemen gewechselt oder in der Rivalität unvereinbarer Traditionen gegeneinander ausgespielt, wobei die Auseinandersetzung um sie nicht selten so erbittert geführt wurde, als ginge es ums Ganze. Ein kurzer Rückblick mag das verdeutlichen.[4]

Zwar ist Bonn kein zweites Weimar geworden, und doch besteht zwischen der ersten und der zweiten deutschen Republik eine ebenso auffällige wie aufschlußreiche Parallele. Beide Republiken waren Nachfolger zusammengebrochener und militärisch besiegter nichtdemokratischer Systeme. Beide Republiken standen unter dem Eindruck struktureller Umwälzungen. Die Weimarer Republik, indem sie die überfällige Demokratisierung von Staat und Gesellschaft aus eigenem, anfangs revolutionären Antrieb versuchte. Die Bundesrepublik, indem sie die demokratische Ordnung der westlichen Siegermächte übernahm, und mit ihrer Hilfe befestigte und im raschen wirtschaftlichen Wiederaufstieg und durch westliche Bündnisintegration stabilisierte. Beide Republiken taten sich schwer mit ihrer ästhetischen Repräsentation und symbolischen Identität. Die eine wegen unüberbrückbarer sozial-kultureller Spaltungen und politischer Instabilität, die andere trotz hoher politischer Stabilität und sozialer Integration.

Daß die Weimarer Republik nur unter Vorbehalt Flagge, will sagen ihre demokratischen Farben Schwarz-Rot-Gold zeigen konnte, war ihr schon in die Verfassung geschrieben, die in der Handelsflagge ausdrücklich am Schwarz-Weiß-Rot der gestürzten Monarchie festhielt. Dem waren heftige Debatten in der Nationalversammlung vorausgegangen.[5] In Artikel 3 heißt es: »Die Reichsfarben sind schwarz-rot-gold. Die Handelsflagge ist schwarz-weiß-rot mit den Reichsfarben in der oberen inneren Ecke.« Ausgerechnet dort, wo die Revolution begonnen, wo die aufständischen Matrosen die Flagge des verhaßten autoritären und imperialen wilhelminischen Staates niedergerissen hatten, wehte wieder die Fahne der gestürzten Monarchie.

Das zweite Kabinett des parteilosen Reichskanzlers Luther stürzte im Mai 1926 über den Versuch, nach der Wahl Hindenburgs zum Reichspräsidenten das Schwarz-Weiß-Rot aufzuwerten und im Ausland – in den europäischen Seehäfen wie in den außereuropäischen Konsulaten und Botschaften – neben der Republikfahne auch die Handelsflagge zu zeigen. Die Verordnung löste unter den republikanischen Kräften einen Sturm der Entrüstung aus. Im Reichsinnenministerium bemühte man sich danach vergeblich um einen Farben-Kompromiß. Der demokratische Innenminister im Kabinett Marx, Wilhelm Külz, schlug »augenzwinkernd« vor, das Schwarz-Weiß-Rot als Grund zu nehmen, aber diagonal »durch schwarz-rot-goldene Streifen zu durchqueren, also (…) durchzustreichen«.[6]

Nach der Zerschlagung des Dritten Reiches schien das antidemokratische Schwarz-Weiß-Rot kein Thema einer politischen Debatte mehr sein zu können. Doch der Flaggenstreit lebte noch einmal auf, allerdings weniger heftig. Unumstritten war das demokratische Schwarz-Rot-Gold auch jetzt nicht. Im befreiten KZ Buchenwald wehten zur Maifeier 1945 an den Masten die Fahnen der Nationen, aus denen die Häftlinge stammten. Der Mast, an dem die deutsche Fahne aufgezogen werden sollte, wäre leer geblieben, hätte man nicht trotz oder wegen fehlender Übereinstimmung eine Phantasiefahne gehißt, einen fünfzackigen gelben Stern auf rotem Grund. Der Sozialdemokrat Ernst Thape berichtet, er habe mit Rücksicht auf die Kommunisten vorgeschlagen, die schwarz-rot-goldene Fahne – nach jugoslawischem Vorbild – mit einem fünfzackigen roten Stern zu versehen, aber dafür keine Mehrheit gefunden.[7]

Kontrovers war die Flaggenfrage auch bei der Staatsgründung der DDR im Deutschen Volksrat und bei der Entstehung der Bundesrepublik. Zwar hatte man sich bereits im Verfassungskonvent von Herrenchiemsee auf das Farbensymbol der Revolutionen von 1848 und 1918 verständigt. Aber im Parlamentarischen Rat machte die CDU den alternativen Vorschlag: »Die Flagge des Bundes zeigt auf rotem Grunde ein schwarzes liegendes Kreuz und auf dieses aufgelegt ein goldenes Kreuz« – das Symbol des christlichen Abendlandes. Dies war auf Empfehlung von Ernst Wirmer geschehen, dem Bruder von Josef Wirmer, einem Berliner Rechtsanwalt, der bis zu seiner Hinrichtung zum Widerstandskreis um Goerdeler gehört und diese »Fahne der Männer des 20. Juli« als zukünftige Staatsflagge entworfen hatte.[8] Theodor Heuss (FDP) war gegen jede »Verkünstelung der Flagge«. Auch die SPD erhob Einspruch. Aber nicht, wie ihr Sprecher, der Abgeordnete Ludwig Bergsträsser, betonte, aus »Religionsfeindschaft«, sondern weil Staat und Kirche getrennt sein müßten. Weil die neue Bundesflagge ein Symbol der »Tradition« und der »inneren Willenserklärung« sein müsse, sprach er sich nachdrücklich für die Farben Schwarz-Rot-Gold aus. Sie seien das Symbol des Frankfurter Paulskirchenparlaments gewesen und das des Deutschen Reiches zur Zeit der Weimarer Republik, ein »Symbol der Einheit in der Freiheit«, demgegenüber die schwarz-weiß-rote Fahne »die Tradition einer autoritären Einheit« symbolisiere.[9] Schließlich einigte man sich auf die demokratischen Traditionsfarben, die allerdings bald darauf erneut zum Streit führten. Weil Schwarz-Rot-Gold auch die Farben der DDR-»Spalterflagge« wurden, also als »Symbol für das totalitäre volksdemokratische System« dienten, wie man das in konservativen Kreisen nannte. Insbesondere die Deutsche Partei und die Freien Demokraten fanden das Schwarz-Rot-Gold der DDR-Fahne so anstößig, daß sie auf ihren Wahlplakaten zunächst an Schwarz-Weiß-Rot festhielten.

Aber der jungen Bundesrepublik fiel es anfangs nicht nur schwer, den passenden Farbenschmuck zu finden. Sie war sich zunächst auch unschlüssig, was sie bei Staatsfeiern singen sollte. Zur strittigen Hauptstadtfrage und zum Flaggenproblem kam vorübergehend auch noch ein Hymnenstreit. In ihm setzte sich Bundeskanzler Adenauer gegen Bundespräsident Heuss durch, der vergeblich dafür plädiert hatte, eine neue Hymne einzuführen, denn – so Heuss – »der tiefe Einschnitt in unserer Volks- und Staatengeschichte (sei) einer neuen Symbolgebung bedürftig«.[10] Zudem hatte der Alliierte Kontrollrat zusammen mit allen NS-Symbolen auch das Singen des Deutschlandliedes verboten. Eine Hymne aber wurde bald benötigt. Schon der Parlamentarische Rat hatte bedauert, daß nun die »wundervolle Haydnmelodie« nicht mehr gesungen werden könne. Manche textliche Korrekturen wurden vorgeschlagen. Auch alternative Hymnen kamen ins Gespräch. Nachdrücklich setzte sich Heuss für die in seinem Auftrag von Rudolf Alexander Schröder verfaßte neue Hymne ein, für die schließlich auch eine Melodie komponiert wurde. Heuss und seine Hymne ernteten viel Spott (»Theos Nachtlied«, weil die Premiere für die Silvesternacht 1950/51 vorgesehen war), fanden aber kaum Beifall.

Anders als sein Kontrahent Konrad Adenauer, der sich auf andere Weise bemühte, Fakten zu schaffen. Bei einer Großveranstaltung im Berliner Titania-Palast im Frühjahr 1950 bat er das verdutzte Publikum, mit ihm die dritte Strophe des Deutschlandliedes zu singen. Die meisten Menschen stimmten begeistert zu und ein. Zahlreiche Sozialdemokraten verließen empört den Saal, ihr Oberbürgermeister Ernst Reuter allerdings nicht. Mochten Heuss und eine Minderheit gegen dieses Vorpreschen auch häufig protestieren – nur knapp 10 Prozent der befragten Bundesbürger waren nach einer Allensbach-Umfrage gegen das Deutschlandlied, fast drei Viertel aber dafür. So blieb es bei der Hymne Heinrich Hoffmann von Fallerslebens, genauer, bei seiner für unverfänglich gehaltenen dritten Strophe. Die Weimarer Republik hatte es auf Anordnung Eberts seit der Verfassungsfeier 1922 im übrigen ebenso gehandhabt. Die DDR stimmte sich auf den Neuanfang und eine bessere, gesamtdeutsche Zukunft ein, mit der von Hanns Eisler vertonten Hymne von Johannes R. Becher, dem einstigen expressionistischen Lyriker und nachmaligen DDR-Kulturminister: »Auferstanden aus Ruinen …«

Deutsche Gedenktage: Keine »allgemeinen Feste«

Nun brauchte man aber für die staatsfeierlichen Anlässe neben stolzem Fahnenschmuck und erhebendem Gesang auch noch einen passenden, d. h. allseits zustimmungsfähigen und nicht vorbelasteten Feiertag. Das konfrontierte die Organisatoren der symbolischen Staatsrepräsentation mit neuen Problemen. Von den seit 1871 bis heute zahlreich eingeführten nationalen Feiertagen hatten die Zeiten nur zwei mehr oder weniger unbeschadet überdauert: der 1. Mai und der Volkstrauertag. Und auch sie waren keineswegs unumstritten, weil von rivalisierenden Lagern und Gruppen in Anspruch genommen. Immer ging und geht es den politischen Akteuren darum, ihr Handeln unter Bezug auf die scheinbare Wiederkehr von für sie bedeutsamen Ereignissen zu legitimieren. So kam es wiederholt zur Begründung oder zum Bruch von Feiertagstraditionen, zum Bedeutungsverfall oder zur Bedeutungsverschiebung.[11]

Das Kaiserreich knüpfte mit seinen Nationalfeiertagen, den Kaisergeburtstagen und dem Sedanstag, an die Tradition der dynastischen Huldigungsfeiern bzw. an die Erinnerungsfeiern für herausragende militärische Ereignisse an. Auch die als Reichsgründung inszenierte deutsche Kaiserproklamation in Versailles am 18. Januar 1871 benutzte ein für das preußische Königshaus höchst bedeutsames Datum: die Erhebung Preußens zum Königreich durch die Selbstkrönung von Kurfürst Friedrich III. zum König in Preußen 170 Jahre zuvor. Gleichwohl wurde keiner dieser neuen nationalen Feiertage wirklich als solcher allgemein akzeptiert. Das ließen die gesellschaftlichen Verhältnisse nicht zu. Mochte auch insbesondere der Sedanstag ein Volksfest sein, anders als die organisierten Geburtstage der Kaiser und des Reiches, beteiligt war doch stets nur ein Teil der Bevölkerung. Denn das vorgebliche Volksfest wurde zugleich als politischer Kampftag benutzt – gegen den äußeren Erbfeind Frankreich und gegen jene ethnisch, religiös oder politisch definierten Minderheiten, die man im Innern glaubte ausgrenzen und als Reichsfeinde bekämpfen zu müssen. In einem zugespitzten, aber kaum überzogenen Resümee heißt es denn auch: »Der Tag von Sedan einte so wenig wie der 18. Januar oder Kaisers Geburtstag die tief gespaltene, durch Kulturkampf, Sozialistenhetze, Nationalismus und Chauvinismus vorsätzlich tief gespaltene Nation.«[12]

Für die glücklose Weimarer Republik wurde dies zu einer schweren Erblast. Kaum überraschend also, daß sie auch in der Frage der nationalen Feiertage an ihren inneren Widersachern und kaum überbrückbaren Gegensätzen scheiterte. Gewiß, es gab immer wieder Initiativen und auch eine Kontinuität in der Veranstaltung von Reichsfeiern bei den umstrittenen Feiertagen, wofür nicht zuletzt der Reichskunstwart im Innenministerium Sorge trug. Aber die reichsgesetzliche Verankerung eines oder mehrerer nationaler Feiertage gelang eben nicht.[13] Der 1. Mai war das nur einmal, im Jahr 1919. Für die Konservativen war schon dies ein Affront gegen das ganze deutsche Bürgertum, denn im 1. Mai sahen sie nur einen sozialdemokratischen Feiertag und zugleich den Weltfeiertag des verhaßten internationalen Sozialismus. Auf der anderen Seite wollte die USPD den 1. Mai nur in Verbindung mit dem 9. November, dem Revolutionstag, als nationalen Feiertag akzeptieren. Die Konservativen und Nationalsozialisten favorisierten den Reichsgründungstag des zweiten deutschen Kaiserreichs, den 18. Januar. Die Sozialdemokraten und Liberale wollten den 11. August zum nationalen Feiertag machen; an diesem Tag war 1919 die Weimarer Verfassung in Kraft getreten. Das Zentrum schwankte. Und als ob der Dissens zwischen den Parteien eine Einigung nicht schon schwer genug gemacht hätte, bestritten die Länder auch noch die Zuständigkeit der Reichsregierung, zumal es für die nationalen Feiertage keine reichsgesetzlichen Grundlagen gab. Die größten Chancen, ein einheitlicher nationaler Feiertag zu werden, hatte der Volkstrauertag. Die Einigung scheiterte jedoch bis zuletzt an unterschiedlichen Terminvorstellungen. Die von den Nazis geführte Reichsregierung bestimmte 1934 den fünften Sonntag vor Ostern (Reminiscere) zum Heldengedenktag. Anfang 1939 löste Hitler diesen Gedenktag aus dem Kirchenjahr und ordnete an, ihn auf den 16. März zu legen, den Tag der Wiedereinführung der allgemeinen Wehrpflicht.

So fehlte der Weimarer Republik, was ihr Vorgänger so pompös und ihr Nachfolger so monströs und mißbräuchlich entfaltete – Glanz und Größe der Selbstdarstellung in der Wiederkehr besonderer Jahrestage. Auch deshalb blieb sie in weiten Teilen der Bevölkerung ungeliebt und wurde sie von ihren inneren Feinden als »graue November-Republik« verachtet, weil sie »keine durch ihren geschichtlichen Glanz sich dem Volksbewußtsein als allgemeine Feste aufzwingende Gedenktage«[14] besaß. Werkbund-Künstler und Politiker hatten schon während des Krieges die Notwendigkeit erkannt, zur Stärkung der inneren Einheit und zur Selbstdarstellung des Reiches nach außen bei der Reichsregierung Kompetenzen für ein kulturpolitisches Organ zu verankern. Und bereits 1919 wurde das Amt des Reichskunstwartes geschaffen, in das man den Stuttgarter Museumsdirektor Edwin Redslob berief. Ihm oblag nicht weniger als die ästhetische »Formgebung des Reiches«.[15] Aber es lag kaum an ihm und seinen Kompetenzen, daß die Republik »keinen Ersatz (fand, d. V.) für den stolzen Prunk der kaiserlichen, königlichen oder der fürstlichen Staatsrepräsentation mit ihrer spielerischen Entfaltung militärischer Pracht, Macht und Disziplin« und »sich schmucklos (erhob) aus den Niederungen und Demütigungen des Zusammenbruchs«. Durch amtliche Verlautbarungen, Verordnungen und unregelmäßige Veranstaltungen republikfreundlicher Regierungen allein konnten die demokratisch-republikanischen Ideen »keine rechte Lebensfülle, keine anziehende Wärme, keine einprägsame Gestalt gewinnen«.[16] Nicht von ungefähr gelang der Republik die größte symbolische Integrationswirkung, als sie den Tod führender Politiker zu beklagen und ihre Begräbnisse zu organisieren hatte. Die Beisetzungen Eberts, Rathenaus und Stresemanns gerieten jedenfalls zu klassenübergreifenden Massendemonstrationen für die Republik.[17] Am Grabe ihrer großen Toten fand die gezeichnete und im inneren Belagerungszustand gelähmte Republik ihren für einen Augenblick befreienden, bewegenden Ausdruck.

Der totalitäre NS-Staat, der seiner Natur und Zielsetzung nach auf die Institutionen bürgerlicher Politik nicht bauen konnte, war um so stärker auf Gewalt und Massenbeeinflussung durch Inszenierung seiner Ideologie angewiesen. Er hat sich dazu bekanntlich skrupellos aus dem Fundus ästhetischer Politik bedient, der von der Romantik und den Freiheitskriegen bis zur Arbeiterbewegung und zum Kaiserreich üppig angewachsen war. Die Tradition der Totenfeiern steigerte und pervertierte das NS-Regime zum Totenkult. Mit ihm machte es permanent für sich Reklame. Die völkische Ideologie suchte dem individuellen Tod dadurch den Schrecken zu nehmen, daß sie keinen Eigenwert des einzelnen Individuums anerkannte, dessen Geburt und Tod vielmehr zu Erscheinungen des ewigen Volkslebens verklärte, die Unsterblichkeit des Einzelnen also an seine Volkszugehörigkeit knüpfte und an seine vorzugsweise soldatische Tat. Zwei der zunächst drei, ab 1937 vier nationalen Feiertage galten der Totenehrung: der »Heldengedenktag« (16. März) und der Gedenktag für die »Gefallenen der Bewegung« (9. November). Ihre Bedeutung wird erst dann ganz ersichtlich, wenn man sie im Zusammenhang der großen Zahl von Staatsbegräbnissen und dem alles übergreifenden Totenkult sieht, was letztlich auch für die beiden anderen nationalen Feiertage im nationalsozialistischen Deutschland gilt, den 1. Mai und den Erntedanktag.[18] Denn die Feiertagsregisseure und Stimmungstechniker des NS-Staates gaben nur vor, das Leben zu meinen und um der Lebenden willen der Toten zu gedenken. Indem die Nazis ihre Vorstellungen vom Leben an apokalyptische Visionen knüpften und dabei verächtlich alles Humane, die Würde des einzelnen Menschen und den Schutz seines Lebens, als bloße Humanitätsduselei abtaten, konnten sie den Wert des Lebens nur immer wieder in dem ihnen eigenen völkisch-nationalen Pathos entwerten. Und indem sie das Sterben, zumal fürs Vaterland, zur Ewigkeit des Heldenlebens verklärten, machte ihre Regie aus dem Tod massenhaft Todeskitsch – auf der Leinwand wie im richtigen Leben.[19]

»Ein Volk muß seine Freiheit selbst erobern«

Nachdem der Nationalsozialismus das Feld der ästhetischen Politik so virtuos und massenwirksam genutzt und zugleich so gründlich mißbraucht hatte, mußte der Bundesrepublik die Kunst, Staat zu machen, naturgemäß schwerfallen. Zumal diese Kunst in der Republik einer gewissen Selbstbeschränkung unterliegt. Höfische Prachtentfaltung und der sterile Personenkult autoritärer Systeme sind ihr jedenfalls fremd. Mag republikanische Repräsentationslust auch nicht ganz auf Glanz und Zauber, auf Staatsarchitektur und Staatszeremoniell, Galadiners und Gartenfeste, Empfänge, Ordensschmuck und Titel verzichten, zumal im Multi-Medienzeitalter nicht, der Republik gemäß ist das »Pathos der Nüchternheit«. Sie hat den im Umfeld des kaiserdeutschen Kasernen- und Kneipenmilieus heimischen Hurrapatriotismus in den Verfassungs- patriotismus unserer Tage verwandelt. Die Republik gründet auf der Rationalität von Verfahren, Werten und Rechten. Sie appelliert an die Vernunft und den kritischen Sachverstand des einzelnen Staatsbürgers. Sie muß überzeugen wollen, nicht überreden. Sie setzt auf den öffent- lich-kontroversen Diskurs und pluralistischen Willensbildungsprozeß und spekuliert nicht auf die Suggestion und Faszination der Massen durch die Inszenierung staatlicher Macht und historisch grundierter nationaler Größe. Heute droht der ästhetischen Repräsentation des re- publikanischen Prinzips allerdings eine neue Gefahr. Wo die Grenzen zwischen Wahlwerbung und Waschmittelreklame undeutlich werden, hat das »Verschwinden der Politik« im Ästhetischen begonnen.[20]

Die trotz aller historischen Brüche, systemimmanenter Restriktionen und massenmedialer Überformungen gleichwohl unverzichtbare Staats- repräsentation wurde für die Bundesrepublik dadurch nicht leichter, daß sie sich zum Erben und Nachfolger des Dritten Reiches erklärte und mit der Verpflichtung eines Verfassungsauftrages zu einer gesamtdeutschen Verantwortung und internationalen Interessenvertretung bekannte. So mußte sich der westdeutsche Teilstaat auf der Suche nach seiner Identität von Anfang an unter einer Vielzahl von bedeutsamen Geschichtsdaten und Gedenktagen zurechtfinden und ein Feiertagsgewand schneidern, das der Bevölkerung ein möglichst attraktives Identifikationsangebot machte, auf historische Kontinuität sah, doch zugleich auf kritische Di- stanz achtete und auf Prioritäten nicht verzichtete.

Dem neuen, verfassungspatriotisch definierten Staatsverständnis hätte als nationaler Feiertag der 23. Mai entsprochen, der Tag, an dem das Grundgesetz in Kraft trat. Er blieb blaß und unpopulär. Der bezahlte Feier-»Tag der deutschen Einheit« zur Erinnerung an den gescheiterten Ostberliner Arbeiteraufstand war in der Wohlstands- und Freizeitgesell- schaft kaum mehr als ein sozialer Besitzstand der Arbeitnehmer und wurde, je länger man ihn zelebrierte, zu einer »öffentlichen Kalamität«.[21] Auch der wieder in den Trauermonat November verlegte Volkstrauertag konnte kein national erhebendes Kalenderereignis werden.

Nach dem noch sehr gegenwärtigen Feiertagskult des NS-Staates erschien die Einführung eines Staatsfeiertages anfangs überhaupt entbehrlich. Die Bundesregierung mußte sich aber bereits im Sommer 1950 mit dieser Frage befassen, weil die Vereinigung der Verfolgten des Naziregimes Gedenkveranstaltungen für die Opfer des Nationalsozialismus am 10. September 1950 plante. Bundesinnenminister Gustav Heinemann machte den Vorschlag, ein mehrfaches Gedenken am ersten Sonntag im September zu bündeln und die Erinnerung an die Kriegsopfer mit der Verfassungsfeier und dem Gedenktag für die deutsche Einheit zu verbinden. Der Vorschlag fand geteilten Beifall. Nur drei Jahre wurde dieser »nationale Gedenktag« begangen. Aus ihrer Verlegenheit, einen passenden Staatsfeiertag zu finden, half der Regierung in Bonn dann der Arbeiteraufstand der DDR heraus.

Daß die Kunst, Staat zu machen, an den meisten Gedenktagen so schwerfällt, hat natürlich zuallererst seinen Grund darin, daß sie die Bürger – vielleicht mit Ausnahme des 20. Juli – nicht mit Stolz erfüllen, sondern ratlos machen, zumal in der Häufung so bedrückend vieler unerfreulicher Daten. Die Bilanz ist auch für notorische Frohnaturen niederschmetternd. Wir haben keinen Anlaß zu fröhlichen politischen Festen. Nach dem Verlauf unserer jüngeren Geschichte gibt es kaum etwas zu feiern: die revolutionären Umwälzungen zur Demokratie scheiterten, die beiden Weltkriege gingen von Deutschland aus, brachten verheerende Verwüstungen über den Kontinent und schrieben in das Menschheitsgedächtnis mit dem industriell organisierten Völkermord ein neuartiges, schwer verständliches Ereignis ein, das den Glauben an die Zivilisation nachhaltig erschüttert hat. Wir haben trotz wiederholter Versuche unsere Freiheit nicht selbst erkämpft, die erste Republik gegen ihre inneren Feinde nicht bewahren können, und die zweite von den Alliierten zum Geschenk bekommen. Während sie im Westen Deutschlands als Wohlstandsdemokratie reüssierte, verkam sie im Osten – »Volksdemokratie« genannt – schnell zum antifaschistisch verklärten Muster ohne Wert, weil die Befreier als Besatzer keine bürgerliche Demokratie wollten, sondern einen kommunistischen Einparteienstaat. Und daß der 9. November nicht zum neuen nationalen Feiertag wurde, ist dem unbequemen Umstand zuzuschreiben, daß er bereits durch widerstreitende Bedeutungen besetzt und insofern für ein pflegeleichtes Gedenken nicht opportun war. Vielleicht ist in dem Verzicht auch ein ungewollt ehrlicher Ausdruck für das Eingeständnis zu sehen, daß die beständig zitierte »friedliche Revolution« auf den Straßen Berlins und

Leipzigs allenfalls eine halbe war. Die andere Hälfte hat im Kreml statt-gefunden.

Der französische Historiker Joseph Rovan, gebürtiger Münchener, Dachau-Häftling und Résistance-Mitglied schrieb vor einigen Jahren einen eindringlichen Essay zum Thema der Befreiung von Gewaltherr-schaft.[22] Er ist in der verqueren Stasi-Debatte viel zu wenig beachtet worden. Das Ende einer Tyrannei müsse, so Rovan, »kurz und blutig sein – blutig, weil mit den Mitteln des Rechtsstaates das Erbe an Haß, Wut, Entrüstung und Verachtung nicht bewältigt werden kann, das die Tyrannei materiell und psychisch hinterläßt«. Der Tyrannenmord, die physische Liquidierung einer verbrecherischen Führungsgruppe erleich-tere im übrigen den unvermeidlichen Übergang zur Amnestie, zumal nach einer langen Zeit der Gewaltherrschaft, die zwangsläufig eine un-übersehbar große Zahl von Bürgern kompromittiert und kriminalisiert. Einen solchen selbstbefreienden Terror hat es bei uns nicht gegeben. We-der 1989 noch 1945. Wenn die verhaßten und verbrecherischen Führer zu Tode kamen, dann, weil sie sich selbst töteten, weil sie entkamen oder weil sie durch die Siegertribunale zum Tod verurteilt wurden. »Ein Volk muß seine Freiheit selbst erobern, nicht zum Geschenk erhalten«, schrieb vor bald zweihundert Jahren Georg Friedrich Rebmann, einer der führenden Köpfe unter den deutschen Jakobinern, denen Walter Grab in seiner gleichnamigen Darstellung der im ganzen gesehen ge-scheiterten revolutionären Freiheitsbewegung in Deutschland ein so schönes, literarisches Denkmal gesetzt hat.[23]

Wir können also nicht auf den Straßen tanzen, wie die Franzosen am 14. Juli auf der Place de la Concorde zur Erinnerung an den Auftakt ihrer Revolution gegen das Ancien régime. Wir können auch nicht wie unsere polnischen Nachbarn am 3. Mai im Warschauer Chopin-Park die Er-innerung an die innere Selbstbefreiung feiern, durch die Polen mit der seinerzeit modernsten Verfassung von 1791 den Übergang vom altständi-schen Adelsstaat zur konstitutionellen Demokratie schaffte. Unsere natio-nalen Feiertage und -stunden tragen einen eher nekrophilen Charak-ter: »Richtig feierlich wird's erst am offenen (oder … am geschlossenen) Grab«, schrieb einer, der von Amts wegen für die Staatsrepräsentation zuständig ist. Das schließt Peinlichkeiten à la Bitburg durchaus ein, läßt aber bei unverfänglichen Toten – wie zuletzt beim Staatsbegräbnis von Franz Josef Strauß – durchaus zu, daß auch einmal ein stimmungsvolles, unterhaltsames und virtuoses Volkstrauerspiel aufgeführt wird.[24]

Wie die Ereignisse auch inszeniert und erlebt werden mögen, und was der aktuelle Anlaß auch sein mag, der patriotischen Feier wird als institutionalisierter Form des außeralltäglichen Handelns und Kommunizierens erhebliche Bedeutung zugemessen. Für die nationale Identitätsbildung und gesellschaftliche Binnenintegration scheinen öffentliche Feiern weiterhin unverzichtbar zu sein.[25] Sie waren in der Vergangenheit vorzugsweise auf mythologische und religiöse Grundlage gestellt. Diese Fundamente sind zerbrochen. Von den Göttern und Heiligen, den Mythen und Utopien hat die Geschichte nicht viel übriggelassen. Die einmal religiös geglaubten politischen Leitbilder – Reich und Rasse, Nation und Revolution, Volk und Führer, heiliger Krieg und herrschaftslose Gesellschaft – sind verbraucht, wenn auch keineswegs überall. Um so wichtiger geworden ist ein anderer Mythos für die Überhöhung in der Gegenwart und für die Unterbrechung flüchtiger Zeitläufte. Er verhilft den Gedenk- und Feiertagen zu mehr oder weniger durchschlagender, massenmedialer und kommerzieller Wirkung: der Mythos der Zahl.[26] Das offenbar fortbestehende Bedürfnis nach bedeutsamen Ereignissen ist angesichts der fortgeschrittenen Entzauberung der Welt nicht mehr ohne weiteres zu befriedigen. Ersatzweise, so scheint es, versucht man das Massenpublikum mit der Wiederkehr der gleichen oder »runden« Zahl zu verzaubern, zumindest einen Augenblick lang zu unterhalten.

So wird dem flüchtigen Tag eine von ferne entliehene historische Bedeutung verliehen und das Vergangene in einem massenmedialen Spektakel nachgespielt, nachgeschrieben, nacherlebbar gemacht. Der Zwischenraum, die geschichtlich-politische Vermittlung zwischen einst und heute interessiert in der Regel nicht. Das Gedenken ist politisch grundlos und folgenlos zugleich: »Es ist ein Gedenken ohne Gedächtnis« (Heinz Schlaffer). Typisch für dieses Erinnerungsritual ist, zumal bei den negativ besetzten Gedenktagen zum Nationalsozialismus, die penetrante Wiederholung jener abgenutzten Beschwörungs- und Bekenntnisformel, daß sich die geschehenen Gewaltverbrechen nicht wiederholen dürften und nicht wiederholen könnten, solange man sich nur regelmäßig an sie erinnern würde.

Alle polarisierende, politisch-moralische Kraft, die das Erinnern freisetzen könnte, wird durch dessen rituellen Charakter gleichsam abgeschöpft. Die öffentliche Bekundung vorgeblicher Betroffenheit ist primär kalendarisch motiviert, also vorhersehbar, geplant und von vornherein befristet. Es ist ein Erinnern ohne Gedächtnis, eingezäunt, befriedet, entpolitisiert. Erinnerung soll sich nicht verselbständigen, keine eigene politische Dynamik entwickeln, nicht aus dem Käfig des rituellen Gedenkens ausbrechen, gar zu einer Geschichtsbewegung avancieren. Sie tut das allerdings regelmäßig doch, was angesichts der Vergangenheit, um die es geht, ja auch kaum verwunderlich sein kann.

Nationale Feier- und Gedenktage durften und dürfen also auch und gerade im Hinblick auf spezifische NS-Gedächtnisorte mit einem gewissen Interesse rechnen.[27] Zum einen, weil der Umgang mit dem Erbe des Dritten Reiches Gegenstand der innerdeutschen Systemkonfrontation war, die im Osten eine antifaschistisch-antikapitalistische Erinnerungskultur hervorbrachte und im Westen eine antitotalitär-antikommunistisch geprägte. Zum anderen, weil die Deutung und Bewertung der NS-Geschichte sich immer wieder änderte, aber strittig blieb – ebenso wie die Gestaltung von Gedenktagen und Gedächtnisorten. Zum dritten schließlich, weil der Umgang mit der NS-Vergangenheit gleichsam unter Aufsicht der internationalen Staatengemeinschaft stand, die allerdings die Bundesrepublik dabei aufmerksamer beobachtete als die DDR. Immerhin hatte sich der westdeutsche Teilstaat als Nachfolger und Treuhänder des Deutschen Reiches zur Haftung für die Folgen von Krieg und Völkermord bekannt und die Auseinandersetzung mit der Vergangenheit zu einem konstitutiven Element seiner politischen Kultur gemacht, wie widerstrebend das auch geschehen mochte. Demgegenüber verstand die DDR sich als Sieger und agierte bisweilen als Mitankläger und lachender Erbe, der für sich die heroisierte antifaschistische Tradition in Anspruch nahm, und den braunen Rest auf die personell und strukturell »restaurative« Bundesrepublik abwälzte.

In der deutschen Nachkriegsgeschichte, besonders aber in der jüngsten Zeit haben drei NS-Gedenktage einen herausragenden Platz eingenommen: das Ende des Zweiten Weltkriegs mit der Unterzeichnung der bedingungslosen Kapitulation durch Deutschland am 8. Mai 1945, das ein Jahr zuvor gescheiterte Attentat auf Hitler durch Claus Schenk Graf von Stauffenberg am 20. Juli 1944 und die sogenannte »Reichskristallnacht«, im allgemeinen Bewußtsein Beginn der »Endlösung«. Der 9. November fixiert mehrere einschneidende historische Ereignisse der deutschen Geschichte in diesem Jahrhundert zugleich: den Beginn der Novemberrevolution 1918, Hitlers gescheiterten Münchener Putsch von 1923, der die Gegenrevolution auslösen sollte, den Novemberpogrom 1938 und schließlich die sogenannte friedliche Revolution in der DDR, die Maueröffnung im November 1989. Wegen dieses vierfachen Bezuges ist für einen Augenblick öffentlich erwogen worden, den 9. November zum zentralen nationalen Gedenk- und Feiertag des vereinigten Deutschlands zu machen. Aber nicht die Querdenker setzten sich durch. Die Bedenkenträger behielten die Oberhand und verspielten damit die seltene Chance, in einer jährlichen nationalen Gedenkfeier die historischen Bewegungen *und* Gegenbewegungen, die Brüche und Widersprüche der jüngeren deutschen Geschichte aufeinander zu beziehen.

Der 8. Mai: Befreiung und Zusammenbruch

Wer nach der Bedeutung von Zäsuren in der Geschichte fragt, den interessieren vor allem Epochenabgrenzungen, Bewertungen von Wendepunkten und ihre Alternativen, also das Verhältnis von Tradition und Wandel, von Kontinuität und Diskontinuität in der Entwicklung einer Gesellschaft. Auf die Zäsur des Jahres 1945 richten sich gleich zwei Fragen. Die eine – eher nach vorn blickend – sieht dieses Jahr mehr als den Anfang einer neuen Epoche, als Auftakt der Geschichte der späteren Bundesrepublik und DDR. In dieser Perspektive heißt die Frage nach der Alternative des möglichen Wendepunktes von 1945: Neubeginn oder Restauration?[28] Nicht wenige Zeitgenossen empfanden die Zäsur als so einschneidend, »das Gedränge von Schocks und erbitternden Geschehnissen«, wie Thomas Mann schrieb, als so außerordentlich, das Ausmaß des materiellen und ideellen Zusammenbruchs als so groß und zugleich die zukünftige Entwicklung als so offen, unbestimmt und ungewiß, daß die Formel von der »Stunde Null« aufkam. Es gab sie nicht, wie wir heute wissen. Aber als Legende lebt dieses Diktum fort. Aus ihm haben die beiden Lebenslügen der Bundesrepublik sich immer wieder genährt: zum einen der Glaube, daß der NS-Staat nur eine unglückliche Episode, ein Betriebsunfall der deutschen Geschichte war, die Herrschaft einer verbrecherischen Clique und eines diabolischen Verführers. Zum anderen der Glaube an den Nullpunkt, an den Neubeginn nach dem totalen Zusammenbruch, weshalb der 8. Mai vor allem »die Unfähigkeit der Deutschen« dokumentiert, »mit ihrer Geschichte ins reine zu kommen«.[29]

Die andere Frage – eher in die Zeit vor 1945 zurückblickend – sieht dieses Jahr vor allem als Ende; als Ende der NS-Herrschaft, aber eben auch als

Ende des 1871 von Bismarck geschaffenen Deutschen Reiches und der nationalstaatlichen Ära oder, in kritischer Sicht, als Ende eines bedenklichen deutschen Sonderwegs. Noch nach vierzig Jahren bestand die Schwierigkeit im Umgang mit dem 8. Mai darin, anzuerkennen, wie Eugen Kogon schrieb, »daß Niederlage und Freiheit eine Einheit bilden«, zumal mit der Befreiung von der NS-Herrschaft die Teilung Deutschlands einherging, weshalb dieses Datum für die Deutschen keines »der Einheit und der unbezweifelbaren Erneuerung« wurde.[30]

Mit der »Gnade des Kalenders« die Niederlage neutralisieren

So überrascht es kaum, daß die Jahrestage der deutschen Kapitulation zunächst nur geringe Beachtung fanden. Erst aus Anlaß des 40. Jahrestages wurde dieser »sperrige Gedenktag« (*Die Zeit*), wie ihn eine mehrmonatige Artikelserie nannte, zum politischen Streitfall und zum weltweiten Medienereignis. In den Jahrzehnten zuvor war das Interesse für dieses geschichtliche Datum zumeist schwach. Ja, der Eindruck drängt sich im Rückblick auf, als sei gelegentlich der Versuch gemacht worden, diesen Tag als Symbol politisch zu neutralisieren, durch Verzicht und Verweigerung des öffentlichen Gedenkens, vor allem aber durch Bedeutungsveränderung.[31] Ob kalkulierter Vorsatz im Spiel war oder Zufall, verschiedentlich verhalf jedenfalls die »Gnade des Kalenders« diesem Datum zu neuen Bedeutungen und den politischen Akteuren zur Entlastung von lästigen Gedenktagen. Am 8. Mai 1949 nahm der Parlamentarische Rat das Grundgesetz in dritter Lesung an, das am 23. Mai verkündet wurde. Mitte der fünfziger Jahre schien die Zeit des Nationalsozialismus schon weit zurückzuliegen, wie abgetrennt durch den tiefen Einschnitt des Jahres 1945, eine Zäsur des Zusammenbruchs, die – so manche Kommentatoren – in der deutschen Geschichte ohne Parallele sei.[32] Da war vom 8. Mai als dem »düsteren Tag der tiefsten Erniedrigung« die Rede. Das »deutsche Volk« sei durch »einen aus der Tiefe hervorgegurgelten Dämon« in einen »Strudel (...) geschleudert«, in einem ihm durch Hitler aufgezwungenen »Ringen mit einer Koalition der ganzen Welt« besiegt und schließlich auch noch mit »Schmach und Schande« bedeckt worden, »als die Sieger das deutsche Volk, der Wahrheit zuwider, mit einer Kollektivschuld belasten wollten, um es für alle Zeit zu ächten«. Dann aber sei es eben doch »vorwärts« gegangen, denn der deutsche »Lebenswille« habe sich durchgesetzt und den westlichen Teil Deutschlands als »Damm (...)

zum Schutz der freien Welt« unentbehrlich gemacht. So sei die Bundesrepublik »jetzt endlich in der Gemeinschaft der freien Welt souverän geworden«, zehn Jahre nachdem dieses Land bloß noch ein »geographischer Begriff« war, ein »Niemandsland«, ein »unabsehbarer Friedhof«, ein »gähnendes Trümmerfeld«, ein »politisch leerer Raum«, ein »Kasernenhof der Besatzungsmächte«.[33]

Zwischen dem 5. und dem 9. Mai 1955 wurde das Besatzungsstatut aufgehoben, die Bundesrepublik weitgehend souverän und zugleich in die westliche Verteidigungsgemeinschaft aufgenommen. Das brachte manchen Politiker und politischen Feiertagsplaner 1985 auf die Idee, den 40. Jahrestag der bedingungslosen Kapitulation Deutschlands als 30. Jahrestag des westdeutschen NATO-Beitritts zu feiern. In den späten fünfziger Jahren verdrängten Auseinandersetzungen um die Atombewaffnung der Bundeswehr die Erinnerung an das Ende Hitler-Deutschlands.

Auch zwanzig Jahre später wurde der 8. Mai zu jenen Gedenktagen gezählt, die man nicht übergehen kann, aber eben auch nur »mit gemischten Gefühlen zu überstehen vermag«. Es bestehe aber kein Anlaß, wie die *Frankfurter Allgemeine* in ihrem Leitartikel schrieb, »in Sack und Asche herumzulaufen«. Ähnlich kommentierte *Die Zeit*: Das wiedergewonnene Selbstbewußtsein könne und dürfe niemand anstößig finden, »sofern es nur einigermaßen ausbalanciert und nicht auf Vergeßlichkeit begründet ist«.[34] Es war offenbar leichter, diesen Anspruch zu erheben, als ihm in der politischen Praxis gerecht zu werden, gerade auch gegenüber den einstigen Kriegsgegnern Deutschlands. Mehrfach ist der 8. Mai zum Anlaß von politischen Irritationen und diplomatischen Verstimmungen geworden.

Am 8. Mai 1965 kam es zu einem deutsch-sowjetischen Eklat. Der sowjetische Botschafter hatte zu einem Empfang geladen, aus Anlaß des »20. Jahrestages des vom sowjetischen Volk im Großen Vaterländischen Krieg 1941 bis 1945 errungenen Sieges«. Die Bonner Politiker blieben der Veranstaltung fern. Primaner protestierten vor dem Versammlungsort mit Spruchbändern: »Befreier, wo ist eure Freiheit?« Zur gleichen Zeit fand in Hannover der 1. Parteitag der Nationaldemokratischen Partei Deutschlands (NPD) statt, die in ihrem Programm u. a. die Beendigung der Kriegsverbrecherprozesse forderte sowie die Rückgabe jener Gebiete, »in denen das deutsche Volk seit Jahrhunderten gewachsen ist«. Aber es gab auch andere Zeichen und Erklärungen zu diesem Tag. In einer Rede vor der Frankfurter Universität würdigte der Politikwissenschaftler Wolfgang Abendroth den 8. Mai in seiner ganzen Ambivalenz:

»Als heute vor 20 Jahren die deutsche Wehrmacht kapitulierte, wurde damit zugleich das deutsche Volk vom Dritten Reich befreit, und insoweit ist es angebracht, in diesem Tag nicht nur das Ende des Zweiten Weltkrieges und eines verbrecherischen Regimes zu sehen, sondern auch den Tag eines neuen Anfangs für Europa und für Deutschland. Aber das deutsche Volk wurde vom Dritten Reich befreit, es befreite sich nicht selbst. Deshalb begann an diesem Tag auch die Entwicklung zu unserer heutigen Situation, die der Spaltung des deutschen Volkes in zwei Staaten, die entgegengesetzten Bündnissystemen angehören.«[35]

Aus Anlaß des 25. Jahrestages kam der Bundestag zu einer Sondersitzung zusammen. Der damalige Bundeskanzler Willy Brandt warb für eine Aussöhnung mit dem Osten und mit den Opfern, appellierte an die Jugend, die Lehren der Geschichte zu beherzigen, würdigte die westdeutsche politische Ordnung als »freiheitlichste Verfassung (...) der deutschen Geschichte« und gab seiner Hoffnung Ausdruck, daß einmal »eine europäische Friedensordnung« einen »Schlußstrich der Geschichte ziehen« werde, die »sich für uns Deutsche mit dem Jahr 1945 verbindet«. Daß durch den Kanzler der sozialliberalen Koalition erstmals eine Bundesregierung im Deutschen Bundestag offiziell zum Ende des Zweiten Weltkrieges Stellung nahm, fand insbesondere bei den ehemaligen vier alliierten Siegermächten Beifall. Bei der Oppositionsfraktion war er geteilt. Manche Abgeordneten meinten, »Niederlagen feiert man nicht« und »Schande und Schuld« verdienten keine Würdigung. Rückblick auf das Erreichte und Ausblick auf die Zukunft schienen näher zu liegen. Der CDU-Abgeordnete Richard von Weizsäcker stellte denn auch vermittelnd die Schwierigkeiten im Umgang mit diesem Datum heraus: »Der 8. Mai ist für uns kein Feiertag. Manche möchten ihn schweigend begehen, und wir wollen sie achten. In diesem Hause aber haben wir Grund, uns offen und nüchtern den Fragen dieses Tages zu stellen.«[36]

Am 30. Jahrestag fand in der Schloßkirche der Bonner Universität eine Gedenkstunde statt. Die Feier sollte in kleinem Rahmen stattfinden, weshalb man die Hauskapelle der evangelischen Studentengemeinde dem großen Forum der Bonner Beethovenhalle vorgezogen hatte. Dadurch mußte allerdings die Jugend, an die sich Bundespräsident Walter Scheel in seiner Rede ausdrücklich wandte, weitgehend draußen bleiben. Die Spitzen der CDU, Helmut Kohl als Partei- und Karl Carstens als Fraktionsvorsitzender, hatten sich wegen dringender anderweitiger Verpflichtungen entschuldigen lassen. Walter Scheel würdigte den 8. Mai als wiederholten »Augenblick der Selbstprüfung, welche Lehren Diktatur,

Krieg und Katastrophe uns erteilten«. Ausdrücklich ging er auf die Jahre zwischen 1933 und 1945 ein. Hitler sei »kein unentrinnbares Schicksal« gewesen, erklärte Scheel, »er wurde gewählt«. Auch die Schuldfrage und den Judenmord ließ er nicht aus: »Wir nahmen es hin, daß unser Recht, das Recht unseres Nächsten, das Recht unserer Nachbarn mit Füßen getreten wurde. In unserem Namen geschah millionenfacher Mord (…).« Jeder Deutsche müsse aber für sich selbst entscheiden, ob ihn dies mit einem Gefühl der Schuld oder der Scham erfülle. Im übrigen, so Scheel weiter, habe »unser Volk … für die zwölf Jahre Gewaltherrschaft gebüßt (…)« – und: es habe begriffen, »daß Freiheit und sozialer Ausgleich bessere Garantien für die Zukunft eines Volkes sind als der Kult der Macht«.[37] Auch Bundeskanzler Helmut Schmidt fand moderate Töne, ja, er stellte seinen Landsleuten und der von ihnen geleisteten Vergangenheitsbewältigung ein beruhigend gutes Zeugnis aus: »Wir haben inzwischen die Jahre der Finsternis nicht verdrängt, sondern wir haben die Epoche unserer Geschichte in einem oft schmerzvollen Prozeß unseres Bewußtseins geklärt.«[38]

Während im westlichen Teil Deutschlands die Aufforderung zur kritischen Selbstbefragung mit dem Bewußtsein einherging, »bereut, gebüßt (und) bezahlt« zu haben, wurde am 30. Jahrestag der deutschen Kapitulation in der DDR – wie schon zuvor – das »Fest der Befreiung« gefeiert. Hier die Neigung zur Verabschiedung von der Vergangenheit, dort die zwanghafte Flucht in die Vergangenheit – oder richtiger: in eine bestimmte Deutung derselben. Denn nach dem Willen der SED-Führung war der Tag der Niederlage des Hitlerfaschismus ein Tag des Sieges und der Befreiung, ein Tag, an dem »das Tor zur Freiheit (…) durch die Sowjetunion aufgestoßen« wurde. Das galt fraglos für jene, die von der Roten Armee aus den Gefängnissen und Konzentrationslagern Hitlers befreit, aus Trümmern gerettet und mit Lebensmitteln versorgt wurden, aber kaum für die, die in Gefangenschaft und sowjetische Speziallager kamen, die von den Sowjets vertrieben wurden, die Plünderung und Vergewaltigung erleben mußten.[39]

Das mißglückte Versöhnungsfest: Bitburg und Bergen-Belsen

Die Veranstaltungen zum 40. Jahrestag warfen ihre Schatten lange voraus. Während seiner Israel-Reise im Januar 1984 fand Kohl für das Verhältnis der meisten Deutschen zu ihrer jüngsten Geschichte und zu Israel die Formel von der »Gnade der späten Geburt«. Sachlich gewiß nicht unrichtig, für ein säkularisiertes Publikum allerdings eher befremdlich und wegen des forcierten Versuchs, »einen Notausgang aus der deutschen Geschichte«[40] zu finden, auch eine mißglückte rhetorische Geste. Mochte sie auch bei seinen Wählern und der Schlußstrich-Partei Zustimmung finden, vor allem provozierte sie im In- und Ausland Mißstimmung. Mit Befremden reagierten Opposition und ostmitteleuropäische Länder auch, als Ende 1984 bekannt wurde, daß der Bundeskanzler seine Teilnahme an dem Deutschlandtreffen der Schlesier im Juni 1985 zugesagt hatte. Die Veranstaltung sollte unter dem Motto stehen: »Vierzig Jahre Vertreibung – Schlesien bleibt unser.«

Als unrühmlich empfanden nicht nur die Überlebenden des Holocaust den monatelangen Parteien-Streit um ein Gesetz gegen die Kampagne der Leugnung von Auschwitz. Gar nicht zu reden von der Auseinandersetzung um die Pensionsansprüche der Witwe von Freisler, dem Präsidenten des »Volksgerichtshofes«, und die halbherzige Stornierung jenes Urteils des Bundesgerichtshofes aus der frühen Nachkriegszeit, demzufolge der Volksgerichtshof ein »ordentliches Gericht« gewesen war.[41] Zwar hatte der SPD-Rechtsexperte Adolf Arndt schon Ende der fünfziger Jahre gefragt, ob strafrechtliche Normen und Sanktionen ein geeignetes Mittel seien, Antisemitismus und Rassismus zu bekämpfen. Fünfundzwanzig Jahre später wogen solche Bedenken gering. Einmal mehr vertrauten die Parlamentsvertreter ganz auf die Macht staatlicher Interventionen, was der Frankfurter Autor und Rechtsanwalt Sebastian Cobler als naiv, vermessen und geschichtsblind bezeichnete, weil die Rolle des staatlichen Systems beim Vollzug der NS-Gewaltverbrechen ausgeblendet würde. Und der Publizist Peter Sichrovsky kommentierte sarkastisch: »Der Staat greift ein zweites Mal ein, in derselben Sache. Einmal, um Auschwitz aufzubauen und funktionieren zu lassen, und ein zweites Mal, um den zu bestrafen, der behauptet, es hätte es nie gegeben. So verteidigt der Staat seine Denkmäler.«[42]

So gab es manche Anhaltspunkte, schon Monate vor dem 8. Mai 1985 zu prophezeien: »Das wird ein Lehrstück in Deutsch-Kunde wie schon lange nicht mehr: der 8. Mai 1945. Leicht ist es uns nie gefallen, angemessen und ehrlich an den Tag zu erinnern, den legendären May-Day, an dem der Zweite Weltkrieg zu Ende ging, Deutschland besiegt und befreit wurde. Oft, immer öfter, gerann die Erinnerung zum bloßen Ritual.« Und nun der 40. Jahrestag nach der »deutschen Katastrophe«. Er »trifft auf veränderte Stimmungen und eine neue Wahrnehmung. Die Politik je-

denfalls stürzt das Datum in neue Verlegenheit, Verkrampfung, auch Ver-
logenheit«.[43] Und der amerikanische Historiker und Deutschlandkenner
Gordon Craig riet den Deutschen, »an ihre Geschichte pragmatischer als
bisher heranzugehen«. Das sei ihnen immer schwergefallen, sie hätten es
vorgezogen, »sich ihre Geschichte zurechtzulegen, sie zu idealisieren,
zum Vehikel für Zukunftsvisionen zu machen und nicht selten als Waffe
gegen bestimmte, ihnen unbehagliche Aspekte der Gegenwart einzusetzen«.[44] Es sollte sich bald zeigen, wie berechtigt solche Prognose und solcher Rat waren.

Dabei schien der Auftakt zunächst günstig. Der französische Staatspräsident François Mitterrand hatte versprochen, alles zu unterlassen, was
»die Seelen oder die Herzen« der deutschen Freunde kränken könne.
Und der Händedruck zwischen dem französischen Staatspräsidenten
und dem deutschen Kanzler über den Gräbern der Gefallenen des Ersten
Weltkriegs in Verdun hatte den politischen Imagepflegern im Herbst
1984 bereits ein Vorbild geliefert, wenn es auch keineswegs unumstritten
war und von manchen als bloßes »Händchenhalten« verspottet wurde.
Und auch Margaret Thatcher, die nicht gerade für ihre Deutschlandsym-
pathien bekannte englische Premierministerin, versprach Zurückhaltung. Zurückhaltung im offiziellen Gedenk-Zeremoniell wünschte sich
wohl auch der Kanzler, jedenfalls zunächst. Im Anschluß an den Bonner
Weltwirtschaftsgipfel war an einen ökumenischen Gottesdienst im Kölner Dom gedacht, wogegen insbesondere der Präses der rheinischen
Evangelischen Kirche, Gerhard Brandt, protestierte. Die Kirche sei als
kultisches Instrument für staatliche Gedenkfeiern nicht der geeignete
Ort.

Den passenden Gedächtnisort zu finden, darin lag ein erhebliches Problem. Zur Feier der Alliierten des Zweiten Weltkrieges in der Normandie
war der Kanzler nicht geladen worden. Dort blieben die (westlichen) Sieger unter sich. Ersatzweise hatte Mitterrand die Versöhnungsgeste von
Verdun inszeniert. Bei seinem Besuch in Washington im November 1984
zur Wiederwahl Ronald Reagans äußerte Kohl dem US-Präsidenten gegenüber den Wunsch, im Mai 1985 nun auch zwischen den Amerikanern
und den Deutschen »über Gräber hinweg eine Geste für Frieden und
Versöhnung zu finden«.[45] Kohl erklärte auf der Washingtoner Pressekonferenz, zwei Drittel aller heute lebenden Deutschen hätten das
Kriegsende entweder noch nicht bewußt erlebt oder seien überhaupt
nicht auf der Welt gewesen. Dieses Argument griff Reagan später auf, als
er Ende März 1985 auf einer Pressekonferenz seinen Verzicht auf den Be-

such der KZ-Gedenkstätte Dachau begründete: »Ich glaube (…), es gibt nur noch sehr wenige Deutsche, die sich an den Krieg überhaupt erinnern können, und keiner von ihnen hat als Erwachsener an irgend etwas teilgenommen. Sie haben ein Schuldgefühl, das ihnen aufgezwungen wurde. Und ich glaube, das ist unnötig. Man sollte vielmehr die Demokratie, die sie geschaffen haben, und ihre demokratischen Grundsätze anerkennen.«[46] Die nationale Rechte in der Bundesrepublik triumphierte. »Mit diesen Ausführungen ist Reagan einer konzentrierten antideutschen Aktion aus kommunistischen Propagandisten, Israel-Lobby, weltweiter Meinungsindustrie, SPD, Grünen, DGB und evangelischer Kirche direkt entgegengetreten, die systematisch jedweden Anlaß und vor allem den bevorstehenden Jahrestag der Kapitulation der deutschen Wehrmacht nutzen, um zumindest den in der Bundesrepublik lebenden Teil des deutschen Volkes seiner nationalen Identität zu berauben und einer Gehirnwäsche zu unterziehen, die auf einen Kollektivschuldkomplex hinausläuft, der auch kommende Generationen umfassen soll.«[47]

Zunächst war seitens der Amerikaner offenbar ein Besuch ihres Präsidenten in einer KZ-Gedenkstätte vorgesehen. Dann wurde er wieder aus dem Programm herausgenommen. Sei es, weil Reagan auf Wunsch aus Bonn die Empfindlichkeiten der Deutschen schonen wollte, sei es, weil seine Reise gekürzt wurde. Schon das aber sorgte für inneramerikanische Irritationen. Und als bekannt wurde, daß Reagan einen Besuch auf dem Soldatenfriedhof Bitburg eingeplant hatte, auf dem nicht – wie angenommen – amerikanische Soldaten neben deutschen liegen, dafür aber – wie offenbar übersehen – auch ehemalige Angehörige der Waffen-SS begraben sind, da brach ein Sturm der Entrüstung los. Nicht nur die amerikanischen Juden waren empört. Auch Amerikas Weltkriegsveteranen, im allgemeinen verläßliche Anhänger Reagans, zeigten sich konsterniert. Als »obszön« bezeichnete die *Washington Post* den beabsichtigten Bitburg-Besuch. *Time* und *Newsweek* berichteten wochenlang in Titelgeschichten über die Gewaltverbrechen Hitler-Deutschlands. Elie Wiesel, Auschwitz-Überlebender, Schriftsteller, Professor an der Universität Boston und Vorsitzender des amerikanischen Holocaust Memorial Council, forderte Reagan im Weißen Haus vor laufenden Kameras auf, seinen Bitburg-Besuch abzusagen. Wiesel wiederholte seine Forderung verschiedentlich. An anderer Stelle erklärte er, mit dem drohenden Besuch des amerikanischen Präsidenten in Bitburg beginne die internationale »Ehrenrettung der SS«. Der Forderung Wiesels schloß sich eine Mehrheit der Senatoren an. Und auch 200 Kongreß-Abgeordnete protestierten. In einem Brief an Kohl baten sie diesen, seine Entscheidung zu überdenken. Aber nicht nur in den USA, weltweit gab es vehementen und anhaltenden Protest. Und die Kritik zeigte Wirkung.

Am 16. April gab Regierungssprecher Peter Boenisch einen Brief des Bundeskanzlers an den US-Präsidenten bekannt. Darin wurde dieser gebeten, »zusätzlich« den Besuch einer NS-Gedenkstätte in das Programm aufzunehmen. Wenige Tage später erfuhr die Weltöffentlichkeit, daß Kohl und Reagan am 5. Mai 1985 an einer Gedenkfeier in Bergen-Belsen teilnehmen würden, vor ihrem Friedhofsbesuch in Bitburg. Doch die Kritik hielt an. Vertreter der amerikanischen Juden waren nicht bereit, Reagan nach Deutschland zu begleiten. Amerikanische Kreise erwarteten von ihrem Präsidenten und noch mehr von Kanzler Kohl, daß er Bitburg absagen würde.[48]

Noch ein anderer Brief aus der CDU-Führung machte von sich reden. Ihn hatte der CDU/CSU-Fraktionsvorsitzende Alfred Dregger an jene 53 US-Senatoren geschrieben, die den Versuch unternommen hatten, Reagan von seinem Bitburg-Besuch abzubringen. Dregger stilisierte sich und die deutsche Wehrmacht darin zum Verteidiger des Abendlandes und zugleich das deutsche Volk zum Opfer der Hitler-Diktatur. Er schrieb: »Am letzten Kriegstag, dem 8. Mai 1945, habe ich – damals vierundzwanzig Jahre – mit meinem Bataillon die Stadt Marklissa in Schlesien gegen Angriffe der Roten Armee verteidigt (…) Mein einziger Bruder, Wolfgang, ist 1944 an der Ostfront im Kurlandkessel umgekommen, ich weiß nicht wie. Er war ein anständiger junger Mann, wie die allermeisten meiner Kameraden. Wenn Sie Ihren Präsidenten auffordern, die von ihm geplante noble Geste auf dem Soldatenfriedhof in Bitburg zu unterlassen, muß ich das als Beleidigung meines Bruders und meiner gefallenen Kameraden empfinden (…) Ich frage Sie, ob Sie im deutschen Volk, das zwölf Jahre lang einer braunen Diktatur unterworfen war und das seit vierzig Jahren an der Seite des Westens steht, einen Verbündeten sehen.«[49] Der Brief blieb nicht unwidersprochen.

Der SPD-Bundesgeschäftsführer Peter Glotz hielt Dregger vor, »das Ansehen der deutschen Demokratie« zu gefährden und persönlich »moralisch korrupt« zu sein. Es gehe nicht, den Amerikanern vorzuwerfen, daß sie »mit der Sowjetunion gegen Hitler und nicht mit Hitler gegen die Sowjetunion gekämpft« hätten und zugleich von ihnen zu verlangen, daß sie die Vergangenheit vergessen sollten, weil die Bundesrepublik ein starker und verläßlicher Verbündeter der USA geworden sei.[50] Mehrere Zeitungskommentare betonten, daß hinter dieser erpresserischen Geste die unbewältigte Last der Vergangenheit allzu deutlich sichtbar sei. »Die meisten Deutschen wollen die Wunden der Vergangenheit vergessen, nicht einmal die Narben schauen sie an«, tadelte die *Nürnberger Zeitung*.[51] Und die *Rhein-Neckar-Zeitung* deutete das Problem sozialpsychologisch: »Das greifbare Aufbäumen gegen die Kollektivschuld, die uns gar niemand zugewiesen hat, stellt im Grunde das ausgesprochene Verlangen nach einer Kollektivverzeihung dar, die es nicht geben kann.«[52] Auch der bayerische Ministerpräsident Strauß nannte die Vorbereitung dieser Gedenkveranstaltung »ungeschickt« und das »Ergebnis peinlich«. Und mit den Pannen und Peinlichkeiten war's noch nicht zu Ende.

Ende April forderten der Ministerpräsident von Rheinland-Pfalz, Bernhard Vogel, und der Bitburger Bürgermeister, Theo Hallet, den Bundeskanzler auf, sich nicht beirren zu lassen und nach Bitburg zu gehen, denn »die Toten, die hier auf dem Soldatenfriedhof ruhen, dürfen nicht nach einer grausamen Selektion vor über 40 Jahren unter Lebenden nunmehr Opfer einer Selektion unter Gefallenen, zumeist Jugendlichen, werden«. Und auch der Staatsminister im Auswärtigen Amt, Alois Mertes, hielt es offenbar für unbedenklich, diesen nachhaltig durch die medizinisch-bürokratische Sprache der *Endlösung* geprägten Ausdruck zu gebrauchen. Statt etwa davon zu sprechen, die Toten nicht nach Tätern und Opfern zu unterscheiden, erklärte er entschlossen und um die Semantik seiner Rede unbekümmert, »daß wir hier nicht eine Selektion von Toten vornehmen wollen«.[53] Unbekümmert und lautstark reagierte auch manches Boulevardblatt. *Quick* appellierte an tieferliegende antijüdische Ressentiments: »Die sagenhafte jüdische Lobby reißt deutsche Wunden auf.« Leserbriefe beschwerten sich unumwunden darüber, daß noch nach Jahrzehnten das »internationale Judentum« nicht zur »ehrlichen Versöhnung« bereit sei und statt dessen »Haß und Rache« gegen Deutschland predige.[54] Selbst die ansonsten eher moderate *Frankfurter Allgemeine* schlug schrille Töne an und klagte, daß durch eine »mächtige publizistische Maschinerie (…) das Zerrbild des häßlichen Deutschen« wieder ausgegraben und »alte Wunden« wieder aufgerissen würden.[55]

Kanzler Kohl konnte demnach in den eigenen Reihen auf nicht geringe Unterstützung rechnen und in der öffentlichen Meinung mit viel Verständnis. Er spekulierte wohl auch auf die Zustimmung der großen Mehrheit seiner Landsleute. In einem *Time*-Interview erklärte er jedenfalls, eine Absage des Bitburg-Besuchs würde die »Gefühle unseres Volkes tief verletzen«, denn seine Landsleute hätten »nicht nur Verstand. Sie haben auch Herz und Seele.« Der demoskopische Befund schien seine Spekulation zu bestätigen. Einerseits – so das Ergebnis einer Allensbach-Umfrage – wurde das Kriegsjahr 1945 von einem Großteil der vor 1933 geborenen Deutschen als »Jahr des Zusammenbruchs« angesehen. Nach der Bedeutung des 8. Mai 1945 gefragt, hieß die Antwort der meisten allerdings »Tag der Befreiung«.[56] In einer Allensbacher Blitzumfrage am 8. und 9. Mai waren fast 70 Prozent der befragten Bundesbürger der Meinung, daß es »vierzig Jahre nach dem Kriege ein schönes Zeichen der Versöhnung ist, wenn ein amerikanischer Präsident einen deutschen Soldatenfriedhof besucht«, nur 12 Prozent hatten eine entgegengesetzte Auffassung. Wurde nach der Bewertung der Besuchsorte einzeln gefragt, erhielten Bitburg und Bergen-Belsen mit jeweils über 60 Prozent etwa gleichviel Zustimmung.[57]

Anders als der Kanzler geriet der amerikanische Präsident zunehmend unter innenpolitischen Druck. Vielleicht hatte sich Reagan zu sehr auf seine Berater verlassen, die – wie ein amerikanischer Kommentator schrieb – »Regie führen und das Drehbuch schreiben«, denn das Weltbild und die Wahrnehmung dieses aus Hollywood kommenden Präsidenten seien in hohem Maße durch die Erfahrungswelt des Kinos beeinflußt: »Stets sucht er nach einem heroischen Schluß.« Andererseits hätte der Kanzler den Präsidenten aus dessen innenpolitischer Bedrängnis durch einen Verzicht auf Bitburg – und einen überzeugenden alternativen Vorschlag befreien können. Beispielsweise durch eine Veranstaltung in der Frankfurter Paulskirche, wie der amerikanische Kolumnist Joseph Kraft vorschlug, der sich dabei allerdings keiner Illusion hingab: »Kohl fehlt diese Art von Vorstellungskraft Er ist ein anständiger Deutscher, ohne Nazi-Vergangenheit (…), aber ihm fehlen die Erfahrung und die Vision zum Staatsmann von Weltrang. Seine beste Eigenschaft ist seine größte Schwäche – ein gedankenloser Optimismus.«[58]

So blieb nur noch die Möglichkeit, durch inszenatorische Eingriffe andere Akzente zu setzen und von Bitburg abzulenken. Das geschah auch, insbesondere durch die zeitliche Straffung der Friedhofszeremonie. Kranzniederlegung und Händedruck der Generäle a. D. Johannes Steinhoff und Matthew Ridgway im stummen Beisein der Regierungschefs wurden in der Weltrekordzeit »von vier Minuten im Besuchen von Soldatenfriedhöfen bei einem Staatsbesuch« absolviert, wie ein Kommentator süffisant schrieb.[59] Die Reden hielten die beiden Hauptakteure auf dem Gelände des nahen amerikanischen Luftwaffenstützpunktes, wo für einige tausend amerikanische und deutsche Gäste ein großes Fest ar-

Vor dem Mahnmal des Bitburger Soldatenfriedhofs reichen sich der ehemalige US-General Matthew Ridgway und der Ex-Wehrmachtsgeneral Johannes Steinhoff (Mitte) zur Versöhnung die Hand. Links US-Präsident Ronald Reagan, rechts Bundeskanzler Helmut Kohl.

rangiert war und dank der Großzügigkeit einer bekannten örtlichen Brauerei viel Freibier floß. Anderswo wurde demonstriert und gegen Bitburg protestiert. In den USA gingen mehrere zehntausend jüdische US-Bürger auf die Straße, vor allem in Chicago und in Cincinnati, in Philadelphia und in New York.

Nachdem der Bundeskanzler Bitburg ein »Symbol der Aussöhnung und der deutsch-amerikanischen Freundschaft« genannt hatte, war auch Reagan bemüht, die Wogen zu glätten und es diesmal allen recht zu machen. Den amerikanischen Kriegsveteranen versicherte er, daß »ihr Opfer nicht umsonst« gewesen sei, sondern entscheidend dazu beigetragen habe, daß Deutschland, Italien und Japan heute zur »Gemeinschaft der freien Nationen« gehören. Den Holocaust-Überlebenden versuchte er ebenso nachdrücklich die Sorge zu nehmen, daß »Aussöhnung Vergessen bedeute«. Und der Bundesrepublik bescheinigte er, ein »tiefes und hoffnungsvolles Zeugnis für den Geist des Menschen zu sein«. Zugleich vereinfachte er die Geschichte der deutschen Gesellschaft auf die eines dämonischen Diktators, verringerte er die politische Last der Geschichte durch ihre populäre Personifizierung und Reduzierung auf den großen Versucher und Verführer. In Bergen-Belsen sprach er vom »gräßlichen

Unheil, das von einem Menschen ausging«, und in Bitburg nannte er das NS-Regime die »totalitäre Diktatur eines Mannes«. Zugleich fand er jene anerkennenden, ja rühmenden Worte, die nicht wenige Deutsche gern gehört haben dürften, denn sie stellten der Bundesrepublik ein erstklassiges Zeugnis aus, hinsichtlich ihrer Aufbauleistung nach dem Kriege, aber auch hinsichtlich ihrer Auseinandersetzung mit der NS-Vergangenheit: »Herr Bundeskanzler, Sie und Ihre Landsleute haben die Erneuerung, die kommen mußte, Wirklichkeit werden lassen. Ihr Land und das deutsche Volk waren mit Stärke und Entschiedenheit bereit, sich mit den Taten eines verhaßten Regimes der Vergangenheit auseinanderzusetzen und sie zu verdammen. Hierin kommen der Mut und der Einsatz für Freiheit und Gerechtigkeit zum Ausdruck, den Ihr Volk nach dem Krieg bewiesen hat.«[60]

Der Kanzler begnügte sich mit einem kurzen Text, bekannte sich in den üblichen Formeln »zu unserer Verantwortung vor der Geschichte«, gedachte der gefallenen amerikanischen Soldaten und beschwor die »Wertegemeinschaft der gemeinsamen Verteidigungsallianz«.[61] Immerhin hatte sich Kohl während der Gedenkfeier des Zentralrates der deutschen Juden am 21. April, dem 40. Jahrestag der Befreiung des Lagers, ausdrücklich »zur historischen Haftung für die nazistischen Untaten« bekannt, »auch vierzig Jahre danach«. Bergen-Belsen, so der Kanzler, bleibe »ein Kainsmal, eingebrannt in die Erinnerung unseres Volkes wie Auschwitz und Treblinka, Belzec und Sobibor, Kulmhof und Majdanek und die vielen anderen Stätten eines wahnhaften Vernichtungswillens«. Kohl erinnerte auch an die 50 000 in Bergen-Belsen ums Leben gekommenen sowjetischen Kriegsgefangenen, sprach von den 20 Millionen Kriegstoten der Sowjetunion und würdigte zugleich das Los der Heimatvertriebenen, »denen das Unrecht der Nazis mit neuem Unrecht vergolten wurde«.[62]

Am 8. Mai selbst waren die Deutschen dann unter sich. Reagan hielt vor dem Europäischen Parlament eine Rede. Das Interesse der Weltöffentlichkeit war nicht mehr auf Bitburg und Bergen-Belsen gerichtet – oder auf Bonn, wo Anfang Mai der Weltwirtschaftsgipfel getagt hatte. Am 8. Mai, so schien es, hatten die durch den Zweiten Weltkrieg in Mitleidenschaft gezogenen Staaten vor allem mit sich und ihrer eigenen Geschichte zu tun. Zumal in den verschiedenen ost- und westeuropäischen Ländern unterschiedliche Traditionen des Gedenkens und / oder Feierns bestehen.

In Frankreich ist dieser Tag seit langem eher umstritten, zumal für nicht wenige Franzosen der 15. August 1944, die Befreiung von Paris, das eigentlich bedeutsame Datum ist. Der als Befreier von Paris gefeierte General de Gaulle hatte als Staatspräsident 1959 entschieden, daß die deutsche Kapitulation kein französischer Feiertag mehr sein solle. Die Gedenkfeiern an den Kriegerehrenmalen waren auf den jeweils zweiten Maisonntag verschoben worden. Und 1975 ging der damalige Staatspräsident Giscard d'Estaing noch einen Schritt weiter und ordnete an, daß im Interesse der deutsch-französischen Freundschaft auch keine offiziellen Feiern mehr stattfinden sollten. Dieser Beschluß brachte die französische Öffentlichkeit in Aufruhr. Die Veteranenverbände protestierten, aber auch die Kommunisten, die Résistance ebenso wie verschiedene Verbände gegen Rassismus und Antisemitismus. Der Druck war so groß, daß zwar der nationale Feiertag nicht wieder eingeführt wurde, den Bürgermeistern aber gestattet werden mußte, nach eigenem Ermessen Erinnerungsfeiern zu veranstalten.

Schon während des Wahlkampfes 1980 hatte dann der Präsidentschaftskandidat François Mitterrand angekündigt, den Jahrestag des alliierten Sieges wieder zu einem arbeitsfreien Feiertag zu machen. Die Nationalversammlung unterstützte bald darauf den Entscheid des Präsidenten in einer Geschlossenheit, die politischen Projekten seiner Linksregierung nur selten zuteil geworden ist. Seitdem wird dieser Gedenktag wieder mit großem Aufwand inszeniert, mit Militärparaden und Kranzniederlegungen, mit Sportveranstaltungen und Volksfesten, Filmveranstaltungen, Ausstellungen und viel Feuerwerk. Als Veteranenminister Laurain auf das Risiko angesprochen wurde, daß das so wiederbelebte Siegesfest die deutsch-französische Aussöhnung belasten könnte, soll er geantwortet haben: »Wir feiern hier keinen Sieg über ein Volk, sondern den Sieg der Zivilisation über die Barbarei.«[63]

Unproblematisch ist aber dieser Gedenk- und Feiertag auch für Frankreich nicht. Die glanzvolle Feier zur Erinnerung an Résistance, Befreiung und Sieg über Nazi-Deutschland verdeckt die andere, die häßliche Seite der Geschichte, die Kollaboration mit den Deutschen und die späteren Racheakte für Denunziationen. Eine junge Französin, Kind polnischjüdischer Flüchtlinge, traf in einem Gespräch, das eine deutsche Journalistin im Vorfeld des 40. Jahrestages führte, womöglich einen entscheidenden Punkt, als sie nachdenklich und lachend zugleich in ihrer eigenen

Familiengeschichte die der Nation wiedererkannte: »Meine Mutter wurde von Franzosen aufgenommen und versteckt (…), mein Vater von Franzosen an die Deutschen ausgeliefert (…). Eine Hälfte der Franzosen hat uns gerettet, die andere hat uns verraten.«[64]

Um Zurückhaltung bemühte man sich bei den Gedenkveranstaltungen in Großbritannien. Premierministerin Margaret Thatcher erklärte im Vorfeld der Planung, daß nicht oder weniger eines »militärischen Sieges« gedacht werden müsse, sondern »aller Opfer des Krieges und der vierzig folgenden Jahre des Friedens in Freiheit«. Sie hatte wohl auch an die eigenen »Skelette im Schrank« gedacht, wie das der Volksmund auf der Insel nennt, in Erinnerung an das Versagen der Appeasement-Politiker, ihre katastrophale Verkennung der Lage am Vorabend des Zweiten Weltkrieges. Der konservative *Daily Express* hatte – unter Berufung auf Hitlers Neujahrsversprechen – Anfang 1939 Optimismus verbreitet: »Dieses Jahr gibt es keinen Krieg.«

Dies und die Empfehlung Margaret Thatchers, auf eine Siegesfeier zu verzichten, hielt die örtlichen Veteranenverbände nicht davon ab, auf ihre Art am »Victory in Europe-Day« an ihre Verdienste zu erinnern. Denn zumindest für die Kriegsgeneration sei dieser Krieg kein Ereignis, das die Nation beschämen müßte oder spalten könnte – wie der Vietnam-Krieg die Amerikaner. Trotz aller Toten und aller Verwüstungen sei dieser Krieg gewissermaßen der letzte »gute Krieg« gewesen. So gab es ausgelassene Straßenfeste und viel Nostalgie. Die Siegesfeier stand unter dem Motto »Schön war die Jugend«.[65] Als zentrales öffentliches Ereignis war zunächst vor allem an einen Gottesdienst gedacht, in Anwesenheit der Königin und mit einer Predigt des Erzbischofs von Canterbury in der Westminster Abbey. Der Dekan von Westminster hatte in der Vorbereitung die versöhnliche und doch nicht undifferenzierte Deutung und Bedeutung dieses Tages auf eine deutsche und russische Dimension bezogen:

»Es wird ein Gottesdienst des Dankes werden, für die Befreiung der Menschen von der Tyrannei. Aber es war unverkennbar sowohl eine Befreiung für die Deutschen als auch für die Juden und den Rest Europas, weil die Deutschen nicht in der Lage waren, aus eigener Kraft das unerträgliche Regime abzuwerfen. Die russische Dimension ist die, daß wir Alliierte waren und der Krieg ohne die Russen eventuell anders verlaufen wäre. Sie brachten ein größeres Opfer als sonst jemand.«[66]

So sahen das auch die Russen selbst. Alljährlich feiern die Veteranen des »Großen Vaterländischen Krieges« am 9. Mai den »Sieg der Roten Armee über den deutschen Faschismus«, zugleich die Rettung der »Rodina«, der Heimat, welche die Völker der Sowjetunion mit zwanzig Millionen Toten bezahlt haben. Etwa sechs Millionen der aktiven Kriegsteilnehmer lebten Mitte der achtziger Jahre noch. Viele von ihnen trafen sich auch zum 40. Jahrestag, ältere Männer und Frauen in dunklen Kostümen und Anzügen, über und über dekoriert mit Orden und Ehrenzeichen, geordnet nach ihren einstigen Kampfverbänden, zum Austausch von Erinnerungen im Moskauer Gorkij-Erholungspark. Und die Regierung der Sowjetunion ließ sich die Ehrung ihrer Veteranen nicht wenig kosten. So wurde am Kutusow-Prospekt mit dem Bau eines großen Kriegsdenkmals begonnen und auch viel Kriegskunst und Kriegskitsch produziert und ausgestellt. Aber die Veteranen durften sich nicht nur symbolischer Gratifikationen erfreuen, sie erhielten und erhalten auch zahlreiche materielle Vergünstigungen.[67] Auf die Darstellung militärischer Stärke wurde ebenfalls nicht verzichtet. In einer einstündigen Militärparade zogen Kriegsveteranen und reguläre Armeeformationen über den Roten Platz vorbei am neuen Parteichef Michail Gorbatschow. Von den ehemaligen Westalliierten nahmen nur die Botschafter Frankreichs und Großbritanniens teil. Der amerikanische Botschafter hatte sich damit begnügt, einen Kranz am Denkmal des Unbekannten Soldaten an der Kremlmauer niederzulegen. In einer Ansprache würdigte Verteidigungsminister Sokolow zwar den »großen Beitrag« der Westalliierten zum Sieg über den Hitler-Faschismus, um zugleich der »bürgerlichen Propaganda« vorzuwerfen, daß sie den »entscheidenden Beitrag« der Sowjetunion zur »Befreiung der Völker Europas« nicht als solchen anerkenne.[68]

So stolz, so selbstbewußt konnte es nicht überall zugehen, wo in den Hauptstädten der osteuropäischen Staaten an den Tag des Sieges erinnert wurde.[69] Zwangsläufig hatten die »Sieges- und Jubelfanfaren unterschiedliche Tonqualität«. Nicht alle Länder des Warschauer Paktes konnten sich in gleichem Maße auf ihre Zugehörigkeit zur antifaschistischen Front gegen das nationalsozialistische Deutschland berufen. Nur Polen und Jugoslawien hatten vom ersten bis zum letzten Kriegstag gegen die deutsche Wehrmacht und Besetzung bekämpft. Rumänien und Bulgarien wechselten erst im Spätsommer 1944 die Fronten. Slowaken und Ungarn zählten bis zuletzt zu den Verbündeten Hitler-Deutschlands. Und die DDR?

Sie beging den »40. Jahrestag des Sieges über den Hitler-Faschismus und der Befreiung des deutschen Volkes« – wie dieser Tag offiziell hieß – in großem Stil und mit großem Aufwand, so, »als könnten die Sieger über ihren Sieg nicht glücklicher sein als die Besiegten«, so als habe es im östlichen Teil Deutschlands nur Antifaschisten und Kommunisten gegeben, und vielleicht noch Juden, aber keine Nazis oder Mitläufer.[70] Schon Monate vorher begann die DDR mit ihrer Festveranstaltung zum 8. Mai. Anläßlich des 40. Jahrestags der Zerstörung Dresdens fand am 13. Februar mit 200 000 Menschen und Erich Honecker an der Spitze eine Friedensmanifestation statt. Im April folgte die Einweihung der Gedenkstätte auf den Seelower Höhen, wo 1945 etwa 30 000 sowjetische Soldaten gefallen waren. Weitere Gedenkveranstaltungen in den ehemaligen Konzentrationslagern Buchenwald, Ravensbrück und Sachsenhausen sowie im Zuchthaus Brandenburg folgten. Auch ein Erinnerungstreffen zwischen sowjetischen und amerikanischen Veteranen in Torgau fehlte nicht, dem Ort des legendären »Handschlags«.[71]

Der eigentliche Staatsakt fand in Ost-Berlin statt, mit einem »pompösen Polit-Schauspiel«[72], einem riesigen Aufgebot von Thälmannpionieren und FDJ-Formationen, mit Fackeln und roten Fahnen, mit Liedern, Lichtdom und feierlicher Eidesformel, mit Kranzniederlegungen am sowjetischen Ehrenmal im Treptower Park sowie am Denkmal des polnischen Soldaten und des deutschen Antifaschisten im Berliner Volkspark Friedrichshain, am Vorabend des 8. Mai und einer Festveranstaltung im Palast der Republik am folgenden Tag. Die Rede hielt DDR-Volkskammerpräsident Horst Sindermann in Anwesenheit des sowjetischen Kulturministers Demitschew und des Oberkommandierenden der sowjetischen Streitkräfte, Saizew. Ausdrücklich würdigte er den Beitrag der – nicht anwesenden – westlichen Alliierten im Kampf gegen den Hitler-Faschismus, ließ aber keinen Zweifel daran, wem der größte Dank für die Befreiung zukommt: dem »Sowjetvolk und seiner ruhmreichen Armee«. Das hatte schon die Einladung der DDR unzweideutig zum Ausdruck gebracht: Die Einladungskarte zeigte eine sowjetische Fahne, eingepflanzt in ein zerstörtes Hakenkreuz.[73]

Die Weizsäcker-Rede: Eine »Sternstunde der Nachkriegsgeschichte«?

In Westdeutschland stand das Gedenken an den 8. Mai 1945 stark im Zeichen kirchlicher Veranstaltungen. Neben der zentralen ökumenischen Gedenkveranstaltung, einem Gottesdienst im Kölner Dom, fanden in fast allen Städten und Kirchenkreisen der Bundesrepublik gemeinsame Friedensgottesdienste beider Konfessionen statt.[74] Das nahm dem Tag gewiß viel von seinem politisch-kontroversen Charakter und gab ihm einen stark moralischen und religiösen Anstrich. Die Thematisierung umstrittener historischer Fragen trat dahinter sichtbar zurück. Zwar stellte der EKD-Ratsvorsitzende, Bischof Lohse, die vielleicht zentrale Frage dieses Erinnerungstages: wie es denn zu allem hatte kommen können.[75] Seine Antwort aber fiel eher einseitig aus und war doch zugleich umfassend im Erklärungsanspruch: »Die Heilige Schrift sagt uns die Wahrheit: weil das Gebot des Herrn, unseres Gottes, in schändlicher Weise mißachtet worden war (...).« Zwar erinnerte er an das berühmte Stuttgarter Schuldbekenntnis der EKD von 1945, aber er verschwieg zugleich, daß dieses »Wagnis und Politikum ersten Ranges« innerkirchlich lange umstritten war, weitgehend folgenlos blieb und die Abrechnung mit dem Nationalsozialismus ähnlich halbherzig verlief wie in der damaligen deutschen Gesellschaft überhaupt.[76]

Auch der Vorsitzende der katholischen Deutschen Bischofskonferenz, Joseph Kardinal Höffner, sprach von der Mitschuld der Christen, machte aber vor allem den Glaubensverfall für den Sieg Hitlers und seiner Bewegung verantwortlich: »Ohne die jahrelang betriebene Zerstörung des Glaubens an Gott und ohne die Verneblung und Betäubung des Gewissens« wäre der »bösartige und zerstörerische nationalsozialistische Machtrausch« nicht möglich gewesen, erklärte er. Nachdrücklich sprach er sich jedoch dafür aus, »vergangene Schuld und gegenseitig zugefügtes Unrecht nicht immer wieder selbstquälerisch hervorzuholen«. Der Kardinal vermied es, das widersprüchliche kirchliche Verhalten konkret beim Namen zu nennen. Über die Rolle des Papstes, des Konkordates und der katholischen Bischöfe Deutschlands verlor er kein Wort, und über den katholischen Widerstand auch nicht.[77]

Von der Notwendigkeit zur »Wahrhaftigkeit« im Umgang mit der NS-Vergangenheit sprach auch der CDU-Fraktionsvorsitzende Dregger auf einer Kundgebung des Bundes der Vertriebenen in der Bonner Beethovenhalle am 28. April. Ausdrücklich nannte er »Heuchelei und Selbstgerechtigkeit« untaugliche Motive der Besinnung und des Geschichtsverständnisses, um gleichwohl Unterschiede unter den Millionen Toten einzuebnen und Angreifer wie Angegriffene, Verfolger wie Verfolgte, gleichermaßen zu Opfern eines Ereignisses zu machen, das er nicht als Folge politischer Ideen, Interessen und Entscheidungen *be*schrieb, sondern mehr als katastrophisches Verhängnis *um*schrieb. »Wir müssen begreifen«, so Dregger am Schluß seiner Rede, »daß die KZ Hitlers und Stalins, daß die Vertreibung der Ostdeutschen und der Ostpolen, daß der millionenfache Tod deutscher Soldaten und ihrer soldatischen Gegner Teil ein und derselben Katastrophe waren, die Europa zerstört, die Europäer im Innern verwüstet und die den alten Kontinent geteilt hat.«[78]

Die Rhetorik seiner Geschichtsdeutung war teils durch Reduktion geprägt, teils durch Verallgemeinerung. Die NS-Gewaltverbrechen machte Dregger zu einer Sache Hitlers: »Ohne Hitler, den Verderber Deutschlands, hätte es die Verbrechen der Vertreibung und des Judenmordes nicht gegeben.« Und die deutsche Katastrophe erweiterte er zu einer europäischen, wobei er offenbar weniger oder gar nicht die Ursachen der NS-Herrschaft und des Zweiten Weltkrieges vor Augen hatte als vielmehr die Auswirkungen. Wohl mit Blick auf seine Zuhörer, überwiegend Heimatvertriebene, betonte er vor allem »die Unterwerfung ganz Ost-Mitteleuropas unter eine kommunistische Diktatur (…), die Teilung Berlins, Deutschlands und Europas (…) und die Vertreibung von 14 Millionen Deutschen, von denen 2 Millionen umkamen«. Demgegenüber blieb die Würdigung der jüdischen Opfer und die der Völker der Sowjetunion zweitrangig. Doch als Verbeugung gegenüber den Vertriebenen ging er noch einen Schritt weiter in der Umdeutung der jüngsten Geschichte. In kämpferischer Pose wandte er sich gegen die »niederträchtigen Revanchismuskampagnen«, von denen die Heimatvertriebenen angeblich »heimgesucht werden«, um ihnen zugleich zu bestätigen, daß es nirgendwo auf der Welt Flüchtlinge und Vertriebene gäbe, »die haßfreier, friedenswilliger und politisch verantwortungsbewußter gehandelt hätten als die deutschen Heimatvertriebenen«.

Es wurden an diesem Tag viele Reden in Deutschland gehalten, und nicht nur von dieser Art. Wie weit die Bewertungen und Deutungen des 8. Mai auch vierzig Jahre danach auseinandergingen, wird erkennbar, wenn man der Dregger-Rede beispielsweise die Reden von Willy Brandt, Walter Dirks oder Günter Grass gegenüberstellt. So unterschiedlich sie waren, sie alle rückten das Datum des 8. Mai in eine übergreifende Perspektive. Dirks stellte seine in Frankfurt gehaltene Rede unter das Motto »Gedächtnis und Erinnerung« und breitete vor seinen Hörern »siebzig Jahre deutsche Zeitgeschichte« aus, die der 84jährige Publizist so oder so miterlebt hatte. Als ob er einen Kontrapunkt zur Dregger-Rede setzen wollte, attackierte er schon zu Beginn jene Millionen Mitläufer, die sich bis in unsere Tage immer wieder von ihrem »Schuldanteil« entlasten, wenn »sie verkennen, daß der große Dämon nicht ohne kräftige Resonanz der Volksgenossen seine Macht hätte schaffen und sichern können«; wenn sie »den Krieg, den sie für vaterländisch ausgeben, gegen

Hitlers verbrecherisches System ausspielen«; wenn sie die Augen davor verschließen, daß »der deutsche Faschismus ... das Bündnis der braunen Volksbewegung mit Teilen der reaktionären Oberschichten zum Zwecke der Herstellung eines autoritären Staates« war. Nach 1945 sei dann zunächst die Entnazifizierung fehlgelaufen, und mit dem Scheitern der Vision eines demokratisch-sozialistischen Neuaufbaus habe sich das »restaurative System des sozial gebremsten Eigeninteresses« durchgesetzt. Deshalb – so Dirks weiter – stelle sich ihm die Geschichte dieses Jahrhunderts als der »sinistre Zusammenhang (...) von Gewalt und Lüge« dar.[79]

In seiner eindringlichen Rede vor der Akademie der Künste zu Berlin ging ihr damaliger Präsident, Günter Grass, auf die Zäsur des Jahres 1945 ein und die Jahre, die folgten, Jahre »der Verfälschungen und Trugbilder«, wie er sagte, aber auch Jahre »harter Tatsächlichkeiten«, Jahre des Wiederaufbaus und der Wiederbewaffnung »bei gleichzeitiger Flucht aus der Wirklichkeit«. Darin offenbarte sich, was tiefer reiche als Kriegsniederlage und Zerstörung materieller und ideeller Werte, so Grass: »Die Deutschen verloren ihre Identität. Sie können sich nicht mehr begreifen seitdem. Es fehlt ihnen etwas, das sich, bei allem Fleiß, nicht wettmachen ließ. Dieses Loch in ihrem Bewußtsein.« Deshalb seien seit 1945 so viele Schön- und Schonwörter im Umlauf: Zusammenbruch und Katastrophe, Kriegsende, Kapitulation, Stunde Null. Das moralisch und politisch bedeutsamere Datum aber sei der 30. Januar 1933. Hier bereits hätten die Deutschen »bedingungslos kapituliert«.[80]

Auch der SPD-Vorsitzende Willy Brandt betonte die Vorgeschichte des Krieges. In seiner Rede auf einem »Nürnberger Friedensgespräch«, der zentralen Gedenkveranstaltung der SPD mit Überlebenden aus Coventry und Rotterdam, aus Leningrad und Warschau, aus Auschwitz, Lidice und Oradour, aus Köln und Dresden, erklärte er: »Die eigentliche Niederlage stand am Beginn der NS-Zeit, nicht an ihrem Ende.« Deshalb sei der 8. Mai besonders gut geeignet, darauf hinzuwirken, die geschichtliche »Wirklichkeit anzuerkennen und die Verantwortung zu tragen, die sich aus ihr ergibt«.[81]

Diesem Anspruch suchten auch die Grünen gerecht zu werden. Eine Delegation von Mitgliedern ihrer Bundestagsfraktion, des Bundesvorstandes und verschiedener Landesvorstände war zusammen mit Überlebenden am 8. Mai nach Auschwitz gefahren, »der einzig sinnvolle Ort, an dem junge Deutsche dieses Tages gedenken können«, so Antje Vollmer in ihrer Rede, denn: »Wir sind ja nicht nur die Kinder der Kapitulanten

(...). Wir sind auch die Kinder der Täter, wir sind die Kinder der Mitläufer. Und wir sind die Kinder von denen, die nicht stark genug waren, den Nationalsozialismus zu bekämpfen. Wir haben nicht einfach von der Generation unserer Mütter und Väter lernen können (...) Und wir selbst? Irgendwann haben wir auch aufgehört, unsere Eltern zu fragen, wie das alles war. Diese Sprachlosigkeit hat sich wie ein Nebel auf alles gelegt.«[82] Das war nicht die einzige Aktivität der Grünen an jenem Gedenktag. Mit der NS-Geschichte konfrontierten sie Parlament und deutsche Öffentlichkeit auf ihre Weise. So mit einer Erklärung ihres Hauptausschusses zum 50. Jahrestag des Erlasses der Nürnberger Rassengesetze. So mit einem Entschließungsantrag zur Lage und Forderungen der Sinti, Roma und verwandter Gruppen. So mit einem Gesetzentwurf zur Regelung einer angemessenen Versorgung für alle Opfer nationalsozialistischer Verfolgung. So mit einer Erklärung zum 40. Jahrestag der Nürnberger Prozesse. So mit einer Initiative zur Verhinderung der Errichtung einer zentralen Mahn- und Gedenkstätte in Bonn. Und bereits im Dezember 1984 hatte die Fraktion der Grünen zusammen mit FDP- und SPD-Abgeordneten – CDU/CSU-Politiker waren nicht erschienen – Äußerungen von Mitgliedern der Regierungskoalition diskutiert, die die Grünen in die Nähe der Nazis und von Kommunisten gerückt hatten.

Über die historische Wahrheit und die Art und Weise, an sie zu erinnern, gingen die Auffassungen auch 1985 weit auseinander. In der Befürchtung, die parlamentarische Gedenkfeier könne zu einem »deutschen Heldengedenktag« mißraten, weil zugleich die »Waffenbrüderschaft mit dem amerikanischen NATO-Partner gefeiert werden soll«, waren die Grünen der Veranstaltung ferngeblieben. Lediglich der Grünen-Abgeordnete Otto Schily war gekommen. Aber er verließ den Plenarsaal unter Protest und zusammen mit einigen SPD-Abgeordneten, weil auch der frühere Ministerpräsident Hans Filbinger unter den Anwesenden weilte. Filbinger hatte 1978 wegen seiner zweifelhaften Rolle als Marinerichter zurücktreten müssen. Ferngeblieben war der Gedenkfeier auch ein CSU-Abgeordneter, denn der 8. Mai sei »ein Tag der tiefsten Demütigung«. Zum materiellen Elend sei auch noch die Ächtung der Deutschen als Nation und die Verweigerung der staatlichen Einheit hinzugekommen. Zunächst hatte der Bundeskanzler im Parlament reden sollen – oder wollen. Der Bundespräsident sollte eine Fernsehansprache halten. Auf Drängen der Opposition sprach von Weizsäcker dann doch im Parlament vor den Mitgliedern des Bundestages und des Bundesrates, Vertretern aller großen gesellschaftlichen Organisationen und dem gleichfalls geladenen Diplomatischen Korps.[83]

Die inzwischen berühmte, vielfach abgedruckte und weit verbreitete Rede des Bundespräsidenten gilt als Höhepunkt des an Gedenkreden so reichen Jahres. In einer gemeinsamen Veranstaltung von Bundestag und Bundesrat nannte von Weizsäcker den 8. Mai ausdrücklich einen »Tag der Befreiung«, um allerdings sogleich hinzuzufügen, daß er »für uns Deutsche kein Tag zum Feiern« ist. »Wir haben wahrlich keinen Grund, uns am heutigen Tag an Siegesfesten zu beteiligen. Aber wir haben allen Grund, den 8. Mai 1945 als das Ende eines Irrweges deutscher Geschichte zu erkennen, das den Keim der Hoffnung auf eine bessere Zukunft barg.« Deshalb sei dieser Tag vor allem »ein Tag der Erinnerung«, an dem es darauf ankomme, der historischen »Wahrheit (...) ins Auge« zu sehen.

Die Rede des Präsidenten wurde und wird seitdem immer wieder als vorbildlich gerühmt. Im In- und Ausland fand sie viel Zustimmung und Anerkennung. Der israelische Botschafter Yitzhak Ben Ari nannte sie gar eine »Sternstunde deutscher Nachkriegsgeschichte«.[84] Aber es war eben doch auch eine Rede an die Nation. Eine Rede, die verbreitete Geschichtslegenden kritisierte und zugleich Selbstverständliches artikulierte. Sie wiederholte keine populären Stereotypen, und sie bemühte sich um Differenzierung, doch auf gewisse Glättungen und Auslassungen bei der Kommentierung der NS-Gewaltherrschaft mochte auch sie nicht verzichten.

So sprach von Weizsäcker vom »abgrundtiefen Haß Hitlers gegen unsere jüdischen Mitmenschen« als dem »Anfang der Gewaltherrschaft«, ließ aber unerwähnt, daß die konservativen Eliten Hitler zum Reichskanzler gemacht hatten, und daß er »das ganze Volk« nur deshalb »zum Werkzeug« seines Hasses hatte machen können, weil er in diesem eine breite, nach 1933 noch wachsende soziale Basis fand, denn große Teile der damaligen Bevölkerung waren von tiefen Existenzängsten erfüllt und politisch desorientiert, verachteten die Republik und die Parteien, verlangten nach einem starken Führer und ersehnten den wirtschaftlichen und politischen Wiederaufstieg der Nation.

Weizsäcker sprach auch vom »menschenverachtenden System der nationalsozialistischen Gewaltherrschaft«, aber eben nicht davon, daß dieses System bis weit in den Krieg auf hohe Massenzustimmung rechnen konnte. Denn die menschenverachtenden Maßnahmen bekamen zunächst nur »gemeinschaftsfremde« politische, religiöse und andere Minderheiten zu spüren, während die »arischen« Angehörigen der »deutschen Volksgemeinschaft« mit massenkulturellen Attraktionen, einem bescheidenen »Wirtschaftswunder« und einer autoritären Ordnungspolitik mobilisiert und formiert wurden, bevor auch sie die menschenverachtende Seite des Regimes unmittelbar erfuhren.

Irreführend und beschönigend war schließlich auch von Weizsäckers Behauptung: »Die Ausführung des Verbrechens lag in der Hand weniger.« Das Gegenteil traf zu: Sie lag in der Hand vieler. Mehrere zehntausend Personen aus allen sozialen Schichten waren am Holocaust beteiligt. Ungezählt sind die Zuschauer, im Englischen treffender »bystander« genannt. Und von Weizsäcker hätte das thematisieren müssen, jedenfalls von seinem hohen Wahrheitsanspruch her. Schon Hannah Arendt hatte – drei Jahrzehnte früher – vom »Verwaltungsmassenmord« gesprochen. Herbert Jäger unterschied in seiner frühen Studie über die Gewaltverbrechen unter totalitärer Herrschaft ebenfalls schon in den sechziger Jahren zwischen einer großen Zahl von Täter-Typen und Täter-Gruppen samt Helfern und Helfershelfern. Und Raul Hilberg hat die Endlösung wiederholt das Ergebnis einer »Vernichtungsmaschine« genannt, die nichts anderes gewesen sei »als ein besonderer Aspekt der organisierten Gesellschaft«[85], also nicht nur die Tat einer verbrecherischen Clique.

In der Einleitung hatte von Weizsäcker – mit Blick über die Grenzen – die Losung dieses Tages verkündet und einen hohen intellektuell-moralischen Anspruch an die Vergegenwärtigung der NS-Vergangenheit hierzulande begründet:

>»Viele Völker gedenken heute des Tages, an dem der Zweite Weltkrieg in Europa zu Ende ging. Seinem Schicksal gemäß hat jedes Volk dabei seine eigenen Gefühle. Sieg oder Niederlage, Befreiung von Unrecht und Fremdherrschaft oder Übergang zu neuer Abhängigkeit, Teilung, neue Bündnisse, gewaltige Machtverschiebungen (…).
>Wir Deutsche begehen den Tag unter uns, und das ist notwendig. Wir müssen die Maßstäbe allein finden. Schonung unserer Gefühle durch uns selber oder durch andere hilft nicht weiter. Wir brauchen und wir haben die Kraft, der Wahrheit so gut wir es können ins Auge zu sehen, ohne Beschönigung und ohne Einseitigkeit.«[86]

Gewiß, die Rede unterschied nicht nur zwischen Opfern und Tätern, sie nannte auch die verschiedenen Opfergruppen ausdrücklich beim Namen. Es war demnach eine politische Rede, aber eine, die nicht provozierte. Gunter Hofmann hat das in seiner freundlich-ironischen Verabschiedung des Präsidenten als dessen Politikstil pointiert beschrieben. Weizsäckers Reden würden Politik wattieren, einpacken. Als höchster Repräsentant der Republik verkörperte er etwas, was ihre Verfassung nicht kennt: »eine Art Staatspräsident (…), scheinbar fehlerfrei, die Wunden sorgsam verborgen.«[87] So konnte er wohl, gerade im Umgang mit der NS-Vergangenheit, »die moralische und ästhetische Situation der Republik erträglicher« (Hans Magnus Enzensberger) machen.

Der 20. Juli: Zweierlei Widerstand im geteilten Deutschland

Wie schwierig es ist, dem historischen Wahrheitsanspruch gerecht zu werden, zeigt auch der Umgang mit dem 20. Juli. Ohne Beschönigung und Einseitigkeit ging es auch hier nicht, wobei dieser Gedenktag anders als der 8. Mai eher nationale als internationale Bedeutung hat. Der Widerstand gegen Hitler war jahrzehntelang vor allem Gegenstand innerdeutscher Kontroversen. Im geteilten Deutschland wurden auch die Widerstandsakteure in zwei Lager geteilt und die verschiedenen Widerstandsgruppen bis heute unterschiedlich bewertet. Im Blickpunkt steht dabei weniger das primäre Ziel ihres Widerstands – die Beseitigung Hitlers –, sondern mehr der sekundäre Zweck ihres Tuns, ihre programmatischen Vorstellungen für die politischen Verhältnisse im Deutschland nach Hitler.

Daß dieser Tag seit langem Deutungen und Gegendeutungen provoziert und zu allerlei Spekulationen und Stilisierungen animiert, hat ihm zu einer gewissen Sonderstellung unter den vielen historischen Daten verholfen, mit denen wir Deutsche leben müssen. Nicht von ungefähr knüpfen sich an den 20. Juli viele Fragen und Hypothesen, vor allem und immer wieder die: Was wäre geschehen, wenn das Attentat durch Stauffenberg gelungen und Hitler getötet worden wäre?[88] Wäre es zu einer Spaltung in der Wehrmacht und in der NS-Führung gekommen, gar zu einem Bürgerkrieg in Deutschland? Hätte sich Göring mit seinen Gefolgsleuten durchgesetzt, trotz der Walküre-Aktion, zumal der Widerstand weder innerhalb noch außerhalb Deutschlands mit großer Unterstützung rechnen konnte? Hätte das zur Entstehung einer neuen Dolchstoßlegende geführt und eine Verklärung des Dritten Reiches begünstigt, zumal Hunderttausende von Holocaust-Opfern und Kriegstoten in den Städten und an der Front vor dem Tode bewahrt und die schlimmsten Verwüstungen vermieden worden wären?

Mögen auch Mutmaßungen über ungeschehene Geschichte verpönt sein, sie sind verbreitet und können – methodisch kontrolliert – durchaus zum besseren Verständnis der geschehenen Geschichte beitragen, gerade dort, wo, wie am Beispiel der NS-Zeit, dieses Verständnis mit großen Schwierigkeiten verbunden ist. Alexander Demandt, der über die Reflexion auf Ungeschehenes höchst anregende Gedanken aufgeschrieben hat, vermutet kaum zu Unrecht, daß »unter allen Motiven für ein Interesse am Gedankenspiel über ungeschehene Geschichte keines so stark (ist) wie das Unbehagen über den Zweiten Weltkrieg und seine Corollarien«.[89] Dieses Unbehagen gilt auch gegenüber dem gescheiterten Widerstand. Und es widerspiegelt sich bis heute im schwierigen Umgang mit diesem Erbe. Haben doch nicht wenige in unserer Gesellschaft lange darin bloß einen Fall von Verrat erkennen können, was für andere – so oder so – ein bleibendes Vermächtnis bedeutete, weshalb der Widerstand gegen Hitler ein permanenter »Stachel im Fleisch der deutschen Nachkriegsgesellschaft« blieb.[90]

»Nicht aus eigener Kraft zur freiheitlichen Demokratie«

Gewiß, der Weg von der »Verfemung des Widerstands« in der frühen Nachkriegszeit bis zur schrittweisen, wenn auch nicht unumstrittenen Anerkennung in der Gegenwart war lang und hat immer wieder, zumal im öffentlichen Gedenken, zu Irritationen, Konflikten und Skandalen geführt.[91] Aber vielleicht ist der 20. Juli gerade dadurch das einzige auf die NS-Zeit bezogene Datum, an dem sich die Deutschen wirklich abgearbeitet haben. Die ausgeprägte Gedenktagspraxis läßt nicht nur verschiedene Phasen und Widerstandsbilder erkennen. Sie zeigt auch exemplarisch, daß und wie sich in der öffentlichen Auseinandersetzung die Einstellung gegenüber dem Widerstand gewandelt, das Bild differenziert und dessen Akzeptanz verbreitet hat. Zumal an dieser Auseinandersetzung letztlich alle gesellschaftlichen Gruppen, Institutionen und politischen Akteure beteiligt waren: Kirche und Universität, Justiz und Bundeswehr, Regierung und Parlament, Parteien, Abgeordnete, Publizisten, Wissenschaftler und nicht zuletzt die Überlebenden und Hinterbliebenen des Widerstands selbst.

Es ist kaum übertrieben, wenn man behauptet, daß der Streit um den Widerstand gegen das Hitler-Regime den normativen Grundlagen der westdeutschen Nachkriegsdemokratie wesentliche Impulse gegeben und zugleich ein »neues Politikfeld« mitgeschaffen hat, das der Erinnerungs- bzw. Geschichtspolitik. Die Erinnerung an den Widerstand und dessen gegenwartsbestimmte Deutung gingen – in Ost- wie in Westdeutschland

– immer wieder eine enge Verbindung ein.[92] Ob nun der Bogen geschlagen wurde vom 20. Juli zum »großen Tage des 17. Juni 1953«, um für ein Leben in »Frieden und Freiheit« zu demonstrieren, wie das schon Ernst Reuter anläßlich der Einweihung der Gedenkstätte im Hof des ehemaligen OKW und Reichskriegsministeriums in der damaligen Bendler- und späteren Stauffenbergstraße tat. Oder ob, zwei Jahrzehnte später, im Hinblick auf die Politiker-Morde und Attentate der RAF die Fragen nach der Bewahrung des Rechtsstaates und des Widerstands in der Demokratie in den Vordergrund rückten. Mit den Nöten der Gegenwart veränderten sich die Fragen an die Geschichte, wurde diese auf jene bezogen und umgekehrt.

Zunächst war der erst wenige Jahre zurückliegende Widerstand der Verschwörer des 20. Juli vor allem in seiner moralisch-rechtlichen Legitimation und politischen Bedeutung umstritten. Die Alliierten standen ihm distanziert bis ablehnend gegenüber. Die Sowjetunion[93] sah hinter dem Ereignis bloß eine »imperialistisch-antisowjetische Verschwörung«. Aus westalliierter Sicht[94] hatte das Attentat drei Makel: Er wurde zu spät unternommen, blieb erfolglos, und die für ihn verantwortlichen Offiziere waren ihrerseits am Aufstieg und an der Konsolidierung des Nationalsozialismus nicht schuldlos. Daß sie anfangs den Widerstand eher tabuisierten und an der Kollektivschuld der Deutschen festhielten, wurde noch dadurch begünstigt, daß nach 1945 viele Deutsche erklärten, dem NS-Staat ablehnend gegenübergestanden zu haben. Erhebliche Vorbehalte gab es aber auch in der deutschen Bevölkerung. Noch bis in die sechziger Jahre sahen fast 25 Prozent der befragten Bundesbürger im Widerstand einen Fall von »Verrat«.[95] Wollte man aber die Erinnerung an den 20. Juli »zu einem Kristallisationspunkt für unser gemeinsames nationales Bewußtsein« machen, wie der damalige Bundesinnenminister Gerhard Schröder (CDU) auf der Gedenkveranstaltung in der FU Berlin 1954 den Sinn der Tat derer deutete, die »den Aufstand gegen einen Staat wagten, der Unrecht verkörperte anstatt Recht zu setzen«,[96] dann mußte man das Problem des »Führereides« und des »Treuebruchs« thematisieren. Anders gewendet: der weitverbreitete Vorwurf des Landes- bzw. Hochverrats war zu verhandeln.

Dazu bot vor allem ein Ereignis eine medienwirksame Gelegenheit, der sogenannte Remer-Prozeß in Braunschweig. Der ehemalige Wehrmachtsmajor Remer und Kommandeur des Berliner Wachbataillons, maßgeblich daran beteiligt, daß der Staatsstreich mißglückt war, hatte auf einer Veranstaltung der neonazistischen Sozialistischen Reichspartei

die Verschwörer des 20. Juli als vom Ausland bezahlte »Landesverräter«
bezeichnet. Es ist das bleibende Verdienst von Fritz Bauer, dem damaligen Braunschweiger Generalstaatsanwalt, daß er die Gelegenheit erkannte und zu einem politischen Prozeß nutzte, in dem es weniger um die Person Remer ging als darum, das NS-Regime anzuklagen und als Unrechtsstaat zu verurteilen. Die Verschwörer waren damit vom »Stigma des Verrats« befreit.[97]

Schon bald nach Kriegsende hatte Gustav Radbruch den Unrechtscharakter des NS-Regime dargelegt, indem er »gesetzliches Unrecht und übergesetzliches Recht« miteinander konfrontierte. An ihn anschließend, plädierte Bauer im Remer-Prozeß: »Solange die Menschenrechte gewahrt werden, solange eine Möglichkeit zur Opposition besteht und einem Parlament Gelegenheit zur Gesetzgebung gegeben ist, solange unabhängige Gerichte walten und die Gewalten geteilt sind«, werde kein Widerstandsrecht gebraucht, »es erwacht aber wieder zur lebendigen Wirklichkeit, wenn eine dieser Voraussetzungen in Wegfall tritt«.[98]

Aber es dauerte lange, bis sich diese Sicht in der westdeutschen Gesellschaft durchsetzte, zumal Justiz und Legislative, Rechtsprechung und Rechtswissenschaft durchaus divergierende Auffassungen zum Widerstandsrecht vertraten. Insbesondere im Rahmen der Auseinandersetzung um die sogenannte Wiedergutmachung spielte der Widerstand eine gewichtige Rolle, gehörten doch auch die politischen Gegner des NS-Staates zu den Anspruchsberechtigten. Jedenfalls hieß es in der Präambel des Bundesentschädigungsgesetzes von 1953, der Widerstand aus politischen, religiösen und moralischen Gründen sei ein »Verdienst um das Wohl des Deutschen Volkes und Staates«. Das hinderte Gesetzgeber und Rechtsprechung allerdings nicht, über die Frage und Differenzierung nach »Beweggründen, Zielsetzungen und Erfolgsaussichten« sogleich wieder Einschränkungen einzuführen und Ausgrenzungen vorzunehmen, die dem Zeitgeist folgten.[99] Deshalb ist es kaum überraschend, wenn man feststellen muß, daß der kommunistische Widerstand »besonders kritisch (…) unter die Lupe genommen« wurde.[100] Ohne Anspruch auf Entschädigung blieb nach dem Gesetz, »wer der nationalsozialistischen oder einer anderen Gewaltherrschaft Vorschub geleistet hat (…) (und) wer die freiheitliche demokratische Grundordnung bekämpft« (§ 1 Bundesentschädigungsgesetz Abs. 4, Satz 1 u. 4). Und Anfang der sechziger Jahre hatte der Bundesgerichtshof »eine gewisse Aussicht« auf Erfolg des Widerstandes zum Kriterium einer Entschädigungsberechtigung gemacht. Ähnlich entschied das Bundesverwaltungsgericht, als es Widerstand als ein Verhalten definiere, das »wenigstens in der Vorstellung des Täters, auch dazu geeignet war, das abgelehnte Regime als solches über den Rahmen des Einzelfalls hinaus zu beeinträchtigen«.[101]

Im öffentlichen Gedenken an den 20. Juli stellte sich das Widerstandsproblem anders dar. An einer ausdrücklichen Würdigung des kommunistischen Widerstands bestand auch hier kein großes Interesse, zumal unter dem Eindruck des 17. Juni und des KPD-Verbots. Den politischen Akteuren war jedoch vor allem daran gelegen, die polarisierenden Effekte zu überspielen und diesen Gedenktag für die innere Aussöhnung und Integration zu nutzen. Deshalb wurde schon in jener Zeit nicht selten hervorgehoben, daß zum Widerstand gegen Hitler Personen und Gruppen aus allen sozialen Schichten gehörten. Das »Beispielhafte dieses Aufstandes«, so Bundesinnenminister Schröder (CDU) in seiner schon erwähnten Rede vom Sommer 1954 in der FU Berlin, komme aber gerade darin zum Ausdruck, daß die beteiligten Männer und Frauen »des anderen Deutschland« in ihrem »Kampf gegen das Unrecht (...) alle Gegensätze der Herkunft und der Weltanschauung« zurückstellten. Auf derselben Veranstaltung, es war der 10. Jahrestag des Stauffenberg-Attentats, wurde Theodor Heuss noch deutlicher: »Bislang geschiedene Gruppen trafen sich im menschlichen Vertrauen«, erklärte er, um in lutherischer Formulierung fortzufahren: »Der ›christliche Adel deutscher Nation‹ verband sich mit Führern der Sozialisten, der Gewerkschafter und sie erkannten sich in dieser Begegnung.«[102] Diese Erkenntnis geriet später bisweilen in Vergessenheit.

Mit wachsendem zeitlichen Abstand vom Ende des Dritten Reiches nahmen die offiziellen Erinnerungen und Ehrungen allerdings nicht ab, sondern zu. Anfang der sechziger Jahre wurden fünf Kasernen der Bundeswehr nach Widerstandskämpfern benannt. Und die Bundesregierung entschied, daß auf allen öffentlichen Gebäuden am 20. Juli geflaggt wurde, in der Annahme, daß »Aufbegehren, Leiden und Sterben all derer, die den verschiedenen Widerstandskreisen angehörten, heute in das Bewußtsein des deutschen Volkes eingedrungen sind«.[103] Aber noch immer war die Bewertung des Widerstands umstritten. Der SPD-Abgeordnete Fritz Sänger beklagte sich, daß auch jetzt noch etwa ein Viertel aller befragten Deutschen den Widerstand als Landesverrat ansehen. Und Bundespräsident Heinrich Lübke bedauerte in seiner Rede zum 20. Jahrestag, daß der 20. Juli »heute wie damals die Geister (scheidet)«. Ausdrücklich und unter Verweis auf Ergebnisse der Geschichtsforschung wandte er sich gegen unredliche Motive im Umgang mit diesem Erbe: »Wir sollten nicht verschweigen, daß auch viele undoktrinäre Kommunisten sowie Vertreter obrigkeitsstaatlicher Auffassungen, die wir heute nicht mehr teilen, Opfer der politischen Verfolgung wurden« und »daß viele der damaligen deutschen Kommunisten innerlich unabhängige Idealisten waren«, die keineswegs »nur als Handlanger einer fremden Macht gehandelt« hätten. Als Quintessenz und eigentliche politische Botschaft verstand man aber Lübkes Definition des Widerstands als »Symbol der Selbstachtung unseres Volkes und (…) seiner Rehabilitierung in der Völkerfamilie«.[104]

Wie wohl keine andere staatliche Einrichtung war die Bundeswehr, die in diesen Jahren aufgebaut wurde, mit dem Vermächtnis des Widerstands konfrontiert, und das gleich in mehrfacher Hinsicht.[105] Zum einen ging es generell um das Verhältnis zwischen Wehrmacht / Nationalsozialismus und Bundeswehr, also um das schwierige Problem der soldatischen Traditionspflege und der Rekrutierung der militärischen Führung, zumal ja der weit überwiegende Teil derer, die seit Ende der fünfziger Jahre in die Bundeswehrkasernen einrückten, in der Wehrmacht gedient hatten. Zum zweiten und im besonderen ging es um die Bewertung des 20. Juli als einer Ausnahmesituation im Verhältnis von Befehlsrecht, Eid und Gehorsamspflicht. Einerseits galt die Gewissensentscheidung der »Eidbrecher«, die aufgrund ihrer Stellung und Einsicht den Mißbrauch des Befehlsrechtes erkannt hätten, als vorbildlich. Andererseits – so hieß es in der für den Aufbau der Bundeswehr grundlegenden Himmeroder Denkschrift – müsse diese Anerkennung »mit der Achtung vor den vielen anderen Soldaten« einhergehen, »die im Gefühl der Pflicht ihr Leben bis zum Ende eingesetzt haben«. In der öffentlichen soldatischen Traditionspflege zeigt sich insofern ein ambivalentes Bild: Bundeswehrangehörige beteiligen sich ebenso selbstverständlich an der Gedenkfeier im Innenhof der ehemaligen Bendlerkaserne in Berlin wie an Ehrungszeremonien vor Kriegerdenkmälern aus der NS-Zeit.

Wie schon sein Vorgänger Heinrich Lübke betonte auch Gustav Heinemann in seiner stark beachteten Rede als Bundespräsident zum 25. Jahrestag des gescheiterten Attentats am 20. Juli 1969 in der Gedenkstätte Plötzensee, daß dies ein »gesamtdeutscher Tag« sei und bleiben müsse.[106] Seine Rede war indes konkreter, differenzierter, schonungsloser in den Fragen, gründlicher in der Analyse und (selbst-)kritischer in den Antworten als alle staatsoffizielle Rhetorik zuvor. Und er stellte den gescheiterten Widerstand in eine größere Perspektive. Das Dritte Reich sei – so Heinemann – kein Betriebsunfall gewesen, nicht aus der Massenarbeitslosigkeit der frühen dreißiger Jahre zu erklären und auch nicht aus den

Belastungen des Versailler Vertrages. Die Ursachen lägen tiefer. Man müsse ins 19. Jahrhundert zurückblicken, auf den »christlichen Antisemitismus«, die obrigkeitsstaatliche »Untertänigkeit«, den »gewalttätigen Nationalismus«.

Vor diesem Hintergrund würdigte Heinemann dann Komplexität und Widersprüchlichkeit des Widerstands. Der »äußeren Erfolglosigkeit« stehe der »hohe Rang« der Tat gegenüber. Den unterschiedlichen »politischen und sozialen Zielsetzungen« der Widerstandskämpfer ihre Einigkeit, »daß Unfreiheit und Krieg ein Ende haben sollten«. Und auch auf den ambivalenten Rechtsstatus und das schwierige Verhältnis von soldatischem Eid und Widerstand ging er ein: was »draußen in jedem Falle als nationale Verteidigung galt«, so Heinemann, »war hier drinnen Hoch- und Landesverrat«. Der von ihnen geleistete »Führereid« habe zu einer »besonderen Gewissensbeschwerung« ihres Tuns geführt, während Hitler die »dem Treueid eigene Gegenseitigkeit der Pflichten« längst gebrochen hatte. Zudem waren die Verschwörer nach außen, vor allem aber im Innern weitgehend isoliert. »Der Hitler-Mythos und der nationalistische Wahn wären 1944 mit dem Tode Hitlers noch nicht zerbrochen gewesen. Geblieben wäre eine wütende Anklage, daß die Attentäter uns um den Sieg und um die Herrlichkeit des Großdeutschen Reiches gebracht hätten.« Und Heinemann erinnerte an die Weimarer »Dolchstoßlegende«, an die »zähe Verleumdung« derer, die 1918 zugleich als Konkursverwalter des zusammengebrochenen Kaiserreichs und als Gründer der Weimarer Republik hätten auftreten müssen.

Im Rückblick und im Vergleich der westlichen Demokratien könne man deshalb nur ein ernüchtertes, beunruhigtes und beschämtes Fazit ziehen: »Wir müssen zugeben, daß wir nicht aus eigener Kraft zu einer freiheitlichen Demokratie durchgebrochen sind.« Eindringlich erinnerte er seine Zuhörer daran, »daß unsere heutige Bedrängnis der Spaltung das Ergebnis nationalistischer Überhebung ist«. Zugleich ermahnte er seine Landsleute, daß ein »nationalbewußter Deutscher« heute nur »Europäer« sein könne. Die Rede hatte es an Deutlichkeit und Kritik wahrlich nicht fehlen lassen und wurde in der Presse entsprechend gewürdigt. Keine glättenden Formeln, kein erhebendes Pathos, keine erbaulichen Einsichten hatte der Bürgerpräsident zu bieten. Und am Schluß nichts Tröstliches, keine versöhnliche Sicht auf die Vergangenheit, nur ein bescheidenes persönliches Wort, ein selbstkritisches Bekenntnis, ein Rückblick auf die eigene Lebensgeschichte: »Mich läßt die Frage nicht los, warum ich im Dritten Reich nicht mehr widerstanden habe.«

Ein ganz anderes Bild boten fünf Jahre später Auftreten und Rede des baden-württembergischen Ministerpräsidenten Hans Filbinger (CDU), der als amtierender Bundesratspräsident vom SPD-geführten Berliner Senat gebeten worden war, die Rede während der Gedenkfeier zum 20. Juli 1974 im Reichstag zu halten.[107] Schon im Vorfeld der Veranstaltung hatte es Protest gegen das Auftreten des ehemaligen Marinestabsrichters gegeben, der noch nach der Kapitulation in Norwegen gegen einen jungen Soldaten wegen Gehorsamsverweigerung eine Gefängnisstrafe verhängt hatte. Er aber betonte nur seine Zugehörigkeit zum Freiburger Freundeskreis um Reinhold Schneider und dessen Nähe zu verschiedenen Gruppen des Widerstands, sprach aber zugleich vom Ungenügenden dieses Tuns, das er »als schwerwiegende Unterlassung« umschrieb. Wie Heinemann zitierte auch er aus dem Stuttgarter Schuldbekenntnis der evangelischen Kirche. Anders als dieser bestritt er die gesellschaftliche Isolierung der Verschwörer und nannte die These von einer »Revolution ohne Volk« »grundfalsch«. Und anders als dieser relativierte er die Rolle der Kommunisten, denen er zwar den Status von Opfern und Verfolgten zubilligte, die er aber als Widerstandskämpfer nicht ohne weiteres anerkennen mochte.

Filbinger wurde während seiner Rede wiederholt unterbrochen. Zwischenrufe wie »Nazi«, »Heuchler« und »NS-Richter« ertönten von den Rängen. Als ein junger Mann, der Enkel des ermordeten Julius Leber, eine Erklärung verlesen wollte, wurde er von Beamten aus dem Plenarsaal geführt. Filbinger nannte den Protest gegen ihn anschließend nur »schlechten Stil«, bedauerte, »daß einige Leute die Würde der Feierstunde mißachtet« hätten, und verwahrte sich zugleich gegen die Angriffe wegen seiner Tätigkeit als Marinerichter. Das Stuttgarter Landgericht habe sie für haltlos erklärt. Er ließ allerdings unerwähnt, daß es dabei gar nicht um sein früheres Urteil ging, sondern um einen Bericht des *Spiegel* darüber, der Gegenstand des Gerichtsurteils war.[108]

Zu einem weiteren Eklat kam es 1978 im Zusammenhang der Vorbereitungen zur Feier des 34. Jahrestages. Das »Hilfswerk 20. Juli« hatte den SPD-Fraktionsvorsitzenden Herbert Wehner als Redner vorgeschlagen, wogegen ein Sohn des Hitler-Attentäters, der CSU-Abgeordnete Franz Ludwig Graf Schenk von Stauffenberg, vehement protestierte. »Das Gedächtnis an den 20. Juli erhalte mit Wehner eine falsche politische Färbung«, behauptete Stauffenberg, denn »der Widerstand des 20. Juli« stehe »in einer anderen geistigen Tradition und in einer anderen geschichtlichen Zielsetzung (...) als sie die Geschichte Herbert Wehners verkörpere«. Bei der Würdigung des Widerstands komme es nicht nur auf das *Wogegen*, ihre »Gegnerschaft gegen das Hitlersystem« an, sondern auf »die grundlegende Gemeinsamkeit des Wofürs«. Zu dieser gehörten die Kommunisten eben nicht. Denn: »Sie kämpften gegen die Nazis für ein System des Kommunismus, eines totalitären Systems, an dessen oberster Spitze Josef Stalin stand.«[109] Wehner verzichtete daraufhin auf seine Teilnahme und Mitwirkung an der Gedenkfeier. »Der Respekt, den ich den Opfern des 20. Juli 1944 zolle, gebietet mir, meine Person nicht zum Anlaß eines Konfliktes um das Gedenken an diese Opfer werden zu lassen«, schrieb er in seiner Absage.

Das Presseecho war groß.[110] Stauffenberg fand in den eigenen Reihen und bei den der CDU/CSU nahestehenden Zeitungen viel, aber nicht nur Zustimmung. Peter Boenisch, gewiß kein Freund Wehners, begründete in seinem Kommentar, warum es unzulässig sei, zwischen einem linken und einem rechten Widerstand zu unterscheiden und warum es falsch gewesen sei, Wehner zu verwehren, »an den Gräbern des 20. Juli zu reden (…), weil er einmal Kommunist war«. Zwar seien seine »politischen Irrtümer (…) zu beklagen« und »seine Haßtiraden gegen seine demokratischen Gegner (…) kaum zu ertragen. Doch der Haß Wehners gegen Hitler« verdiene »Respekt«.[111] Stauffenberg und der Berliner CDU-Fraktionsvorsitzende Heinrich Lummer, der ihn nachdrücklich unterstützt hatte, mußten sich außerdem vorhalten lassen, mit zweierlei Maß zu messen, und wurden gefragt, »warum sie bei Filbinger geschwiegen haben, wenn sie jetzt angreifen«.[112]

Von »Verfälschung« des Vermächtnisses sprachen auch Angehörige ermordeter Widerstandskämpfer. »Es liegt uns daran festzustellen«, schrieben sie in einem offenen Brief, »daß Stauffenberg nicht im Namen aller gesprochen hat, die dies betrifft.«[113] Als »erschreckend, beschämend und geschichtsfeindlich« bezeichnete der SPD-Vorsitzende Willy Brandt die Ausladung Wehners. Er erinnerte daran, daß engste Freunde Stauffenbergs seinerzeit Verbindung auch zum linken Flügel der Arbeiterbewegung gesucht und daß führende Mitglieder des Widerstands sich um einen Ausgleich mit der Sowjetunion bemüht hätten.[114]

Nachdrücklich wandte sich der damalige Staatsminister im Auswärtigen Amt, Klaus von Dohnanyi, dagegen, »daß der 20. Juli weiterhin für den Tagesverbrauch ausgedroschen wird«. Dreifach kritisierte er den öffentlichen Umgang mit dem Vermächtnis des 20. Juli. Unzulässig sei »jede Ausbeutung der Toten des deutschen Widerstands zugunsten persönlicher politischer Vorteile«. Im übrigen sei Widerstand »die Ausnahme, Anpassung die Regel« gewesen. Unzulässig, weil unvereinbar mit Denken und Handeln der Widerstandskämpfer sei weiterhin der rituelle Gebrauch von »unverbindlichen Leerformeln über Demokratie und Menschenrechte«. Und schließlich sei es unzulässig, Kommunisten und Faschisten gleichzusetzen.[115]

Die Würdigung des Widerstands blieb auch in den folgenden Jahren schwierig, und die Frage, wer dies öffentlich tun solle, umstritten. Zu einem neuen Eklat kam es, als Anfang Juli 1985 bekannt wurde, daß Heiner Geißler, damals Familienminister und CDU-Generalsekretär, die offizielle Gedenkrede halten sollte. Auf Veranlassung des Vorsitzenden der Arbeitsgemeinschaft Verfolgter Sozialdemokraten in Berlin, Robert W. Zeiler, boykottierte die Berliner SPD die offizielle Gedenkfeier. Der Bund der Verfolgten des Naziregimes, die Alternative Liste und der Berliner Landesjugendring schlossen sich dem Boykott an. Zeiler hatte in der Nominierung Geißlers einen persönlichen Affront gesehen, weil er sich der Tradition jenes Weimarer Pazifismus zurechnete, von der der CDU-Politiker in einer turbulenten parlamentarischen Debatte über die Nachrüstung im Juni 1983 behauptet hatte, daß sie »Auschwitz erst möglich gemacht« habe. Geißler hatte sich dabei auf ein Interview des Grünen-Abgeordneten Joschka Fischer bezogen, in dem dieser erklärt hatte: »Ich finde es moralisch erschreckend, daß es offensichtlich in der Systemlogik der Moderne auch nach Auschwitz noch nicht tabu ist, weiter Massenvernichtung vorzubereiten, diesmal nicht entlang der Rassenideologie, sondern entlang des Ost-West-Konflikts.«[116]

In einer Presseerklärung nannte der Bundeskanzler das Verhalten der Berliner SPD »beschämend« und warf ihr eine »verleumderische Kampagne« gegen Geißler vor, der als »leidenschaftlicher Kämpfer gegen jede Form des Totalitarismus (…) über jeden Zweifel erhaben« sei. Über den von seinem Generalsekretär ins Zwielicht gerückten Pazifismus verlor der Kanzler allerdings kein klärendes Wort.[117] Von einer Kampagne konnte keine Rede sein. Der SPD-Landesvorstand hatte sich erst mit einer gewissen Verzögerung hinter die »Arbeitsgemeinschaft« gestellt und durch seinen Vorsitzenden Jürgen Egert erklärt: »Ossietzky oder die Geschwister Scholl waren Pazifisten der dreißiger Jahre. Sie waren ein Vorbild für die Pazifisten heute, sie leisteten friedlichen Widerstand, weil sie an eine friedliche Welt glaubten, und sie starben dafür.«[118] Zwiespältig fiel auch das Fazit dieser Kontroverse in der Presse aus. Einerseits wurde Geißlers »Reizwort-Rhetorik« kritisiert. Doch auch die SPD mußte sich Schelte gefallen lassen, weil sie erstmals »die Spaltung dem Erinnern an den Widerstand im Reich Hitlers vorgezogen habe«.[119]

Die jährlichen Gedenkfeierlichkeiten zum 20. Juli finden abwechselnd in der Gedenkstätte Plötzensee und im Ehrenhof des Bendlerblocks in der Stauffenbergstraße statt. Hier: Richard von Weizsäcker bei seiner Ansprache während der Feier am 20. Juli 1980 im Ehrenhof, daneben das Denkmal von Richard Scheibe.

Warum Ulbricht (nicht) neben Stauffenberg gehört

Im Vorfeld der Gedenkfeiern zum 50. Jahrestag kam es erneut zur Auseinandersetzung um die alte Streitfrage, wer zum deutschen Widerstand gegen das Hitler-Regime zählte bzw. wem von den Nachlebenden der Widerstand gehört.[120] Nachdem er zwölf Jahre zuvor Wehner zum Verzicht auf eine Gedenkrede im Hof des Bendlerblocks genötigt hatte, versuchte Franz Ludwig Graf Schenk von Stauffenberg erneut, das öffentliche Widerstandsbild in seinem Sinne zu definieren und gegen die ständige Ausstellung in der Gedenkstätte Deutscher Widerstand zu intervenieren. Ziel seiner Intervention war die Entfernung der Dokumentation des Nationalkomitees Freies Deutschland und des Bundes Deutscher Offiziere, die in sowjetischer Gefangenschaft gegen Hitler-Deutschland gearbeitet hatten – unter Führung deutscher Kommunisten im Moskauer Exil, zu denen auch die späteren DDR-Führer Wilhelm

Pieck und Walter Ulbricht gehörten. Auch diesmal schien der Attentäter-Sohn den geschichtspolitischen Streit zu seinen Gunsten entscheiden zu können, die »guten« nichtkommunistischen Gegner von den »bösen« kommunistischen Widersachern Hitlers im öffentlichen Gedenken zu trennen. Immerhin konnte der frühere CSU-Abgeordnete in diesem geistigen »Bürgerkrieg« *(Frankfurter Allgemeine)* eine einflußreiche Streitmacht aufbieten: konservative Historiker, Journalisten und Parteifreunde, die zu einer publizistischen Offensive antraten[121], dazu Wehrmachtsveteranen, Bundeswehroffiziere und nicht zuletzt den Bundesverteidigungsminister und neuen Hausherrn in der Stauffenbergstraße. »Menschen, die ein Unrechtsregime nur durch ein anderes ersetzt haben«, so Volker Rühe, verdienten nicht »an gleicher Stelle und in gleichem Atemzug mit Persönlichkeiten wie Graf von Stauffenberg, Goerdeler und Leuschner geehrt zu werden«.

Aber der politische und publizistische Anschlag auf die Dokumentation des deutschen Widerstands konnte abgewehrt werden. Die Gedenkstätte und ihre integrierte, gesamtdeutsche Würdigung des Widerstands, die längst auch international hohes Ansehen genießt, wurden nachdrücklich in Schutz genommen vor allem durch den (parteilosen) Berliner Kultursenator Ulrich Roloff-Momin, den scheidenden Bundespräsidenten von Weizsäcker und durch Angehörige ermordeter Widerstandskämpfer. Es gäbe, so der Senator, kein »Reinheitszertifikat unvermischten Widerstands«. Die verschiedenen Strömungen, Gruppen und Formen des Kampfes gegen Hitler, ob von links oder rechts, aus christlichem oder sozialistischem Antrieb, im Innern oder aus dem Exil, ließen sich »eben nicht säuberlich in gedenkstättenwürdig und gedenkstättenunwürdig einteilen«.[122] Gegen den Versuch, »das Handeln damals (...) an den Konflikten einer späteren Zeit« zu messen, wandte sich in einem Aufruf auch die Kreisau-Initiative, die 13 Angehörige von Widerstandskämpfern unterzeichnet hatten, aber auch PolitikerInnen unterschiedlicher Parteizugehörigkeit, unter ihnen Hildegard Hamm-Brücher (FDP), Hanna-Renate Laurien (CDU), Markus Meckel (SPD) und Wolfgang Ullmann (Bündnis 90 / Die Grünen).[123] Rosemarie Reichwein erklärte in einem Interview: »Es schmerzt mich, und es ist historisch nicht gerechtfertigt, wenn jener Widerstand von konservativen Parteipolitikern vereinnahmt wird. Die Kommunisten haben die größten Opfer gebracht. Sie füllten als erste die Konzentrationslager. Nach den Juden haben sie am meisten gelitten.«[124] Ihr Mann, Adolf Reichwein, Pädagogikprofessor und Reichstagsabgeordneter (SPD), hatte zusammen mit Julius Leber im

Auftrag von Stauffenberg für den Kreisauer Kreis Kontakt zu den Kommunisten um den Berliner KPD-Führer Anton Saefkow hergestellt.

Diese »Notkoalition von links bis rechts« (Karl-Heinz Janßen) war selbstverständlich nicht ausgeblendet, als der Politologe und Historiker Peter Steinbach vom damaligen Berliner Regierenden Bürgermeister Richard von Weizsäcker den Auftrag erhielt, die schon bestehende Gedenkstätte zu erweitern und schrittweise den gesamten deutschen Widerstand zu dokumentieren: Offiziere und ehemalige Nazis, Konservative und Kommunisten, Sozialdemokraten, Gewerkschafter und Christen, den studentischen und jugendlichen Widerstand, die Weiße Rose und die Edelweißpiraten, den Widerstand innerhalb und außerhalb Deutschlands, in Gefangenschaft und Exil, den jüdischen Widerstand in den Ghettos und den Widerstand der Namenlosen, die Verfolgte versteckten. Weil sie in einem Willen einig waren: Hitler zu beseitigen und die Herrschaft des Unrechtsstaates zu beenden. Darauf kam es in der Stunde der Not zuallererst an, auf das »Wogegen« der Widerstandskämpfer, ihre Regimegegnerschaft. Sie hat die Berliner Gedenkstätte in den achtziger Jahren ins Zentrum ihrer Dokumentation gestellt. Aus gutem Grund. Und in guter Gesellschaft. Schon 1980 empfahl die Konferenz der Kultusminister den Schulen, »auch die Widerstandsbewegung außerhalb Deutschlands und die Aktivität von Emigranten im Exil« im Unterricht zu thematisieren; niemand dürfe ausgegrenzt werden. Wechselseitige Ausgrenzung und Diffamierung des jeweils anderen Widerstands aber war im geteilten Deutschland die gängige Praxis.

Die jahrzehntelange systempolitische Konfrontation hat den tatsächlich vielgestaltigen Widerstand auf die für die beiden deutschen Staaten jeweils überragend bedeutsamen Akteure reduziert, zumal in den öffentlichen Würdigungen.[125] Die DDR-Führung, die nicht nur, aber doch zahlreich aus der kommunistischen Arbeiterbewegung kam, den Nationalsozialismus im KZ überlebt und gegen ihn im Untergrund und im Exil gekämpft hatte, machte die sozialistisch-revolutionäre Tradition des antifaschistischen Widerstands zum historischen Bezugspunkt ihres Systems. Anfangs war die Erinnerung an den Widerstand noch gesamtdeutsch geprägt. Eindrucksvoll kam das in der frühen Nachkriegszeit in manchen deutschen Städten auf Kundgebungen zur Ehrung und Erinnerung an die Opfer des Faschismus zum Ausdruck. Aber der demokratisch-antifaschistische Konsens zerbrach bald. Die innerdeutsche Konfrontation politisierte und polarisierte auch das Widerstandsbild. Zunächst wurde das Stauffenberg-Attentat pauschal als »Palastrevolution« diffamiert, die nur das Ziel gehabt habe, »der Nazihydra den Kopf abzuhacken, ohne sie zu töten«.[126] Zur selben Zeit schrieb Albert Norden, das eigentliche Ziel der Beck-Goerdeler-Gruppe sei gewesen: »Einstellung des Widerstandes im Westen und Fortsetzung des Krieges im Osten.«[127]

Aber schon in den fünfziger Jahren war verschiedentlich auch hinsichtlich nichtkommunistischer Widerstandsgruppen von »fortschrittlichen Tendenzen« die Rede. Das galt insbesondere für die Reformpläne des Kreisauer Kreises. Und anläßlich des 20. Jahrestages des Attentates wurde Stauffenberg in einer Festveranstaltung ausdrücklich geehrt – und zugleich der Bundesrepublik vorgehalten, »die Gestalt des Patrioten ... zu einem ›Leitbild‹ für die Bundeswehr zu verfälschen«.[128] Maßgeblichen Einfluß auf diesen Sinneswandel und Sichtwechsel hatte der sowjetische Historiker Daniil Melnikow mit seinem Buch *20. Juli 1944 – Legende und Wirklichkeit.*[129]

Nun wurden auch die in der frühen Nachkriegszeit verfemten sozialdemokratischen Widerstandskämpfer für die DDR-Traditionspflege vereinnahmt. Der DDR-Chefpropagandist Karl Eduard von Schnitzler brachte das in eine politisch-geographische Perspektive: Goerdeler gehöre nach Bonn, Brüssel und Washington, Thälmann, Breitscheid und Stauffenberg aber in die Hauptstadt der DDR. Und Ende der siebziger Jahre hieß es gar in einem Dokumentarfilm *(Aussagen über ein Attentat – Der Prozeß gegen die Verschwörer):* »Das politische Vermächtnis Stauffenbergs und seiner engsten Freunde, das patriotische Bündnis aller antifaschistisch-demokratischen Kräfte des deutschen Volkes ist verwirklicht und bewahrt in Geschichte und Gegenwart der Deutschen Demokratischen Republik.«[130] Eine spürbare Erweiterung, Entkrampfung und Differenzierung im Blick auf den Widerstand wurde aber doch erst im Zusammenhang des 40. Jahrestages erreicht. Sei es, weil die DDR in der Zeit der Hochrüstung mit dem Westen Deutschlands eine »Koalition der Vernunft« (Honecker) anstrebte. Sei es, daß sich die DDR nun stärker um ein Geschichtsbild für die gesamte Bevölkerung bemühte.[131]

Aber auch die Bundesrepublik konnte auf einen unhistorischen, teils idealisierenden, teils verunglimpfenden Umgang mit dem Widerstand nicht verzichten. So wichtig für die DDR der antifaschistische Gründungsmythos wurde, so unentbehrlich war für die Gründungsidee der Bundesrepublik die Nobilitierung der Männer des 20. Juli zum »Aufstand des Gewissens«. Die idealisierende Erinnerung an das Stauffenberg-Attentat war im Land der Mittäter und Mitläufer zunächst allerdings unpopulär. Sie konnte ihre Wirkung erst entfalten, nachdem jene integriert und amnestiert waren. Auch beim Aufbau der Bundeswehr war das Leitbild des Widerstands nützlich, aber eben durchaus nicht unumstritten.

Bereitwillig ausgeblendet wurde dabei, daß der nationalkonservative Widerstand zwar schließlich den Sturz des Hitler-Regimes wollte und vorbereitete, aber sich doch zuvor maßgeblich an dessen Errichtung beteiligt hatte. Für ihn war der Unrechtscharakter des Dritten Reiches keineswegs von Anfang an gegeben, und in der Sorge um »volkstumspolitische« Gefahren bestand durchaus eine gewisse Nähe zum Regime. Deshalb sprach man auch hier von einer »Judenfrage«, deren Lösung als rechtsstaatlich angesehen wurde, solange sich die Ausgrenzung der Juden in einem bürokratisch-formalrechtlichen Verfahren vollzog.[132]

Im geteilten Deutschland gab es also zweierlei Widerstand, genauer: zweierlei Sichtweisen und Bewertungen. Die ständige Ausstellung in der Berliner Gedenkstätte bemüht sich seit Jahren, diese geteilte und verzerrte Sicht auf den deutschen Widerstand gegen Hitler zu überwinden, nicht nur anläßlich der jährlichen Gedenkfeiern. Sie hat damit einer öffentlichen Aufgabe vorgearbeitet, die seit November 1989 unversehens ganz obenan auf der politischen Tagesordnung steht. Im vereinten Deutschland soll nun endlich auch im politischen Geschichtsbewußtsein zusammenwachsen, was zusammengehört, die Vorgeschichte der beiden Nachfolgestaaten des Großdeutschen Reiches. Würde die Widerstandsgeschichte in ihrer öffentlichen Darstellung und dokumentarischen Vermittlung abermals in eine böse totalitäre und in eine gute antitotalitäre auseinanderdividiert und der kommunistische Widerstand ausgegrenzt, die neue Bundesrepublik wiederholte nur mit umgekehrtem politischem Vorzeichen, was das verachtete Ulbricht-Regime jahrzehntelang betrieb, die Männer des 20. Juli zu »reaktionären Putschisten« zu machen, die zur Rettung des »deutschen Imperialismus« eine Militärdiktatur errichten und nach einem Sonderfrieden mit den Westmächten zusammen mit diesen den Sieg über die Sowjetunion erringen wollten. Ob also Kommunisten oder Konservative den ihnen jeweils unbequem oder mißliebig erscheinenden Teil des deutschen Widerstands ausgrenzen oder diffamieren, ist unerheblich, weil gleichermaßen fragwürdig. Wer historische Ereignisse bewußt ignoriert oder einseitig instrumentalisiert, denkt und handelt »unhistorisch und reaktionär«.[133]

Der 9. November: Eine verpaßte Chance

Schon vor der Maueröffnung war der 9. November ein historisches Datum, dem bis dahin immerhin bereits drei bedeutsame Ereignisse ihren Stempel aufgedrückt hatten: die Novemberrevolution von 1918, der gescheiterte Hitlerputsch von 1923 und die Pogromnacht von 1938.[134] So vielfältig und widersprüchlich seine historischen Bezüge auch sind, zu einem nationalen Gedenktag ist der 9. November auch nach der deutschen Vereinigung nicht geworden. Vielleicht deshalb. In der frühen Nachkriegszeit mochte sich kaum jemand mit diesem Datum befassen.

Zehn Jahre später, im November 1958, fanden vereinzelt kleinere Gedenkfeiern statt. In Westberlin rief der Regierende Bürgermeister Willy Brandt die Deutschen auf, nicht zu vergessen. In einer Feierstunde auf dem jüdischen Friedhof in Bielefeld erklärten Vertreter der evangelischen und katholischen Kirche, der 9. November 1938 bleibe »eine Last, ein Kreuz und eine Schuld für das deutsche Volk«. In den ehemaligen Konzentrationslagern Dachau und Flossenbürg veranstaltete die Gewerkschaftsjugend Feierstunden. Für die 1400 Mitglieder zählende Jüdische Gemeinde in Hamburg, deren acht Synagogen und vier Bethäuser 1938 zerstört worden waren, wurde aus Anlaß dieses Jahrestages der Grundstein für eine neue Synagoge gelegt, mit der sich, so Bürgermeister Brauer in seiner Ansprache, die schmerzlichste aller Wunden unter den Gotteshäusern in Hamburg zu schließen beginne. Und in einem Schreiben an den Zentralrat der Juden in Deutschland erklärte Bundespräsident Heuss:

»Die Erinnerung an den 9. November weckt das Erschrecken, das wir alle empfinden mußten, als Roheit, Lüge und Ehrfurchtslosigkeit sich in einer zerstörerischen Wut gegen jüdische Gotteshäuser manifestierten. Dieses Tages zu gedenken ist sonderliche Pflicht in einem Zeitpunkt, da die Zahl derer wächst, die sich in die Annehmlichkeit des Vergessenwollens flüchten möchten oder bereits geflohen sind. Die Infamie hat sich selber damals ein loderndes Denkmal gesetzt. Die Flammen mögen längst in sich zusammengesunken sein, aber ihre düstere Glut wirkt über die Jahrzehnte hinweg als brennende Scham.«[135]

Mehrere große Zeitungen erinnerten zugleich an den 40. Jahrestag des Revolutionsbeginns bzw. der Kaiserabdankung[136] und an den 20. Jahrestag der »Kristallnacht«.[137] Ein Kommentator nahm die »erinnerungsschweren Daten« des »traurigen Novembers« gar zum Anlaß, bis ins Jahr 1848 zurückzugehen, und beklagte die Unfähigkeit seiner Landsleute, die Konflikte und Niederlagen »als Erfahrungsbesitz in die Geschichte der Nation einzubringen«, statt vor ihnen zu fliehen oder sie auf Sündenböcke abzuwälzen.[138]

Zehn Jahre später hatte sich der Akzent aus aktuellem Anlaß wiederum verschoben – die Studentenrevolte war in vollem Gange. »Fünfzig Jahre Konterrevolution«, schrieb *Die Zeit* – »unter diesem Motto wollten symbolsüchtige Mitglieder der Berliner APO des Tages gedenken, an dem in Deutschland der Kaiser vom Thron gestürzt wurde (…) Die Nachfahren der Rosa Luxemburg im Jahre 1968 sind vom gleichen idealistischen Feuer ergriffen.« In einer mehrteiligen historischen Reportage würdigte die Hamburger Wochenzeitung die »Revolution, die keine war«.[139] Zwar beanspruchte in diesem Jahr die Beschäftigung mit dem November 1918 die größte Aufmerksamkeit, aber auch an den 9. November 1938 wurde erinnert. So in mehreren Zeitungskommentaren, offiziellen Erklärungen und Gedenkveranstaltungen in verschiedenen Städten.[140] Das Münchener Stadtmuseum zeigte eine erste Ausstellung zum Thema, zu der ein Student ein Jahr zuvor den Anstoß gegeben hatte. Das Tagesgespräch war allerdings die Ohrfeige für Bundeskanzler Kiesinger auf dem CDU-Parteitag in Berlin, mit der die Studentin Beate Klarsfeld – wie sie erklärte – »die deutsche Jugend auf die Nazi-Vergangenheit Kiesingers« aufmerksam machen wollte.[141]

In den späten siebziger Jahren, verstärkt seit der Ausstrahlung des amerikanischen TV-Melodrams *Holocaust*, rückte der Novemberpogrom mehr und mehr ins öffentliche Bewußtsein. Begünstigt wurde die Aufmerksamkeit auch durch die abermals aktuelle Streitfrage der Verjährungsfrist für die NS-Gewaltverbrechen.[142] Mehrere Zeitungen würdigten den 40. Jahrestag in Leitartikeln, Dokumentationen und umfangreichen Darstellungen.[143] Im ZDF diskutierte die Bonner Runde mit Bundeskanzler Helmut Schmidt, Historikern und Journalisten über die »Reichskristallnacht«.[144] Die Synode der EKD gedachte in Bethel in einem Bußgottesdienst des Judenpogroms. In einem seelsorgerischen Wort des Rates der EKD an die Gemeinden hieß es u. a.: »Unser ganzes Volk hat dieses Verbrechen weltgeschichtlichen Ausmaßes nicht oder zu spät erkannt. Nur in wenigen Fällen kam es zu offenem Widerspruch, auch heimliche Hilfe blieb die Ausnahme. Die meisten sahen tatenlos zu, teils in bedrücktem Schweigen, teils in erschreckender Gleichgültigkeit, mitunter sogar in offener Billigung. Auch die evangelische Kirche blieb weitgehend stumm.«[145] Und mit der Feier in der Kölner Synagoge 1978 im Beisein von Bundespräsident Scheel und Bundeskanzler Schmidt be-

gann das, was später die »Verstaatlichung dieses Gedenkens« genannt
worden ist.[146]

Auch in der DDR fanden verschiedene staatliche und kirchliche Gedenkveranstaltungen statt. Auf der zentralen Gedenkveranstaltung des Ver-
bandes der jüdischen Gemeinden in der DDR in Dresden erklärte der
stellvertretende Staatsratsvorsitzende und Vorsitzende der Ost-CDU,
Götting, Rassismus und Antisemitismus seien in der DDR für alle Zeiten
überwunden, und »ihre im Imperialismus und Faschismus liegenden gesellschaftlichen Wurzeln ein für allemal beseitigt«. Der Vertreter der jüdischen Gemeinden bedankte sich bei der DDR-Führung für die »große
Fürsorge«, ohne auf die für das DDR-Judentum bedenklichen Tendenzen
im eigenen Land einzugehen, die propalästinensische und antiisraelische
Außenpolitik oder die Diffamierung der Bundesrepublik. In Ostberlin
waren andere Töne zu hören und Zeichen zu sehen. Dem überfüllten Ge-
denkgottesdienst in der evangelischen Sophienkirche durch Bischof
Schönherr schloß sich ein »Weg des schweigenden Gedenkens« zur Ruine
der Synagoge in der Oranienburger Straße und zum Gedenkstein am Ort
des früheren jüdischen Altersheims in der Großen Hamburger Straße an,
einer von mehreren Sammelstellen für die Deportationszüge. Dort wurden Kränze niedergelegt und Kerzen entzündet.[147]

Bemerkenswert unangepaßt und ohne rhetorische Routine war das, was
der Literaturwissenschaftler Hans Mayer an diesem Gedenktag zu bedenken gab. Zwar müsse man die »Kristallnacht« den Gedenktagen des
»geschichtlichen Unglücks« der Deutschen zurechnen. Aber zugleich
müsse man erkennen, daß es ein »nicht untypisches Phänomen der heutigen Zivilisationsentwicklung« sei, ein Beispiel für den rationalen Einsatz von Mitteln der Gegenaufklärung.[148]

»Denounced – for the truth«: Die Jenninger-Rede

An ihrem 50. Jahrestag wurde aus der Reichspogromnacht ein deutscher
Gedenktag, gerade wegen aller Streitigkeiten, die ihm vorausgingen und
folgten. Erstmals fand eine Gedenkfeier im Deutschen Bundestag statt.
Sie endete mit einem Eklat und führte zum Rücktritt von Bundestagspräsident Philipp Jenninger, der die Rede gehalten hatte. Wieder einmal
war die Bundesrepublik und die jüngste deutsche Geschichte wochenlang kontroverser Gesprächsstoff der nationalen und internationalen
Medien – aus Anlaß der Wiederkehr eines historischen Datums. Schwie-

rigkeiten gab es schon bei den Vorbereitungen der Gedenkfeier. Sie war von Heinz Galinski angeregt worden, dem damaligen Vorsitzenden des Zentralrates der Juden in Deutschland. Dieser wollte wohl auch die Rede halten vor den im Parlament versammelten Repräsentanten der Republik. Die Unionsfraktionen zeigten ein nur geringes Interesse an einer solchen Veranstaltung, was Jenninger offenbar bewog, selbst zu sprechen. Er fand darin auch bei seinem Stellvertreter, Heinz Westphal (SPD), Unterstützung. Der Bundestag, so hieß es, müsse selber vor der Öffentlichkeit erklären, wie er zur deutschen Geschichte stehe und was dieser Tag für die deutsche Gegenwart bedeute. Die Grünen hielten vergeblich an Galinski als Redner fest. Sie mochten nicht einsehen, warum im Bundestag unmöglich sein sollte, was zur entsprechenden Veranstaltung in der Ostberliner Volkskammer vorgesehen war: daß nämlich auch ein Sprecher der Juden an diesem Tag das Wort ergreift. Abgelehnt wurde auch ihr Vorschlag, über die Rede und die Feier im Parlament zu debattieren. Nach langem Hin und Her einigte sich der Ältestenrat dann auf folgenden Ablauf der Feierstunde: Zuerst sollte der Bonner Bachchor singen, zusammen mit dem Kantor der Synagogengemeinde dann das berühmte Krakauer Ghetto-Lied von Mordechai Gebirtig »'s brennt Brüder, es brennt«. Danach würde Ida Ehre das nicht minder berühmte Gedicht von Paul Celan *Todesfuge* lesen und anschließend der Bundestagspräsident seine Rede halten. Zum Abschluß sollte wiederum jiddische Musik erklingen.[149]

Schon nach wenigen Sätzen wurde Jenninger von Zurufen unterbrochen. Er bat die Anwesenden, »diese würdige Stunde in der vorgesehenen Form ablaufen« zu lassen. Weitere Zwischenrufe wurden laut. Schließlich verließen Abgeordnete der Grünen, der SPD und auch einige Liberale den Plenarsaal. Jenninger trug seine Rede – mit Mühe – bis zum Ende vor.[150] Auch die Parteifreunde des CDU-Bundestagspräsidenten zeigten sich am Ende »entsetzt« und »betroffen«. Eine CSU-Abgeordnete berichtet, ihre Fraktionskollegen seien »aus Scham immer kleiner und kleiner geworden«. Die Liberalen waren sich (fast) einig: »Eine katastrophale Rede«, befand der Abgeordnete Lüder. Sein Kollege Uwe Ronneburger traf womöglich den eigentlichen Kern des Anstoßes, als er gestand, viele »Passagen der Rede« Jenningers hätten auf ihn gewirkt »wie der Versuch einer Erklärung von etwas Unerklärbarem«. Hildegard Hamm-Brücher fand die Rede »hilfreicher« als Weizsäckers Rede vom 8. Mai 1985. Auch SPD-Linke wie Peter Conradi und Norbert Gansel mochten den Text nicht in Bausch und Bogen verdammen und hatten wohl manches Richtige herausgehört. Aber letzte Auffangversuche blieben erfolglos. Das politische Schicksal des Bundestagspräsidenten war schnell besiegelt. Der weitaus größte Teil der Abgeordneten aller Fraktionen wandte sich gegen ihren Präsidenten. Wenige Stunden nach seiner Rede trat Jenninger von seinem Amt zurück. Vor der CDU / CSU-Fraktion gab er eine Erklärung ab, in der es u. a. heißt: »Meine Rede ist von vielen nicht so verstanden worden, wie ich sie gemeint hatte. Ich bedaure das zutiefst, und es tut mir sehr leid, wenn ich andere in ihren Gefühlen verletzt habe.«[151]

Was war geschehen, was hatte Jenninger gesagt, vielleicht auch unterlassen zu sagen oder mißverständlich vorgetragen? Warum war die ablehnende Reaktion der Abgeordneten so heftig und so einmütig, von links bis rechts – und in ihrem Gefolge auch die der Presse? »Skandalös« sei die Rede gewesen, so *die tageszeitung*, »eine seltsame Mischung aus oberflächlicher Geschichtsnacherzählung, Rechtfertigungsversuchen und Faszination für die NS-Politik«[152]; einfach »taktlos«, meinte – ausgerechnet – die *Bild*zeitung, die *Süddeutsche* nannte Rede und Verlesung »beschränkt«, und die *Frankfurter Rundschau* sprach von einer für »konservative Kreise« symptomatischen »Entgleisung«. Diese Entgleisung wurde vor allem darin gesehen, daß Jenninger »mehr erklärt und entschuldigt als verurteilt« habe. Die *Frankfurter Allgemeine* blieb zurückhaltender und differenzierter, fand den Text immerhin »diskutabel«, die Form des Vortrags dagegen nicht und hielt Jenninger vor, daß er die »ureigenste Aufgabe des Geschichtsforschers« übernommen habe, was nicht seines Amtes gewesen sei. Nur wenige Kommentatoren hielten sich, angesichts der öffentlichen Aufregung ungewöhnlich genug, mit persönlichen Bewertungen zurück und zogen es vor, den Fall Jenninger zu referieren und zu rekonstruieren, also erst einmal Distanz zu gewinnen.[153]

Nur wenige Zeitungen hielten jedoch dezidiert dagegen, ließen sich nicht mitreißen von dem lauten Strom der Vorurteile und Verurteilungen, wollten sich aber auch nicht heraushalten aus diesem Konflikt. Herausragend war der Kommentar der *Stuttgarter Zeitung* (11. November 1988), er sei deshalb etwas ausführlicher zitiert: »Mag der Redner auch ungeschickt vorgetragen haben«, man komme nicht umhin, der Rede »zu bescheinigen, daß sie fundiert und nachdenklich ausgefallen ist. Es ist eine gute Rede, die, anders als vorausgegangene, in die Geschichte zurückgreift und so verständlich zu machen sucht, wie es zu der Vernichtung der Juden hat kommen können.« Es hätte deshalb trotz gewisser formaler Mängel überhaupt kein Anlaß bestanden, »empört das Parlament zu verlassen, wie Abgeordnete der SPD, FDP und Grünen dies getan haben. (…) Und noch weniger Anlaß besteht, nun den Rücktritt des Bundestagspräsidenten zu fordern. Er hat nichts gesagt, dessen er sich schämen müßte. Im Gegenteil.« Unterstützung und Zustimmung kam auch aus dem Ausland. Die in Tel Aviv erscheinende *Jediot Acharonot* schrieb (am 13. November 1988): »Die Wahrheit ist …, daß Jenninger die Wahrheit gesagt hat (…), er stellte den Deutschen einen Spiegel vors Gesicht, in dem sie sich aber nicht wiedererkennen wollten. Deswegen ist er gefallen (…)«. Treffend, sachverständig, präzise in der Analyse, wohltuend in der Diktion: der Kommentator der Londoner *Times*, vielleicht das Beste, was in den ersten Tagen nach dem Sturz Jenningers überhaupt geschrieben worden ist: »I write today in praise of a honest German, Philipp Jenninger (…)«, schrieb er. »He was forced to resign because he had made a truthful statement to Parliament on the occasion of the commemoration of the 50th anniversary of the *Kristallnacht* pogroms of November 9–10, 1938.« Falsch sei nicht gewesen, was er über die NS-Zeit gesagt hätte, irrig war allein seine Annahme über das Motiv und den Zweck der Zusammenkunft, daß »wir Deutsche uns klarwerden wollen über das Verständnis unserer Geschichte«. Eben das wollten viele offenbar nicht. Hier hatten die ersten Parlamentarier den Saal verlassen. »It was Jenninger's fate«, so der englische Kommentator weiter, »to demonstrate experimentally that he had been wrong in that … remark. Germans, at present, very much don't want to be completely clear about the understanding of their history.«[154] Nicht ganz so deutlich, aber besonnen und mit dem Blick fürs Ganze, die *Neue Zürcher Zeitung* (12. November 1988). Sie bescheinigte allerdings allen, dem Redner, den empörten Abgeordneten und den hitzigen Kommentatoren, »Teil eines deutschen Trauerspiels« zu sein, »das rational kaum mehr erfaßbar erscheint (…)«, die »komplexe Unfähigkeit im Nachkriegsdeutschland zum angemessenen Umgang mit der schrecklichen Vergangenheit und zu gelassener Pietät gegenüber den Schattenseiten der Historie«.

An Gelassenheit und Augenmaß fehlte es offenbar auch den wortgewaltigen Intellektuellen und einflußreichen Meinungsführern der Nation. Robert Leicht *(Die Zeit)* hätte diese Rede keinem historischen Seminar vorlegen mögen. Gräfin Dönhoff sprach von einem »verfehlten Kolleg« und konnte es gar nicht »fassen, wie ein Politiker so total danebengreifen kann. Es ist, (…) als würde in einem Haus, in dem um ermordete Familienmitglieder getrauert wird, ein Exkurs über den geschichtlichen Prozeß gehalten, anstatt Verzweiflung und Trauer der Anwesenden zu teilen.«[155] Klaus Hartung sah in der Rede die »Methode eines verstockten Kindes« am Werk, das ein Versagen weitschweifig mit der Erklärung der Umstände rechtfertigt«.[156] Erich Kuby klassifizierte Jenninger als »Typ des guten, des demokratischen, des blinden Deutschen«.[157] Rolf Hochhuth mochte es noch gröber und stufte Jenninger gar als einen »geistig wie seelisch minderbemittelten« Präsidenten ein. Wolfgang Menge sprach von »Dickfelligkeit und Dämlichkeit« und fühlte sich an Kohl in Bitburg erinnert. Nur wenige versagten sich alle Häme und Herablassung und distanzierten sich von der landesweiten Hetzjagd. »Ich bin bestürzt über die ungeheure Schärfe der Reaktion«, erklärte Dorothee Sölle: »Das war eine besonnene, nachdenkliche, informierte Rede, die irreführend formuliert und miserabel vorgetragen war.« Die Frage aber, »wie es im deutschen Volk zu diesem Verbrechen kommen konnte«, habe Jenninger »ehrlicher beantwortet als viele andere mit ihrem Diktaturgeschwätz«.[158]

So sahen das zumeist nur Außenstehende wie Michael May vom Londoner Institut für jüdische Angelegenheiten oder Robert Kempner, der einstige Chefankläger beim Nürnberger Internationalen Militärtribunal, oder Simon Wiesenthal vom Jüdischen Dokumentationszentrum in Wien. Sie sprachen von einer »sehr guten« oder »außergewöhnlich aufrichtigen« Rede und nannten den Rücktritt »falsch« oder eine »Tragödie«. Wiesenthal betonte, Jenninger sei »ein Freund der Juden und ein Freund Israels«. Moralische Einwände hatten sie nicht, nur gegen diejenigen, die Jenningers Rücktritt erzwungen hätten. Ähnlich befand auch Michael Fürst, stellvertretender Vorsitzender vom Zentralrat der Juden in Deutschland. Ausdrücklich anerkannte er, daß Jenninger mutig genug war, darzulegen, »daß alles, was Hitler gemacht hat, eindeutig von der Masse der ganzen Deutschen getragen wurde«. Das war dem Vorsitzenden Heinz Galinski zu viel. Er zeigte sich entrüstet über die »deplazierten Äußerungen« seines Stellvertreters, was ausreichte, daß dieser sein Mandat zur Verfügung stellen mußte. Der zweite Rücktritt im Fall Jenninger.[159]

Ungehalten war nicht zuletzt auch einer der wortgewandtesten unter Deutschlands Moralisten und selbst ein vielgefragter und gerühmter Redner bei Gedenk- und Feiertagen – Walter Jens, ehemaliger Rhetorikprofessor und Altphilologe, Schriftsteller und Kritiker. Jens mochte sich die Gelegenheit wohl nicht entgehen lassen, den gerade Gedemütigten und zu Unrecht mit Schmach und Schande aus dem Amt Gedrängten noch einmal öffentlich vorzuführen, in einem fiktiven Dialog zwischen Präsident und Referent:[160] »Ich stelle mir vor«, begann Jens seine Lehrstunde, »Philipp Jenninger hätte einen verläßlichen, klugen, moralisch integren und geschichtskundigen Freund (…)« als Redenschreiber zur Seite gehabt. Das Ergebnis wäre gewesen, entweder »eine dem Naturell des Redners angemessene, etwas verworrene und wenig originelle Rede«, Jenninger hätte zumindest »unanstößig ein Pflichtsoll erfüllt«, oder eine, die in die Schulbücher gekommen wäre, neben die 8. Mai-Rede Richard von Weizsäckers. Beanstandungen und Ergänzungen verdienen wegen ihrer anderen und ja durchaus fragwürdigen Sicht der Geschichte nähere Betrachtung.

Streichen sollen hätte Jenninger, Jens' Empfehlungen zufolge, den Absatz über das Faszinosum, die Erfolge und Triumphe Hitlers, weil sie mit dem Leid seiner Opfer erkauft wurden, der verfolgten Juden, Christen, Sozialisten. Von einem »fesselnden Lebensphänomen« hatte der ganz unverdächtige Emigrant Thomas Mann bereits vor Jahrzehnten gesprochen, Fest und Haffner sowieso. Streichen sollen hätte Jenninger auch, worauf die Antisemiten Weimars ihre Haß- und Hetzkampagnen gegen die »Judenrepublik« und die »Verjudung« der deutschen Kultur stützten, den außerordentlichen Aufstieg der assimilierten deutschen Juden. Jene Leistungen in Kultur, Wirtschaft und Politik, die Arnold Zweig in seiner ebenso schönen wie scharfsinnigen *Bilanz der deutschen Judenheit* gewürdigt hat, ein schmerzliches Buch, gleichermaßen als Erklärung des modernen Antisemitismus zu lesen und als Ausdruck des Scheiterns aller Assimilationshoffnungen. Jens dürfte das Buch gekannt haben. Und statt von den Tätern und Mitläufern hätte Jenninger – so Jens weiter – von den Opfern sprechen sollen. Wenn er aber doch von den Tätern und Mitläufern sprechen mußte, dann hätte er nicht von den Eichmanns, Globocniks und Himmlers reden sollen, sondern vom Scheitern der Entnazifizierung und der hohen Elitenkontinuität 1945. Übersah Jens, daß Jenninger als Repräsentant derer sprach, die in der Nachfolge der NS-Täter stehen und deshalb zuallererst fragen mußten, warum und wie der Holocaust geschehen konnte, zumal bei der ersten parlamentarischen Gedenkveranstaltung zur Reichspogromnacht überhaupt? Übersah er vielleicht auch, daß Jenninger sich nicht über den Abgrund hinwegmogelte, der die Nachkommen der Täter von den Überlebenden und ihren Nachkommen trennt – »die Opfer – die Juden überall auf der Welt – wissen nur zu genau, was der November 1938 für ihren künftigen Leidensweg zu bedeuten hatte. – Wissen auch wir es?« hatte der Bundestagspräsident zu Beginn seiner Rede gefragt. Übersah Jens also, daß Betroffenheitsgesten billig, aber doch nicht unbedenklich sind? Denn Deutschland hat ja die Geschichte »seiner« Juden, die seine eben nie wirklich waren, von der eigenen blutig abgetrennt. Und hatte er zudem übersehen, daß gewichtige jüdische Stimmen Jenningers Rede Respekt und ausdrückliche Anerkennung bekundet hatten?

Erst mit einem gewissen Abstand kehrte Besonnenheit zurück, wurden die Kommentare nachdenklicher und differenzierter, die spontanen Verurteilungen teilweise revidiert. Wenn auch eher indirekt denn als Eingeständnis eines publizistischen Fehlverhaltens.[161] Sie nahmen allerdings, wie das allgemeine Interesse an diesem Fall, auch schnell ab. Als Monate, teilweise auch erst einige Jahre später die ersten eingehenderen Dokumentationen zum Fall Jenninger erschienen, war das politische Interesse daran jedenfalls längst erloschen. Nun stand das Thema der deutsch-deutschen Vereinigung obenan auf der politischen Tagesordnung.[162] Es ist im übrigen nicht bekannt geworden, daß die vielen Publizisten und Parlamentarier später, als sich die öffentliche Aufgeregtheit beruhigt und die internationale Debatte für Klärung gesorgt hatte, ihre Äußerungen bedauert und korrigiert, den erzwungenen Rücktritt Jenningers womöglich als Fehler bezeichnet und die Debatte über dessen Rede im Parlament nachgeholt hätten.

Es gab dazu – nicht nur aus der Sicht ausländischer Beobachter – genug Veranlassung, zumal sich im Zusammenhang der unversehens ermöglichten deutschen Einheit die Frage nach dem Verhältnis der Deutschen zur NS-Vergangenheit erneut stellte.[163] Die Erinnerung an den 9. November 1938 ist in der Vergangenheit nicht nur zwischen den beiden deutschen Staaten kontrovers gewesen, sondern auch innerhalb der alten Bundesrepublik, je nachdem welche Position man gegenüber Tätern und jüdischen Opfern einnahm und je nachdem, was man zum Holocaust sagte und was man nicht, und wie man das tat. Die beiden Hauptvorwürfe an Jenninger waren ja, abgesehen von formalen Mängeln, daß er nicht über die Opfer, sondern über die Täter gesprochen, und daß er ein Gedenkzeremoniell mit einem historischen Kolleg verwechselt habe.

Tatsächlich bestehen längst unterschiedliche NS-Diskurse nebeneinander, mit unterschiedlichen thematischen Akzenten, unterschiedlichen Terminologien, unterschiedlicher Emotionalität und auch von unterschiedlichen politischen und moralischen Prämissen her. Man könnte daraus schlußfolgern, so Elisabeth Domansky, daß Westdeutschland insofern seine NS-Vergangenheit besser »bewältigt« habe als in den Jahrzehnten zuvor, jedenfalls einer pluralistischen Gesellschaft gemäß, und auch besser als Teile seiner politischen Führung. So gesehen stürzte Jenninger, weil eine öffentliche Kontroverse diesen Fortschritt im Umgang mit der NS-Vergangenheit allemal besser beweist als eine perfekt abgelaufene Feier zu einer angeblich unpassenden Rede an jenem 50. Jahrestag. Unangemessen jedenfalls aus der Sicht derer, die unter Protest den Plenarsaal verließen, die Grünen, SPD-Abgeordnete und einige Liberale. Bei ihnen und in ihrem Selbst- bzw. NS-Bild lag denn auch der zweite Grund für den Rücktritt Jenningers.

Indem er nicht die Perspektive der Nazi-Opfer wählte, sondern die der »Volksgemeinschaft«, mit ihren Tätern und Mitläufern, machte er es Teilen des Parlaments und der Öffentlichkeit leicht, in die Rolle des Anti-Nazi zu schlüpfen. Und als solche verstehen sich ja nicht wenige hierzulande, zumal unter den Linken. Danach hat sich in der 68er Bewegung jener antiautoritäre Protest und Widerstand formiert, den die Eltern der rebellischen Studentengeneration, Hitlers faszinierte Gefolgschaft, versäumten. Mehr noch. Die Linke reklamiert für sich die demokratische, antinazistische Traditionslinie, die sie nachträglich idealisiert, und belastet allein die Rechte mit den undemokratischen Traditionen und der nazistischen Erblast, während die Rechte ihrerseits das historische Erbe akzeptiert, indem sie die Vergangenheit nachträglich normalisiert, die NS-Verbrechen relativiert oder ganz abtrennt. Links wie rechts wird dadurch die NS-Geschichte nur selektiv, also verzerrt wahrgenommen und die Erinnerung an die ganze Geschichte unterdrückt. Insbesondere die Erinnerung an die wirklich beunruhigenden Zusammenhänge und an den kränkenden Kern, daß nämlich Deutsche nicht nur massenhaft an der Diskriminierung der Juden beteiligt waren, sondern auch an ihrer physischen Vernichtung, und daß der Holocaust zwar das dunkelste Kapitel in der deutschen Geschichte ist, aber kein schwarzes, unerklärbares Loch. Der bundesdeutsche Konsens bei der Vergegenwärtigung der NS-Vergangenheit beruht seit Jahrzehnten darauf, so die Quintessenz der Analyse von Elisabeth Domansky, den Holocaust für einzigartig und letztlich auch für nicht erklärbar auszugeben.

Deshalb akzeptiert und genießt man ihn als Gegenstand der Literatur, der fiktionalen Sprache, zumal in Ida Ehres anrührender Rezitation der *Todesfuge* von Paul Celan. Der Holocaust und seine Vorgeschichte als Gegenstand eines kühlen, distanzierten analytischen Diskurses wird hingegen schnell abgewehrt. Diesen ansatzweise versucht zu haben war Jenningers politisches Verhängnis, zumal er einen Tag dafür wählte, an dem die meisten nicht auf nüchterne Rationalität eingestellt waren, sondern musikalisch, literarisch und emotional unterhalten werden wollten. Dabei lieferte Jenninger keine eigentliche Erklärung des Genozids, »but he claimed at least that the Holocaust needs explanation and can perhaps be explained after all«.[164] Aber schon das war zuviel. Denn wieviel schärfer stellt sich die Schuld- und Verantwortungsfrage, wieviel schwieriger, wenn nicht unmöglich, wird der Glaube an eine humane Welt, wenn man begreifen muß, daß die Endlösung kein bloßer Rückfall in die Barbarei war, sondern ein Produkt der modernen Zivilisation, unter Verhältnissen und Bedingungen, wie sie vor allem in Deutschland bestanden.

So erwies sich der Fall Jenninger als ein besonderer Fall deutscher Gedenkfeierlichkeiten. Nicht als eine jener vielen trostlosen oder peinlichen, über die Eva Demski gespottet hatte, sie seien »fast immer eine feierliche Erinnerung an eine Panne, eine bramarbasierend zugedröhnte und zugelogene Erinnerung an etwas, das danebengegangen ist«.[165] Diesmal ging die Gedenkfeier daneben, weil einer redete, der nicht log oder heuchelte und in seiner Aufrichtigkeit auch noch ungeschickt war, nur mit Mühe seine Rede zu Ende brachte, während Abgeordnete unter Protest den Saal verließen und nicht zu verstehen schienen, daß ihr Präsident ihnen und der Nation die historische Wahrheit gesagt hatte.

Angst und Anmaßung: Vom 9. November zum 27. Januar

Schon ein Jahr danach gab es neue Aufregung, und wieder am 9. November. Aber nicht wegen der Reichspogromnacht. Die Mauer wurde geöffnet, die innerdeutsche Grenze fiel, die DDR beschloß wenig später, sich der Bundesrepublik anzuschließen. Bereits am 3. Oktober 1990 konnten die Deutschen ihre Vereinigung feiern. Der 9. November bekam ein neues Bedeutungselement, das die älteren historischen Bedeutungen dieses Tages zumindest vorübergehend überdeckte. Wer sprach im November 1989 noch vom Rücktritt Jenningers, wer dachte an die Reichspogromnacht, gar an den gescheiterten Hitlerputsch oder die Kaiserabdankung und die Ausrufung der ersten deutschen Republik? Allerdings sollte die Öffentlichkeit dazu alsbald Gelegenheit bekommen. Denn mit der deutschen Vereinigung kam die Frage nach einem gesamtdeutschen Feiertag auf die Tagesordnung. Die Diskussion darüber begann schon vor der Vereinigung. Bereits im November 1989 regte der damalige Bundesinnenminister, Wolfgang Schäuble, an, daß die Bundesrepublik und die DDR den 9. November als Tag der Maueröffnung zukünftig gemeinsam feiern sollten, als Ersatz für den 17. Juni. Der Vorschlag löste umgehend eine Kontroverse in der Koalition aus. Otto Graf Lambsdorff widersprach heftig. Dem FDP-Vorsitzenden gefiel die »Gesamtkombination« nicht: Maueröffnung, Reichspogromnacht, Hitler-Putsch und Kapitulation Deutschlands 1918. Beim SPD-Vorsitzenden Hans-Jochen Vogel und manch anderen führenden SPD-Politikern fand er hingegen Zustimmung. An der Debatte beteiligten sich bald auch die außerparlamentarischen Meinungsführer der Nation. Sie waren uneins, ihre Vorstellungen und Empfehlungen gingen weit auseinander.[166] Manche bemühten ältere, demokratische Traditionen und schlugen vor, den 18. März zum nationalen Feier- und Gedenktag zu machen, jenen Tag also, an dem 1848 das Volk auf die Barrikaden gegangen war. Zu Recht wurde darauf verwiesen, daß dieses »erste demokratische Datum« unserer Geschichte und die Erinnerung an die »Märzgefallenen« im kollektiven Gedächtnis zumindest des »anderen Deutschland« lange fest verankert war. Schon zweimal, 1918 und 1948, hat man sich bei einer demokratischen Staatsgründung in Deutschland auf dieses Datum berufen. Eine engagierte Bürgerinitiative für den 18. März als Nationalfeiertag blieb gleichfalls glücklos. Zwei der prominentesten Daten, der 8. Mai und der 20. Juli, die bereits früher zeitweilig als nationale Feier- und Gedenktage im Gespräch gewesen waren, wurden erstaunlicherweise von nur wenigen favorisiert. Eine kleine Gruppe von Politikern und Publizisten plädierte nachdrücklich für die Beibehaltung des 17. Juni. Für sie war mit dem Mauerfall und der »friedlichen Revolution« aus einem Tag des Scheiterns ein gesamtdeutscher Feiertag geworden, ein Tag der Trauer und des Stolzes. Am Ende, so argumentierten sie, sei eben doch erreicht worden, was die Hymne an Feiertagen lange hoffnungsvoll verheißen habe, »Einigkeit und Recht und Freiheit«.[167]

Was den 9. November selbst angeht, so war das Echo geteilt. Bundestagspräsidentin Rita Süssmuth riet ihren Landsleuten, »immer die innere Verbindung zwischen dem Tag der Freude vom 9. November und dem Tag der Trauer vom 9. November 1938« zu sehen.[168] Ähnlich argumentierten manche Schriftsteller und Historiker. Sie sahen allerdings auch die Schwierigkeiten, öffentliches Nachdenken über die Geschichte mit einer massenhaften Feier zu verbinden. Einflußreiche Journalisten warnten vor der Gefahr, daß dieser Tag die Deutschen nur in Verlegenheit bringen und immer »neue Kontroversen« heraufbeschwören würde. Sie forderten vehement einen neuen, unbelasteten Feiertag.[169] Manche hätten angesichts der vielen Schwierigkeiten mit Gedenktagen und Gedenkorten auf einen nationalen Feier- und Gedenktag am liebsten überhaupt verzichtet. Daß der 9. November nicht in den Fundus der deutschen Staatssymbolik aufgenommen wurde, scheiterte indes nicht an diesen Bedenkenträgern, sondern offenbar daran, daß Heinz Galinski, der Vorsitzende des Zentralrats der Juden in Deutschland, und Bundeskanzler Kohl entschieden dagegen waren. Beifall fand der Kanzler vielerorts, sogar dort, wo ihm gewöhnlich keine Sympathien entgegengebracht werden, in den Spalten der *tageszeitung (taz)*. Der Kommentator verkannte allerdings die ganze Bedeutung eines Nationalfeiertages, als er schrieb, er symbolisiere »die Erinnerung an Überwundenes«.[170] Das ist nur die eine Seite, er symbolisiert zugleich und noch mehr die Erinnerung an das wie auch immer Errungene. Die Diskussion um den 9. November war mit der Entscheidung, den 3. Oktober zum nationalen Feiertag zu machen, schnell beendet. So wurde dieses »deutsche Schicksalsdatum« (Richard von Weizsäcker) wieder in den Hintergrund gedrängt, dorthin, wo sich auch die anderen schwierigen deutschen Gedenktage befinden, die nur von Zeit zu Zeit hervortreten, damit man sich mit ihnen abmüht.

Im Gedenkjahr 1995 gab es erneut eine kurze, wenig kontroverse und auch von den Oppositionsparteien nicht substantiell geführte Debatte um die Einführung eines Gedenktages. Im Anschluß an die Feierstunden aus Anlaß des 50. Jahrestages der Befreiung zahlreicher Konzentrationslager schlug Ignatz Bubis, der Vorsitzende des Zentralrats der Juden, u. a. vor, den 27. Januar, den Tag der Befreiung von Auschwitz durch die Rote Armee, als deutschen Holocaust-Gedenktag einzuführen, mit der ausdrücklichen Begründung, daß nach fünfzig Jahren die Erinnerung an die nationalsozialistischen Gewaltverbrechen nicht enden dürfe. Bundespräsident und Bundestagspräsidentin griffen den Vorschlag bereitwillig auf, und auch im Bundestag fand er breiteste Zustimmung.[171] Ohne kontroverse parlamentarische Debatte demonstrierten die Regierungs- und Oppositionsfraktionen seltene Eintracht. Ein fataler, aus Gedanken- und Sprachlosigkeit geborener Konsens. Aus der Angst und Unsicherheit gegenüber dem so widersprüchlichen 9. November entsprang eine anmaßende Entscheidung, denn sie ermöglicht den Deutschen, die bequeme und behagliche Pose der Opfergemeinschaft einzunehmen. Wie angemaßt und heikel diese Pose ist, hat das Gedenkjahr 1995 überdeutlich gezeigt. Während in Sachsenhausen und in Buchenwald, in Bergen-Belsen und in Dachau die Feiern zum 50. Jahrestag der Lagerbefreiungen zu Aussöhnungsfestivals und Medienspektakeln gerieten, wurde andernorts um die materielle Entschädigung von NS-Opfern gerungen – für die ehemaligen ZwangsarbeiterInnen der I. G. Farben engagierte sich auf der Bayer-Hauptversammlung die Gruppe Kritische Aktionäre, und für die – zu dem Zeitpunkt – noch etwa dreihundert lebenden NS-Opfer in den baltischen Staaten setzte sich eine interfraktionelle Initiative von Bundestagsabgeordneten ein.

Schon bei der Premiere des Holocaust-Gedenktages im Januar 1996 zeigte sich, wie halbherzig und aufgesetzt die Entscheidung war.[172] Weil der Bundespräsident am 27. Januar, einem Samstag, zu einem Staatsbesuch in Afrika unterwegs sein sollte und der Bundestag eine Sondersitzung hätte abhalten müssen, wurde die Gedenkfeier kurzerhand auf den 19. Januar vorverlegt. Die Kritik fiel verhalten aus. Nur eine kleine Gruppe von Journalisten, Wissenschaftlern und Mitarbeitern in Gedenkstätten protestierte. Kaum einer mochte soweit gehen, zu sagen, daß der 27. Januar den Deutschen zur symbolischen Nutzung nicht zusteht. Auf diesen Tag können wir uns, die Nachkommen der Täter, nicht berufen. Er gehört den Befreiern, vor allem aber den überlebenden Juden. Diese haben sich allerdings seit langem für einen anderen nationalen Gedenk- und Feiertag entschieden. Schon 1951 beschloß die Knesset, den *Jom HaShoah* auf den 27. Nissan zu legen. Zwischen Ende April und Anfang Mai hatten in den vergangenen Jahrhunderten viele Massaker an den europäischen Juden stattgefunden, vor allem in der Zeit der Kreuzzüge. Und in der Nacht auf Pessach, am 19. 4. 1943, begann der Aufstand der Juden im Warschauer Ghetto, die einer erdrückenden SS-Übermacht 27 Tage lang heroischen Widerstand leisteten. Das israelische Parlament gab der Shoah so die Bedeutung von Katastrophe und Wiedergeburt bzw. Heldentum und machte diese Deutung zu einem Element der israelischen Erinnerung.[173]

In der deutschen Debatte um einen Holocaust-Gedenktag war auch vom 20. Januar die Rede, dem Tag der Wannseekonferenz, auf der 1942 führende Nazis und hohe Ministerialbeamte das längst begonnene Massenmorden in Ostmitteleuropa, die »Endlösung der Judenfrage«, koordinierten. Dieses Datum steht für den bürokratisch-technischen Ablauf der Gewaltverbrechen; es betont vor allem die Rolle der Schreibtisch-Täter. Untauglich als Gedenktag für die Opfer ist schließlich auch der im Gedenkjahr 1995 verschiedentlich vorgeschlagene 8. Mai. Als Befreiung haben ihn nur jene erlebt, die in den Lagern überlebten. Als Tag des Kriegsendes symbolisiert er das Ende der Zerstörungen und des Massensterbens ganz allgemein. Die Erleichterung darüber macht deshalb fast zwangsläufig alle Toten zu Opfern des Krieges und der Gewaltherrschaft. Diese Deutung war für die Gemeinschaftsbildung in der deutschen Nachkriegsgesellschaft vorteilhaft. Sie begünstigte die kollektive Amnesie und Amnestie. Für die Verfolgten und Überlebenden aber ist die Nobilitierung der toten Täter zu Opfern so inakzeptabel wie die Nivellierung ihres eigenen Opferstatus.

Weder der 8. Mai noch der 20. Januar ist uns als Gedenktag angemessen, und der 27. Januar oder ein Datum der anderen Lagerbefreiungen ist es noch weniger. Wir, die heute lebenden Deutschen, können uns nicht umstandslos einen Erinnerungstag der Verfolgten zu eigen machen. Wir stehen in der Nachfolge unserer Vorfahren, der Täter und Gehilfen, der Mitläufer, Zuschauer und Wegseher. Will sich die Rückbesinnung unserer Republik auf ihren Entstehungsgrund nicht nur selbstversöhnlich zelebrieren und in billigem Betroffenheitsritual erschöpfen, dann muß sie sich öffentlich mit dem Zusammenhang von Machtfaszination und Gewaltherrschaft, von nationalem Größenwahn, Fremdenhaß und Massenmord auseinandersetzen. Dann muß sie den 9. November (1938) wählen. Das Datum steht für den Auftakt der deutschen Gewaltverbrechen, die in der modernen Menschheitsgeschichte ohne Beispiel sind. Zugleich verweist es auf deren unübersichtliche Vor- und unabgeschlossene Nachgeschichte.

Dieser Tag erlaubt, das Jahrhundert der Deutschen wie durch ein Brennglas zu sehen.[174] Unser öffentliches Totengedenken würde auf einen komplexen Zusammenhang verweisen, auf den von Revolution und Gegenrevolution, von Kontinuität und Bruch, von Anpassung und Widerstand, von Zusammenbruch und Niederlage, Teilung und Vereinigung, Wandel und Erneuerung. Denn mit dem 9. November verbinden sich gleich fünf bedeutungsvolle Ereignisse und Erinnerungen:

Erstens die Erinnerung an Kriegsniederlage, Kaiserabdankung, Parlamentarisierung der Reichsverfassung und Revolutionsbeginn. Lange war umstritten, ob man von Zusammenbruch oder Revolution sprechen soll. Heute ist zumeist von einer Revolution die Rede, die auf halbem Wege steckenblieb. Jedenfalls versäumte sie, ihre wichtigste Errungenschaft, die parlamentarische Demokratie, gegen ihre Feinde auf der Rechten zu sichern. In dieser Zeit hat der maßgebliche politische Akteur jener Zeit, die Sozialdemokratie, die »schwersten Fehler« gemacht. So hieß es später in dem von Rudolf Hilferding entworfenen Prager Manifest der Exil-SPD.

Zweitens die Erinnerung an Hitlers Putschversuch 1923 in München, der »die Revolution der Novemberverbrecher« rückgängig machen sollte. Hitler scheiterte. Aber er verwandelte seine Niederlage in einen propagandistischen Sieg, indem er sich vor Gericht als nationaler Märtyrer darstellen konnte. Dieser Tag steht seither für den permanenten inneren Belagerungszustand der Republik, für die Gefährdung der Demokratie von rechts.

Drittens die Reichspogromnacht vom 9. auf den 10. November. Es gab Hunderte Todesopfer. Etwa 30 000 Juden wurden verhaftet und in die Konzentrationslager Buchenwald, Dachau und Sachsenhausen gebracht. Der vorgeblich »spontane Volkszorn« hatte Synagogen sowie Tausende jüdischer Geschäfte und Fensterscheiben im Wert von mehreren Millionen Reichsmark (»Reichskristallnacht«) zerstört. Tatsächlich war dem Pogrom eine antijüdische Pressekampagne vorausgegangen. Und Goebbels gab dann das Zeichen zur »Vergeltung«, als bei der in München versammelten NS-Führung die Nachricht eintraf, daß der deutsche Diplomat Ernst vom Rath dem Attentat durch Herschel Grünspan erlegen war. Dieser Tag gilt allgemein als Beginn der »Endlösung« und deshalb als ein Tag von weltgeschichtlicher Bedeutung.

Viertens das gescheiterte Hitler-Attentat von Johann Georg Elser vom 8. November 1939, das allerdings in unmittelbarem Zusammenhang mit dem 9. November steht. Am Vorabend des Jahrestages zur Ehrung für die »Gefallenen der Bewegung« hatten sich die »alten Kämpfer« im Münchener Bürgerbräukeller versammelt, um Hitlers Rede und die erwartete Kriegserklärung an den Westen zu hören. Nur durch einen Zufall entging Hitler dem Attentat. Als die Bombe explodierte, die mehrere Menschen das Leben kostete, hatte er das Lokal bereits verlassen. Elsers Tat ist bis heute deshalb so unpopulär und politisch kaum zu vereinnahmen, weil er ein unbequemes »Gegenbild« verkörpert. Weil er als einzelner dem »kollektiven Selbstbetrug und Faszinationswahn« (Peter Steinbach) seiner Zeit widerstand, weil er gezeigt hat, daß Widerstand möglich war, auch für einen einzelnen, für einen, der ohne organisatorischen Rückhalt handelte, ohne materielle und intellektuelle Privilegien.

Fünftens schließlich der spektakuläre Fall der Mauer, der 9. November 1989, der inzwischen für vieles steht und viele schmückende, die Geschichte wie immer verzerrende Beiworte erhalten hat. Da ist – halbwahr – von der »friedlichen Revolution« die Rede oder von der »Selbstbefreiung der Deutschen« und natürlich vom »Endsieg« über den Kommunismus. Vor allem aber: Mit der Wiederherstellung der deutschen Einheit ist die womöglich »kränkendste Kriegsfolge« (Michael Schneider) aufgehoben.

Einem wiedervereinigten Deutschland, einer Wirtschaftsgroßmacht, einem Land, das einen totalen Zusammenbruch inzwischen in einen doppelten Sieg verwandelt hat, diesem Land stünde es gut an, sich und seinen Nachbarn selbstbewußt und selbstkritisch zugleich zu präsentieren, in seinen historischen Museen, Gedenkorten und Gedenktagen. Wir hätten zu zeigen, daß wir Erben eines schwierigen Vaterlands sind und in einem Land leben, das zu seiner jüngeren Vergangenheit eine zwiespältige Einstellung hat. Der 9. November als nationaler Gedenk- und Feiertag wäre eine Chance zur Selbstverständigung der Deutschen über ihre Herkunft aus zwei halben Revolutionen, mißglücktem Widerstand, Kriegszerstörung, Gewaltverbrechen und Fremdbefreiung. So gesehen ist der Verzicht auf den 9. November eine verpaßte Chance. Unserem Gedächtnis wäre eine institutionelle Stütze gegeben worden, der kollektiven Erinnerung ein Rahmen, dem Gedenken ein gedanklicher Zusammenhalt. Man hätte öffentlich über die Brüche und Widersprüche, die Kontinuitäten und Zäsuren, die Höhen und Tiefen debattieren können, ja müssen, über ein Jahrhundert im Zusammenhang reden, zusammen, Jahr für Jahr.

Die vergeßliche Erinnerung – ein Schlußwort

Im Rückblick auf fünfzig Jahre Umgang mit der NS-Vergangenheit zeigt sich, wie »vergeßlich«, also gegenwartsabhängig und interessenbedingt die öffentliche Auseinandersetzung mit dieser Erblast war und ist. Unterschiedlichste Motive und Einstellungen stehen miteinander im Widerstreit, wenn es um die NS-Zeit geht. An ihren Gedächtnisorten erinnern und ermahnen sich die Deutschen, dort ehren und bekennen sie sich, dort suchen sie die Versöhnung mit sich selbst, mit den Opfern und den Gegnern der Hitler-Diktatur, den heutigen Verbündeten. Vor allem aber streiten sie, denn der Umgang mit der nationalsozialistischen Erblast polarisiert. Die Deutschen sind uneins über die Entstehungsgeschichte des Nationalsozialismus, über seine Erfolge, seine Verbrechen, den Widerstand und die Verpflichtungen, die sich für die Nachlebenden aus den Folgen dieser Diktatur ergeben. Die Deutschen sind uneins, was sie wie erinnern sollen und was nicht, und sie sind weiterhin uneins, welcher Toten sie wie gedenken sollen. Wiederholt ist der Versuch gemacht worden, alle Toten des Krieges und der Gewaltherrschaft im Opfermythos zu integrieren, wiederholt ist er gescheitert.

Die Deutschen haben sich nach 1945 im Spannungsverhältnis extremer Pole und schwankender Stimmungslagen bewegt: Sie wollten loskommen von dem Fluch der Vergangenheit und suchten zugleich nach historischer Kontinuität. Sie haben mal stärker auf die Kraft des Vergessens und Verdrängens gesetzt, mal mehr auf die der Erinnerung. Das ist an der Geschichte, zumal der umstrittenen Gedächtnisorte durchgängig abzulesen. Stand anfänglich vielfach die Beseitigung kompromittierender Spuren und die Entsorgung oder Umfunktionierung von Gedächtnisorten im Vordergrund des Interesses, wegzukommen von der noch so gegenwärtigen NS-Vergangenheit, war es Jahrzehnte später gerade umgekehrt. Nun galt das Bestreben immer stärker der Vergegenwärtigung des Ferngerückten. Nun waren die vielfach vergessenen und vernachlässigten Gedächtnisorte dem Zugriff einer organisierten Spurensuche ausgesetzt. Die Erinnerungslast vergangener Tage verwandelte sich vielerorts in eine Erinnerungslust.

Sie hat im Großgedenkjahr 1995 ihren bisherigen Höhepunkt erreicht. Manch teilnehmender Beobachter sprach vom »Erinnerungsmarathon«, im Jugendjargon war es ein »Megagedenkjahr«. Die Bewertung erscheint angesichts des Streits um das Berliner Holocaust-Monument und angesichts der Einführung eines Holocaust-Gedenktages kaum übertrieben. Monatelang war die Erinnerung an die NS-Vergangenheit das wichtigste Medienereignis. Ständig wechselten die Schauplätze, Erinnerung war überall und wurde – wie Gunter Hofmann zugespitzt schrieb – mit »unheimlicher Perfektion« inszeniert. Das Gedenkjahr hatte drei thematische Schwerpunkte. Im Winter und Frühjahr wurde von Auschwitz bis Buchenwald, von Dachau bis Ravensbrück der 50. Jahrestag der Lagerbefreiungen gefeiert und der Toten gedacht. Die mediengerecht organisierten Veranstaltungen gerieten mancherorts zu Freundschafts- und Versöhnungskundgebungen, während zur selben Zeit ziemlich unversöhnlich über die Entschädigung von Zwangsarbeitern der großen Industriekonzerne und der noch lebenden KZ-Opfer in den baltischen Staaten gestritten wurde.

Im Februar standen in einem großen Gedenkakt in Dresden die deutschen Bombenopfer im Mittelpunkt eines nationalen und internationalen Versöhnungsfestes. Unversöhnlicher Protest wurde per Demonstrationsverbot und mit massivem Polizeieinsatz ferngehalten. Ein Aufmarsch von Neonazis und eine Gruppe von NPD-Mitgliedern um ihren Vorsitzenden ebenso wie eine ältere Frau, die mutig mit einem Plakat gegen Helmut Kohl protestierte, den »Jelzin-Freund und Schirmherren der Greuel von Grosny«, dessen Anwesenheit sie als Beleidigung der »Opfer des 13. Februar 1945« attackierte. Im Mittelpunkt aber stand die Rede des Bundespräsidenten. Sie abstrahierte von der Vorgeschichte des Bombenkrieges und verallgemeinerte ihn zum Krieg »als solchen«. Dresden wurde zum Symbol der »Sinnlosigkeit moderner Kriege« schlechthin. Die betonte »Urmenschlichkeit« des Bombenkrieges machte ihn unausgesprochen zu einer Katastrophe unter vielen. Mehrfach warnte der Präsident vor einer »Aufrechnung« der Opfer, aber er tat das so oft, daß der Eindruck entstehen konnte, er wollte für diese Einstellung in besonderem Maße um Verständnis werben. Die Rede zielte unüberhörbar auf Harmonie und Versöhnung nach allen Seiten, Versöhnung nach innen, nach außen und gegenüber der eigenen Geschichte.

In den Chor der Versöhnung und Selbstversöhnung stimmten auch die Medien ein. So apokalyptisch ihr Vokabular vom »Inferno« und der »Hölle« des Bombenkrieges, so beruhigend erschien das Bild, in dem

sich die Deutschen vielerorts als vorbildliche Erinnerungs- und Gedenk-
gemeinschaft präsentierten. Die in- und ausländische Presse war voll des
Lobes. Die Demoskopen verkündeten stolz, daß achtzig Prozent der
Deutschen den 8. Mai inzwischen als »Tag der Befreiung« empfinden.
Von Befreiung war in diesem Gedenkjahr so oft die Rede, daß sich dem
Beobachter von außen der Eindruck aufdrängen konnte, die Deutschen –
so der Schweizer Historiker Jörg Fisch – seien »in ihrer übergroßen
Mehrheit nicht Täter, sondern Opfer« gewesen. Mißtöne in diesen
Befreiungskonsens brachte ein Aufruf »8. Mai 1945 – Gegen das Verges-
sen«, mit dem einflußreiche rechtskonservative Publizisten und promi-
nente CDU-Politiker vom rechten Rand ihrer Partei dagegen protestierten, daß dieser Tag einseitig als Befreiung charakterisiert werde. In
Vergessenheit gerate dadurch, daß er zugleich »den Beginn von Vertrei-
bungsterror und neuer Unterdrückung im Osten und den Beginn der
Teilung unseres Landes« bedeute.
Den Höhepunkt bildeten verständlicherweise die Gedenkveranstaltungen zum 8. Mai. Die der Bundesregierung fand im Konzertsaal des Berliner Schauspielhauses am Gendarmenmarkt statt. Ursprünglich wollte
man unter sich bleiben. Es hieß, der todkranke französische Staatspräsident François Mitterrand habe den Wunsch geäußert, in Berlin zu
sprechen. Daraufhin wurden die vier Siegermächte zum Staatsakt eingeladen, die Polen nicht. Es ging für den Bundeskanzler bei dieser Gedenkveranstaltung offensichtlich mehr um die Gegenwart des vereinten
Deutschland und seine Perspektiven für die Zukunft, denn die Siegermächte sind, so Kohl, jene Staaten, »die entscheidend waren für das, was
dann zur deutschen Einheit führte«. Auch die Rede des Bundespräsidenten erinnerte an das Kriegsende als Wende, als Rückkehr in eine bessere
Zukunft. Der Blick war zurück- und doch vor allem nach vorn gerichtet.
Die Gedenkveranstaltungen dieses Jahres zielten auf das Ende der NS-
Zeit, auf die Überwindung dieser Vergangenheit und ihrer Folgen, auf
Versöhnung, auf ein Vergessen im Erinnern. Sie akzentuierten den Abschied von dieser Geschichte.
Abschied nahmen wohl auch andere. Mochten zu den zahlreichen Feiern
aus Anlaß des 50. Jahrestages der Lagerbefreiungen auch einige tausend
ehemaliger Häftlinge aus allen Teilen der Welt kommen, und mochten
die Soldaten des Zweiten Weltkrieges von Paris bis Moskau, in Washington, London und Warschau noch einmal große Paraden und Kundgebungen abhalten, der Zeitpunkt war abzusehen, an dem die Holocaust-
Überlebenden und die Kriegsveteranen nicht mehr leben werden. Dann

werden aus ihren existentiellen und emotionalen Bindungen an die NS-Vergangenheit keine Anstöße mehr kommen, werden Trauer und Wut als Erinnerungsenergie und vitaler Kern aller Memorialkultur fehlen, wird Betroffenheit nur mehr eine ererbte oder angemaßte Attitüde sein, wird sich die Erinnerung der Nachlebenden nur noch auf erzählte und dokumentierte sowie medial repräsentierte Geschichte stützen können. Der Übergang dahin hat längst begonnen. Das kommunikative Gedächtnis der Überlebenden geht auf im kulturellen Gedächtnis, seinen Ritualen, Institutionen und Manifestationen. Eben deshalb haben vierzig, fünfzig Jahre nach Auschwitz die Denkmalsetzungen der Überlebenden in Autobiographien und räumlich-bildlichen Erinnerungszeichen noch einmal so auffällig zugenommen, ist aus dem 50. Jahrestag der Kapitulation Hitler-Deutschlands ein Gedenkjahr geworden.

Was aber wird danach kommen? Wie kann man erreichen, daß die NS-Zeit auch noch nach Generationen Interesse findet und kontrovers diskutiert wird? Der Streit um die Vergangenheit entstand in den zurückliegenden Jahrzehnten oft unbeabsichtigt und unerwartet, weil die NS-Zeit immer wieder in den ungleichen Toten und den überlebenden Opfern und Tätern Gegenwart wurde, diese sich noch nicht oder nicht ohne weiteres nach dem Grundsatz »Vergessen und Vergeben« einrichten ließ. Die politisch-justitielle Bearbeitung der Diktaturfolgen ist mehr oder weniger abgeschlossen, wenngleich wir in diesen Jahren noch deren späte Nachwirkungen in der beschämenden Auseinandersetzung um das sogenannte Nazi-Gold und die Wiedergutmachung gegenüber Zwangsarbeitern und anderen geschädigten Verfolgten erleben. Die öffentliche Geschichtserinnerung ist inzwischen auf hohem wissenschaftlichen und didaktischen Niveau institutionalisiert und ihre langfristige finanzielle Sicherung mit einer Bund-Länder-Stiftung durch den Abschlußbericht der Enquête-Kommission des 13. Bundestages politisch zumindest auf den Weg gebracht. Die nationalsozialistische Vergangenheit wird vielerorts vorbildlich ausgestellt, didaktisch aufbereitet und verwaltet, damit aber auch politisch neutralisiert.

Das Potential an streitbarer Erinnerung dürfte weiterhin vor allem in der Politik und in der Kunst liegen. Denn das in Feierstunden ritualisierte Gedenken nimmt gewöhnlich Rücksicht auf emotionale Befindlichkeiten. Solange diese allerdings so konträr beschaffen sind, wie sie das in der Vergangenheit waren, so lange werden Gedenkfeiern auch zukünftig von Pannen, Peinlichkeiten oder politischen Skandalen kaum verschont bleiben. Noch geringer scheint das Potential an streitbarer Erinnerung in der

Geschichtswissenschaft zu sein. Sie steht wegen ihres Erkenntnisanspruchs und ihrer objektivierenden, an Tatsachen orientierten Arbeitsweise am wenigsten im Verdacht, »vergeßlich«, also einseitig, mit der Vergangenheit zu verfahren. Aber auch sie bewegt sich im Spannungsfeld von Dichtung und Wahrheit und muß sich beständig mit Mythen auseinandersetzen, die sie in ihren Deutungen selbst produziert.

Der politische Wettbewerb folgt anderen Regeln. Für erinnerungspolitischen Dissens sorgen zunächst schon die unterschiedlichen Wertorientierungen und Geschichtsbilder der Parteien, sowie die zwischen ihnen kontroversen Bewertungen der Ursachen, des Verlaufs und der Folgen der Nazi-Diktatur. Es ist kaum zu erwarten, daß sich in den Schlüsselfragen der Geschichte des Nationalsozialismus die Linke und die Rechte so bald auf eine konsensuale Bewertung verständigen können und den politischen Streit um die NS-Vergangenheit beenden werden.

Das wird man von den künstlerischen Medien ebensowenig erwarten können – oder befürchten müssen. Ihren Interpretationen und fiktiven Darstellungen verdankt unsere Erinnerungskultur wesentliche Impulse. Sie haben nicht selten auch politisch relevante Debatten provoziert. So war es bereits in den vergangenen fünfzig Jahren. Zahlreiche Künstler und Werke haben unserem kulturellen Gedächtnis inhaltliche Substanz gegeben. Die NS-Vergangenheit ist zu einem Gutteil das, was ihre Darstellungen und Deutungen daraus gemacht haben. Ob die Geschichte der Deutschen in Familiengeschichten und Alltagsbildern erzählt wird, ob es die Bilder des Weltkriegs, der Wehrmacht und des Widerstands sind, die uns auf Bühne und Leinwand gezeigt werden, ob es um die »schönen Bilder« prominenter NS-Künstler geht, die das Gedächtnis der Nachlebenden nachhaltig beeinflußt haben, oder um die Schreckensbilder, die den Holocaust seit Jahrzehnten immer wieder zum spektakulären Medienereignis machen: die Resonanz auf diese Bilder war stets groß und nicht selten kontrovers.

Hier scheint ein Kernproblem unserer Erinnerungskultur überhaupt zu liegen. Im Hinblick auf die NS-Vergangenheit akzeptieren wir nicht oder nur schwer, was wir für jedes individuelle und soziale Gedächtnis als »normal« voraussetzen: daß Erinnerung auswählt, ergänzt und deutet, daß sie im Umgang mit der Vergangenheit ebenso vergeßlich wie phantasievoll und erfinderisch ist. Die jahrhundertealte Praxis der ars memoriae hat die Kunst des Vergessens wie selbstverständlich eingeschlossen. Die Zwillingsschwestern Amnesie und Amnestie sind für das Zusammenleben der Menschen politisch unverzichtbar, wenn durch Krieg und

Diktatur nur wenige von ihnen nicht mitschuldig geworden sind. Nach Auschwitz aber hat das »Vergessen und Vergeben« diese positive funktionale Bedeutung weitgehend verloren. Nun wird, auch nach Jahrzehnten oder gerade dann, moralisch verurteilt, wer diese Vergangenheit auf sich beruhen lassen möchte. Strafrechtliche Konsequenzen drohen dem, der Auschwitz und die Gewaltverbrechen überhaupt leugnet. Aber auch weniger extreme Positionen geraten schnell in den Verdacht, die Vergangenheit zu verfälschen und zu verharmlosen, sie in Teilen zu »vergessen« oder zu relativieren, die anderen zentral erscheinen. Das ist in der Zeitgeschichtsforschung nicht anders als in den Gedenkveranstaltungen. Aber erst in der ästhetischen Kultur wird dieses Problem zentral. Sie lebt ganz von der Subjektivität und der Kraft der Bilder einer »erfundenen Erinnerung« und den Irritationen und politischen Kontroversen, die sie immer wieder ausgelöst haben. Das ist das Thema des zweiten und abschließenden Bandes meiner politischen Kulturgeschichte deutscher Gedächtnisorte, die an die NS-Vergangenheit erinnern.

Anmerkungen

1. Gedächtnisorte und Erinnerungspolitik

1 Vgl. Meinecke (1965); Schulze (1989), bes. S. 46 ff.
2 Siehe dazu jetzt vor allem Bauman (1992) und (1992 a).
3 Assmann (1994), S. 17 – 35.
4 Schneider (1987), S. 676 – 684.
5 Vgl. dazu vor allem Assmann / Assmann (1994), S. 114 – 140.
6 Aleida Assmann, Zwischen Pflicht und Alibi, in: die tageszeitung, 20. 3. 1996.
7 Vgl. aus der Fülle der neueren Literatur bes. Oexle (1995); Smith / Emrich (1996); Weinrich (1997); Assmann / Hölscher (1988); Assmann / Harth (1991) und (1991 a); Haverkamp / Lachmann (1993); Bönisch-Brednich (1991); Cancik / Mohr (1990).
8 Vgl. Hutton (1993), S. 1 – 16.
9 Halbwachs (1985), S. 142. Zur Präzisierung und Weiterführung der Gedanken von Halbwachs: Assmann (1992).
10 Siehe Huber (1994), S. 224 – 235.
11 Karl Markus Michel, Die Magie des Ortes, in: Die Zeit, 11. 9. 1987.
12 Vgl. v. a. Brochhagen (1994); Frei (1996); Herf (1998).
13 Nora (1984), (1986), (1990), (1992), (1995).
14 Nora (1995), S. 91.
15 Burke (1991), S. 290, kritisiert zu Recht, daß Halbwachs »in etwas altmodisch wirkender positivistischer Art« Geschichtsschreibung »für etwas Objektives« hielt – im Gegensatz zum vor- oder außerwissenschaftlichen »kollektiven Gedächtnis«. Denn auch die Geschichtsschreibung von Historikern repräsentiert »soziales Gedächtnis«; insofern ist dann auch die Geschichtswissenschaft und ihre Geschichte »Gedächtnisgeschichte«.
16 Pointiert heißt es bei Nora (1990): »In dem Maße, wie das traditionelle Gedächtnis verschwindet, fühlen wir uns gehalten, in geradezu religiöser Weise Überreste, Zeugnisse, Dokumente, Bilder, Diskurse, sichtbare Zeichen dessen anzuhäufen, was einst war (…) Das Heilige steckt jetzt in der Spur, die doch seine Negation ist. Unmöglich läßt sich im voraus beurteilen, woran man sich später einmal wird erinnern müssen« (S. 19 f.) – oder wollen. Und weiter: »Die Entritualisierung unserer Welt ist es, die diesen Begriff auftauchen läßt. Das, was eine Gemeinschaft, die bis in ihre Grundfeste in Wandel und Erneuerung hineingerissen ist, künstlich und willentlich ausscheidet (…) Museen, Archive, Friedhöfe und Sammlungen, Feste, Jahrestage, Verträge, Denkmäler (…) sind die Zeugenberge eines anderen Zeitalters, Ewigkeitsillusionen (…) Gerettete Orte eines Gedächtnisses, die wir nicht mehr bevölkern, halboffizielle und institutionelle, halbaffektive und sentimentale Orte (…) Orte, die weder politische Überzeugung noch leidenschaftliche Teilnahme mehr ausdrücken und in denen gleichwohl noch etwas von symbolischem Leben pocht. Ein Absturz vom Eingedenken zur Historie, von einer Welt,

in der man Vorfahren hatte, zu einer Welt mit zufälliger Beziehung zu dem, was uns gemacht hat, Übergang von einer totemistischen Geschichte zu einer kritischen Geschichte: das ist der Augenblick der Gedächtnisorte. Man feiert nicht mehr die Nation, sondern studiert ihre Feierstunden.« (S. 17 f.)

17 François (1995) und (1996); Borgolte (1992); Große-Kracht (1996); Möller / Morizet (1996). Vgl. jetzt auch die Ankündigung einer Bestandsaufnahme deutscher Erinnerungskultur durch Etienne François und Hagen Schulze, Auf der Suche nach der verlorenen Vergangenheit, in: Frankfurter Allgemeine, 2. 9. 1998.

18 François (1995), S. 93 ff.

19 So Assmann (1992), S. 59 f.; siehe auch Oexle (1995).

20 Koselleck (1979); Koselleck / Jeismann (1994); Mosse (1993).

21 Vgl. außer den zuvor genannten Studien auch: Horst Baier: Totentrauer – die Frömmigkeit unserer Republik, in: Frankfurter Allgemeine, 14. 11. 1987; Reichel (1996), S. 70–80.

22 Dazu jetzt Behrenbeck (1996).

23 Grundlegende Gedanken dazu bei Kittsteiner (1996) und Weinrich (1997).

24 Ackermann (1990); Schellack (1990).

25 Vgl. vor allem Lurz (1985).

26 Mattenklott (1993 a), S. 43.

27 Vgl. Wittig (1990), S. 91–98.

28 Lepsius (1993). Für vergleichende Länderstudien siehe: Steininger (1994); Bergmann / Erb / Lichtblau (1995).

29 Für Österreich grundlegend: Botz / Sprengnagel (1994); Ziegler / Kannonier-Finster (1993); Gärtner / Rosenberger (1991); Pelinka / Weinzierl (1987).

30 Sheehan (1990), S. 277–286.

31 Améry (1966), S. 127.

32 Vgl. Zimmermann (1992).

33 Vgl. die Beiträge von Kittsteiner und Weigel in: Smith / Emrich (1996); siehe dazu auch: Caroline Neubauer, Vom Nutzen des Vergessens, in: Gedanken zur Zeit, NDR 3, 2. 4. 1994. Zur Geschichte der Vergangenheitsbewältigung siehe jetzt: Herf (1997) und Brochhagen (1994).

34 Vgl. – auch für die nachfolgenden Zitate – Kiedaisch (1995), S. 53 f., 57, 62.

35 So Claude Lanzmann: Hier ist kein Warum, in: die tageszeitung, 23. 4. 1992; ders., Ihr sollt nicht weinen, in: Frankfurter Allgemeine, 5. 3. 1994. Vgl. auch Mariam Niroumand, »Du sollst dir kein Bildnis machen«, in: die tageszeitung, 12. 11. 1992. Zu Lanzmann siehe bes. Koch (1992) und (1993), zum Vergleich Lanzmann / Spielberg siehe Kramer (1996).

36 Siehe dazu Ophir (1992); Kohlhammer (1994).

37 Ruth Klüger, Kitsch, Kunst und Grauen, in: Frankfurter Allgemeine, 2. 12. 1995.

38 Vgl. Giesz (1971).

39 Young (1992), S. 266 ff. und ders. (1997).

40 Metken (1994); Heinrich (1993); Young (1997).

41 Walter Grasskamp, Die Behaglichkeit des Gedenkens, in: Die Zeit, 18. 11. 1994.

42 Klüger (wie Anm. 37).

2. Deutschland nach 1945: Eine Erinnerungslandschaft

1 Grundlegend Scharf (1984), Mittig / Plagemann (1972), Mittig (1987), Nipperdey (1968), Mai / Schmivber (1989), Lipp (1993), Diers (1993), Reuße (1995), Alings (1996), Dörner (1996).

2 Dazu vor allem Ehlich (1991), Düding (1988).

3 Mattenklott (1993) und (1993 a).

4 Die Literaturlage ist insgesamt noch unbefriedigend. Als erste, frühe Einführung siehe Rieth (1968); neuerdings vor allem: Young (1993) und (1994), Lurz (1987), Lutz u. a. (1992), Puvogel u. a. (1995).

5 Mattenklott (1993), S. 27.

6 In: Die Reden Hitlers am Reichsparteitag 1933, München 1934; siehe auch: Völkischer Beobachter Ausg. A, 3. / 4. 9. 1933.

7 Zit. nach Bartetzko (1992), S. 19.

8 Siehe vor allem Zelnhefer (1991), Ogan / Weiß (1992), Rusinek (1989).

9 Der Wortlaut der Rede des Bundespräsidenten erschien in: Die Neue Zeitung, 23. / 24. 8. 1952; sie ist gekürzt wieder abgedruckt in: Stölzl (1988), S. 25 ff.

10 Sigrid Randa, Vergangenheit als Erlebnis der Gegenwart. Das Germanische Nationalmuseum in Nürnberg – Gründungsidee und neue Aufgaben, in: Das Parlament, 2. 9. 1994, S. 5.

11 Dazu und zum Folgenden vor allem: Dietzfelbinger (1990) und Centrum Industriekultur (1993), S. 142 ff.

12 Nürnberger Nachrichten, 17. 5. 1967.

13 Peter Schmitt, Die Last mit Hitlers steinernem Erbe, in: Süddeutsche Zeitung, 22. 7. 1988; Mathias Schreiber, Brutale Bauten? in: Frankfurter Allgemeine, 15. 7. 1988; Bernd Siegler, Nürnbergs Erbe – die »Worte aus Stein«, in: die tageszeitung, 10. 3. 1989.

14 Eckhard Roelcke, Die Räte: ratlos. Wird die kulturpolitische Krise in Nürnberg zu einem Fall Karla Fohrbeck? in: Die Zeit, 13. 12. 1991.

15 Bernd Siegler, NS-Entsorgungsstätte Nürnberg? in: die tageszeitung, 17. 9. 1990; ders., Grüne Gebete in der »Tempelstadt der Bewegung«, in: Konkret 12 (1990), S. 54 ff. Bäume und Steine zum Gedenken, in: Nürnberger Zeitung, 31. 8. 1990; Karla Fohrbeck, Gestaltung des ehemaligen Reichsparteitagsgeländes – Eine deutsche, eine Nürnberger, eine internationale Aufgabe, unveröffentl. Positionspapier, Nürnberg 1990.

16 Bernd Eichmann, Geometrie der Macht. Das Nürnberger Reichsparteitagsgelände, in: Das Parlament, 4. / 11. 10. 1991, S. 13.

17 Hermann Glaser, Rolling Histories, in: Plärrer, Juni 1991, S. 22.

18 Vgl. Walter Schatz, Licht in das Dunkel einer Epoche, in: Nürnberger Nachrichten, 14. / 15. 6. 1997; Gregor Schöllgen, In der Kulisse des Führers. Plädoyer für ein Dokumentationszentrum auf dem ehemaligen Reichsparteitagsgelände in Nürnberg, in: Frankfurter Allgemeine, 7. 4. 1998.

19 Die einschlägige Literatur ist kaum noch überschaubar. Zur ersten Orientierung: Nerdinger (1993), S. 9 ff., Schäche (1991).

20 Vgl. dazu vor allem Rostock / Zadnicek (1992).

21 Aufschlußreich auch die Dissertation von Petra Leser (1991) über den Architekten Clemens Klotz. Sie betont das »sachlich-moderne Vokabular« seiner in Prora benutzten Formensprache, das seinerzeit preiswürdig war. Auf der Pariser Weltausstellung 1937 erhielt Klotz für sein Modell einen »Grand Prix«.

22 Das 1. Symposium ist dokumentiert worden von Werkgruppe Prora (1994). Das 2. Symposium hat die Landeszentrale für Politische Bildung in Schwerin organisiert und dokumentiert (1995). Die Ergebnisse des diskursiven Verfahrens der »Gesellschaft für behutsame Stadterneuerung S.T.E.R.N.« sind in der Studie »Prora für Rügen« (Berlin 1997) zusammengefaßt. Vgl. dazu auch: Anita Kugler: Nicht contra, sondern Prora. Die Konversion des Kolosses Prora auf Rügen ist beschlossene Sache, in: die tageszeitung, 12. 3. 1997.

23 Vgl. Ralph Sommer, Völkerverständigung am V-2-Startplatz, in: Das Parlament, 2. / 9. 9. 1994 und Kaiser / Bode (1995); außerdem die Beiträge von Doßmann (1994) und Ernst (1994); sowie Resolution der Expertenkommission. Pressemitteilung des Museums für Verkehr und Technik Berlin, 13. 10. 1994. Vgl. neuerdings auch Projektgruppe Peenemünde (Hg.): Projekt Peenemünde. Museum – Informationszentrum – Denkmallandschaft, Wolgast 1997.

24 München – »Hauptstadt der Bewegung«, München 1993 (Ausstellungskatalog Münchner Stadtmuseum); Nerdinger (1993). Vgl. auch die Ausstellungsrezensionen in: Frankfurter Rundschau, 21. 12. 1993; Die Zeit, 10. 12. 1991; die tageszeitung, 15. 12. 1993; Frankfurter Allgemeine, 6. 11. 1993. 1994 folgte die Ausstellung »Die Utopie des Designs«; vgl. dazu: Jochen Becker, München macht sauber, in: die tageszeitung, 19. 4. 1994.

25 So zutreffend der eingehende Kommentar von Wolfgang Jean Stock, Alles lief auf Krieg hinaus, in: Süddeutsche Zeitung, 27. 10. 1993.

26 Auf diesen Zusammenhang zielt auch Renate Schostack, Propaganda in Stein. Bauen im Nationalsozialismus: Eine Ausstellung im Münchner Stadtmuseum, in: Frankfurter Allgemeine, 6. 10. 1993. Vgl. auch Gerhard Matzig, Denken müssen wir selbst. Eine Münchner Denkmalschutz-Tagung zum Umgang mit der Nazi-Architektur, in: Süddeutsche Zeitung, 2. 12. 1993.

27 Sehr geholfen hat mir dabei auch die Hamburger Magisterarbeit von Gisela Hüttinger (1992).

28 Schütz (1988).

29 Weitere Gedenktafeln befinden sich im Lichthof der Ludwig-Maximilians-Universität und an anderen Stellen der Stadt, vgl. Vieregg (1993), S. 21 ff.

30 An sie erinnert der benachbarte »Platz der Opfer des Nationalsozialismus«, ein Verkehrsknotenpunkt, denkmalästhetisch unauffällig, und als Gedächtnisort kaum bekannt, »selbst Taxifahrer kennen den Namen« dieses Platzes nicht, so Weyerer (1988), S. 208.

31 Henn (1987).

32 Nerdinger (1988).

33 Mittig (1988).

34 Hans-Joachim Müller, Die Entsorgung des Kunsttempels, in: Die Zeit, 26. 1. 1990.

35 Dazu Hüttinger (1992), S. 59 ff. und 92 ff. Neuerdings: Lauterbach (1995).

36 Zit. nach Hüttinger (1992), S. 57.

37 Süddeutsche Zeitung, 25. 4. 1979.

38 Staatl. Antikensammlung München (1991), S. 6.

39 Arndt (1981).

40 Altendörfer (1986), S. 205 ff.

41 Ebd., S. 229.

42 Vgl. Beseler (1988), S. XXVI.

43 Simmel (1923 / 1983), S. 106 ff.

44 Vgl. Pehnt (1991).

45 Siehe zum Folgenden vor allem: Beseler (1988).

46 Frisch (1958), S. 37 f.

47 Zum Folgenden vor allem: Meier (1991).

48 Dirks (1947), S. 819 ff.

49 Zit. nach Dieter Bartetzko, Abriß nach dem Ende der Welt, in: Frankfurter Allgemeine, 3. 12. 1994.

50 Pehnt (1991), S. 115.

51 Fragen an die deutsche Geschichte (1984), S. 211 f. Siehe auch Schembs (1989), S. 109 ff. und Eichmann (1994), S. XXX.

52 Zum Folgenden: Pehnt (1991), S. 118 ff. Außerdem: Magistrat der Stadt Frankfurt (1988), Klötzer (1978).

53 Walter Siebel, Die Städte betreiben Kathedralenpolitik, in: Die Zeit, 3. 11. 1989.

54 Eduard Beaucamp, Volksvertreter. Zu Johannes Grützkes Monumentalbild in der Paulskirche, in: Frankfurter Allgemeine, 13. 4. 1991 und Hans-Joachim Müller, Schlurfen für Deutschland. Wie der Maler Johannes Grützke der Frankfurter Paulskirche ihre Abgeordneten wiedergab, in: Die Zeit, 19. 4. 1991.

55 Der Wiederaufbau ist im Gange, aber bei aller Zustimmung vor Ort durchaus nicht unumstritten. Vgl. etwa Curt Siegel, Und man braucht sie doch, in: Die Zeit, 8. 2. 1991; Peter Sartorius, Das Dresdner Vermächtnis, in: Süddeutsche Zeitung, 9. / 10. 7. 1994.

56 Dazu vor allem: Werner (1987), Machat (1985).

57 Werner (1987), S. 201.

58 Zum Folgenden: Grünberg (1997), S. 47 ff., Mathias Wegner, Das Feuer war ihr Schicksal, in: Frankfurter Allgemeine, 9. 5. 1992; Fischer (1992), S. 33 ff.

59 Wegner (wie Anm. 58).

60 Negt / Kluge (1972), S. 451.

61 Rieth (1968), S. 16 f., Spielmann (1990), S. 207 ff.

62 Zit. nach: Spielmann (1990), S. 210.

63 Zum Folgenden: Springer (1989), S. 92 ff.

64 Grundlegend: Hedinger u. a. (1979); Walden (1979, 1994, 1997), Plagemann (1986), S. 130 ff., S. 142 ff., S. 151 ff.; Armanski (1988), besonders S. 33 ff.

65 Zit. nach Plagemann (1986), S. 140.

66 Zit. nach Plagemann (1986), S. 147.

67 Zit. nach Walden (1979), S. 101.

68 Karl-Heinz Janßen, Ein Denkmal, eine Verirrung, in: Die Zeit, 28. 8. 1981, S. 37.

69 Rühmkorf (1972), S. 251 f.

70 Vgl. Lewin (1987). Die kunstwissenschaftliche Kritik hat sich immer wieder dieses Denkmals angenommen; vgl. etwa Schubert (1989) und (1987) und die Erwiderung von Werner (1988), Hütt (1990).

71 So Hrdlicka über seine Skulptur, zit. nach Schubert (1989), S. 139.

72 Schubert (1989), S. 140.

73 Ebd., S. 139.

74 Vgl. zum Folgenden die im Hamburger Denkmalschutzamt erarbeitete Darstellung von Leisner / Schulze / Thormann (1990).

75 Vgl. Bracher u. a. (1992), Hoffmann / Klotz (1991), Reichel (1993), Thamer (1986).

76 Plagemann (1986), S. 157.

77 Vgl. die typologisierende Studie von Pollack / Nicolai (1983).

78 Grundlegend dazu Koselleck (1979), Lurz (1985), neuerdings Mosse (1993); außerdem div. Beiträge in Mai / Schmirber (1989) und Hütt u. a. (1990).

79 Dazu und zum Folgenden: Ackermann (1990), Baird (1990).

80 Vgl. Kuberek (1990) und Wittig (1990). Siehe auch Lurz (1989).

81 Zit. nach: Lurz (1989), S. 85.

82 Vgl. Arndt (1989).

83 Plagemann (1986), S. 159; Leisner u. a. (1990), Bd. 2, S. 9 f.

84 Plagemann (1986), S. 160 f.; Leisner u. a. (1990), Bd. 2, S. 17 f.

85 Nachfolgende Zitate aus: Leisner u. a. (1990), Bd. 2, S. 16 f. Vgl. außerdem Plage-
    mann (1986), S. 163 f. Grundlegend als Gesamtdarstellung für Deutschland: Lurz
    (1987), hier insbes. S. 204 f.

86 Er hieß zuvor Karmeliterplatz, bei den Nazis Dominikanerplatz, vor 1933 eben-
    falls Börneplatz und vor 1885 Judenmarkt. Vgl. zum Folgenden vor allem: Best
    (1988), Jüdisches Museum Frankfurt / M. (1992). Bernd Eichmann, Wie man ein
    Ghetto ins Museum sperrt, in: Das Parlament, 2. / 9. 9. 1994.

87 Walter Grab, Aus Untertanen politisch bewußte Staatsbürger machen, in: Frank-
    furter Rundschau, 3. 5. 1986.

88 Best (1988), S. 59.

89 Dieter Bartetzko, Das simulierte Ghetto als altväterliche Idylle, in: Frankfurter
    Rundschau, 7. 9. 1987.

90 Best (1988), S. 99.

91 Walter Boehlich, Das Loch vor Frankfurt. Der Börneplatz alias Karmeliterplatz
    alias Judenmarkt: ein Fall von Vergangenheitsbewältigung, in: Die Zeit, 10. 7. 1987.
    Vgl. auch Dieter Ohlmeier, Geschichten, die man wohl weiß, aber nicht wissen
    will. Ein psychoanalytischer Beitrag zum Konflikt über die Börneplatz-Bebau-
    ung, in: Frankfurter Rundschau, 16. 12. 1987.

92 »Optimales unter schlechten Bedingungen«, in: Frankfurter Allgemeine, 30. 11.
    1992.

93 Bartetzko (wie Anm. 89) und ders. (1992).

94 Zit. nach: Joachim Riedl, Juden in Frankfurt, in: Die Zeit (Dossier), 15. 11. 1985.

95 Otto Köhler, Fritz Bauer zu Ehren, in: Die Zeit, 4. 12. 1992, S. 61.

96 Mariam Niroumand, Gegen moralische Schockpädagogik, und Interview mit
    Hanno Loewy, in: die tageszeitung, 26. 1. 1993. Vgl. außerdem Hanno Loewy, Der
    Holocaust bleibt ein Niemandsland des Verstehens, in: Frankfurter Rundschau,
    22. 10. 1991; Otto Köhler, Die Rationalität von Auschwitz. Frankfurter Diskus-
    sion über die Einrichtung eines Holocaust-Forschungszentrums, in: Die Zeit,
    1. 11. 1991.

97 Als Einführung, Dokumentation und Materialsammlung grundlegend Puvogel
    u. a. (1995), Bd. 2 (Berlin, Brandenburg, Mecklenburg-Vorpommern, Sachsen,
    Sachsen-Anhalt, Thüringen) erscheint 1999; außerdem Young (1997), Reuße
    (1995), Heinrich (1993), Lehrke (1988); grundlegend ebenfalls, auch wenn der Ti-
    tel teilweise irreführend ist, denn das Buch beschränkt sich keineswegs nur auf
    Kriegerdenkmäler: Lurz (1987).

98 Diers (1993).

99 Deshalb macht es durchaus Sinn, trotz der Gleichzeitigkeit unterschiedlicher
    Formensprachen in den verschiedenen Phasen der Denkmalkunst, jeweils die re-
    lative Dominanz bestimmter denkmalästhetischer Konzepte zu betonen; vgl.
    Spielmann (1992) und (1990). Siehe auch Hoffmann (1988).

100 Puvogel u. a. (1995), S. 132 ff, Eichmann (1986), S. 149 ff. Vgl. auch Bernd Siegler,
    Ein Lernort – und kein KZ-Erlebnisland, in: die tageszeitung, 23. 1. 1998.

101 Puvogel u. a. (1995), S. 621 ff., Eichmann (1986), S. 53 ff., Albertz (1981) und Die-
    stelmeier (1983).

102 Puvogel u. a. (1995), S. 39 f., Eichmann (1986), S. 157 ff.
103 Puvogel u. a. (1995), S. 314 ff., Eichmann (1986), S. 121 ff.
104 Scharf (1984), S. 310 ff., Spielmann (1992), S. 107 ff., aus der Sicht der DDR: Kuhirt (1982), Institut für Denkmalpflege (1976). Zur aktuellen Diskussion über den Umgang mit dem Denkmal-Nachlaß in der vormaligen DDR-Hauptstadt Ostberlin siehe Aktives Museum (1990), Abgeordnetenhaus von Berlin (1993).
105 Im vollen Wortlaut: »Ihr könntet heute weder frei lernen noch spielen. Ja, ihr wäret vielleicht gar nicht geboren, wenn solche Frauen nicht ihre zarten, schmächtigen Körper wie stählerne Schutzschilder (...) vor euch und eure Zukunft gestellt hätten.«
106 Vgl. vor allem den Bericht der Berliner Denkmalkommission: Abgeordnetenhaus von Berlin (1993), Aktives Museum (1990), Adam (1992).
107 Adam (1992), S. 25 ff.
108 Ebd., S. 12.
109 Hermann Weber (1985), S. 115 ff. verweist darauf, daß die »Vereinigung (...) bis heute völlig gegensätzlich bewertet wird«; er schwächt das Diktum von der »Zwangsvereinigung« deutlich ab, wenn er auch bei aller abgewogen akzentuierten Verschiedenheit der Motive der beiden Parteien keinen Zweifel an den Repressionen insbesondere der SMAD läßt.
110 Lurz (1987), S. 145 ff. und 192 ff.
111 Ebd., S. 215 ff.
112 Ebd., S. 34 f.
113 Ebd., S. 35 f.
114 Puvogel u. a. (1995), S. 410 f.
115 Siehe dazu Young (1992), S. 139 ff.
116 Plagemann (1988), S. 33 ff.
117 Die beiden problematischen Aspekte der Denkmalsetzung in Demokratien: die Symbolisierungsschwäche und das antiegalitäre Element des Denkmals – betont Mattenklott (1993), S. 29 f.
118 Young (1992), S. 269, ders. (1993).
119 Vgl. Mattenklott (1989).
120 Ophir (1992); vgl. auch Young (1992), S. 266 ff., und ders., Die Tradition des mea culpa. Ein Beitrag zur Debatte um die Erinnerungskultur in Deutschland, in: die tageszeitung, 15. 3. 1993.
121 Metken (1994).
122 Vgl. Young (1993), S. 28 ff., Steinhauser (1993), Gerz / Shalev-Gerz (1994).
123 Petra Kipphoff, Das verschwundene Denkmal, in: Die Zeit, 19. 11. 1993.
124 Vgl. Schmidt-Wulffen (1994); Dem Zugriff des Wissens widerstehen. Interview mit Jochen Gerz (Paris, 25. 4. 1993), in: Neue Bildende Kunst. Zeitschrift für Kunst und Politik, H. 3 / 1993, S. 33 ff.; Barbara v. Ihering, Duell mit der Verdrängung, in: Die Zeit, 7. 2. 1992.
125 Dazu vor allem Thomas Wagner, Es steht geschrieben. »1926 Steine«: Ein Mahnmal gegen Rassismus in Saarbrücken, in: Frankfurter Allgemeine, 5. 2. 1992. Siehe jetzt auch »Ancienne Douanne« Gerz-Retrospektive Strasbourg 1994 (Ausstellungskatalog) und dazu Christoph Danelzik, Keine Namen, in: die tageszeitung, 2. 5. 1994.
126 Hans Dickel, Das fehlende Haus. Christian Boltanski in Berlin, in: Ästhetik und Kommunikation, Jg. 21 (1992) H. 78, S. 43 ff. Vgl. auch Wulf Herzogenrath u. a. (Hg.), Die Endlichkeit der Freiheit, Berlin 1990 (Ausstellungskatalog); Hans Dickel, Installationen als ephemere Form der Kunst, in: Diers (1993), S. 223 f.

127 Andrea Köhler, Passage und letzte Station, in: Die Zeit, 20. 5. 1994; Jörg Lau, Zum Andenken eines Abgewiesenen, in: die tageszeitung, 14. 5. 1994.

128 Karavan (1992).

129 Zur Vorgeschichte: Scheuermann (1992); Rainer Hoffmann, Nur ein Grundstein für Walter Benjamin? in: Neue Zürcher Zeitung, 19. / 20. 4. 1992; Manfred Schnekkenburger, Kleinmut siegt. Ein Denkmal für Walter Benjamin wird gekippt, in: Frankfurter Allgemeine, 6. 6. 1992.

3. Ehemalige Konzentrationslager als Gedenkstätten und Museen

1 Als Einführung und informative Dokumentation unentbehrlich Puvogel u. a. (1995) und (1999). Vgl. auch Matz (1993) und Lehrke (1988).

2 Vgl. dazu vor allem die Beiträge von Annette Leo, Wolfgang Benz, Rainer Eckert und Lutz Niethammer, in: Ministerium für Wissenschaft, Forschung und Kultur des Landes Brandenburg (1992) und Loewy (1992).

3 Lepsius (1993), S. 229 ff.

4 Siehe etwa Raabe (1990), Bruford (1984), Meßner (1984); Bernd Kauffmann, Weimars deutsches Gesicht, in: Der Tagesspiegel (Berlin), 3. 7. 1994; Gustav Seibt, Kisten aus Buchenwald, in: Frankfurter Allgemeine, 4. 6. 1994.

5 Aus damaliger DDR-Sicht: Trostorff (1975).

6 Vgl. hier und zum Folgenden Bernd Eichmann, Der Alltag war Hunger, Folter und Sterben. Das Konzentrationslager Buchenwald bei Weimar – zweimal ›im Dienst‹, erst in der NS-Zeit, ab 1945 dann in der SBZ, in: Das Parlament, 21. 2. 1992; Karl Adam, O Buchenwald, ich kann dich nicht vergessen, in: Frankfurter Allgemeine, 9. 12. 1991; Morsch (1989) und Sonnet (1987).

7 Ich folge hier der Rekonstruktion und Deutung durch Knigge, Vom provisorischen Grabdenkmal zum Nationaldenkmal, S. 2258 ff.; vgl. auch die anderen Beiträge des Themenheftes »Buchenwald« der Bauwelt, Jg. 86 (1995) H. 39, und Knigge / Pietsch / Seidel (1997), 2 Bde.

8 Konrad Weiß, Gebrochener, nicht ›verordneter« Antifaschismus, in: Das Parlament, 10. 5. 1996, S. 15.

9 Vgl. Niethammer (1994); Hackett (1996); unverzichtbar weiterhin die in alliiertem Auftrag erarbeitete Studie des ehemaligen Buchenwald-Häftlings und späteren Darmstädter Politologen Eugen Kogon (»Der SS-Staat«, 1946).

10 Vgl. dazu Klonovsky / von Flocken (1993).

11 Finn (1990). Bekannt war die Existenz der Lager und Massengräber sehr viel früher; vgl. Fricke (1979) und Meyer (1993).

12 Gedenkstätte Buchenwald (1992). Vgl. auch Puvogel u. a. (1999); Hans-Helmut Kohl, Das deutsche Dilemma mit der doppelten Vergangenheit, in: Frankfurter Rundschau, 3. 3. 1992; Vera Gaserow, Buchenwald wird ›neu positioniert‹, in: die tageszeitung, 5. 6. 1991; Bettina Markmeyer, Verbrechen nicht gleichsetzen, aller Opfer gedenken, in: die tageszeitung, 13. 4. 1992.

13 »Sowjetisches Speziallager 2«. Dauerausstellung in Buchenwald eröffnet, in: Frankfurter Allgemeine, 26. 5. 1997; vgl. außerdem Christian Semler, Das andere Lager in Buchenwald, in: die tageszeitung, 26. 5. 1997; Siegfried Stadler, Elendsgrau als Leitfarbe, in: Frankfurter Allgemeine, 23. 6. 1997; Klaus Hartung, Wer be-

hält recht in Buchenwald? in: Die Zeit, 25. 10. 1996; Konrad Adam, Nachgeordnet oder untergeordnet? in: Frankfurter Allgemeine, 11. 4. 1996; Siegfried Stadler, In Furcht vor dem schönen Denkmal des Grauens, in: Frankfurter Allgemeine, 28. 12. 1995. Schon gibt es weitere Zukunftspläne für diesen historischen Ort. Auf Anregung des spanischen Schriftstellers, ehemaligen Buchenwald-Häftlings und Friedenspreisträgers des Deutschen Buchhandels, Jorge Semprún, soll Schloß Ettersberg Sitz einer Akademie für Totalitarismusforschung werden; vgl. Claus Peter Müller, Ein historischer Ort zwischen Weimar und Buchenwald, in: Frankfurter Allgemeine, 28. 2. 1998.

14 Vgl. zum Folgenden die entsprechenden Abschnitte des Gutachtens: Gedenkstätte Buchenwald (1992); außerdem Bernd Eichmann, Die Hölle am Hang des Südharzes, in: Das Parlament, 31. 1. 1992; Anita Kugler, Die Hölle »Mittelbau-Dora«, in: die tageszeitung, 5. 8. 1991; Puvogel u. a. (1999).

15 Anita Kugler, Militariahändler stehlen in KZ-Stollen, in: die tageszeitung, 29. 4. 1994.

16 Karl-Heinz Janßen, Geisterbahn im Stollen? in: Die Zeit, 23. 4. 1993.

17 Zit. nach Elisabeth Kiderlen, Babylonische Sklavenarbeit und High-Tech, in: Süddeutsche Zeitung, 15. 1. 1993.

18 Klonovsky / von Flocken (1993).

19 Joachim Nawrocki, Die Schrecken der Vergangenheit. Viele wußten, niemand redete von den Internierungslagern nach 1945, in: Die Zeit, 6. 4. 1990; Massengräber im früheren Lager Sachsenhausen entdeckt, in: Frankfurter Allgemeine, 3. 8. 1992. Vgl. auch Götz Aly, Das Ende der Antifaschistischen Amtskirche, in: die tageszeitung, 13. 7. 1990.

20 So Bernd Eichmann, Was bleibt? Das Bild des Leichenkellers …, in: Das Parlament, 5. 6. 1992. Daraus auch die folgenden Zitate. Zur Geschichte des Lagers und der Gedenkstätte vgl. jetzt vor allem: Morsch (1994) und (1996), außerdem Puvogel u. a. (1999).

21 Ministerium für Wissenschaft, Forschung und Kultur des Landes Brandenburg (1992 a), S. 23 ff.

22 Vgl. Michaela Schießl, Brandstifter von Sachsenhausen gefaßt, in: die tageszeitung, 3. 4. 1993; Annette Rogalla, Sachsenhausen-Urteil kassiert, in: die tageszeitung, 1. 9. 1994; Peter Jochen Winters, Die Brandspuren wurden bewußt erhalten. Die Ausstellung »Jüdische Häftlinge« in Sachsenhausen eröffnet, in: Frankfurter Allgemeine, 10. 11. 1997.

23 Vgl. auch für die nachfolgenden Zitate: Ute Frings, Schöner wohnen am KZ? in: Frankfurter Rundschau, 17. 3. 1993; Lutz Göllner, Blick zurück – Schritt nach vorn, in: Süddeutsche Zeitung, 24. 3. 1993. Stadt Oranienburg (Hg.), Gutachterverfahren. Urbanisierung des Geländes der ehemaligen SS-Kaserne Oranienburg. Dokumentation, Oranienburg 1993; Denkmalschutzantrag für den Gesamtlagerprozeß und Schreiben Dr. Morsch an den Verf. vom 4. 4. 1995; Anita Kugler, Darf man SS-Architektur schützen? in: die tageszeitung, 3. 6. 1996.

24 Ulrike Helwerth, Sonderangebote neben der KZ-Gedenkstätte, in: die tageszeitung, 6. 7. 1991.

25 Buber-Neumann (1978). Zur Lagergeschichte jetzt vor allem: Füllberg-Stolberg (1994), Arndt (1993).

26 Bernd Eichmann, Noch immer Totenasche auf dem Grund des Schwedtsees, in: Das Parlament, 3. 4. 1992; Ulrike Helwerth, Gewürdigt wurden nur die Kommunistinnen, in: die tageszeitung, 26. 10. 1990; aus der Sicht der damaligen DDR: Litschke (1985).

27 Für die nachfolgenden Zitate vgl.: Geschäfte auf Massengräbern?, in: Hamburger Abendblatt, 19. 7. 1991; Dramatische Szenen in Ravensbrück, in: die tageszeitung, 22. 7. 1991; Ulrike Helwerth, Arbeitsplätze gegen Tote, in: die tageszeitung, 23. 7. 1991.

28 Siehe Marlies Menge, Gegen den Rest der Welt, in: Die Zeit, 26. 7. 1991; Ulrike Helwerth, Arbeitsplätze. Daß angesichts ihrer eigenen Versäumnisse und der »Gnade der richtigen Geographie« die Westdeutschen keinen Anlaß zur Schelte hatten, hob Karl-Heinz Janßen hervor: Ravensbrück überall. Ein deutsches Lehrstück, in: Die Zeit, 26. 7. 1991.

29 Auch zum Folgenden: Anita Kugler, »Gemütliches Wohnen im KZ«, in: die tageszeitung, 1. 6. 1994.

30 Ministerium für Wissenschaft, Forschung und Kultur des Landes Brandenburg (1992a), S. 37ff. Vgl. auch: Bernd Faulenbach, Von der Gegenwärtigkeit des Vergangenen, in: Der Tagesspiegel (Berlin), 7. 2. 1993; Puvogel u.a. (1999).

31 Vgl. dazu den Bericht von Bernd Eichmann, Noch immer Totenasche, in: Das Parlament, 3. 4. 1992.

32 Für den Wettbewerb siehe: Stadt Fürstenberg / Havel (Hg.), Auslobung internationaler landschaftsplanerischer Ideenwettbewerb ›Ehemaliges Frauen-Konzentrationslager Ravensbrück‹, Fürstenberg o. J. (1997) sowie die Presseinformationen vom Amt Fürstenberg; vgl. außerdem die Jahresberichte der Stiftung Brandenburgische Gedenkstätten 1993–1995, 1996 und 1997. Für weitere Informationen und mündliche Auskünfte danke ich Frau Dr. Sigrid Jacobeit.

33 Grundlegend dazu Marcuse (1990) und (1992). Vgl. auch Young (1993), S. 60ff. und Blohm (1993) sowie Puvogel u.a. (1995), S. 122ff.

34 Vgl. die Beiträge in: Benz / Distel (Hg.) (1985 / 1993).

35 Klaus Bachmann, Verjagte Schwestern. Kommt zurück, in: die tageszeitung, 14. 5. 1994. Dieser Streit hat auch die Vorbereitung zum 50. Jahrestag des Warschauer Ghettoaufstandes erheblich belastet. vgl. Klaus Bachmann, Wiedergänger im Gedenken, in: die tageszeitung, 17. 4. 1993.

36 Zum Folgenden: Benedikt Erenz, Unser Dachau, in: Die Zeit, 30. 6. 1989.

37 Jochen Gerz: Exit. Materialien zum Dachau-Projekt (Faltblatt, Ausstellung Neuer Berliner Kunstverein 1974; Ausstellung Lenbachhaus München 1977); vgl. dazu Gottfried Knapp, Peinliche, peinigende Doppeldeutigkeit, in: Süddeutsche Zeitung, 12. 10. 1977.

38 Zit. nach Peter Fahrenholz, Gewiß muß erinnert werden, aber warum jetzt und hier?, in: Frankfurter Rundschau, 7. 12. 1994.

39 Zit. nach Anita Kugler, Ein KZ wird modernisiert, in: die tageszeitung, 5. 7. 1996; vgl. außerdem Thomas Soyer, Aus KZ-Gedenkstätte wird ein Lernort, in: Süddeutsche Zeitung, 28. 6. 1998; Renate Schostack, Umdenken in Dachau, in: Frankfurter Allgemeine, 28. 1. 1998.

40 Puvogel u.a. (1995), S. 380ff.; Eichmann (1986[2]), S. 41ff.; Kolb (1986[2]); Gedenkstätte Bergen-Belsen (Hg.) (1990): Begleitheft zur Ausstellung. Hannover.

41 »Israel und die Welt seien daran erinnert, daß im Konzentrationslager Bergen-Belsen 30000 Juden durch die Hände der mörderischen Nazis ausgerottet wurden. Erde, verdecke nicht das Blut, das auf dir vergossen wurde!« (Am ersten Jahrestag der Befreiung, dem 15. 4. 1946). Zit. nach Puvogel u.a. (1995), S. 385f.

42 Eckart Spoo, Bergens Bürger wollen nicht an Anne Frank erinnert werden, in: Frankfurter Rundschau, 15. 7. 1985; Hans Jakob Ginsburg, »Laß' das mit der Anne Frank«, in: Die Zeit, 19. 7. 1985.

43 Zit. nach: Dietrich Strothmann, Heide drüber und mal ein Kreuz. Begegnungen in Bergen-Belsen, in: Die Zeit, 20. 12. 1985.

44 Celler Sonntags-Kurier, 5. 8. 1990.

45 Vgl. insbesondere die eindringlichen Beiträge von Dietrich Strothmann, Heide drüber, in: Die Zeit, 20. 12. 1985 und Wolfgang Stenke, Ein Inferno des Sterbens. Das Konzentrationslager Bergen-Belsen, in: Frankfurter Rundschau, 20. 4. 1985.

46 Gabriele Goettle, Bergen-Belsen. Deponie für Kranz und Würde, in: die tageszeitung, 31. 7. 1989 (jetzt auch in: dies., 1993, S. 170 ff.).

47 Zit. nach: Gutachten der Sachverständigenkommission (Leitung Eberhard Kolb): Zur Neugestaltung der Gedenkstätte Belsen. Hektogr. Text. Hannover 1987, S. 22.

48 Siehe auch Barbara Groneweg, Symbol der Schuld und Schande, in: Stuttgarter Zeitung, 3. 2. 1960; Josef Schmidt, Wo einst die Unmenschlichkeit regierte ..., in: Süddeutsche Zeitung, 3. 2. 1960.

49 »Damit der Blick frei auf den Gräbern ruhen kann.« Der Wortlaut der Rede des Bundespräsidenten im ehemaligen Konzentrationslager Bergen-Belsen, in: Frankfurter Allgemeine, 28. 4. 1965.

50 Vgl. dazu ebenfalls das Gutachten der Sachverständigenkommission zur Neugestaltung der Gedenkstätte.

51 Die Gedenkstätte in Bergen-Belsen umfaßt nur die Hälfte des KZ-Geländes, in: Hannoversche Allgemeine Zeitung, 26. 4. 1990; Möglichkeiten nicht genutzt, in: Cellesche Zeitung, 20. 4. 1990.

52 Vgl. Lévy-Hass (1979), Laqueur (1983).

53 Sington (1948), S. 17 und 34 f.

54 Sie wurde von Peter Wiebke recherchiert, der auch das Tagebuch von Renata Laqueur ins Deutsche übertragen hat. Vgl. Silke Bruns, »Ich erniedrige mich keinen Fingerbreit.« Porträt der SS-Aufseherin Irma Grese, Archiv Gedenkstätte Bergen-Belsen.

55 Vgl. Geburtsort: KZ Bergen-Belsen, in: Weser-Kurier, 24. 3. 1988.

56 Mark Krümpel, »Ein Gefühl, als ob alles gestern war«. Spuren deutscher Geschichte sichern, in: Cellesche Zeitung, 2. 9. 1993.

57 Vgl. insbesondere: Eiber (1987), Garbe (1997). Zum Folgenden vor allem: Bringmann / Roder (1987); soweit nicht anders angegeben daraus auch die nachfolgenden Zitate.

58 Zit. nach: Eiber (1987), S. 70.

59 Zur Geschichte des Lagers: Eiber (1990), Kaienburg (1990).

60 Karsten Plog, in: Frankfurter Rundschau, 19. 10. 1981.

61 Vgl. auch zum Folgenden Dorothee Hackenberg, Stilles Gedenken am »Ehrenmal«, in: die tageszeitung, 16. 10. 1990; ferner Viola Roggenkamp, Den »Fluch« schnell vergessen, in: Die Zeit, 6. 1. 1989.

62 Als jüngsten, bis in die Gegenwart reichenden Gesamtüberblick: Garbe (1997), S. 113–134, hier S. 126; siehe dort auch das Voscherau-Zitat.

63 Vgl. Empfehlungen der Kommission KZ-Gedenkstätte Neuengamme (1993), Bürgerschaft der Freien und Hansestadt Hamburg, Drcks. 14/3875 vom 6. 4. 93 und die unveröffentlichte Dokumentation (1994): Zur Neugestaltung der KZ-Gedenkstätte Neuengamme. Die Beratungen der Senatskommission und ihr Echo in Politik und Presse. Hamburg. Siehe dazu die Stellungnahme der CDU in der Kommission zur Neugestaltung der KZ-Gedenkstätte Neuengamme. Bürgerschaft der Freien und Hansestadt Hamburg, Drcks. 14/3875, S. 6 f. Vgl. auch Ber-

gedorfer Zeitung, 28. 5. 1993 und den Bericht des Kulturausschusses über die Drcks. 14/3875, Bürgerschaft, Drcks 15/1508 vom 30. 6. 1994.

64 Vgl. Freie und Hansestadt Hamburg. Staatliche Pressestelle (Hg.) (1994): Mitteilung des Senats an die Bürgerschaft, Bürgerschaft der Freien und Hansestadt, 15. Wahlperiode, Drcks. 15/2246 vom 22. 11. 1994.

65 Vgl. auch zum Folgenden: »Beteiligung des Bundes an Mahn- und Gedenkstätten« (Öffentliche Anhörung von Sachverständigen in der Gedenkstätte Sachsenhausen am 7. 3. 1994), 91. Sitzg. des Innenausschusses des Deutschen Bundestages (Tonbandabschrift) und Verhandlungen des Deutschen Bundestages, 12. Wahlp., 120. Sitzg. am 12. 11. 1992, Stenograph Ber., Bd. 164, Bonn 1992, S. 10167 ff. und 205. Sitzg. am 20. 1. 1994, Stenograph. Ber., Bd. 166, Bonn 1994, S. 17722 ff. Dazu auch Anita Kugler, Im Clinch ums Interpretationsmonopol, in: die tageszeitung, 7. 3. 1994.

66 Améry (1966), S. 127 f. Vgl. auch die einfühlsame, schöne Würdigung von Hartmut Diessenbacher, Das Leben vom Tode her. Der Gaskammer entkommen, durch eigene Hand gestorben: Erinnerung an Jean Améry, in: Frankfurter Allgemeine, 12. 12. 1992.

67 Koch (1992), S. 237.

4. Berlin: Die Hauptstadt als zentraler Gedächtnisort

1 Zit. nach: Klaus Hartung/Kuno Kruse, Der Bär ist los. Berlin – Metropole ohne Maß und Mitte, in: Die Zeit, 13. 4. 1990.

2 Zit. nach Joachim Nawrocki, Die Mauer in den Herzen, in: Die Zeit, 31. 1. 1992. Siehe auch Johann Jakob Häßlin (Hg.), Berlin, 1971, S. 23 und passim.

3 Klaus Hartung, Die Baustelle Wiedervereinigung, in: Die Zeit, 1. 10. 1993.

4 Karl Schlögel, Berlin – der dritte deutsche Zustand, in: Frankfurter Allgemeine, 17. 2. 1990.

5 Vgl. vor allem: Abgeordnetenhaus von Berlin (1993), Aktives Museum (1990), Adam (1992); Detlev Lücke, Unter Berufung auf die Geschichte: Streit und nochmals Streit, in: Das Parlament, 2./9. 9. 1994; Gabriele Riedle, Eichenlaub und Mördergrube. Wie ratlos Berlin mit dem schwierigen Erbe umgeht, in: Die Woche, 16. 12. 1994.

6 Kurt W. Forster, Berliner Balance, in: Die Zeit, 21. 1. 1994; ferner: Manfred Sack, Aber jetzt! Berlin braucht eine Stadtbaudirektion und eine unabhängige Planungsgesellschaft, in: Die Zeit, 9. 11. 1990. Siehe auch das Schwerpunktheft (1994): Von Berlin nach Neutonia, Arch – Zeitschrift für Architektur und Städtebau, Nr. 122; sowie die eindringlichen Beiträge in der Denkschrift der Akademie der Künste: Zur historischen Mitte Berlins, Berlin 1992 und in Engel/Ribbe (1993).

7 Schon Jahre vor dem Mauerfall schrieb Benedikt Erenz über diese: Berliner Adressen. Wo Himmler und Heydrich verfügten, Eichmann plante, Freisler richtete. Ein Weg durch die Ruinen des deutschen Alptraums, in: Die Zeit, 28. 11. 1986.

8 Vgl. dazu vor allem die Beiträge von Hein (1990) und Tscheschner (1990).

9 Durth (1992), S. 17.

10 Reichhardt/Schäche (1985).

11 Benjamin (1987). Siehe auch Reinhard Alings, Die standhafte Else, in: Die Zeit, 16. 3. 1990 und ders. (1996), S. 153 ff. und passim.

12 Herding / Mittig (1975).

13 Vgl. Mittig (1988 a), S. 26 ff.

14 Reichhardt / Schäche (1985), Notizen, S. 55 f. Siehe auch Preiß (1989).

15 Vgl. zum Folgenden die vorzügliche Darstellung und Dokumentation von Schäche (1991), in der sich auch zahlreiche Hinweise auf spätere bauliche Veränderungen und Nutzungen finden.

16 Mittig (1988 a), S. 28 und weitere Verweise dort. Zur Entstehungs- und Nutzungsgeschichte des Flughafens siehe jetzt auch Schmitz (1997).

17 Vgl. Kreuter / Hoffmann (1985).

18 Vgl. zum Folgenden: Hoffmann (1985).

19 Rittich (1938).

20 Schäche (1991), S. 241 ff.

21 Ebd., S. 266 ff.

22 Ebd., S. 437 ff.

23 Ebd., S. 441 ff.

24 Vgl. dazu besonders Machule (1985).

25 Vgl. Schäche (1984) und Mittig (1988 a).

26 Wolf Jobst Siedler, Anstößige Athleten. Überflüssige Diskussion: Die Skulpturen des Olympiageländes, in: Frankfurter Allgemeine, 12. 1. 1993.

27 Hilmar Hoffmann, Einstürzende Altbauten. Eine Replik auf Wolf Jobst Siedler, in: Süddeutsche Zeitung, 23. / 24. 1. 1993.

28 Buddensieg (1993). Vgl. auch das Gespräch von Hans-Hermann Kotte und Hans Monath mit dem Berliner Denkmalpfleger Jörg Haspel: Künstlerische Entnazifizierungsversuche zur Rettung der »Jahrtausendspiele«, in: die tageszeitung, 27. 1. 1993; Hoffmann (1993), bes. S. 161 ff. Über die architektur- und skulpturgeschichtlichen Aspekte informieren eingehend Bettina Güldner u. Wolfgang Schuster, Das Reichssportfeld, in: Skulptur und Macht, Berlin 1983, S. 37 ff. (Ausstellungskatalog / Akademie der Künste).

29 Vgl. zum Folgenden besonders Bien (1984) und Michael Reinsch, Ein schwieriges Erbstück, in: Frankfurter Allgemeine, 24. 6. 1995.

30 Vgl. auch Krüger (1972).

31 Sie trug zuvor den Namen »Dietrich Eckart«, Mentor Hitlers, Erfinder des NS-Kampfrufes »Deutschland erwache« und erster Hauptschriftleiter des *Völkischen Beobachters*.

32 Friedrich Hölderlin, Werke in einem Band, München 1990, S. 451.

33 Vgl. Iden (1979), S. 192 ff. und von Becker (1978), S. 29 ff.

34 Severin Weiland, Seelenschichten freigelegt, in: die tageszeitung, 22. 7. 1992; Hanns C. Löhr, Düstere Bunker der Geschichte, in: Frankfurter Allgemeine, 13. 11. 1993; Gabriele Riedle, Eichenlaub und Mördergrube, in: Die Woche, 16. 12. 1994.

35 Vgl. Edith Heller, Die Wolfsschanze als Touristenattraktion, in: Frankfurter Rundschau, 3. 8. 1992; Janusz Tycner, Schauplatz Wolfsschanze, in: Die Zeit, 24. 6. 1994; Hanna Rheinz, Ortsbesichtigung, in: Die Zeit, 4. 12. 1992.

36 Vgl. Helmut Bräutigam / Gabriele Silbereisen, Volksgerichtshof, in: Engel u. a. (Hg.) (1989), S. 220 ff.

37 Vgl. Günter Frankenberg / Franz J. Müller, Juristische Vergangenheitsbewältigung – Der Volksgerichtshof vorm BGH, in: Kritische Justiz 16 (1983), S. 145 ff.; Jörg Friedrich, Freispruch für die Nazi-Justiz. Die Urteile gegen NS-Richter,

Reinbek 1983; Vhdl. Dt. BT., Stenogr. Berichte, 10. Wahlp. (1985), S. 8761 ff. und Drcks. 10/2368.

38 Vgl. Kreutzer (1989).

39 Vgl. Schönfeld (1993). Siehe auch Klee (1983).

40 Vgl. dazu Haase (1990); Schönfeld (1993), S. 59 f.

41 Bundesminister der Justiz (1989). Vgl. auch Wassermann (1994).

42 Karl Markus Michel, Die Magie des Ortes. Über den Wunsch nach authentischen Gedenkstätten und die Liebe zu Ruinen, in: Die Zeit, 11. 9. 1987.

43 Vgl. Tuchel (1992); siehe auch: Bilang (1992) und Eberhard Jäckel, Die Konferenz am Wannsee, in: Die Zeit, 17. 1. 1992.

44 Abgeordnetenhaus von Berlin, 12. Wahlperiode, Drcks. 12/236, S. 3.

45 Anita Kugler, Die Täter sind der Hölle entstiegen, in: die tageszeitung, 23. 1. 1992.

46 Ausdrücklich heißt es in der Senatsvorlage, daß die »Großfotos und Dokumente« durch »sparsamen Kommentar« erläutert werden sollen. Im übrigen ist davon die Rede, daß sich diese Ausstellung »gegenwartsbezogen der Lebenswelt der heutigen Generation« zuwenden soll. Das aber geschieht nicht. Denn weder werden Opfer- und Täterbiographien über 1945 hinaus dokumentiert und erläutert, noch wird dargestellt und erklärt, daß und warum es Antisemitismus auch nach 1945 gibt, in Deutschland und weltweit. Mit einer Ausnahme: Das letzte Bild der Ausstellung zeigt die Grabschändung eines jüdischen Friedhofes – aus dem Jahr 1960.

47 Vgl. den Kommentar von Ingrid Strobl, Vernichtung ohne Vernichter, in: Konkret 5/1992, S. 45 ff.

48 Vgl. Schoenberner (1992); Tuchel (1992), S. 149 ff.; Heilmann (1989).

49 Denkmal der Schande, in: Christ und Welt, 1. 12. 1967.

50 The Times, 20. 1. 1992.

51 Schönfeld (1993), S. 172.

52 Vgl. Bodo Baumunk, Die Wilhelmstraße, in: Die Zeit, 18. 10. 1991 und ders. (1989), S. 330 ff.

53 Siehe zum Folgenden vor allem Rürup (1993); Aktives Museum (1985); Dokumentation Offener Wettbewerb Südliche Friedrichstadt. Gestaltung des Geländes des ehemaligen Prinz-Albrecht-Palais, Berlin 1985; Internationale Bauausstellung Berlin (1987); Neue Gesellschaft für Bildende Kunst (1987); Akademie der Künste (1983); Endlich (1988) und (1990); Triebel (1994).

54 Vgl. Manfred Sack, Wohin mit dem goldenen Ei? in: Die Zeit, 7. 6. 1985.

55 Senatsverwaltung (1993); vgl. auch: Topographie des Terrors, in: Daidalos 49 (1993), S. 450 ff.

56 Dieter Hoffmann-Axthelm, Ein Niemandsland, das nur der Geschichte gehört, in: Frankfurter Allgemeine, 20. 1. 1993.

57 Peter Jochen Winters, Der Berliner Senat spart die Erinnerung an das Dritte Reich ein, in: Frankfurter Allgemeine, 4. 11. 1996; Benedikt Erenz, Bubenstück. Das NS-Dokumentationszentrum in Berlin soll weggespart werden, in: Die Zeit, 8. 11. 1996.

58 Vgl. zum Folgenden Wippermann (1982), Berlinische Galerie (1988).

59 So Mario Offenberg, in: Berlinische Galerie (1988), S. 55. Vgl. auch Sembritzki (1987).

60 Zit. nach Spielmann, in: Berlinische Galerie (1988), S. 20.

61 Zur Architekturgeschichte: Schwarz (1988), S. 265 ff. u. S. 312 f. Siehe auch Reissig (1985).

62 Vgl. zum Folgenden Simon (1992); ferner: »Und lehrt sie: Gedächtnis!« (1988):

Katalogbuch zur Ausstellung des Ministeriums für Kultur und des Staatssekretärs für Kirchenfragen in Zusammenarbeit mit dem Verband der Jüdischen Gemeinden in der DDR zum Gedenken an den faschistischen Novemberpogrom vor fünfzig Jahren, Berlin. Darin auch der Beitrag von Heinz Knobloch über den »beherzten Reviervorsteher« Wilhelm Krützfeld, S. 62 ff.

63 Zit. nach Spielmann, in: Berlinische Galerie (1988), S. 23.

64 Vgl. Frankfurter Allgemeine, 28. und 30. 1. 1998.

65 Vgl. zum Folgenden: Knothe (1987) und Roik-Bogner (1994).

66 Siehe zum Folgenden besonders: Melcher (1986); er hat diesem Friedhof ein – bildlich wie textlich gleichermaßen – eindringliches Denkmal gesetzt. Vgl. auch Brocke u. a. (1994), S. 157 ff.; sowie Nachama / Simon (1992), Etzold u. a. (1988).

67 Wie P. T. (= po tuman) oder P. N. (= po nikbar), was soviel heißt wie: hier ist verborgen, hier ist begraben.

68 Scholem (1970), S. 8.

69 Melcher (1986), S. 91 ff.

70 Ebd., S. 98.

71 Es ist das Verdienst von Martin Schönfeld und des Aktiven Museums Berlin als Herausgeber, in zwei Dokumentationen überaus informative Einblicke in den Gedächtnisort Berlin gegeben zu haben: (1991) und (1993).

72 Scholem (1970), S. 22.

73 Auch im kritisch-distanzierten Umgang mit dieser Rechtspartei fällt immer wieder die unkritische Verwendung der irreführenden Selbstbezeichnung dieser Partei auf, als würden deren Anhänger / Mitglieder sich mit einer republikanischen, also universalen Rechts- und Werteordnung identifizieren. Vgl. die eindringliche Aufklärungs- und Streitschrift von Oberndörfer (1993).

74 Vgl. Anita Kugler, Ein Denkmal empört Berliner Provinzpolitiker, in: die tageszeitung, 20. 5. 1994; dies., Wegschauen ist nicht mehr möglich, in: die tageszeitung, 8. 6. 1995.

75 Siehe die zweibändige Dokumentation: Kunstamt Schöneberg (1994 / 95).

76 Vgl. dazu: Aktives Museum (1990) und Adam (1992), S. 10 ff.

77 Vgl. Jochheim (1993), Stoltzfus (1994) und ders., »Jemand war für mich«. Der Aufstand der Frauen in der Rosenstraße, in: Die Zeit, 21. 7. 1989.

78 Siehe Jochheim (1993), S. 178 ff.

79 Vgl. Schönfeld (1991), S. 11 ff.

80 Siehe Heinrich August Winkler, Marx bleibt Marx, in: Frankfurter Allgemeine, 25. 6. 1994; Otto Köhler, Der doppelte Winkler, in: Die Zeit, 1. 7. 1994.

81 Abgeordnetenhaus von Berlin (1993).

82 Siehe Kettenacker (1994).

83 Vgl. zur VVN und zum Hilfswerk: Toyka-Seid (1994).

84 Schönfeld (1993), S. 22 f.

85 Zu Rittmeister siehe: Brecht u. a. (1985), bes. S. 170 ff. und Lohmann (1984).

86 Steinbach (1994 a), S. 171.

87 Puvogel u. a. (1999).

88 Schönfeld (1993), S. 11 f.

89 Zum Folgenden Damus (1974).

90 Scharf (1984), S. 312.

91 Vgl. Bushart (1989).

92 Zur Geschichte und Vorgeschichte der heutigen ständigen Widerstandsausstellung: Steinbach (1994 a).

93 Steinbach (1994 a), S. 175.

94 Vgl. Steinbach (1994 a), S. 177 ff. und Ringshausen (1994).
95 Zit. nach Marianne Heuwagen, Mißklänge vor dem stillen Heldengedenken, in: Süddeutsche Zeitung, 16. 6. 1994
96 Vgl. dazu neben Nipperdey (1968); Mittig / Plagemann (1972); Lurz (1987) auch: Nationaldenkmale 1790–1990. Ausstellungskatalog, hg. vom Sekretariat für kulturelle Zusammenarbeit nichttheatertragender Städte und Gemeinden in NRW, Bielefeld 1993.
97 Zum Folgenden vor allem Lurz (1987), S. 81 ff.; Rolf Zundel, Besser kein Denkmal? in: Die Zeit, 15. 11. 1985; Schulz (1993).
98 Siehe dazu vor allem Stölzl (1993); Akademie der Künste (1993); Büchten / Frey (1993). Noch aus DDR-Sicht: Demps (1988).
99 So Thomas E. Schmidt, in: Frankfurter Rundschau, 16. 8. 1993.
100 So treffend Reinhart Koselleck, stellen uns die Toten einen Termin? in: Frankfurter Allgemeine, 23. 8. 1993 (wieder abgedr. in: Akademie der Künste, 1993, S. 27 ff.). Vgl. auch das Interview von Andrea Seibel und Siegfried Weichlein mit Reinhart Koselleck, »Mies, medioker und provinziell«, in: die tageszeitung, 13. 11. 1993.
101 Eduard Beaucamp, Der Kleinmut der Enkel, in: Frankfurter Allgemeine, 13.3.1993.
102 Vgl. zum Folgenden Tietz (1993) und Demps (1988), S. 126 ff.
103 Kracauer (1990), S. 211 f.
104 Die Neugestaltung Berlins, in: Nachtexpreß Berlin, 15. 12. 1945; vgl. auch Tietz (1993), S. 77.
105 Vgl. zum Folgenden vor allem: Lurz (1987), S. 81 ff.
106 Beteiligt waren das Deutsche Rote Kreuz, der Bund der Vertriebenen, der Zentralverband demokratischer Widerstandskämpfer und Verfolgtenorganisationen, der Verband der Kriegs- und Wehrdienstopfer, Behinderten und Sozialrentner, der Reichsbund der Kriegsopfer, Behinderten, Sozialrentner und Hinterbliebenen, der Deutsche Bundeswehrverband, der Ring Deutscher Soldatenverbände, der Verband der Heimkehrer, Kriegsgefangenen und Vermißtenangehörigen und der Volksbund Deutsche Kriegsgräberfürsorge als federführender Verband.
107 Vgl. zum Ganzen: Helmut Dahmer, Die Sinngebung des Sinnlosen. Pietät und Weihe fördern falsche Trauer, in: Die Zeit, 26. 10. 1984; Günter Bannas, Zum Gedenken an die Opfer der Gewalt – jedweder Gewalt!, in: Frankfurter Allgemeine, 3. 9. 1985; Rolf Zundel, Besser kein Denkmal, in: Die Zeit, 15. 11. 1985.
108 Vgl. auch für die nachfolgenden Zitate: Verhandlungen d. Dt. Bundestages, Protokolle 10 / 214, S. 16460 ff.
109 Die SPD-Bundestagsfraktion hatte Anfang Juli 1985 in der Hessischen Landesvertretung eine Anhörung zum Thema veranstaltet. Vgl. Freimut Duve (Hg.), Materialien der Arbeitsgruppe Kunst und Kultur der SPD-Fraktion, Protokoll vom 3. 7. 1985, Bonn.
110 Verhandlungen d. Dt. Bundestages, Drcks. 10 / 4521 v. 11. 12. 1985.
111 Vgl. Aktives Museum, Mitgliederrundbrief Nr. 24 / 1993 mit einem umfangreichen Pressespiegel.
112 Ende Juni 1993 fand ein SPD-Kolloquium zur Neuen Wache statt (vgl. SPD-Bundestagsfraktion, Pressemitteilung Nr. 1592 vom 29. 6. 1993) und eine öffentliche Anhörung des Innenausschusses (vgl. Dt. Bundestag, 12. Wahlp., Innenausschuß, Protokoll Nr. 68 v. 28. 6. 1993).
113 So in einem Gespräch mit Thomas Fechner-Smarsly, Menschelnde Männersentimentalität, in: die tageszeitung, 13. 11. 1993.
114 Reinhart Koselleck, Stellen uns die Toten einen Termin? in: Frankfurter Allgemeine, 23. 8. 1993.

115 Vgl. Wolf Jobst Siedler, Wo Preußen am preußischsten war, in: Die Zeit, 26. 11. 1993; Tilmann Buddensieg, Trauerspiel am Trauermal, in: Frankfurter Allgemeine, 27. 11. 1993; Julius Posener, Zurück zum Einmaligen, in: Die Zeit, 18. 10. 1993.

116 Für den folgenden Überblick stütze ich mich vor allem auf Bürgerinitiative Perspektive Berlin e. V. (Hg.), Ein Denkmal für die ermordeten Juden Europas. Dokumentation 1988–1995, Berlin 1995; Neue Gesellschaft für Bildende Kunst (Hg.), Der Wettbewerb für das »Denkmal für die ermordeten Juden Europas«. Eine Streitschrift, Berlin 1995. Stefanie Endlich, Denkort Gestapogelände, Berlin 1990; außerdem ihre dreiteilige Artikelserie: »Less is more«; Realisieren um jeden Preis?; Wahlkampf, Versteckspiele und die Frage nach Alternativen, alle in: Kunststadt – Stadtkunst H. 42 / 1997, H. 43 / 1998 und H. 44 / 1998. Vgl. außerdem Reinhart Koselleck, Vier Minuten für die Ewigkeit. Das Totenreich vermessen – fünf Fragen an das Holocaust-Mahnmal, in: Frankfurter Allgemeine, 9. 1. 1997; Thomas Assheuer, Die Aufgabe der Erinnerung, in: Die Zeit, 17. 1. 1997; Hanno Rautenberg, Geschichte als Grabplatte? in: Die Zeit, 10. 1. 1997; Mariam Niroumand, Darsteller und Denklöcher, in: die tageszeitung, 14. 4. 1997; Ulrich Clewing, Die Erinnyen des Erinnerns, in: die tageszeitung, 29. 7. 1998.

117 Magdalena Abakanovic; Christian Boltanski; Rebecca Horn; Magdalena Jetelova; Dani Karavan; Fritz König; Jannis Kounellis; Gerhard Merz; Karl Prantl; David Rabinovic; Richard Serra; Günther Uecker.

118 Vgl. dazu das Gespräch mit Renata Stih und Frieder Schnock, das Harald Fricke führte: Ein Objekt, nichts weiter, in: die tageszeitung, 28. 3. 1995.

119 Dringender Appell. Zum Wettbewerb für das ›Denkmal für die ermordeten Juden Europas‹, von Hanno Loewy, Christian Staffa u. a., in: die tageszeitung, 22. / 23. 6. 1996.

120 Vgl. Senatsverwaltung für Wissenschaft, Forschung und Kultur (Hg.), Colloquium Denkmal für die ermordeten Juden Europas. Dokumentation, Berlin 1997; siehe auch Dieter Bartetzko, Was ist angemessen? in: Frankfurter Allgemeine, 14. 1. 1997; ders., Insel der Betroffenen, in: Frankfurter Allgemeine, 17. 2. 1997; ders., Der deutsche Schmerz, in: Frankfurter Allgemeine, 14. 4. 1997; Anita Kugler, Das Skandalon muß sichtbar bleiben, in: die tageszeitung, 17. 2. 1997; Mariam Niroumand, Darsteller und Denklöcher, in: die tageszeitung, 14. 4. 1997.

121 Das Gedenken nicht zentralisieren (ws), in: Frankfurter Allgemeine, 11. 4. 1997.

122 György Konrád, Abschied von der Chimäre, in: Frankfurter Allgemeine, 26. 11. 1997.

123 Vgl. insbesondere die Beiträge von Eduard Beaucamp, Sommer der Heuchelei, in: Frankfurter Allgemeine, 12. 8. 1998; ders., Baut Eisenman, in: Frankfurter Allgemeine, 4. 6. 1998; ders., Der Zivilisationsbruch gräbt sich ins Stadtbild, in: Frankfurter Allgemeine, 18. 11. 1997; dagegen ders. sehr viel skeptischer noch ein Jahr zuvor: Kunst in der Falle, in: Frankfurter Allgemeine, 13. 8. 1997; Heinrich Wefing, Triumph über den Kleinmut, in: Frankfurter Allgemeine, 26. 8. 1998.

124 Siehe Christian Meier, Der konsequente Aberwitz geteilten Gedenkens, in: Frankfurter Allgemeine, 25. 7. 1997; ders., Zweierlei Opfer, in: Die Zeit, 11. 4. 1997; Reinhart Koselleck, Erschlichener Rollentausch. Das Holocaust-Denkmal im Täterland, in: Frankfurter Allgemeine, 9. 4. 1997; Gabi Dolff-Bonekämper, Der geliehene Schmerz. Das Holocaust-Denkmal und die politische Emotionalität, in: Frankfurter Allgemeine, 13. 2. 1997.

125 Sibylle Tönnies, Die Klagemeute. Warum sich Deutsche den Opfern aufdrängen, in: Frankfurter Allgemeine, 23. 4. 1996.

5. Gedenktage: Kalendarische Erinnerung und politische Skandale

1 Ekkehard Klausa, Die Kunst, Staat zu machen. Über die unbeholfene Repräsentation unserer Demokratie, in: Süddeutsche Zeitung, 23/24. 4. 1988. Grundlegend
   Edelman (1976). Außerdem: Voigt (1989), Gauger/Stagl (1992), Ehlich (1991).
2 Arndt (1961), S. 219.
3 Siehe Hettling/Nolte (1993); Düding (1988); Schultz (1988) und Sauer/Werth
   (1971).
4 Vgl. als Überblick und Einführung Friedel (1968) und Hattenhauer (1990).
5 Vgl. Ribbe (1972); Zechlin (1926); Bernhard Wördehoff, Flagge zeigen. Das Symbol Schwarz-Rot-Gold: Geschichte und Geschichten, in: Die Zeit, 9. 1. 1987. Aufschlußreich auch die vielen Hinweise und Beobachtungen zur politischen Symbolik Weimars im allgemeinen und zur Flaggenfrage im besonderen von Brecht
   (1966).
6 Zit. nach Brecht (1966), S. 463.
7 Thape (1969), S. 82 f.
8 Vgl. Buchstab/Kaff/Kleinmann (1990), S. 214.
9 Vgl. den Bericht von den Beratungen über Art. 22 GG in: v. Doemming u. a.
   (1951), S. 211 ff.
10 Vgl. zum Folgenden vor allem: Hattenhauer (1990), S. 77 ff., Trümmler (1979); Eghard Mörbitz, Das Traditionsbewußtsein war stärker, in: Frankfurter Rundschau, 29. 7. 1986.
11 Siehe dazu und zum Folgenden vor allem: Schellack (1990), S. 15 ff.
12 Witt (1988), S. 316.
13 Schellack (1990), S. 133 ff.
14 Brecht (1966), S. 361.
15 Vgl. Heffen (1986).
16 Brecht (1966), S. 361.
17 Vgl. Ackermann (1990), besonders S. 91 ff.
18 Schellack (1990), S. 277 ff.
19 Vgl. Fest (1973), S. 513 ff. und 730; auch Ackermann (1990), S. 169 ff. und 223 ff.; sowie Mosse (1993), S. 223 ff. und 245 ff.
20 Bernd Guggenberger, Das Verschwinden der Politik, in: Die Zeit, 7. 10. 1994.
21 Lutz Niethammer, Wir wollen nicht mehr Sklaven sein. Kollegen reiht euch ein!,
   in: Frankfurter Allgemeine, 9. 11. 1990; vgl. auch Wolfrum (1998), S. 382 ff.
22 Joseph Rovan, Das Erbe der Tyrannei. Kurzer oder langer Prozeß? Wie nach dem
   Ende eines Unrechtsregimes mit den Verantwortlichen zu verfahren ist, in:
   Frankfurter Allgemeine, 8. 8. 1992.
23 Grab (1984).
24 Tilmann Spengler, Die Virtuosität zu trauern. Franz Josef Strauß und die Seinen –
   Beobachtungen bei einem Staatsbegräbnis, in: Die Zeit, 14. 10. 1988.
25 Siehe vor allem Gebhardt (1987) und Ehlich (1991).
26 Ich folge hier den anregenden Gedanken von Schlaffer (1989).
27 Die zeitgeschichtlich-politologische Forschung hat gerade begonnen, auch die
   Gedenktage zur Erinnerung an die NS-Zeit als Gegenstand zu entdecken und zu
   bearbeiten; siehe Schiller (1993), Ueberschär (1994) und Holler (1994).
28 Als ersten Überblick: Kocka (1979). Weiterführend und vertiefend jetzt vor allem:
   Broszat/Henke/Woller (1988), Albrecht (1986); außerdem: Winkler (1979), Bek-
   ker/Stammen/Waldmann (1979).

29 Gilbert Ziebura, Die Rechnung ist noch nicht bezahlt, in: Vorwärts, 4. 5. 1985.

30 Eugen Kogon, Tag der Niederlage, Tag der Befreiung, in: Die Zeit, 19. 4. 1985.

31 Seitz (1985), S. 9ff. Zum Folgenden außerdem Sprenger (1985) und weitere Beiträge zum Thema in diesem Heft; Schirmer (1988) und Schiller (1993).

32 Erich Dombrowski, 8. Mai 1945, in: Frankfurter Allgemeine, 7. 5. 1955; vgl. auch in derselben Ausgabe: Vor zehn Jahren: Zusammenbruch. Dokumente und Berichte aus den letzten Kriegswochen. Als weiteres Beispiel für die Fixierung auf die Zäsur des Jahres 1945 als Zusammenbruch: Michael Freund, Die Wochen, die ein Jahrtausend zerstörten. Eine Chronik des deutschen Zusammenbruchs, in: Die Zeit, 5. 5. 1955.

33 Jürgen Tern, Zwanzig Jahre später, in: Frankfurter Allgemeine, 7. 5. 1965; vgl. auch Michael Freund, Segen und Unsegen der Kapitulation, in: Frankfurter Allgemeine, 8. 5. 1965 und Paul Sethe, Zwanzig Jahre danach. 1945 zerriß das Band, das die Deutschen mit ihrer Geschichte verknüpfte, in: Die Zeit, 7. 5. 1965.

34 Marion Gräfin Dönhoff, 25 Jahre nach Hitler, in: Die Zeit, 8. 5. 1970.

35 Frankfurter Rundschau, 10. 5. 1965. Zum NPD-Parteitag: Hannoversche Allgemeine, 10. 5. 1965.

36 Zit. nach Frankfurter Rundschau, 9. 5. 1970.

37 Vgl. Scheel: Das deutsche Volk hat aus seinen Fehlern gelernt, in: Frankfurter Allgemeine, 7. 5. 1975; Thomas Meyer, Vergangenheit und Gegenwart bei der Bonner Gedenkstunde, in: Frankfurter Allgemeine, 7. 5. 1975.

38 Zit. nach: Die Zeit, 16. 5. 1975.

39 Peter Jochen Winters, Die Schlachtgemälde von Karlshorst, in: Frankfurter Allgemeine, 7. 5. 1975; Theo Sommer, Alte Rechnungen …, in: Die Zeit, 9. 5. 1975.

40 Meier (1990), S. 99.

41 Kritisch dazu der Beitrag »Es ist quasi vergessen worden«, in: die tageszeitung, 2. 2. 1985.

42 Zit. nach Sebastian Cobler, Die Strafjustiz als Selbstbedienungsladen, in: Der Spiegel, Nr. 18, 29. 4. 1985, S. 34 ff.

43 So Gunter Hofmann, Der sperrige Gedenktag, in: Die Zeit, 18. 1. 1985.

44 Gordon Craig, Eine Selbstverpflichtung für den Frieden. Der Jahrestag des Kriegsendes sollte wirklich ein Tag der Erinnerung sein und niemandes Gefühle schonen, in: Die Zeit, 22. 3. 1985.

45 Zit. nach Titelgeschichte: »Auf Kohls Rat hören wir nicht wieder«. Das deutsch-amerikanische Trauerspiel um das Gedenken an den 8. Mai 1945, in: Der Spiegel Nr. 18, 29. 4. 1985, S. 17 ff.

46 Zit. nach Ulrich Schiller, »Die Schuld hat ihr Kanzler«, in: Die Zeit, 19. 4. 1985.

47 Deutsche National-Zeitung, 29. 3. 1985.

48 Vgl. die verschiedenen Berichte und Kommentare, in: Frankfurter Allgemeine, 29. 4. 1985; Süddeutsche Zeitung, 23. 4. 1985.

49 Zit. nach: Frankfurter Rundschau, 23. 4. 1985.

50 Zit. nach: Frankfurter Rundschau, 24. 4. 1985.

51 Am 26. 4. 1985.

52 Am 26. 4. 1985.

53 Zit. nach Sprenger (1985), S. 36.

54 Der Besuch. Nazi-Gespenst überschattet Reagans Deutschlandreise, in: Quick, 25. 4. 1985, S. 24 ff.

55 Fritz Ullrich Fack, Ein Scherbenhaufen, in: Frankfurter Allgemeine, 29. 4. 1985.

56 Frankfurter Rundschau, 8. 5. 1985. Siehe dazu auch Elisabeth Noelle-Neumann, Ein Volk, gebeutelt und gezeichnet, in: Die Zeit, 10. 5. 1985.

57 Bitburg-Besuch positiv gewertet, in: Frankfurter Allgemeine, 22. 5. 1985.
58 Zit. nach: Der Spiegel, Nr. 18, 29. 4. 1985, S. 28 f.
59 Herbert Riehl-Heyse, Eine würdige Geste – schwer erträglich, in: Süddeutsche Zeitung, 6. 5. 1985.
60 Ansprache von US-Präsident Ronald Reagan in der KZ-Gedenkstätte Bergen-Belsen am 5. 5. 1985, zit. nach der Übersetzung des Bundespresseamtes in: Frankfurter Rundschau, 6. 5. 1985.
61 Beschwörungen am Obelisken, in: Süddeutsche Zeitung, 6. 5. 1985.
62 Kohl bekennt sich in Bergen-Belsen zur historischen Haftung der Deutschen, in: Süddeutsche Zeitung, 22. 4. 1985
63 A. Graf Kageneck, Paris feiert wieder den Sieg über die Deutschen, in: Die Welt, 27. 4. 1982; vgl. außerdem Lutz Krusche, Arbeitsfrei am Tag der deutschen Kapitulation, in: Frankfurter Rundschau, 25. 9. 1981; Rudolf Chimelli, Der 8. Mai wird wieder rot, in: Süddeutsche Zeitung, 19. 4. 1982.
64 Sylvie Wickert, Frankreichs unbewältigte Vergangenheit, in: Deutsches Allgem. Sonntagsblatt, 31. 3. 1985. Vgl. auch René Lasserre, Wir sind die Erben, andere waren die Opfer. Für die Nachkriegsgeneration Frankreichs ist der 8. Mai 1945 ein Stück notwendige Erinnerung, in: Frankfurter Rundschau, 4. 5. 1985.
65 Die Briten feierten ihren letzten »guten Krieg«, in: Frankfurter Allgemeine, 9. 5. 1985.
66 Vgl. den Großbritannien-Beitrag von Reiner Gatermann in der Zusammenstellung von Auslandsberichten: Der 8. Mai und das Ausland. Vierzigster Jahrestag der Kapitulation – Feiern, gedenken – in welcher Weise? in: Die Welt, 28. 1. 1985. Siehe auch: »8. Mai 1945 – 1985. Erinnerungen für die Zukunft«, Sonderbeilage der Frankfurter Rundschau, 4. 5. 1985.
67 Elfie Siegl, »Keiner vergißt, und nichts ist vergessen«, in: Frankfurter Rundschau, 20. 4. 1985.
68 Bernhard Küppers, Moskau feiert Siegestag mit Militärparade, in: Süddeutsche Zeitung, 10. 5. 1985.
69 Harry Schleicher, Sieger, Halbsieger und Besiegte. Wie der Ostblock dem Ende des Zweiten Weltkriegs gedenkt, in: Frankfurter Rundschau, 10. 5. 1985.
70 Vgl. Marlies Menge, Wenn die Besiegten den Sieg feiern, in: Die Zeit, 3. 5. 1985.
71 Albrecht Hinze, Eine Kampagne für den Feiertag, in: Süddeutsche Zeitung, 15. 3. 1985.
72 Der Spiegel, Nr. 20, 13. 5. 1985
73 Peter Jochen Winters, In Ost-Berlin ein Lob für die Alliierten, in: Frankfurter Allgemeine, 9. 5. 1985.
74 Karl-Alfred Odin, In den Gottesdiensten wird der Blick auf die Schuld gelenkt, in: Frankfurter Allgemeine, 8. 5. 1985.
75 Die Rede ist gekürzt abgedruckt in: Frankfurter Rundschau, 9. 5. 1985.
76 Vgl. Vollnhals (1992).
77 Frankfurter Rundschau, 9. 5. 1985. Vgl. auch: Höffner: Fragen nach Schuld ruhen lassen, in: Süddeutsche Zeitung, 9. 5. 1985. Vgl. zur Situation der Kirchen nach 1945 auch die Beiträge von Blessing (1988) und Vollnhals (1988).
78 »Ohne Hitler hätte es die Verbrechen nicht gegeben«, in: Frankfurter Rundschau, 8. 5. 1985.
79 Walter Dirks, »Gedächtnis und Erinnerung – 70 Jahre deutsche Zeitgeschichte«, in: Frankfurter Rundschau, 7. 1. 1986 (die bereits am 8. 5. 1985 gehaltene Rede wurde aus Anlaß des 85. Geburtstages von Walter Dirks abgedruckt).

80 Günter Grass, Geschenkte Freiheit. Versagen, Schuld, vertane Chancen, in: Die Zeit, 10. 5. 1985.

81 Michael Stiller, Der Versuch, den Gedenktag zum Denktag zu machen, in: Süddeutsche Zeitung, 9. 5. 1985; Jutta Roitsch, »Die eigentliche Niederlage stand am Beginn der NS-Zeit«, in: Frankfurter Rundschau, 8. 5. 1985 und Roman Arens, »Welch eine Kraft wächst aus der Erinnerung«, ebd.

82 In: Die Grünen (1985), S. 2.

83 Vgl. »Weizsäcker: Der 8. Mai 1945 war Tag der Befreiung«, in: Süddeutsche Zeitung, 9. 5. 1985.

84 Jerusalem setzt Vertrauen in Bonn, in: Die Welt, 11. 5. 1985.

85 Vgl. zuletzt Hilberg (1992).

86 Alle Zitate nach dem Abdruck der Weizsäcker-Rede, in: Frankfurter Rundschau, 9. 5. 1985, S. 17. Als kritische Nachlese zu den bundesdeutschen 8. Mai-Feiern siehe Jürgen Leinemann, »Möglichkeiten, das Gewissen abzulenken«, in: Der Spiegel, 13. 5. 1985.

87 Gunter Hofmann, Worte, Bilder, Wunden, in: Die Zeit, 24. 6. 1994.

88 Jäckel (1974); vgl. auch Jürgen Busche, Schwieriger Gedenktag. Über die Erinnerungen an den 20. Juli 1944, in: Frankfurter Allgemeine, 20. 7. 1979.

89 Demandt (1984), S. 97.

90 Vgl. den gleichnamigen Beitrag von Peter Steinbach, in: Aus Politik und Zeitgeschichte B 28 / 94, 15. 7. 1994, S. 3 ff.

91 Dazu jetzt vor allem: Ueberschär (1994), Holler (1994).

92 Dazu Steinbach (1994); Steinbach / Tuchel (1994).

93 Finker (1994).

94 Kettenacker (1994).

95 Vgl. Weber (1992), S. 338 ff.

96 Zit. nach Holler (1994), S. 88.

97 Vgl. als knappen Überblick mit weiterführenden Hinweisen: Wassermann (1994).

98 Zit. nach Wassermann (1994), S. 209, vgl. dort auch die anderen Zitate, S. 205 ff.

99 Steinbach (1988).

100 Wassermann (1994), S. 205.

101 Das Urteil des BGH ist vom 14. 7. 1961, die Entscheidung des BVG ist vom 11. 1. 1962; beide zit. nach Bauer (1965), S. 260 f.

102 Für den Wortlaut der Rede vgl. Gedenkstätte deutscher Widerstand (1984), S. 51 ff.

103 Zit. nach Holler (1994), S. 153.

104 Zit. nach Holler (1994), S. 155.

105 Zur ersten Orientierung und mit weiterführender Literatur: Buck (1994).

106 Vgl. für den genauen Wortlaut und die folgenden Zitate: Gedenkstätte deutscher Widerstand (1984), S. 99 ff. Siehe außerdem Holler (1994), S. 200 ff.

107 Vgl. Holler (1994), S. 209 ff.

108 Vgl. Der Tagesspiegel, 19. und 20. 7. 1974; Berliner Morgenpost, 20. 7. 1974; Frankfurter Rundschau, 20. 7. 1974.

109 Alle Zitate nach: Stauffenberg, Wehner und der 20. Juli. Der CSU-Abgeordnete Graf Stauffenberg antwortet auf eine ZEIT-Anfrage, in: Die Zeit, 4. 8. 1978.

110 Vgl. Holler (1994), S. 253 ff.

111 Peter Boenisch, Der 20. Juli und Wehner, in: Die Welt, 24. 7. 1978; textidentisch auch in: Bild am Sonntag, 23. 7. 1978.

112 Wehner, Filbinger und der 20. Juli, in: Der Abend, 21. 7. 1978.

113 »Angehörige von Hingerichteten widersprechen Stauffenberg«, in: Der Tages-spiegel, 25. 7. 1978.

114 Otto Jörg Weis, Nachhilfe für Stauffenberg, in: Frankfurter Rundschau, 22. 7. 1978. Vgl. auch Horst Ehmke, Erinnerung an Stauffenberg statt Kampfgeschrei, in: Vorwärts, 31. 8. 1978.

115 Klaus von Dohnanyi, Der 20. Juli bleibt eine Verpflichtung, in: Bulletin des Presse- und Informationsamtes der Bundesregierung, 8. 8. 1978.

116 Vgl. dazu: Was Heiner Geißler sagte, in: Frankfurter Rundschau, 19. 7. 1985.

117 »CDU wurzelt im Widerstand«, in: Frankfurter Rundschau, 18. 7. 1985.

118 Otto Jörg Weis, »Kein Vorbild für die Jugend«. Der Streit über Heiner Geißlers geplanten Auftritt in Plötzensee, in: Frankfurter Rundschau, 20. 7. 1985.

119 So der Bonner General-Anzeiger, 20. 7. 1985.

120 Den ganzen Konflikt würdigen – aus unterschiedlicher Sicht: Karl-Heinz Janßen, Ein Anschlag auf den Widerstand, in: Die Zeit, 8. 7. 1994; Marianne Heuwagen, Mißklänge vor dem stillen Heldengedenken, in: Süddeutsche Zeitung, 16. 6. 1994; Hans Mommsen, Generalangriff zur Instrumentalisierung, in: Frankfurter Rundschau, 14. 7. 1994; Jens Jessen, Als hätten die Enkel der Blockwarte gesiegt, in: Frankfurter Allgemeine, 23. 7. 1994 und ders., Nicht alles Freunde der Freiheit, in: Frankfurter Allgemeine, 10. 6. 1994.

121 Vgl. etwa Günther Gillessen, Aber wofür waren sie? in: Frankfurter Allgemeine, 10. 6. 1994; Rüdiger von Voss, 20. Juli 1944, in: Rheinischer Merkur, 15. 7. 1994; Konrad Repgen, Keine Ehrung für Stalins Vasallen, in: Rheinischer Merkur, 24. 6. 1994; Eugen Georg Schwarz, Nur Vorbilder zählen, und dessen Interview mit Stauffenberg: »Keine Kumpanei mit Lumpen«, in: Focus 26 / 1994, S. 32 ff.

122 Anita Kugler, Widerstand ohne Reinheitszertifikat, in: die tageszeitung, 15. 7. 1994.

123 Anita Kugler, Protest gegen Feiern zum 20. Juli, in: die tageszeitung, 19. 7. 1994.

124 »Kommunisten haben die größten Opfer gebracht«, in: die tageszeitung, 20. 7. 1994.

125 Emrich / Nötzold (1984).

126 So das SED-Organ »Einheit«, Dez. 1947.

127 Albert Norden, Die Bedeutung des 20. Juli, in: Die Weltbühne, Jg. 2 (1947), H. 13, S. 556.

128 Er gehört zu uns. Nationalrat ehrte Oberst Stauffenberg, in: Neues Deutschland, 21. 7. 1964.

129 Vgl. Reich / Finker (1994).

130 Noch erstaunlicher und interessanter als die abermalige Verfälschung der DDR-Wirklichkeit ist vielleicht der Umstand, daß für diesen Film Material benutzt wurde, das auf Anordnung von Goebbels während des Freislerschen Schaupro-zesses im Herbst 1944 aufgenommen wurde – mit versteckten Kameras. Aber das Produkt *Verräter vor dem Volksgerichtshof* entsprach nicht den Vorstellungen des Auftraggebers und verschwand in den Archiven; vgl. Harald Budde, Erbschleicher des Widerstandes. Die DDR vereinnahmt Graf Stauffenberg und stempelt Carl Goerdeler zum Reaktionär, in: Deutsche Zeitung / Christ u. Welt, 20. 7. 1979.

131 Karl-Heinz Baum, Vertreter der Ausbeuterklassen auf Umwegen zur Realität. DDR-Geschichtsschreibung und das Attentat auf Hitler am 20. Juli 1944: Der Wi-derstand wird neu bewertet, in: Frankfurter Rundschau, 18. 7. 1984.

132 Vgl. Christof Dipper, Der 20. Juli und die ›Judenfrage‹, in: Die Zeit, 1. 7. 1994.

133 So pointiert Karl-Heinz Janßen, Ein Anschlag auf den Widerstand, in: Die Zeit, 8. 7. 1994.

134 Vgl. als einführenden Überblick: Willms (1994).

135 »Die ›Kristallnacht‹ als Mahnung«, in: Süddeutsche Zeitung, 10. 11. 1958.

136 Vgl. Günther Gillesen, Revolution ohne Revolutionäre, in: Frankfurter Allgemeine, 8. 11. 1958 und Ernst von Salomon, Geburt der Republik – kein Jubiläum, in: Die Zeit, 7. 11. 1958.

137 Vgl. Eberhard Bitzer, Der organisierte Haß, in: Frankfurter Allgemeine, 7. 11. 1958. Die Zeit ging auf das Thema mit verschiedenen Beiträgen ein, einem Rückblick auf die Geschichte einer jüdischen Firma im Dritten Reich (Hans J. Robinsohn, Ein Versuch, sich zu behaupten, in: Die Zeit, 7. 11. 1958) und mit der Veröffentlichung von Auszügen aus den autobiographischen Aufzeichnungen des Auschwitz-Kommandanten Rudolf Höß (Die Zeit, 17., 24. und 31. 10. 1958); vgl. dazu auch J. Müller-Marein, Schluß mit den Nazi-Greueln? in: Die Zeit, 7. 11. 1958.

138 Trauriger November, in: Süddeutsche Zeitung, 8. / 9. 11. 1958.

139 Karl-Heinz Janßen, in: Die Zeit, 1. 11. 1968; vgl. auch die beiden anderen Beiträge zum November 1918 in: Die Zeit, 18. und 25. 10. 1968.

140 Vgl. Frankfurter Allgemeine, 11. 11. 1968.

141 Vgl. Als vieles in Scherben fiel …; Die Ohrfeige, von der man spricht, in: Süddeutsche Zeitung, 9. / 10. 11. 1968. Vgl. dort auch den Beitrag von Ursula von Kardorff, Auf die Gewalttat folgte der Raubzug.

142 Rolf Zundel, Schlußstrich unter die Vergangenheit? Zum drittenmal im Bundestag: Die Strafverfolgung nationalsozialistischer Gewaltverbrecher, in: Die Zeit, 10. 11. 1978.

143 Karl-Heinz Janßen, Die Nacht im November. Judenpogrom 1938: Als ein ganzes Volk schuldig wurde, in: Die Zeit, 3. 11. 1978; Joachim Fest, Gedanken zu Erinnerungen, in: Frankfurter Allgemeine, 9. 11. 1978; Mitleid, Abscheu und Ohnmacht empfunden, in: Süddeutsche Zeitung, 9. 11. 1978.

144 Vgl. Süddeutsche Zeitung, 9. 11. 1978.

145 »Nachdenken über Schuld und Verhängnis«, in: Frankfurter Allgemeine, 9. 11. 1978.

146 Y. Michal Bodemann, Was hat der Gedenktag überhaupt mit den Juden zu tun? in: Frankfurter Rundschau, 29. 11. 1988.

147 Vgl. »Für Juden in der DDR große Fürsorge«, in: Frankfurter Allgemeine, 11. 11. 1978; Peter Pragal, Wohlwollen für eine Minderheit, in: Süddeutsche Zeitung, 9. 11. 1978: Siehe auch Timm (1994).

148 Hans Mayer, Die verbrannte Synagoge, in: Die Zeit, 10. 11. 1978.

149 Vgl. »Abgrund von Peinlichkeit«, in: Die Zeit. 4. 11. 1988.

150 Vgl. den vollen Wortlaut der Jenninger-Rede in: Verhandlgn. des Deutschen Bundestags, 11. Wahlperiode, S. 7269 ff.

151 Vollständig ist die Erklärung Jenningers abgedruckt in der Dokumentation von Laschet / Malangré (1989), die auch weitere Reaktionen aus Politik und Medien dokumentiert, zumeist gekürzt. Soweit nicht anders angegeben, zitiere ich nach dieser Dokumentation.

152 Oliver Tolmein, Jenninger vom Faschismus fasziniert, in: die tageszeitung, 11. 11. 1988; für die folgenden Zitate siehe Laschet / Malangré (1989), S. 43 ff. Vgl. auch: »Mit Knobelbechern durch die Geschichte«, in: Der Spiegel, 14. 11. 1988.

153 So etwa Gunter Hofmann, Der Alleingang ins Abseits, in: Die Zeit, 18. 11. 1988 und Eghard Mörbitz, Eine ausgesprochen deutsche Tragödie, in: Frankfurter Rundschau, 12. 11. 1988.

154 Conor Cruise O'Brien, Denounced – for the truth, in: The Times, 16. 11. 1988.

155 Marion Gräfin Dönhoff, Ein verfehltes Kolleg, in: Die Zeit, 18. 11. 1988.

156 Klaus Hartung, Alles ein Mißverständnis? in: die tageszeitung, 12. 11. 1988.

157 Erich Kuby, Jenninger, der gute Deutsche, in: die tageszeitung, 21. 11. 1988.

158 Vgl. die Äußerungen von zahlreichen Intellektuellen, Künstlern und Wissenschaftlern in: stern, 17. 11. 1988.

159 »Er oder ich«, in: Der Spiegel, 21. 11. 1988, S. 34 ff.

160 Walter Jens, Ungehaltene Worte über eine gehaltene Rede, in: Die Zeit, 18. 11. 1988.

161 So: die tageszeitung, (21. 11. 1988) mit dem Beitrag von Martin Schmidt, Die Vergangenheit, eine Rede und ihr Echo, der sich deutlich von den Bewertungen der Beiträge von Klaus Hartung (die tageszeitung, 12. 11. 1988) und Oliver Tolmein (11. 11. 1988) unterschied, ohne allerdings auf jene kritisch Bezug zu nehmen.

162 Vgl. Horst Pöttker, Mut zur Nüchternheit. Was Philipp Jenninger am 10. November 1988 wirklich gesagt hat – und warum er gehen mußte, in: medium 3 / 1989, S. 27 ff.; Werner Hill, Die Affäre Jenninger. Was eine Rede an den Tag brachte, Norddeutscher Rundfunk (NDR 3), 29. 3. 1989, später auch als TV-Spiel gesendet. Vgl. auch Heringer (1990), S. 163 ff.

163 Herausragend die Analyse von Domansky (1992), auf die ich deshalb etwas ausführlicher eingehe. Eher moralisierend als analysierend dem Fall Jenninger gewidmet, die Beiträge in: Wodak u. a. (1994), S. 163 ff. und Wasmuth u. a. (1992), S. 225 ff. u. S. 257 ff.

164 Domansky (1992), S. 79.

165 Eva Demski, Zeit zum Ausschlafen: Deutsche Gedenktage, in: Frankfurter Rundschau, 14. 6. 1986.

166 Vgl. dazu: »Symbole für das neue Deutschland. Welcher Name? Welche Hymne? Welcher Feiertag? – Antworten auf drei Fragen der Zeit«, in: Die Zeit, 15. 6. 1990.

167 Karl-Heinz Janßen, Ein Datum für alle Deutschen, in: Die Zeit, 15. 6. 1990.

168 Süssmuth: Wir müssen Erinnern als eine Stärke empfinden, in: Die Welt, 10. 11. 1990.

169 So die Frankfurter Rundschau, 16. 6. 1990, und die Süddeutsche Zeitung, 16. 6. 1990.

170 Götz Aly, Pogrom und Revolution, in: die tageszeitung, 9. 11. 1992.

171 Vgl. Anita Kugler, Nach fünfzig Jahren ein Gedenktag, in: die tageszeitung, 1. 6. 1995.

172 Vgl. Gunter Hofmann, Auschwitz en passant, in: Die Zeit, 12. 1. 1996; Lothar Baier. Plenarsaal eigentlich gut gefüllt, in: Freitag, 26. 1. 1996; Matthias Arning, Vorgezogene Holocaust-Gedenkstunde bedauert, in: Frankfurter Rundschau, 19. 1. 1996.

173 Vgl. dazu insbes. Young (1996), S. 53 ff.; Friedländer (1987), S. 10 ff.

174 Vgl. Willms (1994); Reinhard Rürup, 9. November 1918 – Realität und Mythos, in: Berliner Zeitung, 9. 11. 1993.

Literatur

Abgeordnetenhaus von Berlin (Hg.) (1993): Bericht der Kommission zum Umgang mit den politischen Denkmälern der Nachkriegszeit im ehemaligen Ost-Berlin (Drucks. 12/2743), Berlin.

Ackermann, Volker (1990): Nationale Totenfeiern in Deutschland. Von Wilhelm I. bis Franz Josef Strauß, Stuttgart.

Adam, Hubertus (1992): Erinnerungsrituale – Erinnerungsdiskurse – Erinnerungstabus. Politische Denkmäler der DDR zwischen Verhinderung, Veränderung und Realisierung, in: kritische berichte, 20. Jg., H. 3, S. 10 ff.

Akademie der Künste (Hg.) (1983): Diskussion um den Martin-Gropius-Bau und das angrenzende Gelände. Dokumentation, Berlin.

Akademie der Künste (Hg.) (1992): Zur historischen Mitte Berlins. Denkschrift, Berlin.

Akademie der Künste (Hg.) (1993): Streit um die Neue Wache. Zur Gestaltung einer zentralen Gedenkstätte, Berlin.

Aktives Museum Faschismus und Widerstand (Hg.) (1985): Zum Umgang mit einem Erbe, Berlin.

Aktives Museum Faschismus und Widerstand/Neue Gesellschaft für Bildende Kunst (Hg.) (1990): Erhalten. Zerstören. Verändern? Denkmäler der DDR in Ost-Berlin (Ausstellungskatalog), Berlin.

Albertz, Heinrich (1981): Blumen für Stukenbrock, Stuttgart.

Alings, Reinhard (1996): Monument und Nation. Das Bild vom Nationalstaat im Medium Denkmal – zum Verhältnis von Nation und Staat im deutschen Kaiserreich 1871–1918, Berlin.

Altendörfer, Erich (1986): Die Alte Pinakothek in den Nachkriegsjahren. Die Rettung vor Abbruch und Verfall – Der Wiederaufbau durch Hans Döllgast 1952–57, in: »Ihm, welcher der Andacht Tempel baut ...« Ludwig I. und die Alte Pinakothek. Festschrift zum Jubiläumsjahr 1986, München, S. 205 ff.

Améry, Jean (1966): Jenseits von Schuld und Sühne. Bewältigungsversuche eines Überwältigten, München.

Armanski, Gerhard (1988): »... und wenn wir sterben müssen.« Die politische Ästhetik von Kriegerdenkmälern, Hamburg.

Arndt, Adolf (1961): Demokratie als Bauherr, in: ders., Geist der Politik, Berlin, S. 217 ff.

Arndt, Ino (1993): Das Frauenkonzentrationslager Ravensbrück, in: Dachauer Hefte, 3. Jg., München, S. 125 ff.

Arndt, Karl (1981): Die Münchener Architekturszene 1933/34 als ästhetisch-politisches Konfliktfeld, in: Broszat u. a. (Hg.), Bayern, S. 443 ff.

Arndt, Karl (1989): Die NSDAP und ihre Denkmäler oder: Das NS-Regime und seine Denkmäler, in: Mai/Schmirber (Hg.), Denkmal, S. 69 ff.

Assmann, Aleida (1994): Das Gedächtnis der Orte, in: dies./Anselm Haverkamp (Hg.): Stimme, Figur, Kritik und Restitution in der Literaturwissenschaft, Weimar, S. 17 ff.

Assmann, Aleida / Assmann, Jan (1994): Das Gestern im Heute. Medien und soziales Gedächtnis, in: Klaus Merten u. a. (Hg.): Die Wirklichkeit der Medien, Opladen.

Assmann, Aleida / Harth, Dietrich (Hg.) (1991): Mnemosyne. Formen und Funktionen der kulturellen Erinnerung, Frankfurt a. M.

Assmann, Aleida / Harth, Dietrich (Hg.) (1991a): Kultur als Lebenswelt und Monument, Frankfurt a. M.

Assmann, Jan (1991): Die Katastrophe des Vergessens. Das Deuteronomium als Paradigma kultureller Mnemotechnik, in: Assmann / Harth, Mnemosyne, S. 337 ff.

Assmann, Jan (1992): Das kulturelle Gedächtnis. Schrift, Erinnerung und politische Identität in frühen Hochkulturen, München.

Assmann, Jan / Hölscher, Tonio (Hg.) (1988): Kultur und Gedächtnis, Frankfurt a. M.

Baier, Lothar (1993): Erinnerung an die Vergeßlichkeit, in: Neue Rundschau, 104. Jg., S. 56 ff.

Baird, Jay W. (1990): To die for Germany. Heroes in the Nazi Pantheon, Bloomington.

Bar-On, Dan (1993): Die Last des Schweigens. Gespräche mit Kindern von Nazi-Tätern, Frankfurt a. M.

Bartetzko, Dieter (1992): Damnatio memoriae – Der Börneplatz als Ort kollektiven Vergessens, in: Jüdisches Museum (Hg.), Stationen, S. 18 ff.

Bauer, Fritz (Hg.) (1965): Widerstand gegen die Staatsgewalt. Dokumente der Jahrtausende, Frankfurt a. M.

Bauman, Zygmunt (1992): Moderne und Ambivalenz. Das Ende der Eindeutigkeit, Hamburg.

Bauman, Zygmunt (1992a): Dialektik der Ordnung. Die Moderne und der Holocaust, Hamburg.

Baumunk, Bodo-Michael / Brunn, Gerhard (Hg.) (1989): Hauptstadt. Zentren, Residenzen, Metropolen in der Deutschen Geschichte, Köln.

Becker, Josef / Stammen, Theo / Waldmann, Peter (Hg.) (1979): Vorgeschichte der Bundesrepublik Deutschland, München.

Becker, Peter von (1978): In den kalten Tropen der Erinnerung begann, doch endete nicht Klaus Michael Grübers Winterreise nach Hölderlin, in: Theater heute, 19. Jg., H. 2, S. 29 ff.

Behrenbeck, Sabine (1996): Der Kult um die toten Helden. Nationalsozialistische Mythen, Riten und Symbole, 1923–1945, Vierow b. Greifswald.

Benjamin, Walter (1987): Berliner Kindheit um neunzehnhundert, Frankfurt a. M.

Benz, Wolfgang / Distel, Barbara (Hg.) (1985 / 1993): Die Befreiung (Dachauer Hefte 1), München.

Bergmann, Martin S. / Jucovy, Milton E. (eds.) (1982): Generations of the Holocaust, New York (dt. Ausg. 1995).

Bergmann, Werner / Erb, Rainer / Lichtblau, Albert (Hg.) (1995): Schwieriges Erbe. Der Umgang mit Nationalsozialismus und Antisemitismus in Österreich, der DDR und der Bundesrepublik, Frankfurt a. M. und New York.

Berlinische Galerie (Hg.) (1990): Hauptstadt Berlin. Internationaler städtebaulicher Ideenwettbewerb 1957 / 58, Berlin.

Berlinische Galerie / Senator für Bau- und Wohnungswesen (Hg.) (1988): Gedenken und Denkmal. Entwürfe zur Erinnerung an die Deportation und Vernichtung der jüdischen Bevölkerung Berlins (Ausstellungskatalog Berlinische Galerie), Berlin.

Beseler, Hartwig (1988): Baudenkmale – Zeugnisse architektonischer Überlieferung im Umbruch, in: ders. / Niels Gutschow, Kriegsschicksale Deutscher Architektur. Verluste – Schäden – Wiederaufbau, Bd. 1: Nord, Neumünster, S. XXV ff.

Best, Michael (Hg.) (1988): Der Frankfurter Börneplatz. Zur Archäologie eines politischen Konflikts, Frankfurt a. M.

Bien, Helmut M. (1984): Olympiastadion Berlin, in: Journal für Geschichte, 4. Jg., S. 27 ff.

Bilang, Karla (1992): »Haus der Endlösung«. Am Großen Wannsee 56 / 58, in: Engel u. a. (Hg.), Geschichtslandschaft, Bd. 4, S. 495 ff.

Blessing, Werner K. (1988): »Deutschland in Not, wir im Glauben ...«, in: Broszat u. a. (Hg.), Stalingrad, S. 3 ff.

Blohm, Katharina (1993): Gedenkstätten, in: Nerdinger (Hg.), Bauen. S. 539 ff.

Bode, Volkhard / Kaiser, Gerhard (1995): Raketenspuren. Peenemünde 1936 – 1994, Berlin.

Bodemann, Y. Michael (1996): Gedächtnistheater. Die jüdische Gemeinschaft und ihre deutsche Erfindung, Hamburg.

Bönisch-Brednich, Brigitte u. a. (Hg.) (1991): Erinnern und Vergessen. Vorträge des 27. Deutschen Volkskundekongresses, Göttingen.

Borgolte, Michael (1992): Papstgräber als »Gedächtnisorte« der Kirche, in: Historisches Jahrbuch 112, 2. Halbband, S. 305 ff.

Botz, Gerhard (1988): Der »Anschluß« von 1938 als innerösterreichisches Problem, in: Aus Politik und Zeitgeschichte B 9 / 88, S. 3 ff.

Botz, Gerhard / Sprengnagel, Gerald (Hg.) (1994): Kontroversen um Österreichs Zeitgeschichte. Verdrängte Vergangenheit, Österreichs Identität, Waldheim und die Historiker, Frankfurt a. M. und New York.

Bracher, Karl Dietrich u. a. (Hg.) (1992): Deutschland 1933 – 1945. Neue Studien zur nationalsozialistischen Herrschaft, Bonn und Düsseldorf.

Brecht, Arnold (1966): Aus nächster Nähe. Lebenserinnerungen 1884 – 1927, Stuttgart.

Brecht, Karen u. a. (Hg.) (1985[2]): »Hier geht das Leben auf eine sehr merkwürdige Weise weiter ...« Zur Geschichte der Psychoanalyse in Deutschland, Hamburg.

Bredow, Wilfried von (1996): Tückische Geschichte. Kollektive Erinnerung an den Holocaust, Stuttgart.

Bringmann, Fritz / Roder, Hartmut (1987): Neuengamme. Verdrängt – vergessen – bewältigt? Die »zweite« Geschichte des Konzentrationslagers Neuengamme. 1945 bis 1985, Hamburg.

Brix, Emil / Stekl, Hannes (Hg.) (1997): Der Kampf um das Gedächtnis. Öffentliche Gedenktage in Mitteleuropa, Wien u. a.

Brochhagen, Ulrich (1994): Nach Nürnberg. Vergangenheitsbewältigung und Westintegration in der Ära Adenauer, München.

Broszat, Martin u. a. (Hg.) (1981): Bayern in der NS-Zeit, Bd. III: Herrschaft und Gesellschaft im Konflikt, München.

Broszat, Martin (Hg.) (1990): Zäsuren nach 1945. Essays zur Periodisierung der deutschen Nachkriegsgeschichte, München.

Broszat, Martin / Henke, Klaus-Dietmar / Woller, Hans (Hg.) (1988): Von Stalingrad zur Währungsreform. Zur Sozialgeschichte des Umbruchs in Deutschland, München.

Bruford, Walter H. (1966): Kultur und Gesellschaft im klassischen Weimar 1775 – 1806, Göttingen.

Buber-Neumann, Margarete (1978): Milena. Kafkas Freundin. Ein Lebensbild. München / Wien.

Buchstab, Günter / Kaff, Brigitte / Kleinmann, Hans-Otto (1990[2]): Verfolgung und Widerstand 1933–1945. Christliche Demokraten gegen Hitler, Düsseldorf.

Büchten, Daniela / Frey, Anja (Hg.) (1993): Im Irrgarten deutscher Geschichte. Die Neue Wache 1818–1993, Berlin.

Buck, Robert (1994): Die Rezeption des 20. Juli 1944 in der Bundeswehr. Anmerkungen zu deren Traditionsverständnis, in: Ueberschär (Hg.), 20. Juli, S. 214 ff.

Buddensieg, Tilmann (1993): Olympia 1936 – Olympia 2000. Werner Marchs Reichssportfeld im Dritten Reich, in: ders., Berliner Labyrinth. Preußische Raster, Berlin, S. 95 ff.

Bundesminister der Justiz (Hg.) (1989): Im Namen des deutschen Volkes. Justiz und Nationalsozialismus (Ausstellungskatalog), Köln.

Burke, Peter (1991): Geschichte als soziales Gedächtnis, in: Assmann / Harth (Hg.), Mnemosyne, S. 289 ff.

Bushart, Magdalena (1989): Überraschende Begegnung mit alten Bekannten. Arno Brekers NS-Plastik in neuer Umgebung, in: kritische berichte, 17. Jg., H. 2, S. 31 ff.

Cancik, Hubert / Mohr, Hubert (1990): Erinnerung / Gedächtnis, in: Cancik u. a. (Hg.), Handbuch religionswissenschaftlicher Grundbegriffe, Bd. II, Stuttgart, Berlin, Köln, S. 299 ff.

Cavalli, Allessandro (1991): Die Rolle des Gedächtnisses in der Moderne, in: Assmann / Harth (Hg.), Kultur, S. 200 ff.

Centrum Industriekultur Nürnberg (Hg.) (1993): Kulissen der Gewalt. Das Reichsparteitagsgelände in Nürnberg, München.

Damus, Martin (1974): Die Vergegenständlichung bürgerlicher Wertvorstellungen in der Denkmalplastik. Das Denkmal zur Erinnerung an den 20. Juli 1944 von R. Scheibe, in: Kunst und Unterricht, Sonderheft 1974, S. 70 ff.

Danyel, Jürgen (Hg.) (1995): Die geteilte Vergangenheit. Zum Umgang mit Nationalsozialismus und Widerstand in beiden deutschen Staaten, Berlin.

Demandt, Alexander (1984): Ungeschehene Geschichte. Ein Traktat über die Frage: Was wäre geschehen, wenn …? Göttingen.

Demps, Laurenz (1988): Die Neue Wache. Entstehung und Geschichte eines Bauwerks, Berlin (DDR).

Die Grünen im Bundestag (Hg.) (1985): Was wir verdrängen, kommt wieder, Bonn.

Diers, Michael (Hg.) (1993): Mo(nu)mente. Formen und Funktionen ephemerer Denkmäler, Berlin.

Diestelmeier, Heinrich (1983): Versöhnung über den Gräbern – Blumen für Stukenbrock, in: Garbe (Hg.), Die vergessenen KZs? S. 145 ff.

Dietzfelbinger, Eckart (1990): Der Umgang der Stadt Nürnberg mit dem früheren Reichsparteitagsgelände, Nürnberg.

Diner, Dan (Hg.) (1987): Ist der Nationalsozialismus Geschichte? Zu Historisierung und Historikerstreit, Frankfurt a. M.

Dirks, Walter (1947): Mut zum Abschied, in: Frankfurter Hefte, 1. Jg., S. 819 ff.

Doemming, Klaus-Berto von u. a. (1951): Entstehungsgeschichte der Artikel des Grundgesetzes, in: Jahrbuch des öffentlichen Rechts der Gegenwart, Neue Fassung, Bd. 1, Tübingen, S. 211 ff.

Dörner, Andreas (1996): Politischer Mythos und symbolische Politik. Der Hermannmythos: Zur Entstehung des Nationalbewußtseins der Deutschen, Reinbek.

Dolff-Bonekämper, Gabi (1993): Schinkels Neue Wache Unter den Linden. Ein Denkmal in Deutschland, in: Akademie der Künste (Hg.), Streit, S. 35 ff.

Domansky, Elisabeth (1992): »Kristallnacht«, the Holocaust and the German Unity: The Meaning of November 9 as an Anniversary in Germany, in: History and Memory, vol. 4, H. 1, S. 60 ff.

Dudek, Peter (1992): »Vergangenheitsbewältigung«. Zur Problematik eines umstrittenen Begriffs, in: Aus Politik und Zeitgeschichte, B. 1–2/92, S. 44 ff.

Düding, Dieter u. a. (Hg.) (1988): Öffentliche Festkultur. Politische Feste in Deutschland von der Aufklärung bis zum Ersten Weltkrieg, Reinbek.

Durth, Werner (1992): Wege in der Geschichte, in: Akademie der Künste (Hg.), Mitte Berlins, S. 13 ff.

Durth, Werner / Nerdinger, Winfried (1994): Architektur und Städtebau der 30er und 40er Jahre, 2 Bde., Bonn.

Eckert, Rainer u. a. (Hg.) (1992): Krise – Umbruch – Neubeginn. Eine kritische und selbstkritische Dokumentation der DDR-Geschichtswissenschaft 1989 / 90, Stuttgart.

Eckstaedt, Anita (1992): Nationalsozialismus in der ›zweiten Generation‹, Frankfurt a. M.

Edelman, Murray (1976): Politik als Ritual. Die symbolische Funktion staatlicher Institutionen und politischen Handelns, Frankfurt a. M.

Ehlich, Konrad (1991): Politische Feiern als kommunikatives Handeln. Institut für Deutsche Sprache und Literatur, Universität Dortmund (Manuskript).

Eiber, Ludwig (1987): Die gegenwärtige Vergangenheit oder: der Umgang mit den Orten des NS-Terrors nach 1945 aufgezeigt am Beispiel der Geschichte der Gedenkstätte Neuengamme, in: Ev. Akademie Mülheim (Hg.), Erinnerung an die Vergangenheit bestimmt die Zukunft. NS-Gedenkstätten und ihre Arbeit, Mülheim, S. 61 ff.

Eiber, Ludwig (1990): Konzentrationslager Neuengamme 1938–45, Hamburg.

Eichmann, Bernd (1986²): Versteinert, verharmlost, vergessen. KZ-Gedenkstätten in der Bundesrepublik Deutschland, Frankfurt a. M.

Emrich, Ulrike / Nötzold, Jürgen (1984): Der 20. Juli 1944 in den offiziellen Gedenkreden der Bundesrepublik und in der Darstellung der DDR, in: Aus Politik und Zeitgeschichte B 26 / 84, S. 3 ff.

Endlich, Stefanie (1988): Zum Umgang mit dem Gestapo-Gelände. Gutachten im Auftrag der Akademie der Künste, Berlin.

Endlich, Stefanie (1990): Denkort Gestapogelände, Berlin.

Endlich, Stefanie / Lutz, Thomas (1995): Gedenken und lernen an historischen Orten. Ein Wegweiser zu Gedenkstätten für die Opfer des Nationalsozialismus in Berlin, Berlin.

Engel, Helmut u. a. (Hg.) (1985): Geschichtslandschaft Berlin. Orte und Ereignisse, Bd. 1: Charlottenburg, Teil 2: Der neue Westen, Berlin.

Engel, Helmut u. a. (Hg.) (1989): Geschichtslandschaft Berlin. Orte und Ereignisse, Bd. 2: Tiergarten, Teil 1: Vom Brandenburger Tor zum Zoo, Berlin.

Engel, Helmut u. a. (Hg.) (1987): Geschichtslandschaft Berlin. Orte und Ereignisse, Bd. 2: Tiergarten, Teil 2: Moabit, Berlin.

Engel, Helmut u. a. (Hg.) (1992): Geschichtslandschaft Berlin. Orte und Ereignisse, Bd. 4: Zehlendorf, Berlin.

Engel. Helmut u. a. (Hg.) (1994): Geschichtslandschaft Berlin. Orte und Ereignisse, Bd. 5: Kreuzberg, Berlin.

Engel, Helmut / Ribbe, Wolfgang (Hg.) (1993): Hauptstadt Berlin – Wohin mit der Mitte? Historische, städtebauliche und architektonische Wurzeln des Stadtzentrums, Berlin.

Ernst, Wolfgang (1994): Am Ende der Parabel: Die ›Dora‹-Lüge? in: Werkstatt Geschichte 9, S. 51 ff.

Etzold, Alfred u. a. (1988): Jüdische Friedhöfe in Berlin, Berlin (Ost).

Evans, Richard (1991): Im Schatten Hitlers? Historikerstreit und Vergangenheitsbewältigung in der Bundesrepublik, Frankfurt a. M.

Faulenbach, Bernd (1987): NS-Interpretationen und Zeitklima. Zum Wandel in der Aufarbeitung der jüngsten Vergangenheit, in: Aus Politik und Zeitgeschichte B 37 / 87, S. 19 ff.

Faulenbach, Bernd (1993): Probleme des Umgangs mit der Vergangenheit im vereinten Deutschland: Zur Gegenwartsbedeutung der jüngsten Geschichte, in: Weidenfeld, Werner (Hg.), Deutschland. Eine Nation – doppelte Geschichte. Materialien zum deutschen Selbstverständnis, Köln, S. 175 ff.

Faulenbach, Bernd (Hg.) (1974): Geschichtswissenschaft in Deutschland, München.

Fest, Joachim C. (1973): Hitler. Eine Biographie, Frankfurt a. M. und Berlin.

Fetscher, Sebastian (1989): Das Dritte Reich und die Moral der Nachgeborenen. Vom Dünkel der Betroffenheit, in: Neue Sammlung, 29. Jg., S. 161 ff.

Finker, Kurt (1994): Die Stellung der Sowjetunion und der sowjetischen Geschichtsschreibung zum 20. Juli 1944, in: Ueberschär (Hg.), 20. Juli, S. 38 ff.

Finn, Gerhard (1990): Wieder einmal nichts gewußt. »Vergangenheitsbewältigung« in Buchenwald, in: Deutschland Archiv, 22. Jg., H. 2, S. 1251 ff.

Fischer, Manfred F. (1992): Das ewige Mahnmal. Die Ruine der Hauptkirche St. Nikolai in Hamburg, in: Kulturbehörde der Stadt Hamburg – Denkmalschutzamt (Hg.), Vom Umgang mit kirchlichen Ruinen, Hamburg, S. 33 ff.

Fischer, Alexander / Heydemann, Günther (1992): Weg und Wandel der Geschichtswissenschaft und des Geschichtsverständnisses in der SBZ / DDR seit 1945, in: Ekkert u. a. (Hg.), Krise, S. 125 ff.

Folkerts, Horst (1991): Die gerettete Geschichte. Ein Hinweis auf Walter Benjamins Begriff der Erinnerung, in: Assmann / Harth (Hg.), Mnemosyne. S. 363 ff.

Fragen an die deutsche Geschichte (1984): Fragen an die deutsche Geschichte. Ideen, Kräfte, Entscheidungen von 1800 bis zur Gegenwart. Historische Ausstellung im Reichstagsgebäude in Berlin. Hg. vom Deutschen Bundestag, Referat Öffentlichkeitsarbeit, Bonn.

François, Etienne (1996): Lieux de mémoire – Erinnerungsorte. D'un modèle français à un projet allemand, Berlin.

François, Etienne (1995): Von der wiedererlangten Nation zur »Nation wider Willen«. Kann man eine Geschichte der deutschen »Erinnerungsorte« schreiben?, in: ders. u. a. (Hg.), Nation und Emotion, Göttingen, S. 93 ff.

Freed, James Ingo (1994): Das United States Holocaust Memorial Museum, in: Young, Mahnmale, S. 63 ff.

Frei, Norbert (1966): Vergangenheitspolitik. Die Anfänge der Bundesrepublik und die NS-Vergangenheit, München.

Frey, Anja (1993): Ein Blümlein aufs Millonengrab, in: Büchten / Frey (Hg.), Irrgarten, S. 20 ff.

Fricke, Karl Wilhelm (1979): Politik und Justiz in der DDR. Zur Geschichte der politischen Verfolgung 1945–68. Bericht und Dokumentation, Köln.

Friedel, Alois (1968): Deutsche Staatssymbole. Herkunft und Bedeutung der politischen Symbolik in Deutschland, Frankfurt a. M.

Friedländer, Saul (1984): Kitsch und Tod. Der Widerschein des Nazismus, München.

Friedländer, Saul (1987): Die Shoah als Element in der Konstruktion israelischer Erinnerung, in: Babylon, H. 2, S. 10 ff.

Friedländer, Saul (ed.) (1992): Probing the Limits of Representation. Nazism and the »Final Solution«, Cambridge / Mass. und London.

Friedrich-Ebert-Stiftung (Hg.) (1989): Zur Bewältigung der NS-Zeit in der DDR. Defizite und Neubewertungen, Bonn.

Frisch, Max (1958): Tagebuch 1946–1949, Frankfurt a. M.

Füllberg-Stolberg, Claus u. a. (Hg.) (1994): Frauen in Konzentrationslagern. Bergen-Belsen, Ravensbrück, Bremen.

Gärtner, Reinhold / Rosenberger, Sieglinde (1991): Kriegerdenkmäler. Vergangenheit in der Gegenwart, Innsbruck.

Garbe, Detlef (1983): Neuengamme – Musterbeispiel für Vergessen und Verdrängen, in: ders. (Hg.), Die vergessenen KZs? S. 37 ff.

Garbe, Detlef (1993): Äußerliche Abkehr, Erinnerungsverweigerung und »Vergangenheitsbewältigung«: Der Umgang mit dem Nationalsozialismus in der frühen Bundesrepublik, in: Schildt / Sywottek (Hg.), Modernisierung, S. 693 ff.

Garbe, Detlef (Hg.) (1983): Die vergessenen KZs? Gedenkstätten für die Opfer des NS-Terrors in der Bundesrepublik, Bornheim-Merten.

Garbe, Detlef (1997): Ein schwieriges Erbe. Hamburg und das ehemalige Konzentrationslager Neuengamme, in: Reichel (Hg.), Das Gedächtnis der Stadt, S. 113 ff.

Gauger, Jörg-Dieter / Stagl, Justin (Hg.) (1992): Staatsrepräsentation, Berlin.

Grab, Walter (1984): Ein Volk muß seine Freiheit selbst erobern. Zur Geschichte der deutschen Jakobiner, Frankfurt a. M.

Gebhardt, Winfried (1987): Fest, Feier und Alltag. Über die gesellschaftliche Wirklichkeit des Menschen und ihre Deutung, Frankfurt a. M. u. a.

Gedenkstätte Buchenwald (1992): Zur Neuorientierung der Gedenkstätte. Die Empfehlungen der vom Minister für Wissenschaft und Kunst des Landes Thüringen berufenen Historikerkommission, Weimar-Buchenwald.

Gedenkstätte deutscher Widerstand (Hg.) (1984): Der 20. Juli 1944. Reden zu einem Tag der deutschen Geschichte, Bd. 1, Berlin.

Gerstenberger, Heide / Schmidt, Dorothea (Hg.) (1987): Normalität oder Normalisierung? Geschichtswerkstätten und Faschismusanalyse, Münster.

Gerz, Jochen / Shalev-Gerz, Esther (1994): Das Harburger Mahnmal gegen Faschismus, Stuttgart.

Geschichtswerkstatt Berlin (Hg.) (1987): Die Nation als Ausstellungsstück, Hamburg.

Giesz, Ludwig (1971): Phänomenologie des Kitsches, München.

Goettle, Gabriele (1993): Deutsche Sitten. Erkundungen in Ost und West, Frankfurt a. M.

Groehler, Olaf (1994): Der Umgang mit dem Holocaust in der DDR, in: Steininger (Hg.), Umgang, S. 233 ff.

Große-Kracht, Klaus (1996): Gedächtnis und Geschichte: Maurice Halbwachs – Pierre Nora, in: Geschichte in Wissenschaft und Unterricht, Jg. 47, S. 21 ff.

Grünberg, Wolfgang (1997): »Als das Feuer vom Himmel fiel ...« St. Nikolai als Gedächtnisort, in: Reichel, Peter (Hg.), Das Gedächtnis der Stadt, S. 47 ff.

Güldner, Bettina / Schuster, Wolfgang (1983): Das Reichssportfeld, in: Skulptur und Macht (Ausstellungskatalog Akademie der Künste), Berlin, S. 37 ff.

Gutmann, Israel u. a. (Hg.) (1993): Enzyklopädie des Holocaust. Die Verfolgung und Ermordung der europäischen Juden, Berlin.

Haase, Norbert (1990): Berlin-Charlottenburg, Witzlebenstraße 4–10, in: Dachauer Hefte, 6. Jg., H. 6, S. 206 ff.

Habermas, Jürgen (1981): Die Moderne – ein unvollendetes Projekt, in: ders., Kleine Politische Schriften (I–IV), Frankfurt a. M., S. 444 ff.

Habermas, Jürgen (1985): Entsorgung der Vergangenheit, in: ders., Die Neue Unübersichtlichkeit. Kleine Politische Schriften V, Frankfurt a. M., S. 261 ff.

Hackett, David A. (1996): Der Buchenwald-Report. Bericht über das Konzentrationslager Buchenwald bei Weimar, München.

Halbwachs, Maurice (1985): Das kollektive Gedächtnis, Frankfurt a. M.

Halbwachs, Maurice (1985 a): Das Gedächtnis und seine sozialen Bedingungen, Frankfurt a. M.

Harth, Dietrich (Hg.) (1991): Die Erfindung des Gedächtnisses. Eine Anthologie, Frankfurt a. M.

Hartmann, Geoffrey (ed.) (1986): Bitburg in Moral and Political Perspective, Bloomington.

Hattenhauer, Hans (1990[2]): Geschichte der deutschen Nationalsymbole. Zeichen und Bedeutung, München.

Haverkamp, Anselm / Lachmann, Renate (Hg.) (1993): Memoria – Vergessen und erinnern, München.

Hedinger, Bärbel u. a. (1979): Ein Kriegsdenkmal in Hamburg, Hamburg.

Heffen, Annegret (1986): Der Reichskunstwart – Kunstpolitik in den Jahren 1920–1933, Essen.

Heilmann, Peter (1989): Ein gescheitertes Projekt. Das Internationale Dokumentationszentrum, in: Sachor – Nicht vergessen. Erinnerung an Joseph Wulf (Aktion Sühnezeichen / Friedensdienste), Berlin.

Hein, Carola (1990): Zur Geschichte der Hauptstadt Berlin, in: Berlinische Galerie (Hg.), Hauptstadt, S. 10 ff.

Heinrich, Christoph (1993): Strategien des Erinnerns. Der veränderte Denkmalbegriff in der Kunst der achtziger Jahre, München.

Henn, Ursula (1987): Die Mustersiedlung Ramersdorf. Ein Siedlungskonzept zwischen Tradition und Moderne, München.

Herbert, Ulrich / Groehler, Olaf (1992): Zweierlei Bewältigung. Vier Beiträge über den Umgang mit der NS-Vergangenheit in den beiden deutschen Staaten, Hamburg.

Herding, Klaus / Mittig, Hans-Ernst (1975): Kunst und Alltag im NS-System. Albert Speers Berliner Straßenlaternen, Gießen.

Herf, Jeffrey (1997): Divided Memory. The Nazi Past in the two Germanys, Cambridge / Mass (dt. Ausg. 1998).

Heringer, Hans Jürgen (1990): »Ich gebe Ihnen mein Ehrenwort«. Politik – Sprache – Moral, München.

Herzogenrath, Wulf u. a. (Hg.) (1990): Die Endlichkeit der Freiheit (Ausstellungskatalog), Berlin.

Hettling, Manfred / Nolte, Paul (Hg.) (1993): Bürgerliche Feste. Symbolische Formen politischen Handelns im 19. Jahrhundert, Göttingen.

Hilberg, Raul (1982): Die Vernichtung der europäischen Juden. Die Gesamtgeschichte des Holocaust, Berlin.

Hilberg, Raul (1992): Täter, Opfer, Zuschauer. Die Vernichtung der Juden 1933–1945, Frankfurt a. M.

Hoffmann, Andreas (1985): Reichssportfeld. Olympischer Platz, in: Engel u. a., Geschichtslandschaft, Bd. 1, Teil 2, S. 11 ff.

Hoffmann, Detlef (1988): Erinnerungsarbeit der ›zweiten und dritten‹ Generation und

›Spurensuche‹ in der zeitgenössischen Kunst, in: kritische berichte 16 Jg., H. 2, S. 31 ff.

Hoffmann, Detlef (Hg.) (1998): Das Gedächtnis der Dinge. KZ-Relikte und KZ-Denkmäler 1945–1995, Frankfurt a. M. und New York.

Hoffmann, Hilmar (1993): Mythos Olympia. Autonomie und Unterwerfung von Sport und Kultur, Berlin und Weimar.

Hoffmann, Hilmar / Klotz, Heinrich (Hg.) (1991): Die Kultur unseres Jahrhunderts. 1933–45, Düsseldorf.

Holler, Regina (1994): 20. Juli 1944. Vermächtnis oder Alibi? München.

Hölscher, Lucian (1989): Geschichte und Vergessen, in: Historische Zeitschrift, Bd. 249, S. 1 ff.

Huber, Jörg (1994): Landschaft als Topographie der Erinnerung, in: Kunstforum International, H. 127, S. 224 ff.

Hummel, Marlies / Berger, Manfred (1988): Die volkswirtschaftliche Bedeutung von Kunst und Kultur. Gutachten im Auftrag des Bundesministers des Innern, Berlin.

Hütt, Michael (1990): Alfred Hrdlickas Umgestaltung des Hamburger Denkmals für das Infanterieregiment Nr. 76, in: ders. u. a. (Hg.), Unglücklich, S. 112 ff.

Hütt, Michael u. a. (Hg.) (1990): Unglücklich das Land, das Helden nötig hat. Leiden und Sterben in den Kriegsdenkmälern des Ersten und Zweiten Weltkrieges, Marburg.

Hüttinger, Gisela (1992): Der Umgang mit der NS-Architektur unter besonderer Berücksichtigung Münchens, Magisterarbeit, Hamburg.

Hutton, Patrick (1993): Sigmund Freud and Maurice Halbwachs. The Problem of Memory in Historical Psychology, in: Historical Reflections, vol. 19, no. 1, S. 1 ff.

Iden, Peter (1979): Die Schaubühne am Halleschen Ufer 1970–1979, München.

Institut für Denkmalpflege (Hg.) (1976): Denkmale der Geschichte und Kultur: Ihre Erhaltung und Pflege in der Deutschen Demokratischen Republik, Berlin (Ost).

Internationale Bauausstellung Berlin (Hg.) (1987): Dokumentation zum Gelände des ehemaligen Prinz-Albrecht-Palais, Berlin.

Jäckel, Eberhard (1974): Wenn der Anschlag gelungen wäre, in: Hans-Jürgen Schultz (Hg.), Der Zwanzigste Juli. Alternative zu Hitler? Stuttgart, S. 69 ff.

Jochheim, Gernot (1993): Frauenprotest in der Rosenstraße, Berlin.

Jüdisches Museum / Amt für Wissenschaft und Kunst der Stadt Frankfurt / Main (Hg.) (1992): Stationen des Vergessens. Der Börneplatz-Konflikt (Begleitbuch zur Eröffnungsausstellung des Museums Judengasse), Frankfurt a. M.

Kaienburg, Hermann (1990): »Vernichtung durch Arbeit«. Der Fall Neuengamme. Die Wirtschaftsbestrebungen der SS und ihre Auswirkungen auf die Existenzbedingungen der KZ-Gefangenen, Bonn.

Karavan, Dani (1992): Zum Gedenkort »Passagen« für Walter Benjamin. Ein Interview von Ingrid und Konrad Scheuermann, in: Scheuermann / Scheuermann (Hg.), Benjamin, S. 265 ff.

Kettenacker, Lothar (1994): Die Haltung der Westalliierten gegenüber Hitlerattentat und Widerstand nach dem 20. Juli 1944, in: Ueberschär (Hg.), 20. Juli, S. 19 ff.

Kiedaisch, Petra (Hg.) (1995): Lyrik nach Auschwitz? Adorno und die Dichter, Stuttgart.

Kittel, Manfred (1993): Die Legende von der »Zweiten Schuld«. Vergangenheitsbewältigung in der Ära Adenauer, Berlin und Frankfurt a. M..

Kittsteiner, Heinz Dieter (1996): Vom Nutzen und Nachteil des Vergessens für die Geschichte, in: Smith / Emrich (Hg.), Vom Nutzen des Vergessens, S. 133–174.

Klee, Ernst (1983): »Euthanasie« im NS-Staat. Die »Vernichtung unwerten Lebens«,
Frankfurt a. M.

Kleßmann, Christoph (1992): Das Problem der doppelten »Vergangenheitsbewältigung« in der früheren DDR, in: Eckert u. a. (Hg.), Krise, S. 271 ff.

Klonovsky, Michael / Flocken, Jan von (1993): Stalins Lager in Deutschland. 1945–50,
München.

Klötzer, Wolfgang (1978): Die Frankfurter Paulskirche – Symbol der Deutschen Einheit, Frankfurt a. M.

Knigge, Volkhard u. a. (Hg.) (1997) Versteinertes Gedenken. Das Buchenwalder
Mahnmal von 1958, 2 Bde., Spröda.

Knigge, Volkhard (1995): Vom provisorischen Grabdenkmal zum Nationaldenkmal,
in: Bauwelt 86. Jg., H. 39, S. 2258 ff.

Koch, Gertrud (1992): Die Einstellung ist die Einstellung. Visuelle Konstruktionen
des Judentums, Frankfurt a. M.

Kocka, Jürgen (1979): 1945: Neubeginn oder Restauration? in: Carola Stern / Heinrich
A. Winkler (Hg.), Wendepunkte deutscher Geschichte 1848–1945, Frankfurt a. M.
S. 141 ff.

Kogon, Eugen (1946): Der SS-Staat, München.

Kohlhammer, Siegfried (1994): Anathema. Der Holocaust und das Bilderverbot, in:
Merkur, 48. Jg., H. 6, S. 501 ff.

Kolb, Eberhard (1986²): Bergen-Belsen – Vom »Aufenthaltslager« zum Konzentrationslager 1943–45, Göttingen.

Koselleck, Reinhart (1979): Kriegerdenkmale als Identitätsstiftungen der Überlebenden, in: Odo Marquard / Karlheinz Stierle (Hg.), Identität, München, S. 255 ff.

Koselleck, Reinhart / Jeismann, Michael (Hg.) (1994): Der politische Totenkult. Kriegerdenkmäler in der Moderne, München.

Korff, Gottfried (1991): Bemerkungen zur öffentlichen Erinnerungskultur, in: Bönisch-Brednich u. a. (Hg.), Erinnern, S. 163 ff.

Koshar, Rudy (1998): Germany's Transient Pasts. Preservation an National Memory in
the Twentieth Century, Chapel Hill, London.

Kracauer, Siegfried (1990): Tessenow baut das Berliner Ehrenmal, in: ders., Aufsätze
1927–1931 (Schriften Band 5,2), Frankfurt a. M., S. 211 f.

Kramer, Sven (1996): Inszenierung und Erinnerung. Zur Darstellung der nationalsozialistischen Todeslager im Film, in: Weimarer Beiträge, 42. Jg., H. 4, S. 509 ff.

Kreuter, Marie-Luise / Hoffmann, Andreas (1985): Rund um den Funkturm, in: Engel
u. a. (Hg.), Geschichtslandschaft, Bd. 1, Teil 2, S. 33 ff.

Kreuter, Marie-Luise (1989): »Euthanasie«-Zentrale »T 4«. Tiergartenstraße 4, in: Engel u. a. (Hg.), Geschichtslandschaft, Bd. 2, Teil 1, S. 250 ff.

Krüger, Arnd (1972): Die Olympischen Spiele 1936 und die Weltmeinung, Berlin.

Kuberek, Monika (1990): Die Kriegsgräberstätten des Volksbundes Deutsche Kriegsgräberfürsorge, in: Hütt u. a. (Hg.), Unglücklich, S. 75 ff.

Kuhirt, Ullrich (Hg.) (1982): Kunst in der DDR. 1945–59, Leipzig.

Kühnl, Reinhard (Hg.) (1987): Vergangenheit, die nicht vergeht. Die »Historiker-De-
batte«. Dokumentation, Darstellung und Kritik, Köln.

Kunert, Günter (1968): Kramen in Fächern oder Diesseits des Erinnerns? Berlin und
Weimar.

Kunstamt Schöneberg u. a. (Hg.) (1994): Orte des Erinnerns. Das Denkmal im Bayerischen Viertel, 2 Bde., Berlin.

Kwiet, Konrad (1989): Die NS-Zeit in der westdeutschen Forschung 1945–1961, in: Schulin (Hg.), Geschichtswissenschaft, S. 196 ff.

Laqueur, Renata (1983): Bergen-Belsen Tagebuch. 1944/45, Hannover.

Laschet, Armin/Malangré, Heinz (Hg.) (1989): Philipp Jenninger. Rede und Reaktion, Aachen und Koblenz.

Lauterbach, Iris u. a. (Hg.) (1995): Bürokratie und Kult. Das Parteizentrum der NSDAP am Königsplatz in München. Geschichte und Rezeption, München und Berlin.

Le Goff, Jacques (1992): Geschichte und Gedächtnis, Frankfurt a. M. und New York.

Lehrke, Gisela (1988): Gedenkstätten für Opfer des Nationalsozialismus. Historisch-politische Bildung an Orten des Widerstands, Frankfurt a. M.

Leisner, Barbara/Schulze, Heiko/Thormann, Ellen (1990): Der Hamburger Hauptfriedhof Ohlsdorf. Geschichte und Grabmäler, 2 Bde., Hamburg.

Lemke, Michael (1993): Kampagnen gegen Bonn, Die Systemkrise der DDR und die West-Propaganda der SED 1960–1963, in: Vierteljahreshefte für Zeitgeschichte, 40. Jg., H. 2, S. 151 ff.

Lepsius, M. Rainer (1993): Das Erbe des Nationalsozialismus und die politische Kultur der Nachfolgestaaten des »Großdeutschen Reiches«, in: ders., Demokratie in Deutschland, Göttingen, S. 229 ff.

Leser, Petra (1991): Der Kölner Architekt Clemens Klotz, Diss. Köln.

Lévy-Hass, Hanna (1979): »Vielleicht war das alles nur der Anfang«. Tagebuch aus dem KZ Bergen-Belsen 1944–45, Berlin.

Lewin, Michael (1987): Alfred Hrdlicka. Das Gesamtwerk – Bildhauerei, Wien und Zürich.

Libeskind, Daniel (1994): Radix-Matrix. Architekturen und Schriften, München.

Lipp, Wilfried (Hg.) (1993): Denkmal – Werte – Gesellschaft. Zur Pluralität des Denkmalbegriffs, Frankfurt a. M.

Litschke, Egon (1985): Museum des antifaschistischen Widerstandskampfes in der NMG Ravensbrück, in: Museumskunde, 28. Jg., H. 2, S. 115 ff.

Loewy, Hanno (Hg.) (1992): Holocaust: Die Grenzen des Verstehens. Eine Debatte über die Besetzung der Geschichte, Reinbek.

Lohmann, Hans-Martin (Hg.) (1984): Psychoanalyse und Nationalsozialismus. Beiträge zur Bewältigung eines unbewältigten Traumas, Frankfurt a. M.

Lurz, Meinhold (1987): Kriegerdenkmäler in Deutschland, Bd. 6: Bundesrepublik, Heidelberg.

Lurz, Meinhold (1989): Architektur für die Ewigkeit und dauerndes Ruherecht. Überlegungen zu Gestalt und Aussage von Soldatenfriedhöfen, in: Mai/Schmirber (Hg.), Denkmal. S. 81 ff.

Lutz, Thomas u. a. (Hg.) (1992): Über-Lebens-Mittel. Kunst aus Konzentrationslagern und in Gedenkstätten für Opfer des Nationalsozialismus, Marburg.

Machat, Christoph (1985): Der Wiederaufbau der Kölner Kirchen, in: Deutsche Kunst und Denkmalpflege, 43. Jg., S. 93 ff.

Machule, Dittmar (1985): Die Kameradschaftssiedlung der SS in Berlin-Zehlendorf – eine idyllische Waldsiedlung? in: Hartmut Frank (Hg.), Faschistische Architekturen. Planen und Bauen in Europa 1930–45, Hamburg, S. 251 ff.

Magistrat der Stadt Frankfurt Main/Dezernat Hochbauamt (Hg.) (1988): Die Paulskirche in Frankfurt am Main, Frankfurt a. M.

Mai, Ekkehard / Schmirber, Gisela (Hg.) (1989): Denkmal – Zeichen – Monument. Skulptur und öffentlicher Raum heute, München.

Maier, Charles S. (1992): Die Gegenwart der Vergangenheit. Geschichte und die nationale Identität der Deutschen, Frankfurt a. M. und New York.

Marcuse, Harold (1990): Das ehemalige Konzentrationslager Dachau. Der mühevolle Weg zur Gedenkstätte 1945–68, in: Dachauer Hefte, 6. Jg., H. 6, S. 182 ff.

Marcuse, Harold (1992): Nazi Crimes and Identity in West Germany: Collective Memories of the Dachau Concentration Camp. 1945–1990, Diss. Michigan.

Mattenklott, Gert (1989): Trauerkunst in Washington und Jerusalem, in: Merkur, 43. Jg., H. 9 / 10, S. 848 ff.

Mattenklott, Gert (1993): Denkmal, in: Daidalos, H. 49, S. 27 ff.

Mattenklott, Gert (1993 a): »Denk ich an Deutschland …« Deutsche Denkmäler 1790–1990, in: Sekretariat für kulturelle Zusammenarbeit NRW (Hg.), Deutsche Nationaldenkmäler 1790–1990 (Ausstellungskatalog), Gütersloh, S. 17 ff.

Matz, Reinhard (1993): Die unsichtbaren Lager. Das Verschwinden der Vergangenheit im Gedenken, Reinbek.

Meier, Bettina (1991): Goethe in Trümmern. Der Streit um den Wiederaufbau des Goethehauses in Frankfurt, in: Jochen Vogt (Hg.), »Erinnerung ist unsere Aufgabe«, Opladen, S. 28 ff.

Meier, Christian (1987): Verurteilen und Verstehen, in: »Historikerstreit«. Die Dokumentation der Kontroverse um die Einzigartigkeit der nationalsozialistischen Judenvernichtung, München, S. 48 ff.

Meier, Christian (1990[2]): Vierzig Jahre nach Auschwitz. Deutsche Geschichtserinnerung heute, München.

Meinecke, Friedrich (1965[6]): Die deutsche Katastrophe. Betrachtungen und Erinnerungen, Wiesbaden.

Melcher, Peter (1986): Weissensee. Ein Friedhof als Spiegelbild jüdischer Geschichte in Berlin, Berlin.

Meßner, Paul (1984): Bauten und Denkmale in Weimar. Ihre Geschichte und ihre Bedeutung, Weimar.

Metken, Günter (1994): Die Kunst des Verschwindens. Unsichtbare Denkmäler – ein Situationsbericht, in: Merkur, 48. Jg., H. 6, S. 178 ff.

Meyer, Erik (1993): Erinnerungskultur der Einheit. Zur Reorganisation der Gedenkstätte Buchenwald, in: Blätter für deutsche und internationale Politik, 38. Jg., H. 10, S. 1251 ff.

Miller, Max (1990): Kollektive Erinnerungen und gesellschaftliche Lernprozesse. Zur Struktur sozialer Mechanismen der ›Vergangenheitsbewältigung‹, in: Werner Bergmann / Rainer Erb (Hg.), Antisemitismus in der politischen Kultur nach 1945, Opladen, S. 79 ff.

Ministerium für Wissenschaft, Forschung und Kultur des Landes Brandenburg (Hg.) (1992): Brandenburgische Gedenkstätten für die Verfolgten des NS-Regimes. Perspektiven, Kontroversen und internationale Vergleiche, Berlin.

Ministerium für Wissenschaft, Forschung und Kultur des Landes Brandenburg (Hg.) (1992 a): Die brandenburgischen Gedenkstätten. Empfehlungen der Expertenkommission zur Neukonzeption, Berlin.

Mittig, Hans-Ernst (1987): Das Denkmal, in: Werner Busch (Hg.), Eine Geschichte der Kunst im Wandel ihrer Funktionen. Funkkolleg Kunst: Bd. 2, München, S. 532 ff.

Mittig, Hans-Ernst (1988): München. 50 Jahre nach der Ausstellung »Entartete Kunst«, in: kritische berichte, 16. Jg., H. 2, S. 76 ff.

Mittig, Hans-Ernst (1988 a): Wie gehen wir mit NS-Bauten um? Beispiele in Berlin, in: Werk und Zeit, 3. Jg., S. 26 ff.

Mittig, Hans-Ernst / Plagemann, Volker (Hg.) (1972): Denkmäler im 19. Jahrhundert. Deutung und Kritik, München.

Möller, Horst / Morizet, Jacques (Hg.) (1996): Franzosen und Deutsche. Orte der gemeinsamen Geschichte, München.

Mommsen, Hans (1974): Haupttendenzen nach 1945 und in der Ära des Kalten Krieges, in: Faulenbach (Hg.), Geschichtswissenschaft, S. 113 ff.

Morsch, Günter (1989): Buchenwald, in: Baumunk / Brunn (Hg.), Hauptstadt, S. 274 ff.

Morsch, Günter (Hg.) (1994): Konzentrationslager Oranienburg, Berlin.

Morsch, Günter (Hg.) (1996): Von der Erinnerung zum Monument. Die Entstehungsgeschichte der Nationalen Mahn- und Gedenkstätte Sachsenhausen, Berlin.

Mosse, George L. (1993): Gefallen für das Vaterland. Nationales Heldentum und namenloses Sterben, Stuttgart.

Musil, Robert (1936 / 1957): Denkmale, in: ders., Werke (Bd. Prosa, Dramen, Briefe), Reinbek, S. 480 ff.

Nachama, Andreas / Simon, Hermann (Hg.) (1992): Jüdische Grabstätten und Friedhöfe in Berlin, Berlin.

Naumann, Klaus (1998): Der Krieg als Text. Das Jahr 1945 im kulturellen Gedächtnis der Presse, Hamburg.

Negt, Oskar / Kluge, Alexander (1972): Öffentlichkeit und Erfahrung. Zur Organisationsanalyse von bürgerlicher und proletarischer Öffentlichkeit, Frankfurt a. M.

Nerdinger, Winfried (1988): Umgang mit der NS-Architektur. Das schlechte Beispiel München, in: Werk und Zeit, 3. Jg., S. 22 ff.

Nerdinger, Winfried (1993): Bauhaus-Moderne im Nationalsozialismus. Zwischen Anbiederung und Verfolgung, München.

Nerdinger, Winfried (Hg.) (1993): Bauen im Nationalsozialismus. Bayern 1933 – 1945 (Ausstellungskatalog des Architekturmuseums der TU), München.

Neue Gesellschaft für Bildende Kunst (Hg.) (1987): Der umschwiegene Ort, Berlin.

Niethammer, Lutz (1992): Erinnerungsgebot und Erfahrungsgeschichte. Institutionalisierungen im kollektiven Gedächtnis, in: Loewy (Hg.), Holocaust, S. 21 ff.

Niethammer, Lutz (Hg.) (1994): Der gesäuberte Antifaschismus. Die SED und die roten Kapos von Buchenwald. Dokumente, Berlin.

Nipperdey, Thomas (1968): Nationalidee und Nationaldenkmal in Deutschland im 19. Jahrhundert, in: Historische Zeitschrift, Bd. 206, S. 529 ff.

Nolte, Ernst (1995): Die Deutschen und ihre Vergangenheiten. Erinnerung und Vergessen von der Reichsgründung Bismarcks bis heute, Berlin u. a.

Nolte, Ernst (1987): Vergangenheit, die nicht vergehen will, in: »Historikerstreit«. Die Dokumentation der Kontroverse um die Einzigartigkeit der nationalsozialistischen Judenvernichtung, München, S. 39 ff.

Nora, Pierre (Hg.) (1984): Les lieux de mémoire, Bd. 1: La Republique, Paris.

Nora, Pierre (Hg.) (1996): Les lieux de mémoire, Bd. 2: La Nation, 3 Bde., Paris.

Nora, Pierre (Hg.) (1992): Les lieux de mémoire, Bd. 3: Les France, 3 Bde., Paris.

Nora, Pierre (1990): Zwischen Geschichte und Gedächtnis, Berlin.

Nora, Pierre (1995): Das Abenteuer der ›Lieux de mémoire‹, in: Etienne François u. a. (Hg.), Nation und Emotion, Göttingen, S. 83 ff.

Oexle, Otto Gerhard (Hg.) (1995): Memoria als Kultur, Göttingen.

Ogan, Bernd / Weiß, Wolfgang W. (Hg.) (1992): Faszination und Gewalt. Zur politischen Ästhetik des Nationalsozialismus, Nürnberg.

Ophir, Adi (1992): On Sanctifying the Holocaust: An Anti-Theological Treatise, in: Tikkun, vol. 2, S. 61 ff.

Pehle, Walter H. (Hg.) (1990): Der historische Ort des Nationalsozialismus. Annäherungen, Frankfurt a. M.

Pehnt, Wolfgang (1991): Umgang mit Ruinen. Kulturbauten in der deutschen Nachkriegsarchitektur, in: Karl Dietrich Bracher u. a. (Hg.), '45 und die Folgen. Kunstgeschichte eines Wiederbeginns, Köln und Weimar, S. 111 ff.

Pelinka, Anton / Weinzierl, Erika (Hg.) (1987): Das große Tabu. Österreichs Umgang mit seiner Vergangenheit, Wien.

Plagemann, Volker (1986): »Vaterstadt, Vaterland ...« Denkmäler in Hamburg, Hamburg.

Plagemann, Volker (1988): Trauerarbeit. Neuere politische Monumente in Hamburg, in: Georg Bussmann (Hg.), Arbeit in Geschichte. Geschichte in Arbeit (Ausstellungskatalog Kunstverein Hamburg), Berlin, S. 33 ff.

Pollack, Kristine / Nicolai, Bernd (1983): Kriegerdenkmale – Denkmäler für den Krieg? in: Akademie der Künste Berlin (Hg.), Skulptur und Macht, Ausstellungskatalog, Berlin, S. 61 ff.

Pöttker, Horst (1989): Mut zur Nüchternheit. Was Philipp Jenninger am 10. November 1988 wirklich gesagt hat – und warum er gehen mußte, in: medium, 19. Jg., H. 3, S. 27 ff.

Preiß, Achim (1989): Nazikunst und Kunstmuseum, in: kritische berichte, 17. Jg., H. 2, S. 76 ff.

Puvogel, Ulrike u. a. (1995): Gedenkstätten für die Opfer des Nationalsozialismus. Eine Dokumentation, 2. überarb. u erw. Aufl., Bd. 1 (Alte Bundesländer), Bonn (1. Aufl. 1987).

Puvogel, Ulrike u. a. (1999): Gedenkstätten für die Opfer des Nationalsozialismus. Eine Dokumentation, Bd. 2 (Neue Bundesländer), Bonn.

Quaritsch, Helmut (1977): Probleme der Selbstdarstellung des Staates, Tübingen.

Raabe, Paul (1990): Spaziergänge durch Goethes Weimar, Zürich.

Reich, Ines / Finker, Kurt (1994): Reaktionäre oder Patrioten? Zur Historiographie und Widerstandsforschung in der DDR bis 1990, in: Ueberschär (Hg.), 20. Juli, S. 135 ff.

Reichel, Peter (1993[2]): Der schöne Schein des Dritten Reiches. Faszination und Gewalt des Faschismus, Frankfurt a. M.

Reichel, Peter (1993 a): Zwischen Dämonisierung und Verharmlosung: Das NS-Bild und seine politische Funktion in den 50er Jahren. Eine Skizze, in: Schildt / Sywottek (Hg.), Modernisierung, S. 679 ff.

Reichel, Peter (1996): Über das Totengedenken nach Auschwitz. Vom politischen Totenkult zur politischen Erinnerungskultur, in: Peter Stolt u. a. (Hg.), Kulte, Kulturen, Gottesdienste – Öffentliche Inszenierungen des Lebens, Peter Cornehl zum 60. Geburtstag, Göttingen, S. 70 ff.

Reichel, Peter (Hg.) (1997): Das Gedächtnis der Stadt. Hamburg im Umgang mit seiner nationalsozialistischen Vergangenheit, Hamburg.

Reichhardt, Hans J. / Schäche, Wolfgang (Hg.) (1985[3]): Von Berlin nach Germania.

Über die Zerstörungen der Reichshauptstadt durch A. Speers Neugestaltungsplanungen, Berlin.

Reissig, Harald (1985): Die Synagoge und das Jüdische Gemeindehaus Fasanenstraße, in: Engel u. a. (Hg.), Geschichtslandschaft, Bd. 1, S. 410 ff.

Reuße, Felix (1995): Das Denkmal an der Grenze seiner Sprachfähigkeit, Stuttgart.

Ribbe, Wolfgang (1972): Flaggenstreit und Heiliger Hain. Bemerkungen zur Nationalen Symbolik in der Weimarer Republik, in: Dietrich Kurze (Hg.), Aus Theorie und Praxis der Geschichtswissenschaft, Festschrift für Hans Herzfeld zum 80. Geburtstag, Berlin und New York, S. 175 ff.

Rieth, Adolf (1968): Den Opfern der Gewalt. KZ-Opfermale der europäischen Völker, Tübingen.

Ringshausen, Gerhard (1994): Der 20. Juli 1944 als Problem des Widerstands gegen die Obrigkeit. Die Diskussion in der evangelischen und katholischen Kirche nach 1945, in: Ueberschär (Hg.), 20. Juli, S. 191 ff.

Rittich, Werner (1938): Architektur und Bauplastik der Gegenwart, Berlin.

Roik-Bogner, Christine (1994): Der Anhalter Bahnhof. Askenasischer Platz, in: Engel u. a. (Hg.), Geschichtslandschaft, Bd. 5, S. 52 ff.

Rostock, Jürgen / Zadnicek, Franz (1997): Paradiesruinen. Das KdF-Seebad der Zwanzigtausend auf Rügen, Berlin (4. akt. u. erw. Aufl.).

Rühmkorf, Peter (1972): Die Jahre, die ihr kennt. Anfälle und Erinnerungen, Reinbek.

Rürup, Reinhard (Hg) (1993 [9]): Topographie des Terrors. Gestapo, SS und Reichssicherheitshauptamt auf dem »Prinz-Albrecht-Gelände«. Eine Dokumentation, Berlin.

Rusinek, Bernd A. (1989): »Die deutscheste aller deutschen Städte«. Nürnberg als eine Hauptstadt des Nationalsozialismus, in: Baumunk / Brunn (Hg.), Hauptstadt, S. 92 ff.

Sabrow, Martin (Hg.) (1997): Verwaltete Vergangenheit. Geschichtskultur und Herrschaftslegitimation in der DDR, Leipzig.

Sauer, Klaus / Werth, German (1971): Lorbeer und Palme. Patriotismus in deutschen Festspielen, München.

Schäche, Wolfgang (1984): Das Gebäude der ehemaligen japanischen Botschaft in Berlin-Tiergarten, Berlin.

Schäche, Wolfgang (1991): Architektur und Städtebau in Berlin zwischen 1933 und 1945: Planen und Bauen unter der Ägide der Stadtverwaltung, Berlin.

Scharf, Helmut (1984): Kleine Kunstgeschichte des deutschen Denkmals, Darmstadt.

Schellack, Fritz (1990): Nationalfeiertage in Deutschland 1871 bis 1945, Frankfurt a. M.

Schembs, Hans-Otto (1989): Frankfurt am Main. »Den besten Ruhm in Teutschland hat«. Kaiserkrönung, Deutsche Bundesversammlung und Paulskirchenparlament, in: Baumunk / Brunn (Hg.), Hauptstadt, S. 109 ff.

Scheuermann, Ingrid / Scheuermann, Konrad (Hg.) (1992): Für Walter Benjamin. Dokumente, Essays und ein Entwurf, Frankfurt a. M.

Scheuermann, Konrad (1992): Grenzen, Schwellen, Passagen. Zu Dani Karavans Entwurf eines Gedenkortes für Walter Benjamin, in: Scheuermann / Scheuermann (Hg.), Benjamin, S. 249 ff.

Schildt, Axel (1994): NS-Regime, Modernisierung und Moderne. Anmerkungen zur Hochkonjunktur einer andauernden Diskussion, in: Tel Aviver Jahrb. f. Deutsche Geschichte, Bd. 23, S. 3 ff.

Schildt, Axel/Sywottek, Arnold (Hg.) (1993): Modernisierung im Wiederaufbau. Die westdeutsche Gesellschaft der 50er Jahre, Bonn.

Schiller, Dietmar (1993): Die inszenierte Erinnerung. Politische Gedenktage im öffentlich-rechtlichen Fernsehen der Bundesrepublik Deutschland zwischen Medienereignis und Skandal, Frankfurt a. M.

Schirmer, Dietmar (1988): Strukturen und Mechanismen einer deformierten Wahrnehmung. Der 8. Mai und das Projekt »Vergangenheitsbewältigung«, in: Helmut König (Hg.), Politische Psychologie heute, Leviathan, Sonderheft 9, Opladen, S. 190 ff.

Schlaffer, Heinz (1989): Gedenktage, in: Merkur, 43. Jg., H. 479, S. 81 ff.

Schmid, Karl (Hg.) (1985): Gedächtnis, das Gemeinschaft stiftet, München und Zürich.

Schmidt, Siegfried J. (Hg.) (1991): Gedächtnis. Probleme und Perspektiven der interdisziplinären Gedächtnisforschung. Frankfurt a. M.

Schmidt-Wulffen, Stephan (1994): Ein Mahnmal versinkt. Ein Gespräch mit Esther und Jochen Gerz, 1987, in: Young, Mahnmale, S. 43 ff.

Schmitz, Frank (1997): Flughafen Tempelhof. Berlins Tor zur Welt, Berlin.

Schneede, Uwe M. (Hg.) (1991): Christian Boltanski, Inventar (Ausstellungskatalog), Hamburg.

Schneider, Manfred (1987): Liturgien der Erinnerung, Techniken des Vergessens, in: Merkur, 41. Jg., H. 462, S. 676 ff.

Schoenberner, Gerhard (1992): Der lange Weg nach Wannsee. Von der Gründervilla zur Gedenkstätte, in: Dachauer Hefte 8, S. 150 ff.

Scholem, Gershom (1970): Judaica 2, Frankfurt a. M.

Schönfeld, Martin (1991): Gedenktafeln in Ost-Berlin (Schriftenreihe Aktives Museum Bd. 4), Berlin.

Schönfeld, Martin/Aktives Museum (Hg.) (1993): Gedenktafeln in West-Berlin (Schriftenreihe Aktives Museum Bd. 6), Berlin.

Schubert, Dietrich (1987): Hamburger Feuersturm und »Cap Arcona«. Zu Alfred Hrdlickas Gegendenkmal in Hamburg, in: kritische berichte, 15. Jg., H. 1, S. 8 ff.

Schubert, Dietrich (1989): Alfred Hrdlickas antifaschistisches Mahnmal in Hamburg oder: Die Verantwortung der Kunst, in: Mai/Schmirber (Hg.), Denkmal, S. 134 ff.

Schulin, Ernst (Hg.) (1989): Deutsche Geschichtswissenschaft nach dem Zweiten Weltkrieg (1945–1965), München.

Schulz, Bernhard (1993): Kein Konsens im Land der Menschenketten. Zur Vorgeschichte einer »Zentralen Gedenkstätte der Bundesrepublik Deutschland«, in: Stölzl (Hg.), Die Neue Wache, S. 172 ff.

Schulze, Winfried (1989): Deutsche Geschichtswissenschaft nach 1945 (Beiheft 10 der Historischen Zeitschrift), München.

Schütz, Heinz (1988): Transformation und Wiederkehr. Zur künstlerischen Rezeption nationalsozialistischer Symbole und Ästhetik, in: Kunstforum international, H. 95, S. 64 ff.

Schwarz, Gudrun (1990): Die nationalsozialistischen Lager. Frankfurt a. M.

Schwarz, Hans-Peter (Hg.) (1988): Die Architektur der Synagoge (Ausstellungskatalog Deutsches Architekturmuseum Frankfurt/Main), Frankfurt a. M.

Seitz, Norbert (1985): Die Unfähigkeit zu feiern, in: ders. (Hg.), Die Unfähigkeit zu feiern. Der 8. Mai. Frankfurt a. M, S. 9 ff.

Sembritzki, Gerd (1987): Synagoge Levetzowstraße, in: Engel u. a. (Hg.): Geschichtslandschaft, Bd. 2, Teil 2, S. 134 ff.

Senatsverwaltung für Bau- und Wohnungswesen (Hg.) (1993): Beschränkter, kooperativer Realisierungs- und Ideenwettbewerb. Ausstellungshalle, Besucher- und Dokumentationszentrum: Topographie des Terrors. Ergebnisprotokolle und Dokumentation, Berlin.

Sheehan, James (1990): Zukünftige Vergangenheit. Das deutsche Geschichtsbild in den neunziger Jahren, in: Gottfried Korff / Martin Roth (Hg.), Das historische Museum. Labor, Schaubühne, Identitätsfabrik, Frankfurt a. M., S. 277 ff.

Simmel, Georg (1923 / 1983): Die Ruine, in: ders., Philosophische Kultur. Über das Abenteuer, die Geschlechter und die Krise der Moderne, Berlin, S. 106 ff.

Simon, Hermann (1992[2]): Die Neue Synagoge, Berlin.

Sington, Derrick (1948): Die Tore öffnen sich, Hamburg.

Smith, Gary / Emrich, Hinderk (Hg.) (1996): Vom Nutzen des Vergessens, Berlin.

Smith, Gary / Margalit, Avishai (Hg.) (1997): Amnestie oder Die Politik der Erinnerung in der Demokratie, Frankfurt a. M.

Sonnet, Peter (1987): Gedenkstätten für Opfer des Nationalsozialismus in der DDR, in: Ulrike Puvogel u. a., Gedenkstätten für die Opfer des Nationalsozialismus, Bonn, S. 769 ff.

Spielmann, Jochen (1990): Entwürfe zur Sinngebung des Sinnlosen. Zu einer Theorie des Denkmals als Manifestation des ›kulturellen Gedächtnisses‹. Der Wettbewerb für ein Denkmal für Auschwitz. Diss., Berlin (Manuskript).

Spielmann, Jochen (1992): Denkmale in Bewegung, in: Lutz u. a. (Hg.), Über-Lebens-Mittel, S. 103 ff.

Sprenger, Heinrich (1985): »Bitburg über alles«. Versöhnung oder psychologische Nachrüstung? in: Vorgänge, 24. Jg., H. 4, S. 31 ff.

Springer, Peter (1989): Denkmal und Gegendenkmal, in: Mai / Schmirber (Hg.), Denkmal, S. 92 ff.

Staatliche Antikensammlung München / Stadtarchiv München (Hg.) (1991): Der Königsplatz 1812 – 1988, München.

Stein, Harry (Hg.) (1994): Das Konzentrationslager Buchenwald. Eine Geschichte des Verbrechens. Konzeption für ein Historisches Museum zur Geschichte des Konzentrationslagers Buchenwald, Weimar.

Steinbach, Peter (1981): Nationalsozialistische Gewaltverbrechen. Die Diskussion in der deutschen Öffentlichkeit, Berlin.

Steinbach, Peter (1987): Vergangenheit als Last und Chance. Vergangenheitsbewältigung in den 50er Jahren, in: Weber, Jürgen (Hg.), Die Bundesrepublik wird souverän 1950 – 1955 (Geschichte der Bundesrepublik Deutschland, Bd. 4), Paderborn u. a., S. 309 ff.

Steinbach, Peter (1988): Widerstandsforschung im politischen Spannungsfeld, in: Aus Politik und Zeitgeschichte B 28 / 88, S. 3 ff.

Steinbach, Peter (1994): Widerstand – die Keimzelle der Nachkriegsdemokratie? in: Ueberschär (Hg.), 20. Juli, S. 79 ff.

Steinbach, Peter (1994 a): Vermächtnis oder Verfälschung? Erfahrungen mit Ausstellungen zum deutschen Widerstand, in: Ueberschär, 20. Juli, S. 171 ff.

Steinbach, Peter / Tuchel, Johannes (Hg.) (1994): Widerstand gegen den Nationalsozialismus, Berlin und Bonn.

Steinhauser, Monika (1993): Erinnerungsarbeit. Zu Jochen Gerz' Mahnmalen, in: Daidalos, H. 49, S. 104 ff.

Steininger, Rolf (Hg.) (1994): Der Umgang mit dem Holocaust. Europa – USA – Israel. Wien, Köln, Weimar.

Stoltzfus, Nathan (1994): Women of Courage. The Rosenstraße Protest in Nazi Germany, New York.

Stölzl, Christoph (Hg.) (1993): Die Neue Wache Unter den Linden: Ein deutsches Denkmal im Wandel der Geschichte, Berlin.

Thamer, Hans-Ulrich (1986): Verführung und Gewalt. Deutschland 1933–1945, Berlin.

Thamer, Hans-Ulrich (1987): Nationalsozialismus und Faschismus in der DDR-Historiographie, in: Aus Politik und Zeitgeschichte B 13/87, S. 27 ff.

Thape, Ernst (1969): Von Rot zu Schwarz-Rot-Gold. Lebensweg eines Sozialdemokraten, Hannover.

Tietz, Jürgen (1993): Schinkels Neue Wache Unter den Linden, in: Stölzl (Hg.), Die Neue Wache, S. 21 ff.

Timm, Angelika (1994): Der 9. November 1938 in der politischen Kultur der DDR, in: Steininger (Hg.), Der Umgang mit dem Holocaust, S. 246 ff.

Toyka-Seid, Christiane (1994): Gralshüter, Notgemeinschaft oder gesellschaftliche »Pressure-Group«? Die Stiftung »Hilfswerk 20. Juli 1944« im ersten Nachkriegsjahrzehnt, in: Ueberschär (Hg.), 20. Juli, S. 157 ff.

Triebel, Armin (1994): Orte der Verfolgung und Unterdrückung. Prinz-Albrecht-Straße, Wilhelmstraße, Hedemannstraße, in: Engel u. a. (Hg.): Geschichtslandschaft, Bd. 5, S. 117 ff.

Trostorff, Klaus (1975): Die Nationale Mahn- und Gedenkstätte Buchenwald, in: Neue Museumskunde, 18. Jg., H. 2, S. 85 ff.

Trümmler, Hans (1979): »Deutschland, Deutschland über alles«. Zur Geschichte und Problematik unserer Nationalhymne, Köln u. a.

Tscheschner, Dorothea (1990): Der Wiederaufbau des historischen Zentrums in Ost-Berlin, in: Berlinische Galerie (Hg.), Hauptstadt, S. 217 ff.

Tuchel, Johannes (1992): Am Großen Wannsee 56–58. Von der Villa Minoux zum Haus der Wannsee-Konferenz, Berlin.

Ueberschär, Gerd R. (Hg.) (1994): Der 20. Juli 1944. Bewertung und Rezeption des deutschen Widerstands gegen das NS-Regime, Köln.

Vieregg, Hildegard (1993): »Menschen seid wachsam«. Mahnmale und Gedenkstätten für die Opfer der NS-Gewaltherrschaft 1933–45, München.

Vogt, Arnold (1995 und 1996): Gedenkstätten im Wandel, in: liberal, Jg. 37, H. 4 und Jg. 38, H. 1.

Voigt, Rüdiger (Hg.) (1989): Politik der Symbole. Symbole der Politik, Opladen.

Vollnhals, Clemens (1988): Die evangelische Kirche zwischen Traditionswahrung und Neuorientierung, in: Broszat u. a. (Hg.), Stalingrad, S. 113 ff.

Vollnhals, Clemens (1992): Die Hypothek des Nationalprotestantismus. Entnazifizierung und Strafverfolgung von NS-Verbrechen nach 1945, in: Geschichte und Gesellschaft, 18. Jg., H. 1, S. 51 ff.

Walden, Hans (1979): »Symbol deutschen Soldatentums«. Zum Kriegerdenkmal am Stephansplatz in Hamburg, in: Sammlung 2/79, S. 97 ff.

Walden, Hans (1994): Der Streit um das Hamburger Kriegsdenkmal von 1936, in: Grillparzer, Eberhard u. a. (Hg.): Denkmäler, Hannover, S. 14 ff.

Walden, Hans (1997): Das Schweigen der Denkmäler. Wie sich Hamburg des Kriegs entsinnt, in: Reichel (Hg.), Das Gedächtnis, S. 29 ff.

Wasmuht, Ulrike C. u. a. (Hg.) (1992): Konfliktverwaltung. Ein Zerrbild unserer Demokratie? Analysen zu fünf innenpolitischen Streitfällen, Berlin.

Wassermann, Rudolf (1994): Widerstand als Rechtsproblem. Zur rechtlichen Rezeption des Widerstands gegen das NS-Regime, in: Ueberschär (Hg.), 20. Juli, S. 203 ff.

Weber, Hermann (1985): Geschichte der DDR, München.

Weber, Jürgen (Hg.) (1992²): Die Bundesrepublik wird souverän 1950–1955, München.

Wehler, Hans-Ulrich (1988): Entsorgung der deutschen Vergangenheit? Ein polemischer Essay zum »Historikerstreit«, München.

Wehler, Hans-Ulrich (1995): Gedenktage und Geschichtsbewußtsein, in: ders., Die Gegenwart als Geschichte. Essays, München, S. 215 ff.

Weinrich, Harald (1997): Lethe. Kunst und Kritik des Vergessens, München.

Werkgruppe Prora (Hg.) (1994): 1. Prora-Symposium am 6. und 7. Mai 1994 im Kinosaal Prora / Rügen. Texte, Presse, Briefe, Berlin (Manuskript).

Werner, Gabriele (1988): Welche Realität meint das Reale? Zu Alfred Hrdlickas Gegendenkmal in Hamburg. Eine Erwiderung auf Dietrich Schubert, in: kritische berichte, 16. Jg., H. 3, S. 57 ff.

Werner, Johannes (1987): Kirchenbau mit Kriegsruinen. Rückblick auf die Trümmerarchitektur, in: Das Münster, 40. Jg., H. 3, S. 199 ff.

Weyerer, Benedikt (1988): München zu Fuß. 20 Stadtteilrundgänge durch Geschichte und Gegenwart, Hamburg.

Wiehn, Eberhard R. (1991): Die Shoah von Babi Jar, Konstanz.

Wiesenthal, Simon (1990): Jeder Tag ein Gedenktag. Chronik jüdischen Leidens, Frankfurt a. M. und Berlin.

Willms, Johannes (Hg.) (1994): Der 9. November. Fünf Essays zur deutschen Geschichte, München.

Winkler, Heinrich A. (Hg.) (1979): Politische Weichenstellungen im Nachkriegsdeutschland 1945–1963 (Geschichte und Gesellschaft, Sonderheft 5), Göttingen.

Wippermann, Wolfgang (1982): Steinerne Zeugen. Stätten der Judenverfolgung in Berlin, Berlin.

Witt, Peter Christian (1988): Die Gründung des Deutschen Reiches von 1871 oder dreimal Kaiserfest, in: Uwe Schultz (Hg.), Das Fest, München, S. 306 ff.

Wittig, Manfred (1990): »Der Tod hat alle Unterschiede ausgelöscht«. Anmerkungen zur Geschichte und Ideologie des Volksbundes Deutsche Kriegsgräberfürsorge nach 1945, in: Hütt u. a. (Hg.), Unglücklich, S. 91 ff.

Wodak, Ruth u. a. (1994): Die Sprache der Vergangenheiten. Öffentliches Gedenken in österreichischen und deutschen Medien, Frankfurt a. M.

Wolfrum, Edgar (1998): Geschichtspolitik und deutsche Frage. Der 17. Juni im nationalen Gedächtnis der Bundesrepublik (1953–89), in: Geschichte und Gesellschaft, 24. Jg., H. 3, S. 382 ff.

Young, James E. (1992): Beschreiben des Holocaust. Darstellungen und Folgen der Interpretation, Frankfurt a. M.

Young, James E. (1993): The Texture of Memory. Holocaust Memorials and Meanings, New Haven and London.

Young, James E. (1994): Mahnmale des Holocaust. Motive, Rituale und Stätten des Gedenkens, München.

Young, James E. (1996): Jom Hashoah. Die Gestaltung eines Gedenktages, in: Nicolas Berg u. a. (Hg.) (1996): Shoah. Formen der Erinnerung. Geschichte – Philosophie – Literatur – Kunst, München, S. 53 ff.

Young, James E. (1997): Formen des Erinnerns. Gedenkstätten des Holocaust, Wien.

Zechlin, Egmont (1926): SchwarzRotGold und SchwarzWeißRot in Geschichte und Gegenwart, Berlin.

Zelnhefer, Siegfried (1991): Die Reichsparteitage der NSDAP. Geschichte, Struktur und Bedeutung der größten Propagandafeste im nationalsozialistischen Feierjahr, Nürnberg.

Ziegler, Meinrad / Kannonier-Finster, Waltraud (Hg.) (1993): Österreichisches Gedächtnis. Über Erinnern und Vergessen der NS-Vergangenheit, Wien, Köln, Weimar.

Zimmerhof, Martin (1981): Die Umgestaltung von Schinkels Neuer Wache in Berlin zum Ehrenmal, Magisterarbeit, Göttingen.

Zimmermann, Michael (1992): Negativer Fixpunkt und Suche nach positiver Identität. Der Nationalsozialismus im kollektiven Gedächtnis der alten Bundesrepublik, in: Loewy (Hg.), Holocaust, S. 128 ff.

Bildnachweis

Bildarchiv Preußischer Kulturbesitz, Berlin: Seite 200 links
Wolfgang Borrs, Berlin: Seite 184
Deutsche Presse Agentur Frankfurt am Main (Photo: Sanden): Seite 242
Gedenkstätte Buchenwald: Seite 104
Katrin Hobusch und Dietmar Rübel, Hamburg: Seiten 121, 175, 201 rechts
Kunz WK-Photo, Hamburg: Seiten 64 unten, 65 unten
Cornelia Lambriev-Soost, Berlin: Seite 188
Landesbildstelle Berlin: Seiten 200 rechts, 201 links, 264
Landesbildstelle Hamburg: Seite 64 oben
Luftbild Bischof und Broel KG, Nürnberg: Seite 42
Jürgen Maria Pietsch, Spröda: Seite 105
Der Spiegel, Bildarchiv (Photo: Eisermann/Klenke): Seite 65 oben
Stiftung Topographie des Terrors, Berlin: Seiten 168, 169
Studio Wolfgang Neeb, Hamburg: Seite 94

Namenregister

Abendroth, Wolfgang 233 f.
Adenauer, Konrad 130, 221 f.
Adorno, Theodor W. 26
AEG 112
Aicher-Scholl, Inge 203
Albertz, Heinrich 203
Améry, Jean 24, 145
Arendt, Hannah 253
Arndt, Adolf 218, 236

Bab, Julius 182
Baeck, Leo 179
Bappert, Theseus 172
Barlach, Ernst 61 f., 64, 87
Bartetzko, Dieter 78
Bauer, Fritz 79, 257
Baum, Herbert 180, 186, 192
Bayer-Werke 284
Becher, Johannes R. 222
Beck, Ludwig 191, 267
Behrens, Peter 199
Ben Ari, Ytzak 252
Benjamin, Walter 92, 96 ff., 151, 182
Benz, Wolfgang 127, 159
Bergsträsser, Ludwig 221
Beutler, Ernst 53 f.
Bismarck, Otto von 31, 151, 166, 232
Bloch, Ernst 89, 182
Blohm + Voss AG 138
Blunck, Erich 199
Boeckh, August 20
Boehlich, Walter 77 f.
Börne, Ludwig 75, 77
Boltanski, Christian 29, 95 f., 214
Bonhoeffer, Dietrich 81, 191
Bonhoeffer, Emmi 203
Bonhoeffer, Walter 203
Borgward-Werke 138
Brandt, Gerhard 237
Brandt, Willy 234, 249 f., 262, 269
Brauer, Max 136, 269

Brauer, Stefanie 122
Braun, Otto 19, 199 ff.
Braun, Wernher von 15, 45
Breitscheid, Rudolf 186, 191, 267
Breker, Arno 155
Breuste, Hans Jürgen 41
Broniatowski, Karol 29, 174 f.
Bronisch, Paul 154
Broszat, Martin 144
Brück, Wolfram 76 f.
Buber-Neumann, Margarete 118
Bubis, Ignatz 78, 208, 281
Buddensieg, Tilmann 205 f.
Büchner, Georg 75
Burger, Susanne 122
Butler, Reg 59

Cagli, Corrado 89
Canaris, Wilhelm 81
Canetti, Elias 217
Carstens, Karl 234
Celan, Paul 272, 278
Chilida, Eduardo 214
Cobler, Sebastian 236
Conradi, Peter 213, 272
Continental-Werke 139
Coppi, Hans 189
Coppi, Hilde 189
Craig, Gordon 237
Cremer, Fritz 84, 86, 103, 105, 186
Czech, Hermann 114

Daimler-Benz AG 112
Daucher, Elmar 89
Delp, Alfred 191
Demandt, Alexander 255
Demitschew, Pjotr Nilowitsch 247
Demski, Eva 76, 78, 279
Diem, Carl 156
Diepgen, Eberhard 169, 215
Dimitrijévic, Braco 88

Die Zeit des Nationalsozialismus
Eine Buchreihe
Herausgegeben von Walter H. Pehle

Seit zwanzig Jahren werden in der Reihe ›Die Zeit des Nationalsozialismus‹ Taschenbücher veröffentlicht. Das Programm
umfaßt Memoiren, Erlebnisberichte, Tagebücher, wissenschaftliche Monographien und Dokumentationen sowie Sammelbän-
de mit neuen Forschungsergebnissen. In dieser Buchreihe, der
ältesten und umfangreichsten ihrer Art, sind bereits über 120
Bände erschienen.

»Ohne die *schwarze Reihe* des
Fischer Taschenbuch Verlages wären
viele Dimensionen der NS-Herrschaft unseren Blicken
verschlossen geblieben. Sie wirkt als ein mächtiger Sperriegel
gegen das Vergessen und Verdrängen.«
Volker Ulrich, DIE ZEIT

»Diese Reihe präsentiert seit langem
wichtige Forschungsergebnisse und belebt immer
wieder die zeitgeschichtliche Diskussion.«
Hans Mommsen

»Um Wissenschaft öffentlich zu machen,
publiziere ich lieber in der *schwarzen Reihe* als in
mancher Fachzeitschrift.«
Wolfgang Benz

»Ein eindrucksvolles verlegerisches Projekt, das über
20 Jahre hinweg unbeirrbar an wissenschaftlicher Aufklärung
über den Nationalsozialismus festgehalten hat.«
Hans-Ulrich Wehler

Fischer Taschenbuch Verlag

fi 1710 / 0

Die Zeit des Nationalsozialismus

Eine Buchreihe

Herausgegeben von Walter H. Pehle

Götz Aly
»Endlösung«
Völkerverschiebung
und der Mord an
den europäischen
Juden
Band 14067
Macht Geist Wahn
Kontinuitäten
deutschen Denkens
Band 13991

Götz Aly/
Susanne Heim
**Vordenker der
Vernichtung**
Auschwitz und die
deutschen Pläne für
eine neue euro-
päische Ordnung
Band 11268

Ralph Angermund
**Deutsche Richter-
schaft 1919-1945**
Band 10238

Avraham Barkai
**Das Wirtschafts-
system des Natio-
nalsozialismus**
Band 4401

Wolfg. Benz (Hg.)
**Die Vertreibung
der Deutschen
aus dem Osten**
Band 12784

(Hg.) Ute Benz/
Wolfgang Benz
**Sozialisation und
Traumatisierung**
Kinder in der Zeit
des National-
sozialismus
Band 11067

(Hg.) Wolfg. Benz/
Hans Buchheim/
Hans Mommsen
**Der National-
sozialismus**
Band 11984

(Hg.) Wolfg. Benz/
Angelika Schardt
**Deutsche Kriegs-
gefangene im
Zweiten Weltkrieg**
Erinnerungen
Band 11918

(Hg.) Dirk Blasius/
Dan Diner
**Zerbrochene
Geschichte**
Leben und Selbst-
verständnis der Ju-
den in Deutschland
Band 10524

Fischer Taschenbuch Verlag

fi 1710 / 13 a

Die Zeit des Nationalsozialismus
Eine Buchreihe
Herausgegeben von Walter H. Pehle

Horst Boog/
Jürgen Förster/
Joachim Hoffmann/
Ernst Klink/
Rolf-Dieter Müller/
Gerd R. Ueberschär
**Der Angriff auf
die Sowjetunion**
Band 11008

Ute Deichmann
**Biologen
unter Hitler**
Porträt einer
Wissenschaft
im NS-Staat
Band 12597

Wilhelm Deist/
M. Messerschmidt/
Hans E. Volkmann/
Wolfram Wette
**Ursachen und
Voraussetzungen
des Zweiten
Weltkrieges**
Band 4432

Georg Denzler/
Volker Fabrizius
**Christen und
Nationalsozialisten**
Darstellung
und Dokumente
Band 11871

Dan Diner (Hg.)
**Ist der National-
sozialismus
Geschichte?**
Zu Historisierung
und Historikerstreit
Band 4391

Eva Douma
**Deutsche
Anwälte zwischen
Demokratie und
Diktatur**
1930-1955
Band 13889

Hans Frankenthal
**Verweigerte
Rückkehr**
Erfahrungen nach
dem Holocaust
Band 14493

Saul Friedländer
Kitsch und Tod
Der Widerschein
des Nazismus
Band 11366

Fischer Taschenbuch Verlag

fi 1710 / 13 b

Die Zeit des Nationalsozialismus
Eine Buchreihe
Herausgegeben von Walter H. Pehle

Anne Frank
**Das Tagebuch
der Anne Frank**
Band 11377

Varian Fry
**Auslieferung
auf Verlangen**
Die Rettung deut-
scher Emigranten in
Marseille 1940-1941
Band 11893

Gustave M. Gilbert
**Nürnberger
Tagebuch**
Band 1885

Willi Graf
**Briefe und
Aufzeichnungen**
A. Knoop-Graf/
Inge Jens (Hg.)
Band 12367

H. Graml (Hg.)
**Widerstand im
Dritten Reich**
Probleme, Ereig-
nisse, Gestalten
Band 12236

Gideon Greif
**»Wir weinten
tränenlos«**
Augenzeugenbe-
richte des jüdischen
»Sonderkomman-
dos« in Auschwitz
Band 13914

Lina Haag
**Eine Handvoll
Staub**
Widerstand einer
Frau 1933-1945
Band 12619

Norbert Haase/
Gerhard Paul (Hg.)
**Die anderen
Soldaten**
Wehrkraftzerset-
zung, Gehorsams-
verweigerung und
Fahnenflucht im
Zweiten Weltkrieg
Band 12769

Sebastian Haffner
**Anmerkungen
zu Hitler**
Band 3489

Raul Hilberg
**Die Vernichtung
der europäischen
Juden**
Drei Bände in Kass.
Band 4417

Fischer Taschenbuch Verlag

fi 1710 / 14 c

Die Zeit des Nationalsozialismus
Eine Buchreihe
Herausgegeben von Walter H. Pehle

Fischer Taschenbuch Verlag

fi 1710 / 13 d

Die Zeit des Nationalsozialismus

Eine Buchreihe

Herausgegeben von Walter H. Pehle

Hermann Langbein
...nicht wie die
Schafe zur
Schlachtbank
Band 3486

Marianne Loring
Flucht aus
Frankreich 1940
Die Vertreibung
deutscher Sozial-
demokraten aus
dem Exil
Band 12822

A. Mitscherlich/
Fred Mielke (Hg.)
Medizin ohne
Menschlichkeit
Dokumente
der Nürnberger
Ärzteprozesse
Band 2003

George L. Mosse
Die Geschichte
des Rassismus
in Europa
Band 10237

W. Hofer (Hg.)
Der National-
sozialismus
Dokumente
1933-1945
Band 6084

Franz Neumann
Behemoth
Struktur und Praxis
des Nationalsozia-
lismus 1933-1944
Band 4306

W. H. Pehle (Hg.)
Der Juden-
pogrom 1938
Von der »Reichs-
kristallnacht« zum
Völkermord
Band 4386

Peter Reichel
Politik mit der
Erinnerung
Gedächtnisorte
im Streit um die
nationalsozialisti-
sche Vergangenheit
Band 14144

Peter Riedesser/
Axel Verderber
»Maschinen-
gewehre hinter
der Front«
Zur Geschichte
der deutschen
Militärpsychiatrie
Band 10876

Fischer Taschenbuch Verlag

fi 1710 / 13 e

Die Zeit des Nationalsozialismus
Eine Buchreihe
Herausgegeben von Walter H. Pehle

Fischer Taschenbuch Verlag

fi 1710 / 9 f

Hermann Weiß (Hg.)

Biographisches Lexikon zum Dritten Reich

512 Seiten. Geb.

In der Nachfolge der erfolgreichen Taschenbuchausgabe von
Robert Wistrichs *Wer war wer im Dritten Reich?* wird nun ein
modernes Nachschlagewerk vorgelegt. Zwanzig Historikerin-
nen und Historiker haben daran gearbeitet. Es enthält mehr als
500 Biographien, die der Bedeutung der Personen entsprechend
unterschiedlich umfangreich sind.

Neben dem engeren Personal des NS-Staates sind die Spitzen
aus Politik, Diplomatie, Beamtenschaft, Industrie und Wirtschaft, Militär, Kulturbetrieb etc. aufgenommen worden. Ebenso finden sich zahlreiche, damals als »Volkshelden« adorierte
oder anderweitig wichtige Personen, darunter auch solche, die
auf unterschiedliche Weise Widerstand gegen das NS-System
geleistet haben.

Die Artikel enthalten knappe und übersichtliche Lebensläufe
und – anders als gewohnt – Beurteilungen und Bewertungen.
Dieses Verfahren erlaubt eine Einordnung der geschilderten
Personen und ihrer Tätigkeiten in die jeweiligen historischen
Zusammenhänge. Hinzu kommen bibliographische Angaben
sowie Übersichten über die damals üblichen Partei-, SS-, SA-
und Wehrmachts-Dienstgrade.

S. Fischer

fi 569 / 7